Umwelt- und Lebenserhalt
- auf unserer Erde

von
Hans-Jürgen Kiene

1

Der Autor:

Diplom-Ingenieur und Architekt mit Zusatzstudium der Volkswirtschaft, sowie Ausbildung als Heilpraktiker, war auch Hauptautor und Initiator des in der Presse und Tagesschau 1985 vorgestellten kulturellen Hamburg-Führers. Als parteiloser und seinerzeit jüngster ehrenamtlicher Bürgermeister in Schleswig-Holstein kümmerte er sich schon früh um Umwelt- und Zukunftsfragen. Deshalb schrieb er auch dieses Buch zum Umwelt- und Lebenserhalt. Früher schrieb er bereits das Buch „(V)erbaute Gesundheit" und 4 E-Books zu den Themen gesund wohnen, bauen und sanieren, über die auch auf dem Portal www.bau-information.de, genau wie über dieses Buch, informiert wird.

Meinem lieben Enkelkind gewidmet.

Hans-Jürgen Kiene

Umwelt- und Lebenserhalt

auf unserer Erde

Das Wichtigste zum Zukunftserhalt

BoD-Verlag

Auch als E-Book erhältlich

Bibliografische Information der Deutschen Nationalbibliothek: Die Deutsche Nationalbibliothek Verzeichnet diese Publikation in der Deutschen Nationalbibliografie; detaillierte bibliografische Daten sind im Internet über **dnb.dnb.de** abrufbar.

Imprint:
Umwelt- und Lebenserhalt
- auf unserer Erde
Copyright: © 2020
Herstellung und Verlag:
BoD – Books on Demand, Norderstedt
ISBN: 9783750471740

Inhaltsverzeichnis:

Der Inhalt zeigt Hauptprobleme unserer Zeit. Daraus resultierend die Notwendigkeit häufiger Verhaltensänderung zum Umwelt- und Lebenserhalt.

Die Einführung:

Zum Jahreswechsel 2019/20 erhielt ich von dem im Kapitel 18 zitierten Dr. med. Bergmann einen Brief mit dem Titel **Innehalten**. Darin schrieb er auch: „Von der Naturvergessenheit zurückkehren zur Naturverbundenheit. Das bedeutet auch: Keine Bürgerbeteiligung am „Fortschritt" des Geschäftsmodells „Weiter so" bei der größtmöglichen Ausbeutung von Mensch und Natur. Es bedeutet u. a. gerade andersherum *Politikerbeteiligung* bei einem lebensdienlichen Engagement für den Fortgang des Lebens in Kooperation mit der Natur und miteinander." Diese Gedanken durchziehen auch mit rund 4000 Informationen den Buchinhalt - mit Beweisen zur notwendigen Kooperation aller untereinander – und auch mit der Natur.

Am 26./27. 10. 2019 brachte das im Buch später mit der HA-Abkürzung bezeichnete „Hamburger Abendblatt" ganzseitig ein Gespräch der Redakteure Wellmann und Iken mit dem Klimaforscher Prof. Hans von Storch. Daraus will ich kurz ein kleines Zitat wiedergeben: „....es ist ja eben nicht so, dass es ausschließlich um das Klima geht, wie manche mittlerweile behaupten. Es gibt auch andere Herausforderungen: das viele Plastik in den Meeren zum Beispiel." Deshalb schreibe ich auch über die vielen weiteren Probleme, denn schon am 19. 12. 2013 schrieb der gerade genannte Chefautor Iken der gleichen Zeitung: „Die Menschheit rast ins Ungewisse." Und 2019 war die Menschheit schon weit gerast, mit zusätzlich oft plastikvollen Meeren und Flüssen, der Klimaerwärmung, Umweltzerstörung und Millionen Zuwanderern wegen nahöstlicher Kriege und der Klimaerwärmung.

Über Probleme und Lösungen wird nachfolgend zusammenfassend im Spiegel der Meinungs-, Wissenschafts- und Pressefreiheit berichtet, weil die europäische Pressefreiheit noch laufend beides wiedergibt. Dazu gehört auch die unbeliebte Wiedergabe der wissenschaftlich erwiesenen Mikrowellenschädlichkeit, über die 12 Professoren in Mainz sprachen, Ärzte an Bundesbehörden schrieben, und die medizinische Universität Wien ebenfalls berichtete. Es nützte nicht viel.

Ein Umwelt und Lebenserhalt erfordert in vielen Bereichen auch eine Lebensartveränderung, die bis zum Rindfleischverzicht zwecks Umwelterhalt gehen kann, weil dadurch erhebliche Weidenmengen, die vorher Wälder waren, für Futter eingespart werden können. Diese können dann wieder mit Wald bepflanzt werden. Ich nenne immer beweisende Forschungsergebnisse. Deshalb heißt auch der Buchtitel „Umwelt- und Lebenserhalt auf unserer Erde." Das ist besonders wichtig, weil die heutigen Maßnahmen zur Umweltrettung nicht ausrechend – und oft nicht gewollt - sind. Denken wir nur an die simple Geschwindigkeitseinschränkung auf 130 km/Std. auf Autobahnen in Deutschland und der gleichzeitigen Kaufoffensive der Großraumautos SUV.

Viele Umweltverbände, die ich darum auch im Anhang nenne, aber auch teilweise Parteien und Regierungen, versuchen, einen Klimaerhalt noch zu erreichen, denn es geht „um Leben und Tod" gemäß Kapitel 13. Der BUND-Geschäftsführer Braasch sagte dazu im Interview (18. 7. 2019 HA): „Es wird radikale Änderungen geben müssen." Auf die Frage: „Welche sind das vor allem?" Die Antwort: „Weniger Fleischkonsum, kompletter Wandel zur ökologischen Landwirtschaft, CO_2-Steuer, Verteuerung aller Transporte, Ausstieg aus fossilen Energien, Wegfall aller umweltschädlichen Subventionen." Als weitere Einschränkungen nannte er: „Sei es beim Flugverkehr, bei Kreuzfahrten, oder beim Autofahren." Diese Notwendigkeiten zum Erderhalt sollen im Inhalt weitgehend wiedergegeben und bewiesen werden.

Von 2013 bis Anfang 2020 zitiere ich aus den vielen Berichten zu diesem Thema, weil keine Zeit mehr vorhanden ist. Die sich laufend verschlechternde Umwelt erfordert, dass sich fast alle Völker und Menschen ändern müssten, wenn sie den Enkelkindern nicht den Untergang hinterlassen wollen. Die gegliederte Wiedergabe unglaublich vieler Medien-Tatsachenberichte von den vielen Klimagipfeln, aber auch die Berichte und Briefe von Ärzten, Wissenschaftlern und Umweltfachleuten sollen dazu auffordern, vielleicht doch noch den Weg zur Vernunft aller einzuschlagen, um dadurch „die Überlebenschance" zu erreichen, denn „das Schlaraffenland ist abgebrannt", wie es von einem Zukunftsforscher beschrieben wird.

„Die Welt müssen wir (auch) über bedachte Entscheidungen jedes Einzelnen retten. Und über klimafreundliche Technologien, die solche Gewissensentscheidungen irgendwann überflüssig machen. (Dies schrieb u. a. A. Dowideit am 14. 7. 2019 als Kommentar in der „WELT AM Sonntag"). Und darunter schrieb R. Mohr über die unterschiedliche Tatsachenauslegung von rechts und links: „Das Thema ist heikel....Während von rechts jeder Fall einer Vergewaltigung, gar eines Mordes durch einen Asylbewerber geradezu begierig aufgenommen und leider auch instrumentiert wird, spricht man auf der Linken allenfalls von ,Einzelfällen', relativiert den Sachverhalt oder verweist auf die größere ,Gefahr von rechts'." Auch dies wird – auch 2015 vorausschauend, in den Kapiteln 14 und 15 angesprochen. Die Zeitung erhielt ich übrigens in einem in Deutschland gelegenen Hotel, weil ich nicht mehr 2-mal im Jahr nach Andalusien fliegen wollte, um zu zweit durch hiesigen Urlaub 4.364 kg CO_2 zu sparen. Hinzu kommen weniger CO_2 durch Fleischverzicht mit Waldvermehrung nach Kapitel 2-4. Und dann folgend die Plastikprobleme mit meinem Brief an die zuständige Ministerin.

Zusätzlich werden in den Kapiteln 14 bis 19 die Briefe und Eingaben von einem General a. D. zum Zuwandererproblem, eines Forschers, eines Ärztes und einer Ärztin zum großen Stromverbrauch sowie großer gesundheitlicher Schäden an den Menschen, besonders den Kindern und der Natur durch die Mikrowellen der Digitalisierung zitiert.

Das Herkunftsverzeichnis der aus den aufgezeigten Fernseh- und Presseberichten gebrachten Informationen und Zitate erfolgt jeweils beim Text. Weil die zitierten Autoren oft viel Mühe aufwandten, nenne ich häufig auch ihre Namen und immer die zitierten Medien. Leserbriefinhalte nenne ich oft nur mit dem Datum und der wiedergebenden Presse. Die Links zu helfenden Institutionen oder Behörden und die immer genannten Quellenhinweise, auch zur weiteren Information, sollen zusätzlich behilflich sein, sich der Wahrheit zu nähern.

Für alle Links gilt: „Ich möchte ausdrücklich betonen, dass ich keinerlei Einfluss auf die Gestaltung und Inhalte der genannten Seiten habe, von denen ich mich ausdrücklich haftungsrechtlich distanziere. Der Inhalt wurde sorgfältig erarbeitet. Dennoch kann aus rechtlichen Gründen keine Haftung für den Inhalt für zitierte Stellen übernommen werden. Dabei distanziere ich mich bei Zitaten ausdrücklich von Inhalten, die möglicherweise straf- oder haftungsrechtlich relevant sind oder gegen die guten Sitten verstoßen. - Die Angaben beruhen immer auf den Kenntnissen zur Zeit der Recherche und befreien nicht von der Überprüfung für den konkreten Fall. Deshalb kann auch keine rechtlich verbindliche Zusicherung für die Eignung von Empfehlungen für den konkreten Fall gegeben werden.

Kapitel 1:
„Wir können nicht weitermachen wie bisher."

„Im Pyjama flohen wir aus der Flammenhölle" *(Das neue Klima in Kalifornien).* (Dana Schweiger, zitiert von Iris Rosendahl am 14. 11. 2018 in der Zeitung „BILD-DEUTSCHLAND")

Am Freitag, dem 9. 8. 2019 berichtete Jürgen Pelzin, der Ressortleiter Wissen, im „Hamburger Abendblatt" aus Genf: „Klimaforscher aus aller Welt warnen in einem Sonderbericht des Weltklimarates IPCC vor zunehmenden Dürren und Hitzewellen, dem Verlust an fruchtbaren Böden und drohender Nahrungsmittelknappheit. Die Auswirkungen der globalen Erwärmung auf die Landflächen seien deutlich spürbar, heißt es in einer Zusammenfassung, die an die politischen Entscheidungsträger gerichtet ist und die am Donnerstag (am Vortage) in Genf veröffentlicht wurde."

Und sodann wurde berichtet: „Seit 1961 habe sich der Pro-Kopf-Verbrauch von Fleisch mehr als verdoppelt. Gleichzeitig würden 25 – 30 Prozent der erzeugten Lebensmittel verschwendet oder ungenutzt verloren gehen." „Als notwendige Maßnahmen erwähnen die Autoren (deshalb) auch, dass die Menschen ihre Ernährung ändern müssten. Dazu zähle auch, weniger Fleisch zu essen, dafür mehr pflanzliche Bestandteile." (In den Kapiteln 3 und 4 ist zu lesen, dass dies auch viel gesünder ist).

„Wir können nicht weitermachen wie bisher", wird die deutsche Co-Autorin des Berichts, Almut Arneth zitiert. Und als Reaktion der Politik nannte der deutsche Bundesentwicklungsminister Gerd Müller (CSU) den IPCC-Bericht ein „Alarmsignal" und forderte zusätzliche Investitionen in den Klimaschutz. Dazu nannte Müller der Redaktion zusätzliche 500 Millionen Euro. Und die Bundesumweltministerin Svenja Schulze (SPD) bezeichnete den Klimaschutz als Existenzfrage, „denn der Klimawandel gefährdet unsere Ernährungs- und Lebensgrundlagen".

Zuletzt wurde der Direktor des Potsdam-Instituts für Klimafolgenforschung; Johan Rockström, zitiert mit: „Was wir in den nächsten zehn Jahren erreichen – und hier sind die Regierungen gefragt – wird darüber entscheiden, ob wir es schaffen, aus dieser Notlage herauszukommen."

Nur etwas über eine Woche zuvor, am 29. 7. 2018 war der „Earth Overshoot Day", der Erdüberlastungstag, „der den Zeitpunkt markiert, an dem die für das Jahr zur Verfügung stehenden nachwachsenden Ressourcen verbraucht sind." Dazu machten sich dann am 30. 7. rund 1000, vor allem junge Menschen, zum Beispiel in Hamburg, für das Klima stark.

„Zu dem Protest aufgerufen hatten die Schülerbewegung ‚Fridays for Future', Greenpeace, BUND, BUNDjugend, Naju und das Zentrum für Mission und Ökumene. Es wurde aber überall auf der Welt, nicht nur in Hamburg, demonstriert.

Der Erdüberlastungstag markiert das Datum, an dem die Menschheit die Ressourcen verbraucht hat, die die Erde innerhalb eines Jahres reproduzieren kann. Alles was die gesamte Menschheit ab dem 29. 7. an Wasser, Roh- und Nährstoffen verbraucht, beraubt ihr zukünftig die Lebensgrundlagen. – 2018 sagte Prinz Charles dazu: „Enkelkinder verdienen eine bessere Zukunft.": Doch darüber gleich mehr.

Ein Hauptproblem: Für Deutschland war der Erdüberlastungstag schon am 3. Mai und in den USA noch früher.

Aber zusätzlich ist noch die Hauptfrage, wann das im nächsten Kapitel besprochene und für die Klimaerwärmung bedeutende CO_2 zu viel abgegeben wurde. **Am 8./9. 4. 2017** hieß dazu im „Hamburger Abendblatt" die Meldung aus Berlin: **„CO_2-Jahresbudget für 2017 schon im April aufgebraucht."** Es wird dazu das Ergebnis einer Studie der Berliner „Nymoen Strategieberatung" wiedergegeben, um die Erwärmung auf unter 2 Grad zu begrenzen. Daraus wird der Vorsitzende der Brancheninitiative Zukunft Erdgas zitiert mit: „In dieser ersten Aprilwoche haben wir unser gesamtes Budget für 2017 bereits verbraucht." - Das bedeutet auch, dass allein in Deutschland die dreifache Klimaerwärmung verursacht wird. Die folgenden Kapitel berichten über die dringend notwendigen Veränderungen oder gemachten Zukunftsfehler.

Die Deutschen hinterlassen also – wenn sie ihre Lebensweise nicht drastisch ändern, den Enkelkindern – vielleicht aber schon sich selbst – keine lebenswerte Welt. Wie es auch der englische Prinz Charles immer wieder zu vermitteln suchte:

Im November 2018 befand sich Prinz Charles mit seiner Ehefrau Camilla auf einer Reise durch Afrika. In der Hauptstadt von Ghana hielt der britische Thronfolger dabei eine Rede über die Umweltverschmutzung und sagte, dass er bald ein weiteres Enkelkind bekäme – und ergänzte:

„Ich denke, dass auch einige von Euch Enkelkinder haben, oder bald haben werden."
„Es scheint mir der reine Wahnsinn, wenn wir ihnen diese komplett verschmutzte, beschädigte und zerstörte Welt hinterlassen." – „All unsere Enkelkinder verdienen eine bessere Zukunft."

Der sich seit langem für Umweltschutz einsetzende Prinz Charles ließ früher seine Söhne William und Harry in den Ferien sogar den Müll anderer Leute aufsammeln. Bei seiner

Rede in der Ghana-Hauptstadt Accra erläuterte er auch, dass man immer weiter daran arbeiten müsse, die riesigen Mengen an Plastik, die jährlich in den Ozean gelangen, im besten Fall komplett zu stoppen. Die „langfristige Überlebensfähigkeit aller Arten im Meer" hängt davon ab.' *(mho t-online.de am 6. 11. 2018, z. T. von Telegraph: Prince Charles on plastic pollution.)* – Ein Haupt-Umweltproblem, dem deshalb 3 Kapitel gewidmet sind. Davon 1 Kapitel über die Plastik-Vermeidung.

Am 25. 9. 2018 berichtete Yvonne Weiß im „Hamburger Abendblatt" über den gerade stattfindenden Besuch des Fürsten Albert II. von Monaco anlässlich der Eröffnung der 10. Hamburger Klimawoche. Der Fürst, der sich seit langem für die Umweltrettung einsetzt, sagte ähnlich dem Prinzen Charles am 24. 9. in Hamburg: „Lasst uns unseren Kindern keinen zerstörten Planeten hinterlassen."

Der Fürst ging mit schon berühmten Klimaforschern, nämlich Prof. Dr. Latif, Energieökonomin, Prof. Dr. Kemfert, Prof. Graßl und Prof. Dr. Otto-Pörtner (vom Weltklimarat) an Bord eines Solar Alsterschiffes. **Dr. Latif** erhielt während der Fahrt von Fürst Albert II. und der deutschen Bundesministerin Julia Klöckner **den B.A.U.M-Umweltpreis.** Letztere unterhielt sich angeregt mit dem erst 20 Jahre alten Felix Finkbeiner von **Plant for the Planet**, der seit 11 Jahren weltweit Bäume pflanzt. „Toll, was Sie machen", sagte sie. „Sie selbst", so sagte sie, „arbeite mit Ihrem Ministerium jeden Tag an Lösungen, um die Landwirtschaft umweltfreundlicher zu machen. Und dann kam etwas Wichtiges:

‚Die Bauern müssten in den nächsten 40 Jahren so viele Lebensmittel produzieren wie die gesamte Menschheit im Verlauf der vergangenen 8000 Jahre. Der Klimawandel jedoch verursache extreme Wetterereignisse wie Fluten und Dürre. Wenn Menschen ihre Äcker verlören und verarmten, könnten ganze Regionen destabilisiert werden.' (So im Hamburger Abendblatt am 25. 9. 2018.). Etwas später wurde von großen Ertragseinbußen der Landwirtschaft wegen des besonders heißen Sommers berichtet.

Und am 25. 6. 2019 hieß die Meldung (t-online): „100 Hektar in Flammen – Waldbrand in Brandenburg außer Kontrolle. Bei Cottbus wütet ein Waldbrand auf der Fläche von 140 Fußballfeldern. Auf manchen Autobahnen Tempolimits." In Deutschland war am 26. 6. 2019 in „BILD DEUTSCHLAND die Überschrift: „Heute neuer Hitze-Höhepunkt!" – „Es wird bis zu 39 Grad Celsius heiß" (Im Schatten natürlich.) „Selbst nachts sind es fast überall 25 Grad und mehr….Am Sonntag können es sogar über 40 Grad werden." (Es wurden im Monat darauf 42,6 Grad.) Am Persischen Golf waren es dann sogar 50 Grad. Alles Ergebnisse der Klimaerwärmung.

Fluten und Dürre durch die Klimaerwärmung wurden genannt. Und tatsächlich: Nur etwas später als ich die deutsche Bundesministerin für Landwirtschaft zitierte, wurden aus dem früher herrlichen Urlaubsland Italien nie da gewesene Fluten gemeldet: „Chaos und Verwüstung – Unwetter in Italien: Deutsche stirbt durch Blitzschlag.". Und weiter hieß es: „Überschwemmungen, Erdrutsche, Blitzeinschläge – seit Tagen halten heftige Unwetter Italien in Atem." Und sodann war unter anderem zu lesen: „Wegen eines Erdrutsches am Freitag waren mehrere Orte von der Außenwelt abgeschnitten, wie Ansa berichtete. Starker Wind riss nicht nur in Venetien, sondern auch in der Region Trentino-Südtirol Schneisen in die Wälder. Tausende Bäume seien wie Mikadostäbchen umgefallen." (am 3. 11. 2018 rew, dpa – t-online.de). Über 30 Tote waren dort ein Ergebnis der Unwetter-Regenfälle, die fast überall mehr wurden. Denn mehr Wärme bringt auch mehr Verdunstung und dann Regen.

14

Und am 11. 11. 2018, wurden aus den USA „Waldbrände in Kalifornien" gemeldet, und ergänzt: „Trump macht Behörden für Feuerkatastrophe verantwortlich." *(dpa, t-online.de)*. Mit den Behörden meinte er das Forstmanagement und sogar die Feuerwehr. Fast die gesamte Presse brachte schon am 12. 11. große Berichte über die dortige Vernichtung eines riesigen Areals. Aber, wie schon berichtet, war es nur wenige Monate später – im Juni des folgenden Jahres – in Deutschland in Brandenburg ähnlich.

So schrieb das „Hamburger Abendblatt am 12. 11. 2018: „Waldbrände in Kalifornien fordern 25 Tote. Auch Villa von Thomas Gottschalk abgebrannt." - Dann war zu lesen, dass über 1000 Personen noch vermisst werden, dass in der Kleinstadt Paradise 6500 Gebäude, Wohnhäuser, mehrere Schulen, Tankstellen und Lebensmittelläden nieder brannten – und 50.000 Menschen ihre Häuser verlassen mussten. Die Stadt war weg.

Der US-Präsident Trump befand sich zur gleichen Zeit in Paris beim Gedenken zum Ende des 1. Weltkrieges. Er suchte von dort die Schuldigen der Brände bei den US-Demokraten, die in Kalifornien die Regierung stellten. „Schlechte Forstwirtschaft" und Missmanagement war für ihn der „einzige Grund" für die Waldbrände. Dabei gehörten 60 % der Wald- und Freiflächen in Kalifornien der Zentralregierung, 25 % sind in Privatbesitz und 14 % Industrie-Unternehmen.

„Der Regierung des Bundesstaates, in dem in diesem Jahr 4000 Quadratkilometer abgebrannt sind, (eine Fläche die immerhin rund eineinhalb Mal so groß wie das Saarland ist), die Schuld zuzuweisen, sei dreist, sagten die Wissenschaftler der Universität UCLA." Die Wissenschaftler verwiesen darauf, dass Holz-Strommasten und ihre Leitungen bei großer Hitze oder Dürre Funkenflug erzeugten.

Am 14. 11. 2018 titelte die Zeitung „Bild": „Waldbrände in Kalifornien immer schlimmer + schon 44 Tote + Hunderttausende auf der Flucht." Am selben Abend berichtete die Tagesschau dann schon von 50 Toten. Und das „Hamburger Abendblatt" erläuterte unter „Wissen" wiederum am selben Tag: „Wie es zu der Katastrophe in Kalifornien kam." Darin wurde auch Kirsten Thonicke vom Potsdamer Institut für Klimaforschung (PIK) zitiert. Auf die Frage „drohen auch in Deutschland verheerende Brände wie in Kalifornien?" sagte sie: „In Deutschland herrscht bislang noch kein Mittelmeerklima und es gibt hier auch keine Wüste, aus der die trockenen Winde kommen. Dennoch seien in diesem Jahr auch hierzulande Waldbrände in einer Größenordnung entstanden, die es bislang noch nicht gab." Das war noch 2018. 2019 wurde es dann mit den genannten über 100 Hektar mehr.

Schon am 18. 11. 2018 hieß es (rtr -t-online): „Trump besucht Kalifornien – und leugnet den Klimawandel." Dann konnte man lesen, dass die Anzahl der Toten und Verletzten nach den verheerenden Bränden in Kalifornien weiter steigt. Es wurden bislang 76 Leichen geborgen. Aber fast 1300 Menschen waren noch vermisst. Und am 19. 11. 2018 hieß es dann (im HA): „Die Flammen konnten sich auf etwa 600 Quadratkilometer ausbreiten." – Sodann hieß es über den US-Präsidenten Trump: „Gefragt, ob sich etwas an seiner Haltung zum Klimawandel geändert habe, verneinte er dies."

In Kalifornien waren aber nicht die einzigen Waldbrände entstanden. Zuvor wurden schon häufig Waldbrände aus andern Gebieten gemeldet. Ursache war und ist vor allem die später untersuchte Klimaerwärmung, die zusätzlich auch mehr Verdunstung des Wassers mit mehr Regen bewirkt.

Am 30./31. 10. 2019, also 1 Jahr später, hieß es wieder: „Stars flüchten vor der Flammenhölle. Erneut sorgen Buschfeuer in Kalifornien für Verwüstung – Gebäude werden zerstört, Zehntausende verlassen ihre Häuser."

Zusätzliche Waldbrandgründe können wie folgt vermieden werden: Im Wald nicht rauchen oder Feuer machen, oder Zigarette wegwerfen, oder Fahrzeuge auf trockenem Gras parken, oder Glas und Feuerzeuge wegwerfen. So im Wald seitlich (oder überhaupt nicht) parken, dass Rettungs- und Löschfahrzeuge nicht behindert werden. Bei Brand in Deutschland 112 wählen.

Auf der genannten Seite „Wissen" im zitierten „Hamburger Abendblatt" stand am selben 14. 11. 2018 gleich unterhalb des Kalifornien-Berichts: „Wenn mit dem Klimawandel die Elefanten ins Dorf kommen." – Und als Unterüberschrift dazu: „Im Süden Afrikas zwingt anhaltende Dürre auch die Dickhäuter zu verzweifelten Maßnahmen. Naturschutz ist nun umso wichtiger."

Am 16. 11. hieß es im Leserbrief von Nele-Charlotte Neddermann: „Jeder Einzelne steht in der Pflicht." Und dann fragte sie gleich am Anfang: „Warum überfallen Elefantenherden immer häufiger die Dörfer in Namibia? Warum können wir in Hamburg im November noch in kurzer Hose und T-Shirt das Haus verlassen? Zwei Kontinente, eine Antwort: Der Klimawandel. Ein globales Phänomen, das globale Auswirkungen zeigt. Doch die Emissionen sind alles andere als global." Und dann stellte sie die Frage, warum Dörfer in Afrika darunter leiden müssen, dass wir in Europa zu viel Kohlendioxyd emittieren, und hielt eine Abgabe darauf für sinnvoll.

Ein Hauptproblem: „Kein G20-Staat beim Klimaschutz auf 1,5-Grad-Kurs" war am 11. 11. 2019 die Meldung

(HA/dpa). „Der Treibhausgasausstoß der 19 Industrie- und Schwellenländer und er EU steige weiter, hieß es im ‚Brown to Green' -Report, den das Netzwerk Climate Transparency veröffentlichte – 3 Wochen vor Beginn der UN-Klimakonferenz in Madrid. (Siehe Kapitel 22.) Im vergangenen Jahr nahmen die Emissionen demnach um 1,8% zu." Und jetzt kommt ein wichtiger Satz:

„Die führenden Industrie- und Schwellenländer der G20 sind für 80% des Treibhausgasausstoßes verantwortlich.

…Viele Staaten und Experten halten das 1,5-Grad-Ziel für notwendig. Um knapp ein Grad hat sich die Erde schon erwärmt.. Wenn die Staaten nur ihre aktuellen Klimaschutzzusagen erfüllen, dürften es bis Ende des Jahrhunderts 3 Grad werden – mit katastrophalen Folgen für Gletscher und Polareis, Korallenriffe, Artenvielfalt und auch für die Menschheit."

Bereits am 27. 11. 2019 hieß es im UN-Umweltprogramm Unep in einer in Genf vorgestellten Studie: Wenn die Weltbevölkerung so weiterlebt wie aktuell, drohe die Temperatur bis zum Ende des Jahrhunderts um 3,4 bis 3,9 statt wie angestrebt um nur 1,5 Grad gegenüber dem vorindustriellen Niveau zu steigen. Und das war kurz vor der UN-Klimakonferenz vom 2. – 13. Dezember 2019 in Madrid mit über 20.000 Vertretern aus 200 Ländern.

Wir sind also gefordert, gegen den Klimawandel zu arbeiten. Die Umweltverbände im Anhang dieses Buches sind hier bereits tätig. Jeder kann mitmachen.

Es gibt aber noch ein Hauptproblem, das von Regierungen und meistens auch von der Bevölkerung ignoriert wird, wie es auch der moderne Spaß ist:

Beispielsweise soll jetzt überall W-LAN an Schulen eingerichtet werden. In Haifa (Israel) wurde dies wegen der Ge-
sundheitsgefährdung an den Schulen wieder abgeschafft.
Informationen und die Forschung über die Schädlichkeit
elektromagnetischer Strahlung liefert beispielsweise die Dr.
Moldan Umweltanalytik aus Iphofen: www.dmoldan.de.
Und zusätzlich gibt es die „Kompetenzinitiative zum Schutz
von Mensch, Umwelt und Demokratie e.V.", sowie weitere
Verbände, die gegen eine Erhöhung der Mobilfunkstrahlung
kämpfen. Vom 4. – 6. 10. 2019 erfolgt(e) durch sie eine
internationale Tagung in Mainz - genannt: „Biologische
Wirkungen des Mobilfunks". 12 Professoren berichteten
dort, und viele Ärzte arbeiteten daran mit, um die Gesundheit der Bevölkerung und der Natur noch zu erhalten. Im
Kapitel 18 wird hierzu mehr berichtet. Im Oktober 2019
stellten Wissenschaftler die unglaubliche Verminderung der
Insekten und Vögel fest.

In den Kapiteln 17 bis 19 berichten Ärzte und Forscher über
die Schädlichkeit von beispielsweise 5G, der neuen Mobilfunkgeneration und die biologischen Wirkungen des Mobilfunks überhaupt. Vom horrenden Stromverbrauch berichtet
auch Kapitel 16. Der Ausbau des Mobilfunks kann wegen
seines enormen Stromverbrauchs allein einen Umwelt- und
Lebenserhalt verhindern.

**Verbände, Vereine und Parteien sollten bei Umweltun-
verträglichkeit die Überprüfung nach dem „Gesetz über
die Umweltverträglichkeitsprüfung (UVPG)" verlangen.**
(Bundesamt für Justiz – www.gesetze-im-Internet.de – Siehe dazu auch Kapitel 19).

Das genannte Gesetz gilt aber auch für die nicht vorhandene
Umweltverträglichkeit von Plastikmüll und von vielen weiteren in den nachfolgenden Kapiteln genannten Stoffen.

Leider ist es aber so, dass viele weitere Einflüsse eine Klimaerwärmung bewirken. China, USA, Japan und Europa – kurz gesagt, fast alle zivilisierten Länder erwärmen das Klima. Und nicht umsonst werden große Personenwagen aus Deutschland in die Welt – und auch nach Afrika – exportiert – und alle freuen sich über den Export. Zusätzlich werden unglaubliche Mengen Plastik in die Flüsse und das Meer geworfen.

Das „Unicef-Foto des Jahres 2019" zeigt ein Mädchen, das in einem Slum auf den Philippinen nach Wertsachen fischt. Das Foto von Hartmut Schwarzbach erzähle „vom mutigen Überlebenskampf von Kindern angesichts gleich dreier Tragödien unserer Zeit: Armut, Umweltverschmutzung und Kinderarbeit", erklärte das UN-Kinderhilfswerk am 19. 12. 2019 in Berlin. (HA/dpa 20. 12. 19.)

Aber durch „Fridays for Future" sind immer mehr aufgewacht: So kam vom deutschen, bayerischen Ministerpräsidenten Markus Söder Anfang August 2019 die Forderung nach Aufnahme des Klimaschutzes in die deutsche Verfassung – das Grundgesetz. Er sagte: „Bewahrung der Schöpfung ist urkonservativ." Und weiter sagte er: „Eine CO_2-Steuer allein führt nur zu höheren Preisen, aber noch nicht automatisch zu Reduktion von CO_2. Wirksamer sind Zertifikate, die tatsächlich den CO_2-Verbrauch regulieren." - Vielleicht ist ja beides notwendig.

Am 18. September 2019 schrieb Franz Alt in der Zeitung „DIE WELT" über den „Krieg gegen die Natur". – „Machen wir so weiter, wird das Ziel des Pariser Klimagipfels krachend verfehlt. Forscher haben die Erderwärmung zwar richtig erkannt, sich aber beim Tempo verschätzt."

Und dann bringt der denkende Franz Alt dazu Beweise: „Gletscherforscher geben zu, dass das Eis heute dreimal so schnell schmilzt, wie sie es noch vor 10 Jahren befürchtet hatten. Das heißt: Der Meeresspiegel steigt in diesem Jahrhundert nicht nur um einige Zentimeter wie vorhergesagt, sondern im schlimmsten Fall um einige Meter. … Nicht nur halb Bangladesh wird unbewohnbar, sondern betroffen sind auch New York, Shanghai, Hamburg, Bremen, Mumbay, Kalkutta, Alexandria und Rio…Zurzeit verlieren wir jeden Tag 150 Tier- und Pflanzenarten (US-Biologe Edward O. Wilson).

Das Ziel des Pariser Klimagipfels,. Die globale Erwärmung bei 1,5 Grad zu stoppen, wird krachend verfehlt, wenn wir so weitermachen. Zurzeit laufen wir global eher auf 5 bis 6 Grad Erwärmung zu, das heißt an Land auf neun bis zehn Grad. Noch immer gibt es Politiker und Journalisten, die diese Fakten der Klimaforschung als ‚Alarmisnus' abtun oder verdrängen wollen. …Fakt ist: **Wir führen einen dritten Weltkrieg gegen die Natur und damit gegen uns selbst."**

In den kommenden Kapiteln will ich die negativen Auswirkungen auf das Klima und Möglichkeiten zum Umwelt- und Lebenserhalt auf unserer Erde aufzeigen. Denn ohne Umwelt gibt es keinen Lebenserhalt. Und zusätzlich schädigt der Rindfleischkonsum die Umwelt – und in der Menge auch die Gesundheit. Denn am 11. 10. 2019 lautete die Meldung (HA/dpa): „OECD warnt vor den globalen Folgen von Übergewicht." Und das begann in der Meldung aus Paris: „Übergewicht wird bis 2050 in den Industrie- und Schwellenländern mehr als 90 Millionen Menschen das Leben kosten. Es wird erwartet, dass auf Fettleibigkeit oder Übergewicht zurückzuführende Krankheiten die Lebenserwartung im Schnitt um fast drei Jahre reduzieren."

Wie sagte noch Prinz Charles?: „**Es scheint mir der reine Wahnsinn, wenn wir ihnen diese komplett verschmutzte,**

beschädigte und zerstörte Welt hinterlassen." – **„All unsere Enkelkinder verdienen eine bessere Zukunft."**

Dazu möchte ich noch ergänzend erwähnen, dass die königliche Familie in England zwecks Lebenserhalts auch auf die in einigen Kapiteln angesprochen gesunde Lebensweise achtet. Deshalb waren Ende 2019 der Prinz Philip schon 98 und die Königin 93 Jahre alt.

In den folgenden Kapiteln soll die verschmutzte und beschädigte Umwelt - nach den heutigen Erkenntnissen aufgezeigt – und ebenfalls die Abhilfe beschrieben werden. Denn die „Enkelkinder verdienen eine bessere Zukunft." – Und der Fürst Albert II. von Monaco sagte in Hamburg fast identisch: „Lasst uns unseren Kindern keinen zerstörten Planeten hinterlassen."

„Wir können nicht weitermachen wie bisher", denn: „Der Untergang hat begonnen." So die Zeitungsüberschrift vom 15. 11. 2019 (Bettina Gabbe/HA). „Venedigs jahrhundertealte Monumente wie der Markusdom sind angesichts des Hochwassers in Gefahr." – Und darunter sah man ein Foto: „Unter Wasser: der Markusplatz, einer der meistbesuchten Orte der Welt."

Und am 3. Januar 2020 hieß es: „Australiens verzweifelter Kampf gegen die Flammenhölle" (HA) – Bei über 40 Grad brannte es in weiten Bereichen um Sydney und Canberra.

———

Kapitel 2:
CO₂ durch gutes Leben + Rettung durch Wald.

„Jede Schädigung der Umwelt ist eine Schädigung der Menschheit."
(Papst Franziskus vor Vertretern der Vereinten Nationen am 25. 9. 2015)

Papst Franziskus, der seit Vorstellung seiner Umwelt-Enzyklika ein Wortführer im Kampf gegen den Klimawandel ist, sagte zur Eröffnung des Nachhaltigkeitsgipfels vor Vertretern der Vereinten Nationen am 25. 9. 2015 in New York: „Der Mensch kann nur überleben, wenn die ökologische Umgebung dafür günstig ist." Und weiter sagte er: „Jede Schädigung der Umwelt ist eine Schädigung der Menschheit." Sodann rief er die Staatengemeinschaft auf, bei der Klimakonferenz im Dezember in Paris entschlossene Schritte gegen die Erderwärmung zu gehen. „Dabei dürfe die ,unverantwortliche Zügellosigkeit einer allein von Gewinn- und Machtstreben geleiteten Weltwirtschaft' nicht verharmlost werden."

Nach seinem Weckruf vor den Vereinten Nationen, den auch die deutsche Bundeskanzlerin Merkel in ähnlicher Thematik zur Rettung der Welt bediente, besuchte der Papst die Gedenkstätte für die Opfer des ersten Terroranschlages von Islamisten 2001 mit einem Gottesdienst im Madison Square Garden. (Dirk Hautkapp 26./27. 9. 2015 HA)

Seit jener Zeit im Jahre 2001 begannen die Islamisten, die heute einen Teil der Flüchtlingsmillionen verursachen, ihren Terror im Namen des Islam, damit dieser wächst. Immer wieder wurde von Islam-Anschlägen in der Presse berichtet, wie z. B. am 13. 12. 2018 (HA) „Der Angreifer rief ,Allahu Akbar'." – Und immer wieder werden weitere Bewohner aus ihren Häusern durch die Syrische Armee und Russland an der Grenze zur Türkei in die Türkei vertrieben, die dann dort sagen, dass sie nach Berlin wollten.

Hinzu kommt eine zusätzliche Staatsverschuldung, die auch auf dem vom Papst genannten Gewinn- und Machtstreben beruht. Alles nach dem Motto: „Wem ich etwas gebe, der wählt mich."

Nachfolgend sollen jeweils vorweg weitgehend negative Tatsachen bezüglich des Erhalts der Umwelt wiedergegeben werden. Aber. Negatives zu erfahren ist ja dann positiv, wenn man dadurch dieses Negative für sich und andere verhindern oder in Positives verändern kann. Letzteres wird in den folgenden Kapiteln jeweils zusätzlich versucht, denn die Umweltverbraucher sind eine Parallelgesellschaft, und wahrscheinlich sogar die größte. Allerdings können und werden sich die meisten Parallelgesellschaften - einschließlich der übrigen Weltbevölkerung – wohl nur wenig ändern. Sie müssen aber, um „die Chance auf ein Überleben auf der Erde zu steigern." Also auch ihre eigene Chance und die ihrer Kinder und Kindeskinder.

„Fast alle müssen ihr Handeln ändern." Und alle müssen dabei zusammen arbeiten und nicht als Parallelgesellschaften, die nur ihr Denken und Handeln für richtig halten und ausbauen: Jede Partei, alle Links- und Rechtsextremisten, alle Sozialisten und Kapitalisten, alle Islamisten, Muslime, alle Schulabbrecher und Unterweltler. Selbst die Flüchtlingshelfer und natürlich die Christen. Der vom Papst Franziskus so genannte 3. Weltkrieg durch Islamisten als Flüchtlingsursache mit zusätzlicher Angst vor Terroranschlägen fast überall auf der Erde muss beendet werden. Und dies muss auch von Mekka ausgehen. „Fast alle müssen ihr Handeln ändern", um ein Überleben der Erde für die jetzt Geborenen noch zu ermöglichen, um ihr Handeln fast ausschließlich auch der Umweltwiederherstellung zu widmen. Dies gilt auch für die Nato einschließlich der USA, sowie Russland und China.

Schon 1972 veröffentlichte der US-Professor Dennis Meadows „**Die Grenzen des Wachstums**". Ende April 2015, also 43 Jahre später, kam er nach Hamburg, um sich im Gespräch mit Thomas Frankenfeld vom „Hamburger Abendblatt", Frank Otto und Jakob von Uexküll auszutauschen. Der letztgenannte war Stifter des **Alternativen Nobelpreises** und Initiator des „**World Future Council (WFC),** einer in Hamburg beheimateten globalen Organisation für Völkerverständigung, Umweltschutz und nachhaltige Entwicklung. Im Kapitel 21 wird beschrieben, wie Greta Thunberg und noch weitere Personen diesen Alternativen Nobelpreis erhalten. Herr von Uexküll trat Anfang 2019 aus Gesundheitsgründen (gemäß Presse) zurück. Vor 43 Jahren warnte Meadows vor einem Kollaps der Weltwirtschaft vor dem Jahr 2100. An welchem Punkt sind wir nun? ‚Wir sind dem Katastrophen-Zeitplan voraus', sagte er trocken.

‚Die Dinge entwickeln sich schneller, als wir erwartet haben. Dies gilt vor allem für den Klimawandel. So schmelzen die Gletscher schneller als wir dachten.' ‚Wir verlieren jedes Jahr Handlungsoptionen', sagte Jakob von Uexküll. ‚Einige optimistische Szenarien, die es noch vor 10 Jahren gab, sind heute unmöglich geworden.'

Und dann kommt an den berühmten und voraus schauenden US-Professor Meadows eine Frage, die sich durch fast die gesamte politische Diskussion zieht: „Was sind denn die vordringlichsten Gefahren – für Deutschland und die Welt?" ‚Zum Beispiel die Einwanderung', sagt Meadows. ‚Sie haben hier ein interessantes Paradoxon: Liberale Denker wollen keinen Stopp der Einwanderung, weil sie meinen, das verstoße gegen die Humanität. Sie stimmen dann Maßnahmen zu, die am Ende zu einem Verlust der Liberalität in

Europa führen. Sie sehen das am Anwachsen der Rechten. – Der Klimawandel ist (allerdings) für alle eine der Hauptbedrohungen der Welt."

Und dann bewiesen die Fachleute die Artikel-Überschrift: **„Wachstum für alle ist unmöglich", indem Meadows beispielsweise sagte: „Natürlich können wir eine Wirtschaft ohne Wachstum haben. Das hat es tausende Jahre lang gegeben. Die Schlüsselfrage ist die Tragfähigkeit der Erde. Wenn die Erde eine Milliarde Einwohner hätte, dann könnte jeder einen deutschen Lebensstandart haben. Wir haben aber mehr als sieben Milliarden – und damit ist das völlig unmöglich."**

Von Uexküll sah in dem Gespräch innerhalb der nächsten 20 Jahre schon Millionen Klimaflüchtlinge nach Europa kommen (das war 2015) – und sogar die Erpressung durch Atombomben, wenn beispielsweise Pakistan das Trinkwasser ausgehen würde, wäre dies möglich. Er ergänzte: „Uns wird immer noch eingeredet: Wir können Wachstum haben ohne Ende, jeder kann alles haben, was er will. Und das ist naiver Unsinn." – Soweit die berühmten Warner und Vorhersager.

Als im **September 2015** in den USA herausgekommen war, dass Volkswagen (VW) die Abgaswerte bei Dieselwagen mit einem Computerprogramm manipuliert hatte, zeigte sich die gesamte Presse entrüstet. Der deutsche Bundesfinanzminister Schäuble sagte dazu: „Es ist auch die Gier nach Ruhm, nach Anerkennung. Man steht fassungslos davor und sieht doch immer wieder, wie es endet." Wie schon bei der Finanzmarktkrise stelle sich heraus, dass der globale Wettbewerb, „wenn man auf dem Weltmarkt erfolgreich sein will, unglaublich brutal sei." Immer wollten alle „die Größten" sein. Schäuble ergänzte jedoch: „Der Staat solle aber nicht glauben, er könne alles besser machen als die Wirtschaft." (30. 9. 15, dpa auf T-Online.de).

Am 25. 9. 2019 hieß dann dazu die Bild-Hauptüberschrift: „AUTO-BEBEN!" VW-Chef angeklagt, Strafe für Daimler + + +." Die Hauptautobranche war wohl bei der Umwelt nicht ganz korrekt.

Und am 17. 3. 2017 hieß die Meldung im „Hamburger Abendblatt": **„Mehr Verkehr gefährdet Klimaziel. Der CO$_2$-Ausstoß in Deutschland steigt."** – Er stieg natürlich auch durch die hohen Diesel-Abgaswerte der PKW und LKW. Das Kohlendioxyd wird also immer mehr, die Klimaerwärmung dadurch auch, weil die CO$_2$ absorbierenden Wälder abgeholzt werden oder abbrennen.

Am 25. 7. 2019 waren es zum ersten Mal in Deutschland 42,6 Grad. Es könnte aber in den folgenden Jahren mehr werden. Und das Wasser wird weniger, der Hunger in vielen Regionen mehr, der Plastikmüll verschmutzt zusätzlich Flüsse und Meere so stark, dass die Fische ungenießbar werden, und das Meer nicht mehr die Luft und sich selbst reinigen kann. Alles soll im nachfolgenden Buchinhalt bewiesen und besprochen werden.

„Was haben wir getan?" war die Frage der sterbenden Korallen im Great Barrier Riff – und die Überschrift zu deren Absterben am 16. 3. 2017 im „Hamburger Abendblatt".

Das „immer mehr haben" fordern leider auch die Parteien: So forderte früher „Die Linke", dass sich Arbeitslose auch ein Auto erlauben können (19. 8. 15 HA aus Berlin), ob Sozial- oder Christdemokraten – oder selbst Grüne – ob Löhne, Gehälter und Abgeordneten-Einkünfte. (2019: Bundestagsabgeordnete erhalten über 10.000 €/Monat.) Alle arbeiten am Wachstum, selbst dann, wenn es auf Schulden finanziert wird, und damit arbeiten sie bereits am Untergang ihrer Kinder und Kindeskinder. Je nach Alter sogar an ihrem eigenen Untergang. Nicht umsonst haben die Politiker Immunität vor dem Zugriff wegen Gesetzesübertretung.

Wenn die Staatsverschuldung innerhalb von nur 10 Jahren vor 2015 beispielsweise in Großbritannien um 203,6 %, bei Wachstum von 40,5 % stieg – in Spanien um 178,6 % bei 17,1 % Wachstum – in den USA um 125,1 % bei 39,3 % Wachstum – in Frankreich um 77 % bei 23,4 % Wachstum - und in Deutschland um 39,5 % bei 30,9 % Wachstum (aus DER SPIEGEL 40/2015, Quelle EU-Kommission), dann ist dies zusätzlich zum Umweltverbrauch mindestens ein Diebstahl an der Zukunft.

Das Gegenteil noch zu erreichen erfordert die Anstrengungen und Gegenmaßnahmen aller. Dazu sollen nachfolgend vorrangig die rückgängig zu machenden Umweltsünden, teilweise mit Gegenmaßnahmen oder -forderungen, aufgeführt werden.

Zur Einführung dazu eine Reise in die fast unvergleichliche Urlaubswelt Bali mit dem Bali-Hinduismus, aber auch dem Buddhismus, im Indischen Ozean. Fast alle schönen und beschaulichen Touristenhäuser haben dort eine Klimaanlage und einen Swimmingpool. Allerdings vor allem deshalb, weil man nicht mehr im Meer baden kann, das ist voller Plastik - die Fische dann auch, und die Menschen später auch. Hinzu kommt der Flug – und dazu passt dann die Meldung vom 18. 8. 2015 in „Bild-Hamburg": Inder ordern 250 Super-Jets A320. - Flugzeuge für CO_2-Erzeugung und Zerstörung der Atmosphäre, aber für Wirtschaftswachstum. Gerade Indien ist Reisenden bekannt für Schmutz und Umweltverbrauch. Zusätzlich wurden neuerdings in dem Hindu-Staat Christen unterdrückt (lt. Open Doors 12. 2018, info@opendoors.de). Und zusätzlich hieß es (DIE WELT 19. 9. 2019) „Doppelt so viele Flugzeuge bis 2038. Große Nachfrage aus Asien" Das waren dann zusammen 39.210. Also mal eben rund 40.000 Flugzeuge. Und wo bleibt da die Umwelt?

Zur richtigen und zusammenfassenden Kurzinformation zur Klimaerwärmung durch das schon genannte CO_2 kurz aus www.wikipedia.org/wiki/Globale_Erwärmung zitierend: „Zu den laut Klimaforschung erwarteten und teils bereits beobachteten Folgen der globalen Erwärmung gehören je nach Erdregion: Meereis- und Gletscherschmelze, ein Meeresspiegelanstieg, das Auftauen von Permafrostböden, wachsende Dürrezonen und zunehmende Wetter-Extreme mit entsprechenden Rückwirkungen auf die Lebens- und Überlebenssituation von Menschen und Tieren." Bei den Gründen zur Klimaerwärmung steht dort:

„Nach Modellrechnungen trägt Kohlenstoffdioxid (CO_2) am meisten zur globalen Erderwärmung bei." Und hierzu heißt es näher begründend: „Die fortdauernde anthropogene Anreicherung der Erdatmosphäre mit Treibhausgasen Kohlenstoffdioxid (CO_2), Methan und Stickstoffmonoxid, die vor allem durch die Nutzung fossiler Energie (Brennstoffe), durch weltumfassende Entwaldung, sowie Land- und insbesondere Viehwirtschaft freigesetzt werden, erhöht das Rückhaltevermögen für infrarote Wärmestrahlung in der Troposphäre."

Doch bekannt ist dies seit langem. Es muss zum „Umwelt- und Lebenserhalt" nur viel mehr getan werden. Hinzu kommen die biologischen Folgen des Mobilfunks gemäß Kapitel 18, vermehrt durch 5G, dass in Wirklichkeit besonders Energie und Umwelt verbrauchend ist. Weil das Smartphone aber Spaß macht, wollen viele nichts davon wissen. Ähnlich davon, dass Rauchen, Alkohol und Shisha ungesund sind. Dies, obwohl jedes Kind weiß, dass das Smartphone oder das Handy laufend elektrisch aufgeladen werden muss und dass Sendestrahlung, auch bei W-Lan an den Schulen, natürlich auch oder sogar immer mehr Strom verbraucht, deren Herstellung immer mehr CO_2 abgibt. Genau wie immer größere Autos, wie SUVs mit immer größerer Geschwindigkeit immer mehr verbrauchen, gleichgültig ob

Benzin, Diesel oder Elektro. Trotzdem werden auch immer mehr SUV's gekauft. Das Wasserstoffauto ist dagegen fast allen noch zu teuer. Siehe dazu auch Kapitel 12.

Am 26. 6. 2919, als die „BILD" 39 Grad ansagte, brachte das „Hamburger Abendblatt":

„Wie stark die Urlaubsreise dem Klima schadet":

„SO VIEL CO_2 ERZEUGT DER URLAUB" mit jeweils 14 Tage Reisedauer, 2 Erwachsene, 1 Kind. CO_2-Angaben in Kilogramm **pro Person**:

Hotel-Urlaub in Andalusien (Südspanien):Billigflug: **957 kg** + Unterkunft 14 Tage in 4-Sterne-Hotel **353 kg = 1.319 kg x 3 Personen = 3.930 kg**

Alle die ich kenne fliegen zweimal im Jahr = 7860 kg + Anreise zum Flughafen. – Doch die nächsten Angaben nur für 1x pro Jahr. Urlaub machen:

Flug in die USA ab Düsseldorf mit Airbus 320 **3.147 kg** und Unterkunft im 4 Sterne-Hotel: **307 kg = 3.454 kg x 3 Personen = 10.362 kg.** + Anreise zum Flughafen.

„Fliegen schadet dem Klima. Wer trotzdem abhebt, kann sein Gewissen mit Kompensationszahlungen beruhigen. – Wie Passagiere ihre CO_2-Bilanz (beim Fliegen) verbessern." Das war am 13. 9. 2019 die Information im „Hamburger Abendblatt." Zuerst sollte man überlegen, ob es nicht ohne Flugzeug geht. Zum Schadensausgleich gibt es sodann Anbieter, wie Atmosfair (mit dem Siegel Gold Standart), die davon in Schwellenländern CO_2 einsparend, wie Baumpflanzungen, investieren. Zur Kompensation werden auf der Homepage von z. B. Atmosfair Start- und Zielflughafen angegeben. Für einen Flug von Hamburg nach Mallorca berechnet das Programm einen CO_2-Ausstoß von 734 Kilo. Wer dies zu 100 % kompensieren will müsste 17 € bezahlen, die mit Quittung auch steuerlich absetzbar sind.

Von Hamburg nach München wird die Anreise mit dem ICE empfohlen.

Die Lufthansa stellte am 19. 8. 2019 eine Onlineplattform für Kompensationszahlungen vor. Für die Strecke Hamburg-München fallen dann für die 701 Kilometer 91 kg CO_2 Emissionen an. Die Passagiere können dann auf der Website wählen, ob mit dem Geld 36,75 € synthetischer Kraftstoff (SAF) gekauft oder Wald in Nicaragua aufgeforstet werden soll.

Atmosfair sammelte im Jahr 2018 9,5 Millionen Ausgleichszahlungen ein. – 40 % mehr als im Vorjahr. Es wird also von den Flugzeug-Passagieren bereit einiges kompensiert. – Bei den Kreuzfahrten allerdings bislang kaum.

Die Norwegen-Kreuzfahrt zum Nordkap erzeugt 2745 kg x 3 Personen = 8.235 kg (also mehr als 2 Hotelurlaube in Andalusien). –

Aber beim Camping in Dänemark waren es mit Anreise und Mini-Ferienhaus nur 117 kg x 3 = 351 kg und bei der

Ferienwohnungsmietung in Österreich waren es mit Anreise nur 228 kg x 3 = 684 kg CO_2

Beim Hotel wären es an der Nord- oder Ostseeküste auch nur 307 kg + Anreise 47 kg = 354 kg. – So viel kann man für den Erderhalt ohne große Einschränkung der Lebensqualität sparen.

Dazu wurden die CO_2-Jahresemissionen im Vergleich angegeben: Der Inder pro Kopf 1600 kg, der Deutsche pro Kopf 11.610 kg und mit Mittelklasse PKW und 12.000 km Autofahren zusätzlich 2000 kg.

Dazu noch die Einzelzusammenstellung der Jahresemissionen beim Deutschen: Ernährung 1740 kg + Mobilität 2180 kg + Heizung + Strom 2400 kg + sonstiger Konsum 4560 kg

= 10.880 + öffentliche Emissionen (für Straßen etc.) 730 kg
= zusammen 11.610 kg.

(Viele Quellen, wie Umweltbundesamt, Klimarechner von Atmosfair, IFEU.)

Hamburgs grüner Umweltsenator Jens Kerstan wurde am 14. 7. 2019 in der „WELT AM SONNTAG" aus dem „Hamburger Abendblatt" zitiert mit: „Wir brauchen endlich eine Kerosinsteuer, bisher wird das Fliegen ja quasi bezuschusst, weil, anders als beim Benzin oder Diesel, keine Steuern erhoben werden", am besten europaweit. Er sprach sich auch für ein Verbot innerdeutscher Flüge aus. „Vorher muss aber die Bahn deutlich besser werden." – Am 24. 7. 2019 hieß es im „HamburgerAbendblatt" dann: Grüne wollen Inlandsflüge beenden". Das kam von der Parteispitze aus Berlin. - Dort protestierten am Freitag, dem 19. 7. 2019 am Hauptflughafen viele hunderte Schüler von „FRIDAYS FOR FUTURE" gegen das klimaschädliche Fliegen.

Und wer macht die Inlandsflüge vor allem? „628 Dienstflüge pro Tag. – Bundesministerien und nachgeordnete Behörden buchten im Jahr 2018 fast 230.000 Inlandsverbindungen." Dies die Überschriften am 26. 7. 2019 HA. „Besonders viele Regierungsbeamte fliegen von Berlin nach Köln/Bonn." Das sind dann mal eben rund 120 Millionen Kilometer. Und warum? Weil die Ministerien klimaerwärmend und verteuernd 2 Dienstsitze haben: Einen in Berlin und den anderen in Bonn. Das kostet dann Umwelt und viel Geld der Steuerzahler, denn am Flugtag bleibt den Beamten kaum Zeit zur Büroarbeit. „18.730 Dienstreisen wegen Zweiteilung der Regierung" war am 32. 8. 2019 HA/dpa) die Meldung. Und das kostet dann zusätzlich jährlich über 11 Millionen €. Dies neben den Zusatzkosten in Bonn, während man für einen Bruchteil die Ministerien in Berlin erweitern könnte.

Am 27./28. 7. 2019 (HA) schrieb eine promovierte Leserin dazu: „Ich bin so empört über unsere Politiker, die nicht mal den Zug von Berlin nach Bonn besteigen. Was bilden die sich ein, mit welcher Doppelzüngigkeit leben die? Haben diese Politiker wirklich unser Klima im Auge?"

Doch! Die deutsche Forschungsministerin Karliczek (CDU) forderte weniger Politiker Flüge. (4. 8. 2019 dpa/t-online). Die beste CO_2-Einsparung erbringe die Reise, die nicht stattfinden müsse. Und nach dem CDU-Bundestagsabgeordneten Jung müsse sich eine Flug-Mehrwertsteuer bei der Bahn auf die Fahrpreise senkend. auswirken.

Noch mehr würde an der Klimaerwärmung eingespart werden, wenn Bonn aufgegeben würde und die Beamtenanzahl dadurch auch vermindert würde. – Ähnlich ist es mit den riesigen Büromengen der EU in Brüssel und Straßburg. Ich habe das Straßburg-Gebäude gesehen. Es ist heute wohl überflüssig und wenig benutzt. So geht es oft zu, wenn der Staat Behörden nicht abbaut, weil die Arbeiten dort weniger werden.

Das ist aber noch nicht alles: Etwa 14,6 Millionen Kilometer sind 2018 die 709 deutschen Bundestagsabgeordneten geflogen. „Ein deutlicher Zuwachs im Vergleich zum Jahr davor" (HA 10./11. 8 2019). Damit wurden grob 4000 Tonnen CO_2 ausgestoßen, was rund 2000 PKW mit 12.000 km/Jahr entspricht, sagte dazu Herr Brockhagen von „Atmosfair" der HA-Redaktion.. Plus die Dienstflüge Berlin Bonn mit 120 Millionen Kilometern sind dies dann rund 135 Millionen Flugkilometer. – Also: Inlandsflüge verbieten!

Wenn der Chef der deutschen Linkspartei, Riexinger, im Interview (27./28. 7. 2018 HA) vor allem Konzerne für den Klimawandel verantwortlich machte und sagte „Fluggesellschaften gehören in staatliche Hand", dann fragt man nach der Logik, wenn besonders die Behördenmitarbeiter und

Urlauber unnütz fliegen – nicht die Konzerne. Widerspruch kam aber auch von der SPD (Lauterbach). Sie warf ihm eine „Politik des Ewiggestrigen vor". Kritik an Riexingers Vorschlag kam sodann von der CSU, FDP und AfD. Die „Grünen" sagten: „Wir wollen Inlandsflüge überflüssig machen." Die Bahn muss besser und billiger werden (29. 7. 2019 HA).

Doch Prof. Dr. Lüder schrieb zu den Flügen im Gastbeitrag (HA) am 31. 8. /1. 9. 2019: „Die Wahrheit ist: Selbst wenn Sie und alle anderen Passagiere zu Hause blieben, würde kein Gramm CO_2 weniger freigesetzt." Und dazu nannte er als Grund das Emissionsrechtehandelssystem EU-ETS. „Wer CO_2 emittieren will, muss Emissionsrechte erwerben." Dem unterliegt „neben den meisten Industriebetrieben und den Stromkraftwerken – auch der Luftverkehr." Aber nur innerhalb der EU. Bei weniger Luftverkehr würden die Emissionen weniger. „Dadurch wird es etwa für die Stahlindustrie billiger, Emissionsrechte zu kaufen und mit ihnen mehr CO_2 zu emittieren. Die Gesamtemissionen bleiben… auf dem EU weit gedeckelten Niveau." - **Ich würde sagen, man braucht anderen ja keine CO_2 Vergrößerungsrechte zu verkaufen.** Dann hieß es, dass das EU-ETS für Flüge von und nach europäischen Flughäfen wegen der z. B. 80.000 Beschäftigten am Frankfurter Flughafen bis 2023 ausgesetzt sei. Denn andernfalls würden die Flugzeuge beispielsweise in Dubai landen, die schon darauf warten. – In derselben Zeitung stand dann „Air Asia bestellt bei Airbus 42 Flugzeuge."

Man sieht: Nichts ändert sich, weil die übrige Welt, aber selbst die deutschen Behörden, meistens nicht mitmachen. Deshalb die Forderung an alle: Rettet die Erden – oder es ist bald mit dem Leben darauf vorbei, denn selbst die in vielen Ländern, vor allem in den USA, übliche Raumkühlung erwärmt durch den Stromverbrauch zusätzlich. Und bei Klimaerwärmung wird diese Raumkühlung noch mehr.

Doch nun noch einmal zurück zur Idee der Verstaatlichung: In Leserbriefen (HA) vom 30. 7. 2019 wurde dazu die Bahn als abschreckender Beweis für Staatsbetriebe beschrieben. Da stand dann beispielsweise: „Nachdem nun Herr Kühnert die deutsche Automobilindustrie, Herr Habeck die Wohnungswirtschaft und jetzt Herr Riexinger die Luftfahrtunternehmen und auch gleich die Energieversorger verstaatlichen wollen…Oder genügt vielleicht doch das abschreckende Beispiel der Bahn…, die ja als 100-prozentiges Staatsunternehmen ein herausragendes Beispiel missglückter staatlicher Unternehmensführung darstellt?".

Zusätzlich fordere der Linken-Chef Riexinger: „eine Ausweitung der Flüchtlingsrechte auf Klimaflüchtlinge." Dieses Problem wurde nur 11 Tage zuvor in „BILD DEUTSCHLAND" behandelt. Da wurden aus Afrika (vor allem wegen Dürren) und aus Asien (vor allem wegen steigendem Meeresspiegel) zusammen zukünftig bis zu 100 Millionen mögliche Flüchtlinge genannt.

Aber der zitierte Migrationsforscher Dr. Kleist sagte dazu: „Flüchtlinge bleiben ohnehin meistens in ihrer Region." Und Entwicklungsminister Gerd Müller (CSU) sagte zu Bild: „So sei der Tschadsee als Wasserspeicher für rund 30 Millionen Menschen nahezu ausgetrocknet. Die EU und alle Industrieländer seien aufgefordert, den Betroffenen mehr als ein paar Regentropfen an Hilfe anzubieten. Denn wir müssen den Menschen vor Ort bei der Anpassung an den Klimawandel helfen, damit sie auch in Zukunft eine Perspektive in ihrer Heimat haben." – Also Hilfe dort und CO_2-Einsparung hier.

Bei der Fahrt mit dem Kreuzfahrtschiff ist die CO_2-Emission aber oft noch höher als beim Flugzeug. Am 20./21. 7. 2019 brachte dazu das „Hamburger Abendblatt" mit dem Autoren Mester den **CO_2-Ausstoß im Vergleich** – der **„Wachstumsbranche mit Umweltproblemen":**

Zusätzlich ist die Kreuzfahrt zu den Polen noch schlimmer, weil gleichzeitig das dortige Eis oder der Schnee erwärmt werden. Klimaerwärmung zu den dann noch eher abtauenden Polen.

Aber am 8. 11. 2019 (HA/Schulz) kam die Meldung: „Wie Kreuzfahrten klimaneutral werden sollen. Als erste große Reederei verspricht MSC schon ab Januar (2020) für alle CO_2-Emissionen Umweltprojekte zu finanzieren." Und am Tag darauf schrieb die gleiche Zeitung: „Mehr als zwei Dutzend neue Kreuzfahrtschiffe gehen im Jahr 2020 an den Start. Vom Megaliner für bis zu 9500 Passagieren bis zur Yacht ist alles dabei." Also über 23 neue Kreuzfahrtschiffe mit teilweise umweltschonenderem Antrieb (wie Hybrid). Aber eben mehr! Und 2 Tage später schrieb wieder die gleiche Zeitung: „Kommt das emissionsfreie Flugzeug?" und dazu war ein Flugzeug mit Wasserstoff-Antrieb abgebildet. Trotzdem wird die E-Mobilität bei Autos ausgebaut.

Immer mehr Europäer machen die Flugreisen oder Kreuzfahrten. Dazu wurde dann die unglaublich hohe Luftbelastung in Schwefeloxyd durch die Kreuzfahrtschiffe im Vergleich zu Autos angegeben. Beispielsweise in **Hamburg:** 14.079 kg der Schiffe und 9.351 der Autos. In **Palma de Mallorca:** 28.0011 kg durch Schiffe, 2.986 kg durch die Autos.

In **Venedig:** 27.520 kg durch die Schiffe und nur 1.362 durch die Autos. Vor vielen Jahren durften deshalb, und wegen der Beschädigung der Hausgründungen, Kreuzfahrtschiffe dort nicht anlegen. Dies sollte dann dort ab 2010 wieder eingeführt werden. (10./11. 2018 HA) Am 16. 11. 2019 lautete die Meldung dann in BILD: „Ist Venedig noch zu retten? Das Dammsystem ‚Mose' soll die innere Lagune Venedigs eines Tages vor Hochwasser schützen….Aber wann wird Mose fertig?...technische Probleme und Korruptionsvorwürfe verzögern das Projekt immer wieder. ..Die geplante Fertigstellung wurde von 2016 auf Ende 2021 verschoben." Und weiter hieß es dazu u. a.: „VENEDIG: Eine Stadt versinkt im Meer. Das durch den Klimawandel immer höher steigende Meer bedroht die einzigartigen Kunst- und Kulturschätze der weltberühmten Lagunenstadt."

Noch einmal zur CO_2-Abgabe der Schiffe: Diese wird jetzt besser, wie bei der 2018 in Dienst gestellten AIDAnova (lt. Nabu-Kreuzfahrtranking auf Platz 1) oder MS Roald Amundsen als 1. Hybridschiff. Aber trotzdem bleibt die steigende Gesamtabgabe immer zu hoch.

Der sonstige Konsum, wie der Urlaub in Spanien mit dem Flugzeug oder die Kreuzfahrt, sind also beim Deutschen, und neuerdings auch beim Chinesen, Haupterwärmungs-CO_2-Quellen. Wegen der Klimaerwärmung würden sie deshalb vielleicht mit hoher CO_2-Steuer auch für Flugzeug-Cerosin im Lande bleiben. Die Flugzeuge und Autofahrer würden dann aber weniger in Deutschland tanken. Eine CO_2-Steuer nützt also vor allem europa- oder weltweit etwas. Doch dann können die Hotels in Südspanien oder auf den Kanaren vielleicht schließen. Deshalb wird sie dort nicht kommen. Alles ändert sich in der Welt oder auch nicht.

Aber was nützt es, wenn allein in Deutschland auf Beschluss der Regierung das Tanken mit Benzin ab 2020 + 8 Cent, ab 2025 + 25 Cent und ab 2030 + 51 Cent kostet. Diesel und Heizöl zuerst 11 Cent mehr, ab 2025 34 Cent mehr und ab 2030 57 Cent mehr. Was nützt es, wenn die EU nicht mitmacht? Was nützt es, wenn alle Wachstum, auch bei den Flügen, wollen? Wenn am 5. 8. 2019 die Meldung (HA) lautete: „Die A320-Familie ist der Verkaufsschlager des europäischen Luftfahrtkonzerns (Airbus). **Im Auftragsbuch stehen noch Bestellungen von rund 6.300 Fliegern des Typs." Flugzeuge, die dann die Atmosphäre zerstören und noch einmal unglaublich viel CO_2 verursachen.**

„Die Grenzen des Wachstums" von Meadows werden also immer mehr überschritten, wenn wir alle nicht Halt machen und umkehren.

Dies könnte vielleicht noch aufgehalten werden, als 4. Weltkrieg gegen den Umwelt-Untergang, statt Umweltverbrauchswirtschaftswachstum. Denn schon 2010 schrieb die US-Organisation "**Worldwatch**", dass exzessiver Konsum mit verantwortlich sei für die Zerstörung der Ökosysteme. Umweltfreundliche Technologien oder staatliche Maßnahmen reichten allein nicht aus, um die Menschheit vor schweren Klima- und Umweltschäden zu schützen. (KNA in HA 19. 3. 2010)

Bereits am 7. 7. 2010 hieß die Überschrift im „Hamburger Abendblatt": **„Landpflanzen atmen jährlich 450 Milliarden Tonnen CO_2 ein."** Ein internationales Forscherteam vom Max-Planck-Institut für Biochemie in Jena ermittelte erstmals die Größe des Austauschprozesses von Kohlenstoff mit dessen Einfluss auf das Klima zwischen Atmosphäre und Landoberfläche. Demnach setzen tropische Regenwälder und Savannen fast 2/3 des CO_2 um. Und dessen Verringerung ist dann ebenfalls maßgeblich für die Klimaerwärmung mit verantwortlich. Hierüber wird im 11. Kapitel durch die dann durch Abholzung der Regenwälder entstehende „Welt ohne Wasser" noch ausführlich berichtet werden.

In „DER SPIEGEL" vom 3. 6. 2017 hieß zum CO_2-Austoß allein in Deutschland die Überschrift: **„Liste des Schreckens. Nur mit unpopulären Maßnahmen sind die deutschen Klimaziele erreichbar."** Weiter war dort zu sehen, dass 1990 1251 Millionen Tonnen Kohlendioxid allein in Deutschland abgegeben wurden, die bis 2020 um 40 % auf 751 Millionen Tonnen gesenkt werden sollten. Aber kurz davor waren es noch 906 Millionen Tonnen oder eine Verminderung von nur 28 Prozent.

Die CO$_2$-Senkung erfolgt vor allem durch Pflanzen und Wälder – und zusätzlich durch weniger Verbrauch mit CO$_2$-Abgabe. Die Wälder wurden und werden aber immer weiter, wie schon gesagt, vor allem in Südamerika, abgeholzt, um Rinderweiden zum Fleischexport zu beschaffen. Rinder, die als Wiederkäuer zusätzlich CO$_2$ ähnliche Gase abgeben.

Zusätzlich produzieren Rinder das klimaschädliche Treibhausgas Methan. Kieler Forscher wollen dies durch Kräuter-Futter reduzieren. (26. 8. 2019 DIE WELT). Der Klimaforscher Latif sagte dazu: „Etwa 20 % der durch die Menschen verursachten Erderwärmung geht auf Methan zurück. **Also: Gesund und weniger CO2 durch Rindfleisch- oder allgemein Fleischverzicht** – entsprechend den folgenden Kapiteln 3 und 4.

Und trotzdem wird zusätzlich in Südamerika Urwald abgeholzt, um Cannabis anzubauen. Alles vor allem für den Export nach Europa. „MISTER CANNABIS" hieß beispielsweise ein in „BILD – Hamburg" am 5. 7. 2019 fast ganzseitig abgebildeter Laden mit einem rauchenden Gartenzwerg im Schaufenster – mit der Frage: „Wie illegal sind die Hanf-Shops?" Zusätzlich wurde und wird in Zeitungen halbseitig für „Cannabis aus der Apotheke" geworben.

Und außerdem werden in Afrika Wälder für Holzkohle zum Grillen (in Europa) abgeholzt. Dazu hieß es am 25. 11.2019 (HA): „Kaminöfen machen mehr Feinstaub als Autos. Die vorgeschriebenen Grenzwerte werden bei Millionen Öfen nicht eingehalten" Und zusätzlich hieß es: „Beim Einatmen können Partikel in die Lunge geraten."

Und in Deutschland brennen dann Ende Juni 2019 außerdem über 700 Hektar Wald - und werden immer mehr Parkanlagen abgeholzt, um dann dort immer mehr Wohnraum errichten zu können, der rechnerisch schon wegen der Zuwanderung notwendig ist, vor der im Kapitel 14 gewarnt wurde.

Am 4. 7. 2019 wurde dann über das neue Forschungsergebnis von der Eidgenössischen Technischen Hochschule (ETH) Zürich, veröffentlicht in „Science", berichtet:

900 Millionen Hektar zusätzlicher Waldfläche (das ist so groß wie die USA) könnten das Klima retten. Die Erde könnte 1/3 mehr Wälder vertragen, ohne dass Städte- oder Agrarflächen beeinträchtigt würden. Derzeit ist der Planet mit 2,8 Milliarden Hektar Wald bedeckt. Die zusätzliche Waldfläche hält die ETH für möglich. Das Team hat mit Satteliten-Aufnahmen genau erkundet, welche Flächen noch zur Aufforstung zur Verfügung stehen. Es geht (HA 6./7. 7. 19).

Leider wird aber stattdessen weiter abgeholzt und abgebrannt. Und außerdem sind viele der europäischen Baumarten bedroht. „Mehr als die Hälfte der nur in Europa vorkommenden Baumarten sind nach einer Bestandsaufnahme der Weltnaturschutzunion (IUCN) gefährdet. Neben Schädlingen seien auch Krankheiten, gebietsfremde Arten, nicht nachhaltiger Holzschlag und das Wachstum der Städte Ursache für die Bedrohung, berichtete die IUCN." - Mehr Wald könnte also die Erde noch retten, stattdessen wird der Wald laufend vermindert.

„Riesige Krater am Grund des Barentssee zeigen, dass nach der letzten Eiszeit Methan explosionsartig aus dem Meeresboden entwich. Dabei gelangte das Treibhausgas vermutlich auch in die Atmosphäre. Forscher vermuten, dass sich das durch den Klimawandel wiederholen könnte," (4. 6. 2017 dpa über t-online.de.)

Wenn durch die Klimaerwärmung die Poole der Erde schmelzen, wie es bereits der Fall ist. Und, wenn zusätzlich an den Poolen Schwerkraft durch Erdölabbau schwindet, dann wird eine Pooländerung möglich. Die Poole verändern sich – und die Erde dann auch.

Wie bereits zuvor im Inhalt dieses Kapitels sichtbar: Es ändert sich bei den Gegenmaßnahmen noch wenig und nicht genug, denn am **22. 11. 2018 meldete die Fernseh ARD Tagesschau: „Aufgrund weltweiter Messungen wurden neue Höchstwerte bei Treibhausgasen festgestellt."** Am dann folgenden Tag hieß die Überschrift (HA/dpa) **„So viel CO_2 in der Atmosphäre wie noch nie".** Und wörtlich folgte dann die traurige Mitteilung: „Die Konzentration von Treibhausgasen in der Atmosphäre ist so hoch wie noch nie, warnt die Weltwetterorganisation (WMO). Es gebe keine Anzeichen für eine Umkehr des Trends, der zu Klimawandel, Meeresspiegelanstieg, Versauerung der Meere und mehr extremen Wettersituationen beitrage. ‚Ohne eine Verringerung von CO_2 und anderen Treibhausgasen wird der Klimawandel zerstörerische und unumkehrbare Folgen für die Erde haben', sagte WMO-Generalsekretär Petteri Taalas. Die CO_2-Konzentration stieg 2017 auf 405,5 ppm (Teilchen pro Million Teilchen) nach 403,3 im Jahr 2016…." Das war 2018, 2020 war es dann noch mehr.

Am 30. 4./1. 5 2019 schrieb Jürgen Polzin im Hamburger Abendblatt **„Was jeder tun kann, um das Klima zu schützen".** Ich gebe daraus das besonders Wichtige verkürzt wieder:

Und dann begann er damit, dass weltweit die CO_2-Emissionen immer weiter steigen. 31,1 Gigatonnen CO_2 waren es lt. IEA 2018. Und der pro Kopf-Ausstoß jedes deutschen Bürgers beträgt immerhin 11 Tonnen pro Jahr. Knapp ¼ entfällt auf Heizung und Strom, 23 % auf den Verkehr und 13 % auf die Ernährung. Und jeder könnte lt. Umweltbundesamt den Wert auf 5 Tonnen CO_2 im Jahr senken.

Sodann wurde berichtet, wie das geht: Nicht mit dem Flugzeug sondern mit der Bahn verreisen (allerdings schränkte diese Forderung ja der Prof. Lüder zuvor ein) – und statt dem Auto öffentliche Verkehrsmittel oder sogar das Fahrrad benutzen. Oder zu Fuß viele Wege machen, darf ich noch hinzufügen. Eine halbe Stunde zum Lebensmitteleinkauf zu gehen ist gesunder Sport. Gerade dann wichtig, wenn man den Tag über vor dem Stromverbrauchs-PC gesessen hat. Und beim Strom zum echten Ökostrom-Anbieter wechseln. Klimabewusste Ernährung: Gemüse und Obst und weniger tierische Lebensmittel. „1 kg. Rindfleisch bringt etwa 15,5 Kilo CO_2 auf die Klimawaage." Weniger wegwerfen und saisonal essen. Außerdem soll man nachhaltiger wohnen: Den Energieausweis zeigen lassen. „Die Absenkung der Raumtemperatur um nur 1 Grad senkt die CO_2-Emissione um rund 350 Kilogramm, so Greenpeace." Wer die Nachttemperatur auf 15-16 Grad reduziert, soll noch einmal 300 Kilo CO_2 einsparen. Zuletzt wird geraten, bewusster zu konsumieren und nicht immer etwas Neues kaufen. – Jeder kann also eine Menge tun, um das Klima vielleicht doch noch zu retten.

Leider gibt es zusätzlich noch den schon genannten „**Klimakiller Holzkohle**", über den von Vivien Pieper und Johannes Bürger am 12. 12. 2018 auf 3SAT um 21 Uhr ein Film ausgestrahlt wurde. Da hieß es: Die Europäer nutzen jährlich 800 000 Tonnen Holzkohle zum Grillen. 70 Prozent kommen aus dem EU-Ausland" – Und: „Weltweit kochen und heizen 2,7 Millionen Menschen mit Holz beziehungsweise Holzkohle. Der Ausstoß von Klimagasen ist dabei enorm." Und dann hieß es u. a.: „Allein Nigeria – das Holzkohle fast ausschließlich für den Export herstellt – verlor in der Zeit von 1990 bis 2005 36 Prozent seiner Wälder. 350. 000 Hektar fruchtbares Land gehen dort jährlich verloren. Laut UN ist die Holzkohleproduktion eine der Hauptursachen für die Entwaldung Afrikas – und für die massive Verschlechterung der Bodenqualität." Soweit einige Auszüge aus dem 3SAT-Bericht. Das Grillen mit Holzkohle im Sommer müsste also auch verboten werden.

„Sorgen machte auch ein Ozonschichtkiller, der als Treibhausgas wirkt: Das längst verbotene Kühlmittel CFC-11, das offenbar in Ostasien noch hergestellt werde. Der Rückgang in der Atmosphäre habe sich seit 2012 deutlich verlangsamt." (HA/dpa).

Und dann gibt es zur CO_2-Einsparung noch den Kohleausstieg. Dazu wurde am 14. 3. 2019 (HA/Lüder Gerken) ein Gastkommentar von Prof. Dr. Lüder Gerken als Vorsitzender der Stiftung Ordnungspolitik und des Centrums für Europäische Politik gebracht: „Warum der Kohleausstieg überflüssig ist." Die Kohlekraftwerke sollen bis 2038 nach der „Kohlekommission" stillgelegt und die CO_2-Emissionsrechte der Werke dabei jeweils vernichtet werden. Er erläutert dazu das Emissionshandelssystem EU-ETS, das für den CO_2-Ausstoß EU-Obergrenzen festlegt, die jährlich abgesenkt werden. Dabei werden die ersteigerungsfähigen Emissionsrechte immer teurer und die Umrüstung auf eine CO_2-arme Technologie immer interessanter und zuletzt notwendig. Die Entscheidung der Einsparung wird durch die marktferne Kohleaustiegsanordnung angeblich schlecht und „überflüssig".

So viel über den weiteren Anstieg des klimaschädlichen CO_2 – Ein Anstieg, den viele Erdbewohner, besonders auch in Europa und Deutschland sogar fast umkehren könnten, wenn sie kein Rindfleisch mehr essen würden. Die genannte Aufforstung und die später und zuvor angesprochene Verminderung des Konsumismus, wie die weiten und nahen Flugreisen, wie von Berlin nach Bonn oder von Brüssel nach Straßburg durch deutsche und EU-Staatsbedienstete, würden natürlich auch viel Kohlendioxyd und Klimaerwärmung einsparen. Wenn dann eine CO_2-Steuer auf Benzin,

Diesel, Öl, Kerosin, Kohle und Gas kommt, wie es gemäß Kapitel 22 beschlossen wurde, müsste der CO_2-Verbrauch weniger werden. Ein angeblich sozialer Ausgleich durch Staatszuschüsse würde dies dann u. U. wieder vermehren.

Sehr viele heizen dann noch mehr mit Holzkohle und grillen ihr Rindfleisch. Wobei dann noch mehr CO_2 abgegeben wird. Und der genannte digitale Ausbau verbraucht natürlich ebenfalls mehr Energie und gibt CO_2 ab. Und der als Autoersatz völlig ungeeignete E-Scooter gibt durch die verbrauchte E-Energie natürlich auch CO_2 ab. Am 24. 7. 2019 schrieben dazu 2 Hamburger Wissenschaftler im „Hamburger Abendblatt": „Neues Verkehrsmittel ist gefährlich, nicht besonders umweltfreundlich und als Ersatz für das Auto völlig ungeeignet. Zusätzlich las man in der Presse gleich nach der Einführung laufend von Unfällen. Doch über diese Wirklichkeiten redet man bei der EU und in Berlin nicht." Aber: Die CO_2-Abgabe muss vielleicht erhöht werden. Die Wälder müssen kommen. Und die Vernunft auch.

Aber etwas bewegt sich schon, wenn es am 5. 7. 2019 hieß (HA/dpa): „Deutlich weniger CO_2-Ausstoß bei der Stromerzeugung." „Von Januar bis Ende Juni (2019) wurde rund 15 % weniger CO_2 emittiert als im Vorjahreszeitraum." Der Energieverband BDEW führte dies auf die milde Witterung (Klimaerwärmung), Rekordhoch des Ökostromanteils und das windige Wetter (Windenergie) zurück. Dies bringt aber bei weitem zu wenig – und hat als Ursache auch die Klimaerwärmung.

Wenn allerdings mehr Elektroautos fahren sollen. Wenn auch in Europa, wie besonders in den USA, aber auch in Südamerika, China und Australien die Luft gekühlt wird, dann wird immer mehr Elektrizität mit CO_2-Abgabe verbraucht. Doch damit immer noch nicht genug:

Am 28. 8. 2019 brachte „DIE WELT" den Gastkommentar von Professor Dr. Werner Thiede mit dem Titel: „Neue Feinde des Klimas". Darin hieß es dann u. a.: „Beim weltweiten Stromverbrauch liegt das Internet im Länderranking auf Platz 3; es dürfte also mitverantwortlich sein für den Klimawandel. Namentlich die Supercomputeranlagen, euphemistisch Cloud genannt, fressen gigantische Energiemengen. Jörn Gutbier unterstreicht als Vorstandsvorsitzender der Verbraucherorganisation Diagnose Funk: ‚Auch die digitale Transformation der Gesellschaft ist letztlich fossil.' Besonders mächtig ist das herrschende Tabu beim Mythos Mobilfunk. Die nahezu omnipotente Strahlung dürfte freilich ihren Anteil an der Aufheizung des Erdklimas haben – primär wegen der mit ihr entstehenden Verlustenergien. Gemäß dem 2. Hauptsatz der Wärmelehre geht schlussendlich alles in Wärme über, also auch die Strahlenenergie. Dabei dürfte der effektive technische Wirkungsgrad des Mobilfunks, bezogen auf die in den Endgeräten genutzte Energie, der geringste sein im Vergleich zu allen sonst bekannten Technologien." - Siehe zum Internet das Kapitel 16.

„Angesichts der kontroversen wissenschaftlichen Befunde auf diesem Gebiet, drängt sich die Frage auf: Steht neuerdings die Perfektionierung der Funkinfrastruktur noch über dem grundrechtlichen Prinzip der körperlichen Unversehrtheit und dem darauf zu beziehenden Vorsorgegebot? Es gibt international etliche Indizien dafür, dass Mobilfunk nicht nur thermisch, sondern auch selbst unterhalb der Grenzwerte biologisch wirken kann." Und so geht es dann weiter. In den Kapiteln 17-19 werden später die Beweise zur biologischen Wirksamkeit gebracht.

Kapitel 3:
Gesund + weniger CO_2 durch Konsumänderung.

„Nichts wird die Gesundheit der Menschen und die Chance auf ein Überleben auf der Erde so steigern wie der Schritt zur vegetarischen Ernährung."
(Prof. Albert Einstein zitiert in „Vegan" des Dr. med. Henrich.)

Albert Einstein, geboren 1879, veröffentlichter bereits mit 26 Jahren die Annalen der Physik und ging mit seiner Speziellen – und später der Allgemeinen Relativitätstheorie in die Weltgeschichte ein. Zusätzlich erhielt er 1921 für seine Quantentheorie den Nobelpreis für Physik. Wenn er schon vor rund 100 Jahren schrieb, „nichts wird die Gesundheit der Menschen und die Chance auf ein Überleben auf der Erde so steigern, wie der Schritt zur vegetarischen Ernährung", dann zeigt dies auch, wie wenig lernfähig die Menschen sind, und wie sie immer wieder an ihrem eigenen Untergang arbeiten. „Die Chance auf ein Überleben auf der Erde", verband Albert Einstein also schon vor rund 100 Jahren mit weniger Völlerei und der Notwendigkeit auf Fleischkonsum weitgehend zu verzichten.

Hinzu kommt durch neueste Forschungsergebnisse ein Milchverzicht oder H-Milch für viele. Doch darüber mehr im Kapitel 17.

Stattdessen wurde in Europa, den USA und Kanada, aber auch in China, das Übergewicht der Menschen, neben der Umwelt, zu einem Hauptproblem. Und weil das Fleisch, vor allem wegen der beigefügten Gewürze, in der Wurst, im Schinken und vor allem beim Steak so gut schmeckt, hält die Gier alle Fleischfreunde von einem Verzicht oder einer

Einschränkung meistens ab. Allein China soll ein Drittel des Fleisches der Weltproduktion verbrauchen.

Am 8. 8. 2019 füllte das Fleisch im „Hamburger Abendblatt" sogar den Leitartikel der Politik-Korrespondentin Emmrich: „Wenn's um Fleisch geht, hört bei den Deutschen der Spaß auf." Und dann begründet sie, warum es so schwer ist, den Massenkonsum zu verringern: „Eine Erhöhung der Mehrwertsteuer von 7 auf 19 %, wie sie jetzt diskutiert wird, würde ein Pfund Schweinefleisch gerade mal um ein paar Cent verteuern…Wer also den Konsum spürbar bremsen will, müsste Fleisch so teuer machen, dass es sich wirklich nur noch wenige leisten können. – und das hieße wiederum soziale Spaltung an der Fleischtheke. Doch wer würde das wollen – und wie lange wäre er an der Macht?"

Und deshalb spreche ich später vor allem auch die sich durch Fleisch, und besonders durch Rindfleisch, meistens verringernde Gesundheit von Erwachsenen an. Aber dabei ist es dann ähnlich wie beim Rauchen, Alkohol, Shisha, Cannabis und der Tages-Smartphonie, - der Spaß muss sein.

Die Rindfleischproduktion und der Sojaanbau führten ganz besonders zur Abholzung des das Klima verbessernden Regenwaldes am Amazonas. Am 1. 12. 2016 wurde dazu aus Brasilien im „Hamburger Abendblatt" gemeldet, dass diese Abholzung im vorhergehenden Jahr 2015 bereits um 29 Prozent mit einer Fläche von 7989 Quadratkilometern zugenommen hatte, einer Fläche dreimal so groß wie das deutsche Bundesland Saarland. Im August 2019 wurde zusätzlich aus Brasilien gemeldet: „Viehzüchter brennen Regenwald nieder, um Weideland für den Fleischexport zu schaffen. Präsident Bolsonaro ermutigt sie dazu." (HA 23. 8. 2019) Da waren dann bereits 500.000 Hektar Wald vernichtet.

Rindfleisch fast nicht mehr zu essen und nicht zu entwalden sondern aufzuforsten, könnte, wie im vorigen Kapitel und nachfolgend bewiesen wird, die Erde schon fast retten. Und damit wird dann auch Einsteins Wissen und Vorausschau durch die Wirklichkeit wissenschaftlich bewiesen.

Denn der Regenwald in Brasilien wurde und wird größtenteils für zukünftige Weideflächen für Rinder abgeholzt. „Zwölf Millionen Hektar Tropenwald sind verschwunden. Satellitenbilder zeigen weltweite Abholzung. Brasilien ist trauriger Spitzenreiter." Und das war nur die Tropenwaldabholzung vom Jahr 2018. Im Jahre 2017 waren es 15,81 Millionen und 2016 waren es 16,95 Millionen Hektar. So die Meldung (HA/dpa) vom 26. 4. 2019 nach einem Bericht der Global Forest Watch (GFW). Deren Daten wurden durch die Auswertung von Satellitenbildern von der Uni Maryland zusammengetragen.

Am selben Tag, dem 26. 4. 2019, wollte in Brasilien der neue Präsident Bolsonaro bei einer Sondersitzung des Parlaments die Regenwald Schutzgebiete abschaffen. Vor dem Parlament demonstrierten tausende Amazonas-Indianer für ihre Rechte, ihr Land. Stirbt der Regenwald, stirbt der Amazonas, stirbt das Land. Auf den Noch-Schutzgebieten sollten dann hauptsächlich Weiden (für Rinder) entstehen. Den Reportern sagten die Ureinwohner aber auch, dass Europa mit Schuld daran sei, weil es das Rindfleisch abnehmen würde. Die Europäer sollten dies einstellen, sich weigern – und fordern, den Regenwald zu lassen. Sie waren in der Tagesschau zu sehen. Am 12. 8. 2019 wurde die Aussage der deutschen Bundesumweltministerin Schulze gegenüber der Zeitung „Tagesspiegel" zitiert (T-Online/dpa/rok): „Die Politik der brasilianischen Regierung im Amazonas(-Gebiet) lässt Zweifel aufkommen, ob eine konsequente Reduzierung der Entwaldung kommen wird.

Die Rindfleischproduktion und der Sojaanbau führten also ganz besonders zur Abholzung des das Klima verbessernden Regenwaldes am Amazonas. Im August 2019 wurde zusätzlich aus Brasilien gemeldet: „Viehzüchter brennen Regenwald nieder, um Weideland für den Fleischexport zu schaffen. Präsident Bolsonaro ermutigt sie dazu." (HA 23. 8. 2019) Da waren dann bereits 500.000 Hektar Wald vernichtet.

Rindfleisch fast nicht mehr zu essen und nicht zu entwalden sondern aufzuforsten, könnte, wie im vorigen Kapitel und nachfolgend bewiesen wird, die Erde schon fast retten. Und damit wird dann auch Einsteins Wissen und Vorausschau durch die Wirklichkeit wissenschaftlich bewiesen.

Denn der Regenwald in Brasilien wurde, wie gesagt, und wird größtenteils für zukünftige Weideflächen für Rinder abgeholzt. „Zwölf Millionen Hektar Tropenwald sind verschwunden. Satellitenbilder zeigen weltweite Abholzung. Brasilien ist trauriger Spitzenreiter." Und das war nur die Tropenwaldabholzung vom Jahr 2018. Im Jahre 2017 waren es 15,81 Millionen und 2016 waren es 16,95 Millionen Hektar. So die Meldung (HA/dpa) vom 26. 4. 2019 nach einem Bericht der Global Forest Watch (GFW). Deren Daten wurden durch die Auswertung von Satellitenbildern von der Uni Maryland zusammengetragen.

Am selben Tag, dem 26. 4. 2019, wollte in Brasilien der neue Präsident Bolsonaro bei einer Sondersitzung des Parlaments die Regenwald Schutzgebiete abschaffen. Vor dem Parlament demonstrierten tausende Amazonas-Indianer für ihre Rechte, ihr Land. Stirbt der Regenwald, stirbt der Amazonas, stirbt das Land. Auf den Noch-Schutzgebieten sollten dann hauptsächlich Weiden (für Rinder) entstehen. Den Reportern sagten die Ureinwohner aber auch, dass Europa mit Schuld daran sei, weil es das Rindfleisch abnehmen würde.

Die Europäer sollten dies einstellen, sich weigern – und fordern, den Regenwald zu lassen. Sie waren in der Tagesschau zu sehen.

Am 12. 8. 2019 wurde die Aussage der deutschen Bundesumweltministerin Schulze gegenüber der Zeitung „Tagesspiegel" zitiert (T-Online/dpa/rok): „Die Politik der brasilianischen Regierung im Amazonas(-Gebiet) lässt Zweifel aufkommen, ob eine konsequente Reduzierung der Entwaldungsraten noch verfolgt wird." Das Ministerium hatte die Zahlung von 35 Millionen Euro aus der internationalen Klimaschutzinitiative des Ministeriums zur Förderung des Schutzes von Wäldern und der Artenvielfalt zunächst gesperrt. Insgesamt wurden 95 Millionen Euro bereitgestellt, von denen bis zu diesem Zeitpunkt 55 Millionen € bezahlt wurden. Zuständig war für die Zahlung das Entwicklungsministerium.

Der den Regenwald abholzende Präsident Bolsonaro konterte vor Journalisten: „Brauchen Deutschlands Geld für Amazonas nicht – Sie können das Geld sinnvoll verwenden. Brasilien braucht es nicht."

Allerdings vereinbarte der Klimaänderungsleugner Trump Mitte 2019 mit der EU eine große zusätzliche Rinderabnahme durch die USA. – Also Rindfleisch kommt weiter in großen Mengen, um die Erderwärmung zu vergrößern.

Aber schon 2013 veröffentlichte ein Forscherteam aus den Niederlanden, England, Italien und Deutschland eine Hauptmöglichkeit, die Erderwärmung zu verringern und damit das Überleben auf der Erde zu ermöglichen:

Durch erheblich verringerte Tierhaltung ließen sich die Treibhausgase in der Luft und die Stickstoffverbindun-

gen durch Dünger im Wasser um etwa 40 Prozent senken. Das Steak von Wiederkäuern, oft aus Südamerika kommend – dort zuvor auf Weiden von früher abgeholzten Urwäldern grasend, umweltschädigend von dort zu den Verbrauchsländern transportiert, vermindert also für die Kindeskinder „die Chance auf ein Überleben auf der Erde."

Hierzu möchte ich einflechten, das auf fast jedem Lebensmittel die „gesättigten Fettsäuren" stehen, die bei Rind- und weniger bei Schweinefleisch, aber nicht bei Geflügel und Fisch, besonders hoch sind und sich an den Aderwänden anlagern, diese dadurch verdünnen und gegen den Durchgang des notwendigen Cholesterins abdichten. Erhöhter Cholesterinspiegel, Diabetes, Bluthochdruck und Herzprobleme sind meistens die Folge – und das Dickwerden ebenfalls. (Die angelagerten Fettsäuren können allerdings mit z. B. „TELCOR Arginin plus" oder nur L-Arginin aus der Apotheke wieder losgelöst werden. Es enthält auch die Vitamine B6 + B12. Auch der Cholesterinspiegel sinkt, weil die Aderwände wieder frei werden. Aber dies ist alles bislang nicht offiziell üblich. Alles Naturheilmittel, die den Ärzten oft noch unbekannt sind). Auch Butter hat, mit rund 50 Prozent, viel mehr „gesättigte Fettsäuren" als Margarine oder sogar Fleisch hat, die beispielsweise bei der Margarine „BERTOLLI" nur 9 % aufweist.

Das ist aber noch nicht alles. In der Apotheken Umschau vom 15. 2. 2019 wurde das Ergebnis einer Studie von European Heart Journal veröffentlicht: 113 Männer und Frauen aßen 4 Wochen lang täglich ein Steak oder 2 Hamburger. Das Ergebnis: Der Spiegel von Stoffwechselprodukten, die vermutlich das Herz schädigen, stieg auf das Dreifache an. Nach dem Wechsel auf Geflügel oder Gemüse sanken die Werte schnell wieder.

Am 10./11. 8. 2019 (HA) war die Meldung (HA/kai): „Was bei AMD vor Erblinden schützt: Das Risiko steigt ab dem

60. Lebensjahr an. „Wer aufs Rauchen verzichtet, sich mediterran ernährt und täglich bewegt, kann die Chance, sein Sehvermögen…bis ins späte Alter zu erhalten, wesentlich verbessern." Dies sagte Prof. Ueffing vom Universitätsklinikum Tübingen dazu. „Konkret sollte auf dem Speiseplan wenig industrielle Fertignahrung, dafür viel frisches Gemüse, Fisch, Olivenöl stehen." „Für einen älteren Menschen…ist ein Spaziergang von etwa einer Stunde" zu empfehlen.

Weniger Tierverbrauch, und vor allem kein Rindfleisch, wären also nicht nur für die Umwelt, sondern auch für die Gesundheit von großem Vorteil. Allerdings brauchen aufwachsende Kinder auch Fleisch – aber eben kein Rindfleisch. Ebenso brauchen dies werdende Mütter, auch noch später, in der Zeit, wenn sie ihren Kindern Muttermilch geben.

Viele Menschen werden gemäß der Einstein-Vorausschau, und weil sie keine Tiere töten wollen, auch Veganer. Dann fehlt ihnen aber meistens, ebenso wie den Vegetariern, Eisen aus dem Fleisch. Rezeptfreie Arzneimittel, wie z. B. „ferro sanol" können dies ausgleichen. Außerdem fehlt Vegetariern und Veganern nach Studie der Oxford Universität Vitamin B12 und D. Also einnehmen. Andererseits haben Vegetarier ein um 22 % vermindertes Risiko für Herz-Kreislauf-Erkrankungen und einen niedrigeren Cholesterinspiegel. Für die Studie wurden 48.000 Teilnehmer 18 Jahre beobachtet (BILD DEUTSCHLAND 7. 9. 2019).

Allerdings: „Gefahr durch vegane Ernährung. Ein Kinderarzt warnt vor den Folgen für Ungeborene, Hirnschäden drohen", war am 21. 2. 2019 eine wichtige Überschrift im „Hamburger Abendblatt". Unter dem Foto einer schwangeren Frau stand: „Die Ernährung der Mutter beeinflusst die Entwicklung des Kindes." Also werdende Mütter sollten auch Fleisch essen – und aufwachsende Kinder ebenfalls (aber dann kein Rindfleisch). Am 23. 7. 2019 hieß dazu die

Meldung (HA): „Vegane Kost: Gericht verurteilt Eltern. Australisches Kind litt unter Mangelernährung – zu dünne Knochen und keine Zähne." Also auch Fleisch und normale Milch für Kinder. Das ist wichtig.

Am 4. 1. 2019 hieß die Meldung über eine Studie der Oxford Martin School (HA): „**Weniger Rindfleisch, weniger Tote.**" Ein Umstieg von Rindfleisch auf andere Eiweißquellen könnte die Zahl der ernährungsbedingten Todesfälle um bis zu 5 Prozent senken.

2010 war nach einer Studie der Oxford Martin School (HA) **allein die Rindfleischproduktion nach deren Berechnung für 25 % aller Treibhausemissionen verantwortlich.** Bei der Rindfleischproduktion mit einem Nährwert von 200 Kilokalorien werden Treibhausgase mit der Erwärmungswirkung von 23 Kilogramm Kohlendioxyd freigesetzt. „Bei der Produktion desgleichen Nährwerts von Bohnen, Weizen oder Nüssen sei es dagegen nur 1 Kilo - oder weniger." Bei Tofu, (rund 3 kg), bei Schwein (rund 4 kg) und Huhn (rund 6 kg). Also Schweinefleisch setzt im Gegensatz zu Rindfleisch viel weniger als 1/4 CO_2 frei. Die für das Rindfleisch abgeholzten Wälder sind bei dieser Berechnung nicht mitgerechnet. (Sie bringen den Wert, wie zuvor berichtet, auf 40 %.) – **Ein Rindfleischverbot würde die Umwelt also erheblich verbessern.**

Weil aber in warmen Ländern Schweinefleisch leicht schlecht wird und Schweine dort auch kaum leben können, verbot Mohammed das Essen von Schweinefleisch. Auch deshalb essen Moslems vor allem Rindfleisch. Allerdings wurde dieses Fleisch dann auch aus Deutschland in die Türkei, Jemen, Libanon, Marokko, Algerien, Ägypten, Aserbaidschan, Kirgistan, Tadschikistan, Turkmenistan und Usbekistan exportiert. Das wurde jetzt von deutschen Kreisen (in Schleswig-Holstein beginnend) verboten, weil die Tiere während des Transportes und beim Schächten noch mehr gequält würden. Tieren wurden vor der Tötung die Augen ausgestochen und Sehnen durchgeschnitten. (HA 16./17. 2. 2019). Halal-Fleisch (dabei werden die Tiere ohne Betäubung mittels Messerschnitt durch die Kehle getötet) ist laut EuGH in Europa erlaubt, darf aber nicht als BIO verkauft werden. Es müsste natürlich auch in Europa verboten werden, da Halal-Fleisch, d. h. Blut gleich heraus, für die warmen muslimischen Länder ohne heutige Kühlung früher interessant war.

Wenn in vielen reicheren Ländern 2/3 der Männer und die Hälfte der Frauen Übergewicht haben, könnte dies also auch durch weniger Rindfleischverbrauch leicht gesenkt werden – und der Umweltverbrauch dazu. Die „Grenzen des Wachstums" sind auch hier, wie bei den vielen großen Autos, Kreuzfahrtschiffen, Flugzeugen und dem hohen Konsum überhaupt, sichtbar – die Hauptursache der Umweltverschmutzung und des Niedergangs der Bewohnbarkeit der Erde.

Die bei den genannten Forschungsarbeiten zur Kohlendioxydverringerung federführende Uni-Hohenheim in Baden-Württemberg kooperiert zusätzlich bereits mit der König-Saud-Universität und weiteren wissenschaftlichen Institutionen in Saudi-Arabien. Das Ziel ist zunächst die Bepflanzung von 10.000 Hektar der Wüste mit der Jatropha-Pflanze. Dies kann dann bis zu 250.000 Tonnen des Treibhausgases Kohlendioxyd aus der Atmosphäre binden. Und zusätzlich lässt sich aus der Pflanze Öl pressen. 10.000 Hektar küstennahe Wüstenfläche sagte das saudi-arabische Königshaus bereits zu, auf der Jatropha-Plantagen entstehen sollen. „Gegebenenfalls müssten wir den Pflanzenanbau auf zwei bis drei Jahrzehnte begrenzen und danach die Bewässerung reduzieren", sagte Prof. Dr. Becker. „Das aufgenommene Kohlendioxid bliebe dann in Form von verholzter Biomasse gespeichert." Hintergrund war eine Machbarkeitsstudie der Atmosphere Protect GmbH. An der Machbarkeitsstudie waren die drei Professoren der Universität Hohenheim - Klaus

Becker, Volker Wulfmeyer und Thomas Berger - beteiligt. Die Studie ging auf Initiative der Atmosphere Protect GmbH zurück. Die Atmosphere Protect GmbH ist als Unternehmensberatung im Bereich der CO_2-Sequestrierung und der Wiederbegrünung von Wüsten tätig. Das Unternehmen wurde im Jahr 2008 als Ausgründung der Universität Hohenheim von Prof. Dr. Klaus Becker gegründet. Bei der Universität Hohenheim: Fachgebiet Tierernährung und Weidewirtschaft in den Tropen und Subtropen. Atmosphere-Protect, E-Mail: info@atmosphere-protect.com .

Nicht nur die Wüste und Saudi-Arabien können bei der genannten Bepflanzung CO_2 wieder binden, sondern auch, wie schon gesagt, Wald überall in der Welt. Die Zeitschrift FOCUS 47/2016 stellte dazu den 2016 noch 19-jährigen Felix Finkbeiner aus dem bayerischen Pahl vor, der schon als Viertklässler im Jahre 2007 in einem Schulreferat über den Klimawandel berichtete und anschließend zunächst seine Mitschüler dazu aufrief, in jedem Land der Erde eine Million Bäume zu pflanzen. Daraus ist dann die internationale Bewegung „**Plant-for-the-Planet**" entstanden, zuerst angetrieben von Kindern und dann unterstützt von den Vereinten Nationen. „14 Milliarden Bäume wurden bisher gepflanzt. Das Ziel ist bis 2020 eine Billion." Können Sie sich das vorstellen? 1 (Die Anschrift findet sich im Anhang: Machen Sie mit!).

Plant-for-the-Planet: Im vorigen Kapitel hieß es dazu: 900 Millionen Hektar zusätzlicher Waldfläche (das ist so groß wie die USA) könnten das Klima retten. Die Erde könnte 1/3 mehr Wälder vertragen, ohne dass Städte- oder Agrarflächen beeinträchtigt würden. Derzeit ist der Planet mit 2,8 Milliarden Hektar Wald bedeckt. **Also Bäume pflanzen, anstatt für Rindfleischweiden, Holzkohle oder Cannabis-Anbau Bäume zu fällen. Die dürfen allerdings nicht gleich wieder abbrennen, wie später berichtet wird.**

Grün ist also gut für die Umwelt und den Menschen. Die genannten Bepflanzungen „Plant-for-the-Planet" bringen Kohlendioxyd-Einsparungen, aber gerade deshalb ist es höchst verwerflich, wenn am 7. 12. 2016 die Meldung (im HA) verbreitet wurde, dass ein illegaler Einschlag und Verkauf von Holz im Wert von 152 Milliarden US-Dollar weltweit erfolgen würde.

Es wird sodann, wie schon gesagt, der Urwald in Südamerika abgeholzt, um dort auch als Wiederkäuer CO_2 erzeugende Rinder zu züchten, die dann mit CO_2-Verbrauch in die Industrieländer gebracht werden, die selbst schon überproportional CO_2 erzeugen.

Am 18. 3. 2019 hieß dazu die Zeitungsüberschrift (HA/dpa): „**Amazonas-Regenwald schrumpft stark.**" Und dann stand dort: „Im Amazonas kreischen die Kettensägen….Im brasilianischen Amazonasgebiet legte die Abholzung im Januar – dem ersten Monat von Bolsonaros Amtszeit – nach Angaben des Forschungsinstituts Imazon um 54 % im Vergleich zum Vorjahresmonat auf 108 Quadratkilometer zu….Der Richtungswechsel könnte auch den internationalen Klimaschutz in Gefahr bringen, da sich die indigenen Gemeinschaften Brasiliens traditionell als ‚Hüter des Waldes' verstehen." Bei einer Demo 2019 protestierten, wie schon erwähnt, die brasilianischen Hüter des Waldes nicht nur gegen Abholung.

Am 29. 7. 2019 hieß im „Hamburger Abendblatt eine Hauptüberschrift mit dem Foto abgeholzter Bäume und einer Landkarte mit dem schon zuvor benannten Abholzungsgebiet am Amazonas: **„Kahlschlag – Brasiliens Präsident opfert den Regenwald."** Der Verfasser K. Ehringfeld führte den Leser in ein Hauptgebiet der CO2-Veränderung: Dazu wurde auch der Chef der indigenen Mura-Gemeinde mit den Worten abgebildet: **„Wir sind bald völlig eingekreist von Büffeln. Unsere Lebensgrundlage ist zunehmend bedroht."** Landinvasoren und Viehzüchter nehmen sich ihre Gebiete. „Mittlerweile ist der Amazonas einer der größten Produzenten von Büffelmilch und Käse. Rund 100.000 Büffel gibt es in der Region." Der neue brasilianische Präsident wird beschrieben als „Verächter der Umwelt und Leugner des Klimawandels." Vor seinem Amtsantritt waren schon 7900 Quadratkilometer Regenwald gefällt worden. Und nach seinem Amtsantritt wurden allein im Juni 60 % (2019) mehr abgeholzt als im gleichen Monat des Vorjahres. „Demnach verschwanden 769 Quadratkilometer. Im Juni 2018 waren es 488 Quadratkilometer."

„Es ist auch unsere Schuld. Die Brände im Amazonas-Regenwald können die grüne Lunge der Welt zerstören." So die Leitartikel-Überschrift am 23. 8. 2018 (HA). Und ein Leserbrief nannte es am selben Tag: „Ein Fanal unserer Lebensweise." Da hieß es u. a.: „In der Massentierhaltung ist das Prinzip der eigenen Futtermittelproduktion eines Landwirts aufgegeben worden: die Ställe beherbergen mehr Tiere, als die Flächen ernähren können. Deshalb muss das Futter woanders produziert werden."

Auch deshalb sollte sich die Fleischesser-Hauptgesellschaft für ihre Gesundheit und Umwelt ändern, oder zumindest den Fleischkonsum verringern und dabei auf das zusätzlich krebsfördernde, die Adern dichtende und unglaublich viel CO_2 abgebende Rindfleisch ganz verzichten.

Man kann dies nicht oft genug wiederholen. Die Letzteren nennt man dann Flexitarier. Veganer lehnen dagegen, anders als die nur Fleisch und Fisch meidenden Vegetarier, selbst Eier und Milch ab. (Weitere Infos zu den Forschungen der Uni Hohenheim unter www.bioeconomy.uni-hohenheim.de)

Die Milch wird allerdings im Kapitel 17 für Kinder als besonders gesundheitsfördernd beschrieben. Insofern müssten Milchkühe bleiben. Für Erwachsene ist sie dagegen unabgekocht oder als Nicht-H.-Milch krankheits- oder sogar krebsfördernd.

„Es gibt einen wachsenden Trend zu vegetarischer und veganer Ernährung, aber nicht mit der letzten Konsequenz", sagte dazu ein Vertreter der Uni Hohenheim. 2915 ernährten sich nur 6 Prozent der deutschen Befragten vegetarisch und nur 2 % vegan. (10. 8. 15 HA). Man kann Einsteins Vorausschau nur immer wiederholen: „Nichts wird die Gesundheit der Menschen und die Chance auf ein Überleben auf der Erde so steigern wie der Schritt zur vegetarischen Ernährung."

Die norwegischen Lachszüchter brachten ganzseitig (in DER SPIEGEL 43/2016) die Information, dass 70 % des Fischfutters für den Lachs unabhängig kontrolliert pflanzlich sei, und **der CO_2-Ausstoß beim Lachs 2,9 kg, beim Schwein 5,9 kg und beim Rind 30 kg beträgt. Also fünf Mal so viel wie beim Schwein und zehn Mal so viel wie beim Fisch.** Der genannte Lachs wird in Norwegen, abgeschirmt vom Plastikmüll, gezüchtet. Auch Fische sind eigentlich sehr gesund und dem vegetarischen Verzehr wegen ihrer gesunden Omega3-Fette sogar oft überlegen – nur fallen die Meeres- und Flussfische durch die Vermüllung mit Plastik bald weg, wenn die Meere nicht von Plastik gereinigt werden und kein Plastik mehr weiter in die Meere entsorgt wird. Hierzu siehe Kapitel 7 zur Möglichkeit einer Plastikreinigung der Meere. Aber es tut sich nichts von Seiten der Regierungen. Deshalb schrieb ich auch meinen Brief bezüglich der Umweltbelastung durch Mikroplastik .an das Umweltministerium. Aber es tat sich weiter nichts.

Norwegen denkt eben an den Umwelterhalt. Deshalb wurde die dortige Stadt Oslo Anfang 2019 zur klimafreundlichsten Stadt ernannt. Die PKW fahren zum großen Teil elektrisch. Energie wird nur umweltfreundlich verbraucht.

Der Kommentar einer Regionalausgabe des Hamburger Abendblattes vom 23. 10. 2015 hieß: **„Das Klima geht uns alle an."** **Und dann wurde kurz der klimaverändernde Konsumspaß angesprochen, wie der Wochenendausflug nach London, im Sommer mal eben eine Kreuzfahrt, Rotwein aus Chile, Steak aus Argentinien. Bei jedem Kilometer der benutzten Flugzeuge, Schiffe, Lastwagen wird dann Kohlendioxyd (oder auch Kohlenstoffdioxid genannt) freigesetzt. „Das Gas trägt zur globalen Erwärmung bei, hält sich mehr als 100 Jahre in der Atmosphäre. Und tagtäglich wird es mehr."** Das Ergebnis ist dann der letzte Absatz des Kommentars: **„Unser Verhalten hat aber in jedem Fall seinen Preis. Die Frage ist nur, wer ihn zahlt. Wir, oder in ein paar Jahrzehnten diejenigen, denen wir die Lebensgrundlagen genommen haben. Jeder einzelne von uns muss endlich Verantwortung übernehmen. Jeder."**

„Jeder einzelne von uns muss endlich Verantwortung übernehmen." Das Steak aus Argentinien trägt, wie beschrieben, zusätzlich zur Rinderausatmungs- und Transport-Kohlendioxydabgabe, oft auch zur Weidenerweiterung mit gleichzeitiger Abholzung des Regenwaldes bei. Hinzu kommen die Rinder, Ziegen und Schweine in der übrigen Welt, die alle auch – wie von der Uni Hohenheim zu lesen war – zu einem hohen Prozentsatz für die Kohlendioxydabgabe verantwortlich sind. Da, wie gesagt, rund zweidrittel der Männer und die Hälfte der Frauen in Europa, den USA und vielen anderen Gebieten übergewichtig sind, könnten sie durch Fleischverzicht ihre Gesundheit, das Klima und die Kinder schonen.

Zur Gesundheit warnte beispielsweise die WHO Ende Oktober 2015 vor Krebsgefahr durch Wurst und Schinken, überhaupt vor Fleischverzehr, weil es Darmkrebs begünstigen soll (AFP, t-online 26. 10. 2015). **Auch dies bedeutet, dass weniger oft mehr ist – und besser für das Klima.**

Und noch einmal: „Universitätskrankenhaus (UKE):– „Vortrag (von Prof. Lohse", Direktor der I. Medizinischen Klinik am UKE im HA am 28. 1. 2019): „Ballaststoffe sind besonders wichtig **So ernähren Sie sich gesund.** für eine ausgewogene Kost. Auf XXL-Portionen verzichten." Und warum? „Wer schon mal übergewichtig war, nimmt schneller wieder zu." Sodann die weiteren Empfehlungen des Fachmanns: ‚Weniger Kalorien!' Übergewicht sei ein großes Problem in vielen Gesellschaften. ‚So dick war die Menschheit noch nie.' – Auch ‚Süßstoffe machen eher dick als Zucker.'

Die Darmflora günstig beeinflussen dagegen Ballaststoffe, die überwiegend in pflanzlichen Lebensmitteln vorkommen – mit geringerem Risiko für Diabetes, Darmkrebs und Herzinfarkt. Bei Getreideprodukten Vollkorn wählen, daneben reichlich Gemüse – und viele Ballaststoffe sind in Hülsenfrüchten, Möhren, Paprika, roten Beten und Möhren. Auch Obst ist gut, (ein Engländer nannte mir dazu den Spruch: „An apple a day keeps doctors away.") Aber Gurken und Tomaten enthalten viel Wasser und weniger Ballaststoffe. **Milch mit normalem Fettgehalt fördere eher die Gesundheit.**" Dies meinte der Professor noch Anfang 2019. Im Kapitel 17 steht dazu aber eine wichtige Einschränkung: Erwachsene sollten sie dort durch H-Milch ersetzen, denn am 9. 4. 2019 brachte die Zeitung „DIE WELT": **„Milch ist ein hochbrisanter Cocktail."** Doch darüber dann im Kapitel 13 mehr.

Zur gesunden Ernährung nannte die Gesellschaft für Ernährung (DGE) 10 Regeln (5. 4. 2019 HA): 1. Vielseitig ernähren. 2. 5 Portionen Obst und Gemüse am Tag. 3. Vollkorn bei Getreideprodukten. 4. Milchprodukte (also nur die zuvor genannten) täglich, Fisch bis zweimal, Fleisch maximal 600 gr. Pro Woche (m. E. Fleisch viel zu viel, und Fisch müsste mindestens heißen). 5. Auf gesunde Fette, wie Rapsöl setzen (m. E. Rapsöl zum Braten, sonst Olivenöl). 6. Zuckergesüßtes und viel Salz vermeiden. 7. 1,5 Ltr. Am Tag trinken, am besten Wasser. 8. Lebensmittel nicht zu dunkel braten oder frittieren, mit wenig Fett und Wasser Kochen (m. E.: Suppe braucht Wasser). 9. Genießen statt schlingern. – und 10. Viel bewegen.

Zusätzlich wurde am 22. 7. 2019 (T-Online) empfohlen: Vorbeugend ein gesunder Lebensstil, um stumme Schlaganfälle zu vermeiden: „Da stumme Schlaganfälle oft symptomfrei verlaufen und daher schwer erkennbar sind, ist Vorbeugung umso wichtiger. Ein gesunder Lebensstil sei hierbei entscheidend, sagt Siebler. Hierzu gehörten "eine ausgewogene Ernährung, viel Bewegung, Verzicht auf das Rauchen und das Vermeiden von übermäßigem Alkoholkonsum". Darüber hinaus rät der Neurologe zu regelmäßigen Check-ups beim Arzt. Wer bereits bekannte Risikofaktoren wie Bluthochdruck, Diabetes oder hohe Cholesterinwerte habe, sollte diese regelmäßig kontrollieren und sich behandeln lassen.

Doch damit noch nicht genug über die Probleme, auch über das CO_2 Problem, denn „aus Dreck wird Geld", war in DER SPIEGEL 49/2016 die Überschrift zu Milliardeneinnahmen der Industrie durch den Verkauf von Verschmutzungsrechten. Weil die CO_2-Abgabe bis 2030 um rund 40 Prozent verringert werden soll, sollen für diese Abgabe in der EU finanzielle Emissions-Abgaben geleistet werden. Doch der energieintensiven Großindustrie, wie Stahl und Zement, wurden dabei Sonderrechte eingeräumt, die ihnen in der EU in den vergangenen Jahren 25 Milliarden einsparten. Dies errechnete zumindest die Nichtregierungsorganisation Carbon Market Watch (CMW). Die allerdings, wie der Name sagt, für die Vermarktung des neuen Baustoffes Carbon eintritt, der dem Beton in der Tragfähigkeit weit überlegen ist. Er wurde von Ingenieuren aus Dresden erfunden und schreibt die Geschichte des Baubetons neu. Der neue Baustoff ist viermal leichter und sechsmal tragfähiger als Stahlbeton und rostet auch nicht.

Die genannten Klimaziele sind Experten zufolge kaum noch zu erreichen. Änderungen des Handelns wären also sofort erforderlich, die allerdings auch Preiserhöhungen brächten, die Konkurrenten außerhalb Europas nicht hätten. Alle müssen eben international gemeinsam handeln. Aber es gibt immer Problemlösungen, denken wir nur an die Verminderung des Fleischkonsums, die aber auch durchgeführt werden müssen.

Vor den nächsten Problemlösungsmöglichkeiten zunächst noch Hilfe zur CO_2-Problemlosung: DER SPIEGEL Nr. 24/2016 berichtete von einem Pilotprojekt aus Island bei dem tonnenweise das Treibhausgas Kohlendioxid zu Stein verwandelt wird. **Beim dortigen Geothermiekraftwerk Hellisheidi wird das CO_2 mit Wasser vermischt in das poröse Basaltgestein des Untergrunds gepumpt. „Das CO_2 verfestigt sich zu einem weißlichen, kalkigen Mineral. Schon nach zwei Jahren" waren 95 Prozent de Gases zu Stein geworden. 5000 Tonnen CO_2 werden schon jetzt entsorgt und dies soll sich noch verdoppeln.**

Der Kohlendioxyd abgebende Energieverbrauch entfällt im industriereichen Deutschland ungefähr zu je einem Viertel auf die Industrie, das Gewerbe, den Verkehr und die Haushalte. Gegen den Heizungsverbrauch wurde eine Energie-einsparverordnung erlassen, beim Verkehr wurden Autogase nicht besteuert und Elektroautos gefördert. Tesla heißt der damit anfangende PKW-Name, nach dem Erfinder einer sogenannten „Freien Energiemaschine", Nikola Tesla. Man könnte damit sogar Strom einfangen, so wird zumindest geschrieben. Und gleich nach Tesla brachten weitere Auto-hersteller Elektroautos auf den Markt. – Und für LKW wer-den für neue Elektromotoren auf der nördlichen A1 z. T. schon Masten mit Kabeln gebaut. Dazu im Kapitel 12 die Untersuchungen, welche Mobilität, ob Wasserstoff, Elektro oder Gas ist besser.

Weil die Sonneneinstrahlung zumindest eine Grundlage der Erd-Klimaerwärmung ist, würden weiße oder zumindest helle Kraftfahrzeuge, Häuser, Straßen und Pflasterungen die Erwärmung verringern. Im Sommer können dadurch zusätz-lich die Kfz- und Hauskühlungen verringert werden.

Genutzt wird die Sonneneinstrahlung zur Verminderung der Klimaerwärmung zur Solarstromerstellung. Am 7. 12. 2016 wurde dazu (im HA) von der niederländischen Universität Utrecht gemeldet, dass die Solarindustrie bis spätestens 2018 mehr Treibhausgase eingespart hat als sie durch Ent-wicklung und Produktion verursacht hat. Dies liegt auch daran, dass die Entwicklung und Herstellung von Solarzel-len und ihrer Zubehörteile energieintensiv ist und größere Mengen Treibhausgas freisetzt. Aber durch ständige Ver-besserungen in der Produktion erreichen polykristalline So-larzellen schon nach 10 bis 11 Monaten den Punkt, an dem sie so viel Energie produziert haben, wie sie bei der Herstel-lung verbraucht haben. Bei monokristallinen Solarzellen ist dies nach 1 bis 1,2 Jahren der Fall. Dabei wurde die Le-bensdauer der Solaranlagen auf 30 Jahre ausgelegt. Also rund 29 Jahre Klimaverbesserung. Auch deshalb sollten nur Solaranlagen mit langer Lebensdauer gefragt sein.

Eine andere Meldung lautete (13. 1. 2010 HA): „Das massenhaft im Hafen zur Holzbegasung genutzte Sulfuryldifluorid ist 4090-mal so klimaschädlich wie CO_2." - Unglaublich!

Doch nicht nur die zu verringernde Klimaerwärmung ist lebensschädlich, sondern auch Gifte, Plastik und vieles mehr. Im Zeitungsartikel „Überdosis Gülle – Brüssel verklagt Deutschland wegen zu hoher Nitratbelastung durch Dünger" (Hamburger Abendblatt 8. 11. 2016) wurde ein anderes Problem beschrieben, das wenige Tage später in der gleichen Zeitung ergänzt wurde durch: „Gift im Grundwasser – und was nun?" (HA 17. 11. 16) Darin hieß es, dass der Verein VSR Gewässerschutz bedenkliche Nitratwerte im Grundwasser festgestellt hatte. Dies wurde dann zwar vom zuständigen Gesundheitsamt dementiert. Doch stimmte das? - Die hohen giftigen Nitratwerte entstehen allgemein durch die Felderdüngung mit Gülle aus der Tierhaltung in landwirtschaftlichen Gebieten. Und 2019/20 waren die giftigen Nitratwerte immer noch zu hoch. Und sie kommen dann ins Trinkwasser.

Dazu schrieb dann am 19./20. 11. 2016 ein Leser: „Es wäre realistischer, den Tierbestand sehr stark zu verringern und zu regulieren. Eine begrenzte Anzahl von Tieren auf einem Hektar Bodenfläche verringert die schädliche Gülle und belastet das Grundwasser nicht mehr so stark. Es bedeutet natürlich höhere Preise für Fleisch. Aber dann wird vielleicht auch weniger Fleisch gegessen (ich bin kein Vegetarier). Nicht der Kunde verlangt in den Geschäften billiges Fleisch, sondern Erzeuger und Handel bieten es aus Konkurrenzgründen immer billiger an. Nur durch eine Verringerung des Tierbestandes kann der Nitratbelastung Einhalt geboten werden." – Eine begrenzte Anzahl von Fleisch-Tieren! Oder kaum noch Fleisch essen, keine Fleischimporte – und das

Klima wäre gerettet. Stattdessen wird das Klima gegessen. Dazu mehr im nächsten Kapitel.

Zur Fleischminderung kam ein Lösungsvorschlag von der Behördenchefin Krautsberger des deutschen Bundesumweltamtes: Der Mehrwertsteuersatz sollte von den ermäßigten 7 auf die üblichen 19 Prozent für Milch und Fleisch steigen. Sie sagte, die Produktion von einem Kilo Rindfleisch verursache bis zu 28 Kilo Treibhausgase. Aber alle Minister, selbst die Umweltministerin, waren dagegen (6. 1. 2017 HA). Die Lieblingsnahrung könnte ja vielleicht Wähler kosten. Und 2019 waren sie immer noch dagegen. Obwohl man ja eine Milchmehrwertsteuererhöhung an die armen Milchbauern geben könnte, denn Milch ist ein Grundnahrungsmittel für Kinder. Es wäre auch möglich, die MWSt nur für Rindfleisch außerhalb Europas mit dann langen Transportwegen zu erhöhen. Aber es tut sich nichts.

Der deutschen Umweltorganisation BUND Vorsitzende Weiger schrieb dazu 2016 (lt. BUND-Umweltbrief): **„Die intensive Tierhaltung verursacht viel zu viel Gülle. Das Ergebnis: Die Belastung der Gewässer mit Nitrat ist seit langem exorbitant hoch. Im Grundwasser liegen die Nitratwerte bei der Hälfte der Messstellen nahe oder sogar über dem zulässigen Schwellenwert von 50 Mg. pro Liter für Trinkwasser."** Und dann werden zusätzlich Vorschläge zur Abstellung und Verringerung der zu hohen und die Bevölkerung vergiftenden Nitratwerte gemacht.

Um bei den zu vermindernden Schadstoffen in der Landwirtschaft zu bleiben: Beim Hopfenanbau für Bier wird, wie auch teilweise bei anderen Pflanzen, zur Unkrautvertilgung das giftige Glyphosat gespritzt. Der Grenzwert für Trinkwasser beträgt dann 0,1 Mikrogramm pro Liter. Bei den vom Umweltinstitut München 2016 überprüften Bieren hatten aber die 5 besten Sorten noch rund den fünffachen und die anderen Biere rund den 30 bis 300-fachen Gehalt.

Von info@campact.de, einem Verein, der Bürgerbewegungen und Petitionen zu gegen die Menschen Schädigendes organisiert, kam am 1. 12. 2016 die Mitteilung: „Das Pestizid Glyphosat birgt Krebsgefahr für den Menschen – doch der Agrar-Riese Monsanto und sogar zuständige Behörden verharmlosen das Risiko." - Dagegen sollte eine Europäische Bürgerinitiative in 28 Ländern gegründet werden. 2017 sollte es losgehen – mit den Forderungen: „Das Zulassungsverfahren für Pestizide muss reformiert werden – und: Es müssen verbindliche Reduktionsziele für Pestizide festgelegt werden." In den USA wurde Monsanto verklagt, verlor – und damit auch der beteiligte deutsche Bayer-Konzern.

Der Campact-Autor beschrieb dann, dass er sich von der Behörde den mehr als 4000 Seiten langen Risikobericht besorgte. Er konnte es kaum glauben, denn der größte Teil des Textes war, so war zu lesen, vom Haupthersteller direkt übernommen worden. Selbst das Bundesamt für Risikobewertung und später die Europäische Behörde für Risikobewertung hatten „die Konzernvorlage weitgehend direkt übernommen." Der Autor schrieb, dass er fassungslos war, denn „unabhängige Studien, die eine Krebsgefahr bei Mensch und Tier belegen, wurden einfach als ‚nicht relevant' abgetan. …'- trotz der dringenden Warnung durch die Krebsforscher der Weltgesundheitsorganisation (WHO)."

Kapitel 4:

Wald und Nahrung für Klima und Gesundheit.

„Die einzige Chance, die wir haben, die Erderwärmung zu begrenzen, ist, wenn wir technologische Antworten liefern.."
FDP-Chef Lindner im HamburgerAbendblatt am 9. 1. 2020

Dar Wald ist nicht nur für den Klimaerhalt wichtig, sondern auch gut für die Gesundheit: Die grünen Bäume und das Grün überhaupt bieten (lt. Die Welt vom 8. 4. 2019) noch einen großen weiteren Vorteil: Wissenschaftler der Uni Michigan wiesen nach, dass bereits 20 Minuten Aufenthalt in der grünen Natur den Stresslevel, das Stresshormon Cortisol, senken. **„Am meisten reduzierte sich das Stresshormon, wenn die Teilnehmer 20 bis 30 Minuten sitzend oder gehend im Grünen verbrachten."** Die Teilnehmer sollten während des Versuchs keine sportlichen Übungen machen und Social Media, das Internet, Telefonanrufe, Unterhaltungen und Lesen vermeiden. „Dauerhaft erhöhte Werte werden mit Übergewicht, einer Schwächung des Immunsystems, Depressionen und verschiedenen Krankheiten verbunden."

Doch damit wieder nicht genug: Im Zeitungsbericht vom 21./22. 12. 209 (HA) stand (von Cajus Julius Caesar: „Es ist erwiesen, wie hilfreich der Wald zu Vorbeugung und zur Behandlung von psychischen und körperlichen Erkrankungen ist." Und die Überschrift hieß dazu: „Kommt die Waldtherapie auf Rezept?" Der Waldfachmann und Autor sagte auch: „5 % des Waldes sollten wieder Urwald werden." Der Wald ist also für Klima und Gesundheit vorteilhaft – aber für den Klimaerhalt ist er notwendig.

Im vorigen Kapitel hieß es bereits: Gesünder und weniger CO_2 durch Fleischverzicht. Das Steak aus Brasilien oder Argentinien trägt, wie schon beschrieben, zusätzlich zur Rinder- und Rindertransport-Kohlendioxydabgabe, oft auch zur Weidenerweiterung mit gleichzeitiger Abholzung des Amazonas-Regenwaldes bei.

Hinzu kommt, dass das oft importierte Fleisch zusätzlich noch ungesünder sein kann als das aus dem eigenen Land. Dazu hieß es: „Immer mehr antibiotikaresistente Erreger finden sich in der Tiermast aus Brasilien, aber auch aus China, Indien und Kenia, vor allem in der Hühner und Schweinemast. Dies bedroht auch die Gesundheit des Menschen, denn die resistenten Erreger können auf unterschiedlichen Wegen in die menschliche Nahrung gelangen."

„In der Tiermast würden global dreimal mehr Antibiotika und ähnliche Medikamente eingesetzt als in der Humanmedizin, schrieben die Wissenschaftler" (im Fachblatt Science). „Der hohe und steigende Einsatz sei unter anderem eine Folge des wachsenden Fleischhungers der Welt. Resistenzen entstehen, wenn antibakterielle Arzneien zu oft oder nicht sachgerecht eingesetzt werden.. Die Keime passen sich durch Mutation an, sodass ihnen die Medikamente nichts mehr anhaben können." (HA 23. 9. 2019, dpa).

In der Nacht zum 21. 10. 2019 besetzte eine Gruppe von 25 Personen einen Schlachthof in Schleswig-Holstein. Die Vermummten waren um 4 Uhr in das Gelände eingedrungen und ketteten sich dort an Zäunen an. Andere waren auf das Dach gestiegen und zündeten dort Rauchbomben an. Die Aktivisten blockierten 2 Eingänge, durch die sonst bis zu 6.000 Schweine am Tag zum Töten auf den Schlachthof gebracht wurden. Die Aktionsgruppe „Tear Down Tönnies" wollte damit „für die Befreiung von Tieren und gegen die Zerstörung von Ökosystemen und des Klimas" kämpfen.

„Das Unternehmen…ist marktführend in Deutschland und steht seit Jahren wegen Tierquälerei…in der Kritik."

Wegen dieser Tierquälerei, die ja alle später geschlachteten Tiere betrifft, und nicht nur wegen der Gesundheit, verzichten immer mehr Personen ganz auf Fleisch, leben vegan.

Im vorigen Kapitel wurde beschrieben, wie man den oft durch Fleisch erhöhten Cholesterinspiegel, entstanden durch die sich in den Aderwänden ansetzenden gesättigten Fettsäuren, wieder senken kann. Aber der erhöhte Cholesterinwert hat noch einen Nachteil: Bluthochdruck ist leichter möglich, die Volkskrankheit Nr. 1. (Lt. WHO 5 Minuten Ruhe, dann: Normal 120-129, Hochnormal 130-139, leicht 140-159, mittelschwer 160 bis 179 und hoch über 180 für den 1., den systolischen Wert).

Der genannte erhöhte Cholesterinspiegel zeigt dabei als Nebeneffekt auch die Abdichtung der Aderwände durch die gesättigten Fettsäuren an. Je mehr, desto größere Abdichtung und Verengung der Adern. – Die auslösenden gesättigten Fettsäuren stehen deshalb bislang noch auf jedem Lebensmittel. Also, wie gesagt: Hoher Cholesterinwert durch einige Nahrungsmittel, der auch den Blutdruck erhöhen soll.

Blutdruck senkend sollen dagegen wirken, neben dem Verzehr von Nahrungsmitteln mit niedrigem Gehalt an gesättigten Fettsäuren: Rote Beete durch enthaltene Nitrate, täglich 3 Tassen Hibiskustee, Kartoffeln senken etwas, Vollkornprodukte durch Magnesium, Kalium + Kalzium, mindestens 2x pro Woche Seefisch, Öle wie Raps-, Oliven-, Wallnuss- oder Leinöl verwenden und Knoblauch, sein Alicin erweitert die Gefäße (z. T. aus t-online 2. 0. 19/Ströer Group). Und der Hopfen im Bier. - Sodann schrieb eine US-Studie (8. 9. 2019 mw/t-online) als Geheimtipp: Kürbis könnte den Blutdruck auf natürliche Weise um bis zu 20 % bei regelmäßigem Verzehr, auch als gute Kaliumquelle, senken.

Einige Beispiele zu Nahrungsmitteln mit hohem Anteil gesättigter Fettsären: Wiener Würstchen 49 %, Salami, 24 %, Mettwurst 18 %, Rindersteak 10 %. Also Rindfleisch viel mehr als die nachfolgenden anderen Nahrungsmittel.

Beispiele zu Nahrungsmitteln mit niedrigerem Anteil gesättigter Fettsäuren: Hähnchenkeule 3%, Putenfleisch und Schweinefleisch ca. 2%. Und Meerestiere wie Fisch fast nichts, > 1 %.

Wenn dann die Zeitungsüberschrift (2./3. 10. 2019 HA) lautete: „Ist Fleisch doch nicht so ungesund? Bislang gilt: Wurst und Steak in Maßen. Forscher haben nun etliche Studien geprüft." Und dann stand unter einem Foto mit viel Wurst: „Die Empfehlung lautet: 300 bis 600 Gramm Fleisch pro Woche". (Es kann natürlich auch weniger sein.)

Aber es stimmt dies insoweit nur bedingt, wenn es sich um Fleisch mit niedrigem Anteil gesättigter Fettsäuren handelt, wie bei den vorgenannten Fleischsorten. Also keinem Rindfleisch. Außerdem wurde der Verzehr von Fleisch nur bei gesunden Menschen für richtig erachtet. Denn zuvor wurde geschrieben: „Die Untersuchungen hätten lediglich einen schwachen Zusammenhang zwischen Fleischkonsum und Krebs, Diabetes sowie Herz-Kreislauf-Erkrankungen gefunden, schreibt das Team um Bradley Johnston von der Dalhousie University in Halifax (Kanada) nach Analyse der Datenlage im Fachjournal ‚Annals of Internal Medicine.'"

Aber sämtliche Seetiere sind (noch) die gesündesten Nahrungsmittel: Beispielsweise Garnelen, Krabben, Alaska Seelachs, Backofen Fisch und Thunfisch Steaks

rund 1%, - Gerade deshalb müssen die Meere von Plastik – und vor allem von Mikroplastik geräumt werden.

„Warum Fisch so gesund ist" war dazu die Zeitungsüberschrift am 17. 10. 2019 (dpa/Ha). Und dann hieß es darunter: **„Omega-3-Fertsäuren, Vitamine, Jod, Meerestiere haben es in sich, sagen Experten."**

Aus der Verbraucherzentrale NRW in Düsseldorf wurde sodann gemeldet: „Wer regelmäßig Fisch ist, kann das Risiko für Herzinfarkt, Schlaganfall und Fettstoffwechselstörungen mindern. Auch für die Cholesterinwerte ist Fischessen von Vorteil." (Weil, wie bereits geschildert, die hoch schädlichen gesättigten Fettsäuren mit rund 1 % am geringsten sind. Und Wurst und Rindfleisch bis zu 49 % haben können.) Als fettarme Fischarten werden sodann Kabeljau, Seelachs, Scholle und Rotbarsch empfohlen.

Positive Effekte sollen nach dem Bericht vermutlich besonders auf die langkettigen Omega-3-Fettsäuren, Eicosapentaensäuren (DHA) und Docosahexaensäure ((DHA) zurückzuführen sein. Besonders viel (rund das 10-fache) enthalten davon die fettreichen Fische wie Lachs, Makrele, Hering, Aal, Sprotten, schwarzer Heilbutt. In der Fettmitte befinden sich dann Dorade, Saibling, Seezunge und Karpfen. „Gute Jodlieferanten sind Kabeljau, Seelachs, Makrele und Steinbutt." „Die Spurenelemente Selen und Jod sind nicht zuletzt für eine optimale Schilddrüsenfunktion wichtig." – „Meeresfische enthalten im Gegensatz zu Süßwasserfischen hohe Jodgehalte."

„Im Filet von Fettfischen sind zudem die Vitamine A (gut für die Haut) und D (für den Knochenstoffwechsel)" vorhanden. „Die Vitamine Niacin (Energie für den Stoffwechsel), B6 (für den Aufbau von Nervensträngen) und B12 (wichtig für die Blutbildung) finden sich in höheren Konzentrationen im Filet von Meeresfisch.

Also abgesehen von Kindern und werdenden Müttern, möglichst weniger Fleisch essen. Aber kein Rindfleisch! Doch was soll man dann mit ähnlich gutem Geschmack essen? Dazu hieß der „FOCUS" Titel am 31. 8. 2019: **„DAS NEUE FLEISCH – Burger aus Pflanzen, Steaks aus dem Labor. So schmeckt die Zukunft, die Tieren, Klima und Cholesterinspiegel weniger schadet."**

**Und darin wird dann fast Unglaubliches berichtet:
So wird allein für Weideland 26 % und die Futtermittel 6 % der Erd-Landfläche verbraucht. Zusammen also 32 % für die Fleischtiere, die Rinder, während für Wald nur 29 % an Fläche verbraucht werden.**

Würden also die 32 % für die Tiere (vor allem Rinder) stattdessen mit Wald bepflanzt, würde das Klima gemäß Kapitel 2 und3 bereits gerettet sein. – Zusätzlich würde der Tiermord mit der Tiermast wegfallen – und zusätzlich würde das vor allem beim Rindfleisch den Cholesterinspiegel durch Aderabdichtung am meisten erhöhende und damit ungesunde Fleisch wegfallen.

Umwelt- und Lebenserhalt durch Wald statt Rindfleisch.

Sodann wurde ein anderes Beispiel der Klima und Gesundheitsrettung durch Rindfleischverzicht beschrieben: **„Fast 12 Millionen Rinder werden allein in Deutschland gehalten. Das Methan, das die Tiere in ihren Mägen produzieren, wirkt als Treibhausgas 25mal stärker als Kohlendioxyd. Darüber hinaus verschlingt die Fleischproduktion enorme Mengen Wasser: Bis zu 15400 Liter pro Kilogramm.** Den Anteil der Viehhaltung an der weltweiten Klimaerwärmung bezifferte die Welternährungsorganisation

FAO auf knapp 15 %." – In Wirklichkeit ist es nach der im Vorkapitel beschriebenen Berechnung erheblich mehr: 40 %. Waldbepflanzung würde also insgesamt reichen. – Wenn dann die Autos in Deutschland nicht über 130 fahren dürften. Und zusätzlich Rindfleisch weltweit durch die UNO verboten würde, wäre das Klima bereits gerettet.

Allerdings wurde in dem Bericht auch hervorgehoben: „Für den Verbraucher spielen Umwelt und Tierwohl am Supermarktregal eine untergeordnete Rolle." (Der Sozialpsychologe Michael Siegrist.) – Und: „Aktuelle Studien belegen: Eigennutz geht vor Umweltschutz." – Oder: „Fleisch verkörpert Wohlstand und Macht. Deshalb fällt es den meisten schwer, darauf zu verzichten." (Christoph Kletter, Ernährungspsychologe)

Wohin sollte man aber den klimaerhaltenden Wald gemäß Kapitel 2 überhaupt pflanzen können?: Vor allem auf das durch Rindfleischverzicht eingesparte Land ist dies möglich. Und nicht mehr zu grillen wäre wegen des Holzverbrauchs (aus Afrika importiert) auch angesagt.. Stattdessen soll z. B. nach Europa noch mehr Rindfleisch aus den USA und Südamerika importiert werden.

Und was soll man denn statt des so gut schmeckenden Rindfleisches essen?: Dazu wird in dem FOCUS-Bericht dann empfohlen - wie schon eingangs genannt: „DAS NEUE FLEISCH – Burger aus Pflanzen, Steaks aus dem Labor. So schmeckt die Zukunft, die Tieren, und Klima … weniger schadet."

Und dazu wurden pflanzliche Burger-Sorten in Supermärkten genannt, die allerdings immer noch mehr % gesättigte Fettsäuren haben als der Fisch, der nur rund 1 % hat. Also ist Fisch auch ein Rindfleischersatz für Klima und Gesundheit.

Doch nun zuerst DAS NEUE FLEISCH:

Lidl: NEXT LEVEL BURGER, My best Veggie, Rewe: Incredible Burger, Edeka: Otto's Burger, Aldi: BEYOND BURGER mit nur 4,4 % gesättigten Fettsäuren (auf Erbsenproteinbasis), also immer noch mehr als beim Fisch mit nur 1 %. Aber immer mehr pflanzlicher Fleischersatz kommt auf den Markt: Der vegane Mühlen Burger soll lt. Ökotest der beste unter 18 pflanzlichen Burgern sein.

Also: Kein Rindfleisch mehr für alle – und Umwelt- und Lebenserhalt wären fast gerettet. Aber zusätzlich gilt: Die gesamte Ernährung in Deutschland verursacht 2019 pro Kopf und Jahr 1,75 Tonnen Klima relevante Emissionen, fast so viel wie das Fliegen, Auto- Bus- und Bahnfahren zusammen. Und davon entfallen 70 % auf tierische Produkte. Während die Produktion von 1 Kilo Rindfleisch 28 kg. Treibhausgase freisetzt, liegen Obst und Gemüse bei unter 1 kg Treibhausgas. Und Bioprodukte sparen lt. Bundesumweltamt weitere 20 % der CO_2-Emissionen ein. - In dem großartigen Bericht über eine Zukunft ohne - oder mit weniger – Fleisch hieß es dann: „Seit Jahren arbeiten die Unternehmen an einer Welt, in der Tiere nicht mehr unter unwürdigen Bedingungen aufgezogen werden müssen. An einem Fleisch, das sich designen lässt, das nicht länger die Cholesterinwerte erhöht oder den Klimawandel beschleunigt. An einer Vision, die von Illustren Investoren finanziert wird. Bill und Melinda Gates sind prominente Förderer.“

Leider wird Fisch als gesundes Nahrungsmittel bald durch Plastik ungenießbar oder ausgerottet werden, wenn nicht sofort beginnend Meere und Flüsse gemäß Kapitel 7 gereinigt und nicht weiter gefüllt werden, wie es die Kapitel 5 und 6 schildern.

Kapitel 5:

Meere und Flüsse voller Plastik und Müll.

„Räumt endlich die Ozeane auf. Das ist eine Zeitbombe. Wenn die Plastikstücke zerfallen und die Gifte in die Nahrungskette gelangen, wird die Menschheit ein echtes Problem bekommen."

(Der Niederländer **Boyan Slat** zitiert in DIE ZEIT am 12. 11. 2015. – Seine Arbeit findet sich im Kapitel 6.)

Mit Wiedergabe der Berichte über die Plastik-Zeitbombe beginne ich bereits im Jahre 2014. Aber bis heute hat sich nicht sehr viel geändert. – Oder erst jetzt änderte sich vielleicht etwas, denn am 27. November 2018 schrieb das „Hamburger Abendblatt": **„Umweltministerin im Kampf gegen die Plastikflut."** Am Tag zuvor stellte die Ministerin Svenja Schulze (SPD) ein Fünf-Punkte-Programm vor, um den Verbrauch von Kunststoff zu senken. Doch darüber mehr im nächsten Kapitel. Und es tat sich nicht viel. Mit Sicherheit wird Plastik leider trotzdem mehr, genau wie die Klimaerwärmung.

- **„Bis zu 30 Millionen Tonnen Plastikmüll landen nach Auskunft des deutschen Umweltbundesamtes jährlich in den Weltmeeren. Etwa 3,5 bis 5,7 Millionen Tonnen kommen demnach allein aus Europa. – 270 Millionen Tonnen Plastik treiben nach Regierungsangaben auf den Weltmeeren – allein im Nordpazifik ist die Fläche des Plastikmülls so groß wie Deutschland und Frankreich.**

So die schaurige Meldung im „Hamburger Abendblatt" (durch dpa) schon vom 30. 9. 2015 aus Berlin. Das Gräuel ist die Vervielfachung.

Einige weitere Gräuel aus dem Bericht: 3.100 Tonnen Mikroplastik werden innerhalb der EU in Kosmetikprodukten verarbeitet. 100.000 Tonnen Mikroplastik werden für die Oberflächen von Früchten, Leder-, Möbel-, und Autopflege genutzt. Die geht dann zum Teil in die Kanalisation und von dort in die Flüsse und die Meere.

Am 5. 12. 2019 brachte der Fernsehsender 3Sat um 20.15 Uhr die eindrucksvolle Dokumentation: „Kunststoff überall." - „Kunststoffe sind aus unserer Welt nicht wegzudenken. Etwa 350 Millionen Tonnen werden jährlich produziert, und die Menge steigt rasant. Nur sehr wenig davon wird recycelt.

Das meiste wird verbrannt - oder landet in der Umwelt. Letztlich gelangt es in die Meere. Jede Minute, so eine grobe Schätzung, fluten 15 Tonnen Plastik die Ozeane." - Zu den Lösungen beschreibe ich einige Möglichkeiten in den Kapiteln 6 und 7. Aber wir müssen um viel mehr kämpfen.

Beispielsweise gelangt das völlig unnötige Mikroplastik in die Meere und über die Fische in die Nahrungskette. Warum wird es nicht verboten? Ich schrieb dies darum auch bald nach der Sendung an das Umweltministerium. Nach dem Gesetz über die Umweltverträglichkeitsprüfung (UVPG) hätte man Mikroplastik lange verbieten müssen.

Bei 660 Tierarten sei bekannt, dass Plastik für sie negative Folgen hat. – Für die Menschen dann natürlich auch, wenn sie es durch beispielsweise Fischverzehr aufnehmen. - Die Schiffe entsorgen massenhaft Plastik im Meer. „Gebühren im Hafen führen zu Müll auf See" (J. Meyer-Wellmann 2. 6. 14 HA). „Aus dem Meer breitet sich das sogenannte Mikroplastik über die Nahrungskette und durch die Luft bis zum Menschen aus. Wissenschaftler sind alarmiert. ‚Wir können davon ausgehen, dass Mikroplastik schon überall in der Atmosphäre zu finden ist', sagt der emeritierte Professor Gerd Liebezell von der Carl-von-Ossietzky-Universität in Oldenburg. Der Experte für Chemie und Biologie des Meeres hat mikroskopisch kleine Plastikkugeln bereits in Honig und Regenwasser nachgewiesen." (NDR 12. 5. 2014). Im Meer braucht der Müll lt. Bundesumweltamt nach NDR-Sendung am 3. 6. 14 dann um abgebaut zu werden: Plastiktüte 10-20 Jahre, Plastikflasche, Wegwerfwindel 450 Jahre, Styroporbecher 50 Jahre, etc. –

- **„In Asien werden riesige Mengen Plastik in die Ozeane gespült – und landen auf europäischen Tellern."**

Dies stand am 26. 2. 2017 in der Sonntags-Zeitung „Frankfurter Allgemeine" unter der Haupt-Titel-Überschrift: „Der alte Müll und das Meer." Der Bericht begann dann: „Millionen Tonnen Plastikmüll landen jedes Jahr in den Ozeanen: Verpackungen, Tüten, Becher." Mehr als zwei Drittel des Plastikmülls in den Ozeanen, so war weiter zu lesen, stammen aus Asien – aus China, Indonesien, den Philippinen, Vietnam, Thailand, Sri Lanka. Wirtschaft und Bevölkerung wachsen dort stark – nur die Abfallentsorgung nicht. Es werden Firmen, wie Unilever und Adidas genannt, die eine Wiederverwertung in ihren Produkten planen.

Die Zeitung „Der Tagesspiegel brachte am 13. 1. 2019 2 Seiten von Claus Vetter über „Unser täglich Müll" Von einem, der auszog auf Plastikverpackungen zu verzichten. Doch darüber mehr im nächsten Kapitel.

- **Zuvor einige Daten über die Plastikmengen, die dort z. T. mit Bebilderung genannt sind: Vom Fluss ins Meer. Die Hauptverschmutzer** in Tonnen jährlich (2016). **Mikroplastik:** China, Jangtse 1,47 Mio. Tonnen, Indus 164 Tsd. Tonnen, Ganges 73 Tsd. Tonnen, Nil 85 Tsd. Tonnen, Niger 35 Tsd. Tonnen. Rhein 473 Tonnen (nur).

- **„Die Meere ersticken im Plastikmüll."**

Überschrieb die neue „KIRCHEN ZEITUNG" am 2. 4. 2017 ihren Problembericht von Andreas Kaiser, der mit dem Vorwort begann: **„Der Müll in den Weltmeeren wiegt bald so viel, wie alle Fische zusammen. Plastikstrudel von der Größe von Texas treiben im Pazifik.** Nicht nur „The Ocean Cleanup" des Niederländers Slat wird besprochen, sondern auch neue Tatsachen, wie: „11,5 Millionen Tonnen Plastik verbrauchen die Deutschen – jedes Jahr." - Aber auch: „Auch deutsche Firmen arbeiten an Alternativen zu Plastik." (Siehe dazu das nächste Kapitel.)

- **„Menschenleer – aber überall Plastik"**

war am 16. 5. 2017 eine Hauptmeldung der ARD-Tagesschau – und am folgenden Tag fast aller Tageszeitungen. Eine unbewohnte Pazifikinsel war trotzdem voll mit Plastik bedeckt.

- **Honig und Trinkwasser durch kleine Plastikkugeln verunreinigt:**

Im NDR Fernsehen berichtete Heike Dittmers am 18. 11. 2013 um 20.15, dass Honig und Trinkwasser teilweise durch mikroskopisch kleine Plastikkugeln verunreinigt sind. „Es besteht der Verdacht, dass diese aus Pflegeprodukten wie Duschgelen, Peelingcremes oder Zahnpasta stammen können. Das sogenannte Mikroplastik gelangt über das Abwasser in die Umwelt und verteilt sich dort. Experimente an Miesmuscheln haben gezeigt, dass die Partikel sich im Gewebe einlagern. Dort bildeten sich anschließend Entzündungen." – Die Plastikteilchen wurden aber, nach dem Bericht, auch in der Luft gefunden. Von dort gelangt es dann auch in Lebensmittel. Selbst im Regenwasser wurden Plastikteilchen entdeckt. Zuletzt hieß es, dass die Hersteller zukünftig möglichst auf den Zusatz von Mikroplastik verzichten wollen. Da sie nicht gezwungen werden, wird auch Mikroplastik noch verarbeitet. Eine Anklage mit Geldforderung wegen

Gesundheitsschädigung wäre vielleicht ein Weg zur Änderung.

- **„Wie viel Schutz braucht das Meer?": Vor Plastik.** (4. 6. 14 hi in HA).Am 3. und 4. 6. 2014 diskutierten in Hamburg 400 Experten über dieses Thema: Es braucht mehr Schutz – und die übrige Umwelt braucht es auch.

Dazu gleich ein Hinweis: Am 12. 8. 14 lautete die Meldung (lno/HA): Schleswig-Holstein fördert die Kampagne „Fishing for Litter" des Naturschutzbundes Deutschland (Nabu) gegen Plastikmüll im Meer mit rund 26.500 Euro…. Bei der 2011 vom Nabu ins Leben gerufenen Aktion sammeln Fischer den Plastikmüll ein, der in ihren Netzen landet und werfen ihn im Hafen in spezielle Container. Insgesamt beteiligen sich an dem Projekt neun Häfen. – Es gibt allerdings, auch in anderen Ländern, noch mehr Häfen. Ein Anfang? - An der Ostsee lässt Nabu die Plastikabfälle direkt vom Strand sammeln und bittet alle um Vermeidung: Zigarettenkippen, Kronkorken, Einwegbecher und Plastiktüten gehörten nicht ins Meer", erklärte der Nabu-Leiter für Meeresschutz Detloff (dpa in HA 16. 8. 14).

Mitmachen ist angesagt: Kein Plastik etc am Strand oder in die Müllbehälter und Eintreten in einen Naturschutzverband zum Erhalt der Zukunft: www.nabu.de oder www.bund.net . – Jennifer Timrott schrieb 2015 das bebilderte Buch „Strandgut aus Plastik und anderer Meeresmüll", erschienen im Wachholz-Verlag. Allein auf der winzig kleinen Nordsee Hallig Hooge fand sie schnell 225 angeschwemmte Plastikdeckel.

Das war 2014. Doch ist es besser geworden? Am 9. 1. 2019 hieß die Überschrift im „Hamburger Abendblatt: „So schmutzig sind Nord- und Ostsee – 389 Müllteile auf 100 Meter Strand entdeckt, 60 Prozent der untersuchten Vögel hatten Plastikmüll im Magen. EU-Richtlinie nicht erfüllt."

Ob beim Nährstoffeintrag aus den Düngemitteln der Felder, dem Müll oder dem Plastik, die EU-Forderungen wurden nicht erfüllt. „Von den 32 in der Nordsee begutachteten Fischarten waren nur neun in Ordnung.…In der Ostsee waren sechs Fischarten okay, zwölf nicht, sechs Arten blieben ohne Bewertung.…'Der gute Zustand' wird nicht erreicht." – „Niedersachsens Umweltminister Olaf Lies (SPD), der den Nordseebericht …in Hannover vorstellte, sagte zu dieser Bilanz: ,Unsere Nordsee ist ein einmaliges Ökosystem. Wir wollen die Lebensräume erhalten und schützen.' Er rief die Bürger dazu auf, Plastikmüll zu vermeiden." – Und die Umweltstaatssekretärin Anke Erdmann (Grüne) aus Schleswig Holstein sagte: „Wir alle muten den Meeresökosystemen zu viel zu. Alle Anrainerstaaten gemeinsam müssen große Anstrengungen unternehmen, um die Ziele, die uns die europäische Meeresstrategie-Rahmenrichtlinie vorgibt, zu erreichen." – Soweit der Bericht. Alle sind also gefordert. Doch alle tun zu wenig, um ihre Umwelt und die Nahrung aus der Umwelt zu erhalten. Zusätzlich sind noch Seebestattrungen so beliebt wie noch nie. 20.000 Urnen werden dabei jährlich ins Meer geworfen. Letztlich werden dabei auch einige an den Strand geschwemmt. (10. 1. 2019 HA: Jonas Erlenkämper aus Berlin).

Am 25. 11. 2019 hieß die Überschrift (HA/Ino): „Plastik tötet Helgolands Seevögel – Gefahr für Basstölpel und Trottellummen weit größer als bislang angenommen" Und dazu wurde ein Foto von einem Basstölpel Seevogel auf einem Nest mit Plastikresten abgebildet.

Überall Plastik. Beispielsweise im Süden von Mallorca und Ibiza. Anwohner und Urlauber klagen. Der Plastikmüll kommt vor allem aus Nordafrika und ist das größte Problem an den Stränden. – Wenn dann noch jährlich 3.500 Flüchtlingsleichen hinzukommen! - Zusätzlich verbreitet Plastik im Meer Schadstoffe „Kleinste Kunststoffpartikel belasten die Ozeane, auch in Nord- und Ostsee. An ihnen lagern sich

Giftstoffe ab, die von Meerestieren aufgenommen werden." - Und ganz nebenbei: Bisphenol in Kunststoffen soll unfruchtbar machen. (26. 8. 2015 HA) - Die Weichmacher sollen die Menschenknochen so erweichen, dass sich beispielsweise in Hamburg bei einem größeren Prozentsatz mit 12 Jahren die Zähne aus den Kiefern lösen. Am 23. 10 2015 hieß die Umweltmeldung vom „Alfred-Wegener-Institut" (AWI) im „HamburgerAbendblatt": „Plastikabfälle schwimmen bereits auf der Wasseroberfläche der Arktis.... Problematisch sei der treibende Müll insbesondere für Seevögel, die sich von Beute an der Wasseroberfläche ernähren, berichten die Forscher um Melanie Bergmann." - Allerdings hieß es auch zusätzlich:

- **„Herrenlose Geisternetze bedrohen die Bewohner der Weltmeere:**

Was vergessene Landminen für Menschen sind, stellen herrenlose Netze und Reusen für Meerestiere dar. Ob achtlos entsorgt oder bei Sturm verloren – ihren Zweck erfüllen sie schon lange nicht mehr. Und doch sind sie immer noch tödliche Fallen." (Wayne Parry, AP auf feelgreen.de).

Am 25. 11. 2016 hieß es im „Hamburger Abendblatt": „Neue Greenpeace-Untersuchungen zeigen":

- **Kunststoffteilchen in den Meeren und Flüssen sind in unsere Nahrungskette gelangt – angereichert mit hochtoxischen Umweltgiften."**

Greenpeace schöpfte von dem langsam fahrenden Schiff „Beluga II" auf der nördlichen Elbe die Wasseroberfläche mit einem sehr feinmaschigen Netz in einer Auffangkonstruktion, genannt „Manta Trawi", ab. Die Maschengröße betrug dabei entsprechend der wissenschaftlichen Maximalgröße für Mikroplastik nur 0,3 mm. Von einer promovierten Meeresbiologin und ehrenamtlichen Mitarbeitern wurden daraus dann Proben entnommen. Von April bis August 2016 wurde mit dem „Manta Trawi" auf den großen deutschen Kanälen und Flüssen sowie um die Nord- und

Westfriesischen Inseln herum nach Mikroplastik gefischt. Die Proben wurden dann im Labor untersucht. Und alle Proben enthielten Mikroplastik. Plastik ist nicht mehr weit weg, sondern auch in Flüssen, Kanälen, Nord- und Ostsee in Deutschland angekommen. Doch was noch schlimmer ist: Die hier gefundenen Proben enthalten noch mehr Mikroplastik als die Proben aus den großen Meeren. Die Mikropartikel, oft kleiner als ein Millimeter, gelangen in die Körper der Meerestiere und von dort dann in die Fisch essenden Menschen.

Die am häufigsten verwendeten Plastikarten Polyethylen (bei Plastiktüten) und Polypropylen (bei Verpackungen) binden erhöht Umweltgifte an sich. Zusätzlich konnte nun 2016 nachgewiesen werden, dass die kleinen Plastikteilchen um das drei- bis vierfache höher belastet sind. Insbesondere Mikroplastik aus Weser- und Elbsedimenten sind erhöht mit Polychlorierten Biphenylen (PCB) belastet. PCB gehört zusammen mit Dioxinen, Furanen und Hexachlorbenzol sowie einigen Pestiziden zum „Dreckigen Dutzend" der Giftstoffe, für die seit Dezember 2000 ein weltweites Herstellungs- und Verwendungsverbot gilt. Dieser Stoff ist krebserregend und kommt aber noch heute in hoher Konzentration in der Umwelt und in lebendem Gewebe vor.

- Am 21. 11. 2018 stand im „Hamburger Abendblatt" (dpa) eine Meldung aus Jakarta: **Toter Wal mit sechs Kilo Plastik im Bach gefunden.** Der tote Wal war an der Küste Indonesiens angespült worden. Das waren dann: 115 Plastikbecher, 25 Plastiktüten und mehr als 1000 weitere Plastikteile, wie der Deutschlandfunk berichtete.

- Am 3. 4. 2019 wurde (HA/dpa) aus Rom berichtet, dass ein **Wal mit 22 Kilogramm Plastik im Magen** tot vor der Küste der italienischen Urlaubsinsel Sardinien entdeckt wurde. Die WWF teile dazu mit, dass unter anderem Einkaufstaschen, Schnüre, Einwegteller, eine Waschmittelverpackung und Schläuche von Elektroinstallationen gefunden wurden.

- Am 18. 11. 2019 wurde aus Honolulu (HA/dpa) gemeldet: „Kinderstube der Fische voller Plastik. Forscher fanden vor Hawaii in den Netzen mehr Müllteilchen als Larven"....Die Forscher „glauben, dass die Verschmutzungen ein Problem für die gesamte Nahrungskette darstellen können. Die Fische, in denen solche Plastikteile gefunden wurden, werden beim gewerblichen Fischfang für Menschen gefangen oder bilden die Nahrung für andere Fische oder Wasservögel."

- **Plastikflut im Supermarkt** schrieb am 10./11. 9. 2016 Christine Schulze im „Hamburger Abendblatt". Darunter stand zuerst: „Drei Millionen Tonnen Kunststoffverpackungen landen jährlich im Müll. Der Großteil wird verbrannt." (Also nicht recycelt.) Und dann berichtete sie, dass sich viele Händler öffentlichkeitswirksam von der kostenlosen Plastiktüte verabschiedet hätten. „Doch die Plastikflut im Handel ist damit noch lange nicht gestoppt. Ob bei Obst und Gemüse, frischen Snacks und Süßigkeiten, Drogerieartikeln, Spielzeug oder Unterhaltungselektronik – beim Einkauf kommen die Verbraucher um Kunststoffverpackungen kaum herum." – Das gilt auch für fast alle gekühlten und tiefgekühlten Lebensmittel. Und für den Rest nimmt man eine kostenlose Plastiktüte. Von dem Mehr an Berufstätigen erfolgt sodann ein Mehr an Fertiggerichten. Alles immer in Plastik verpackt.

- **Es ändert sich aber nur wenig, trotz gegenteiliger Behauptungen.** Am 14. 10. 2019 brachte ein Lebensmittelgroßhändler dann die ganzseitige Zeitungsanzeige für eine Unverpackt-Kampagne. Da stand dann, dass jeder Deutsche 38 kg Plastikmüll verursacht, die Luxemburger 50,5 kg, Irländer 46,2 kg und Estländer 42,2 kg. Bei mehr als 100 Obst- und Gemüsesorten sollte auf Plastikverpackungen verzichtet werden. Ich kaufte dort dann für 2 Personen ein und hatte nach einer Woche einen Sack voller Alt-Plastik. Dort stand dann, dass davon nur 16 % wiederverwendet würden. Und dass Mikroplastik in Kosmetikprodukten dem Grundwasser und der Gesundheit schadet. Die Produkte würden deshalb gekennzeichnet. – Doch damit ist Mikroplastik nicht weg. Es müsste sofort weltweit verboten werden.

- **Über 1.000.000 Tonnen Plastikmüll verschifft Deutschland pro Jahr ins Ausland.** Der Bremer Student Max Hoffschmidt schlug deshalb Ende September 2019 mit einer WeAct-Petition Alarm, die ich auch unterschrieben habe. Plastikabfall aus Deutschland landet irgendwo in Südostasien.

- **„Tödliches Treibgut.** Immer mehr Plastikabfall bedroht das Leben auf dem Meer. Forscher haben nun eine überraschende Theorie zu dessen Herkunft" (HA 2./3. 10. 2019 W. Wellmann aus Berlin): „Plastikmüll in den Meeren besteht zu einem großen Teil aus Flaschen...Drei Viertel dieser Behälter stammen inzwischen aus dem weit entfernten Asien, überwiegend aus China. Sie kommen aber wohl meistens aus dem Export von dort. Die Wissenschaftler gehen davon aus, „dass die Flaschen von Schiffen direkt ins Meer entsorgt wurden, insbesondere von Handelsschiffen." Der Handelsverkehr vervierfachte sich innerhalb von 4 Jahren.

- **„Plastik vermeiden"** hieß zu dem vorgenannten Bericht die Aufforderung: „Bei Produkten wie Joghurt zu **Mehrweg-Gläsern** greifen. **Mehrweg-Glasflaschen wählen oder Leitungswasser trinken.** (Nach einem Test in 20 Städten und Gemeinden hatte Stiftung Warentest das Leitungswasser ausdrücklich empfohlen.)"

- **„Vier Stück Müll pro Meter Küste"**, (9. 6. 2017 HA) – „Das Umweltbundesamt hat Nord- und Ostsee untersucht – mit Besorgnis erregenden Ergebnissen. – Meeresmüll ist eine Folge unserer heutigen Wegwerfgesellschaft. Und: Im Durchschnitt 389 Müllteile auf 100 Meter Küstenlinie." War darin zu lesen.

- **„Gift in der Elbe – was kommt auf uns zu?"** war dazu die Überschrift in der gleichen Zeitung (HA) nur einen Tag später. Und darunter stand dann als erstes Hauptbeispiel: „Der abgekratzte Lack einer tschechischen Eisenbahnbrücke bringt erhöhte PCB-Konzentrationen." Das waren dann nur rund 100 Kilo – jedoch mit bösen Folgen. Hinzu kam dann noch eine Schiffshavarie mit noch einmal 100 Kilo PCB. - PCB oder Polychlorierte Biphenyle ist zwar seit 2001 weltweit verboten, weil es beim Menschen krebserregend ist, wurde aber zuvor in Lacken, Kunststoffen und Hydrauliköl eingesetzt. Da der Hamburger Hafen und die Elbe für die Schiffe immer ausgebaggert werden müssen, wäre das dann Sondermüll, der aber immer einfach in die Nordsee gekippt wird. Die Erde verdreckt also immer mehr. Alle müssen also handeln, um den Untergang ihrer

Kinder und Enkelkinder vielleicht noch zu verhindern.

„Schlickhaltiges Sediment nimmt im Gegensatz zu sandhaltigem deutlich mehr Schadstoffe auf, was im Umkehrschluss mit einer höheren Belastung des Mikroplastiks einhergeht", wurde in dem Bericht die Professorin Gesine Witt von der Hochschule HAW zitiert. Je länger die Mikroplastikteilchen im Wasser liegen, desto mehr Giftstoffe nehmen sie in sich auf, die dann über Würmer, Muscheln und Fische in die menschliche Nahrungskette gelangen.

An der norwegischen Küste bei Bergen wird beispielsweise so viel Müll angeschwemmt wie an kaum einem anderen Ort der Welt (so die Meldung vom 16. 1. 2019 HA/dpa). So fanden Forscher an den Stränden insgesamt bis zu 1000 Tonnen Plastikabfall.

- **„In ersten Feldstudien fanden Wissenschaftler Plastikpartikel in unterschiedlichen Arten von Fischen, Krusten- und Schalentieren – von Thunfischen über Makrelen bis hin zu Garnelen, Austern und Muscheln."**

- „Eine Studie mit Fischen aus Nord- und Ostsee – darunter Kabeljau, Flunder und Makrele – wies bei 5,5 Prozent der Tiere Mikroplastik im Verdauungstrakt nach." In Miesmuscheln von der deutschen Nordseeküste sowie in Austern von der französischen Atlantikküste wurde Mikroplastik nachgewiesen. In 63 % der untersuchten Nordseegarnelen wurden Plastikfasern, -granulat und Folienreste gefunden. Und in Fischen aus dem Englischen Kanal wurde bei 30 % Mikroplastik nachgewiesen. Nach Ansicht der Wissenschaftler darf sich die Politik keine Zeit mehr lassen. Es „sollte unbedingt das Vorsorgeprinzip grei-

fen, um das Risiko für Mensch und Umwelt möglichst gering zu halten", wird die Meeresbiologin Dr.
Sandra Schöttner zitiert.

- Der Artikel endete mit Hinweisen wie: **Gegen Mikroplastik in Kosmetikartikeln, Zahnpasta und
Schleifmitteln, die täglich ins Abwasser gelangen,
„könnte die Bundesregierung schnell und effektiv
vorgehen. Aber auch die Verbraucher könnten
bereits jetzt eine Menge gegen die zunehmende
Plastikvermüllung der Gewässer tun."** Und hier
wird dann, wie so oft, der Verzicht auf die Einkauf-
stüte genannt. Aber das ist einfach zu wenig. Am 17.
10. 2016 brachte das Fernsehen des Norddeutschen
Rundfunks die Sendung „Mikroplastik weiter in
Kosmetik." Dazu kam gleich der Hinweis, dass im
BUND-Mikroplastik-Einkaufsratgeber Produkte verzeichnet sind, deren Inhaltsstoffe einen oder mehrere
der Kunststoffe enthalten. Gleichzeitig wurde festgestellt, dass „die Hersteller von Kosmetika und Pflegeprodukten vor zwei Jahren in einer freiwilligen
Selbstverpflichtung" erklärt hatten, „zukünftig auf
Mikroplastik in ihren Produkten zu verzichten."

Um dies vom Verbraucher kontrollieren zu können, brachte
das NDR-Fernsehen schon am 2. 6. 2014 eine Liste der
Mikroplastiken oder Inhaltsstoffe mit deren Abkürzungen,
die ich kurz wiedergeben möchte: „Polyethylen (PE), Polypropylen (PP), Acrylat (ANM), Ethylen-Vinylacetat (EVA),
Polyethylenterephthalat (PET), Polyester (PES), Polyamid
(PA), Polyurethan (PUR), Polyamid (PI)."

- **Doch der Verzicht auf Mikroplastik erfolgte nach
Recherchen der NDR-Fernseh-Sendung vom 17.
10. 2016 bis dahin kaum,**

auch deshalb konnte fast Unglaubliches in der Sendung beschrieben werden: „So gelangt das mikroskopische kleine Plastik in die Umwelt, jährlich rund 500 Tonnen allein aus in Deutschland verkauften Kosmetika. Denn die meisten Kläranlagen sind mit den winzigen Partikeln überfordert und können das Plastik nicht filtern. Also landet es in unseren Flüssen und Meeren. Besonders große Mengen wurden von einem Forscher immer in der Nähe größerer Städte einleitend gemessen.

Bereits in einer Sendung vom 12. 5. 2014 hieß es bei der gleichen Fernsehstation: **„Mikroplastik: Tickende Zeitbombe aus dem Meer.“** Auf der Veröffentlichung war dazu beispielsweise zu lesen: „Aus dem Meer breitet sich das sogenannte Mikroplastik über die Nahrungskette und durch die Luft bis zum Menschen aus.“ Dazu wurde der Professor Liebezeit von der Carl-von-Ossietzky-Universität in Oldenburg zitiert, der bereit mikroskopische kleine Plastikkugeln in Honig und Regenwasser nachgewiesen hatte: „Wir können davon ausgehen, dass Mikroplastik schon überall in der Atmosphäre zu finden ist.“

Ein Verbot von Mikroplastik, auch in der Kleidung, und der Verzicht auf Verpackungsplastik wären also dringend notwendig. Aber vor allem müsste Plastik zusätzlich auch auf allen Flüssen und Meeren abgefischt werden. Die Methode des Boyan Slat wäre dazu vielleicht eine Möglichkeit Doch müsste gehandelt werden, dringend!

- **Die Sendung über die „tickende Zeitbombe aus dem Meer“ definierte auch die Herkunft der Plastikteile, die unter 5 Millimetern groß sind:**
1. Zerfällt der im Meer entsorgte Plastikmüll einschließlich zurückgelassener Fischernetze über Jahrzehnte und Jahrhunderte in Plastikmüll.

2. Verwenden einige Hersteller Plastikkügelchen in Duschgels, Peelings und Zahncremes.

3. Sind viele Textilien, zum Beispiel Fleece-Jacken, aus Kunststoffen –„meist aus recycelten PET-Flaschen. Pro Waschgang lösen sich etwa 2000 Plastikfasern ab, schätzt die Umweltorganisation WWF."

- **„Hersteller bleiben bei Kunststoff in Kosmetik" war am 12. 4. 2017 (im Hamburger Abendblatt die Überschrift zu einer neuen „Greenpeace-Studie.** Dazu hieß es: „Viele große Kosmetikhersteller und Drogerien verkaufen ihre Produkte als ‚mikroplastikfrei', setzten aber nach wie vor potenziell umweltschädlich Kunststoffe ein."

Das Hauptproblem ist, dass fast alle Länder die Plastikprobleme nicht als so wichtig ansehen. Selbst Umweltparteien, wie in Deutschland die „Grünen", wollten, zumindest vor wenigen Jahren noch, nach Berichten wohl lieber höhere Steuern auf Vermögen und Erbschaften, um den Ärmeren mehr Geld zu geben, damit sie damit vielleicht auch mehr in Plastik verpackte Waren kaufen können und nicht, um das Plastikproblem zu lösen.

„Mikroplastik in der Atmosphäre" war dann am 16. 8. 2019 die Überschrift im „Hamburger-Abendblatt" (dpa): Mikroplastik kann sich in der Atmosphäre über mehrere 1000 km verteilen und rieselt dann in unter 5mm Größe auf die Erdoberfläche. So der Bericht des Alfred-Wegener-Instituts für Polar- und Meeresforschung. Sie entnahmen aus vielen Gegenden Proben. Auf einer Eisscholle hatten sich 14.400 Teilchen pro Liter gesammelt. Aber neben einer Landstraße in Bayern 14.400 Teilchen pro Liter. Die Partikel können aus Abrieb von Reifen oder Schuhsohlen oder z. B. aus Beschichtungen von Gebäuden oder Fahrzeugen kommen.

Als Mikroplastik werden Kunststoffteilchen bezeichnet, die kleiner als 5 mm sind. Primäre Basismaterialien, die z. B. in Hygieneprodukten, wie Zahnpasta, aber auch in Fleece-Jacken zum Einsatz kommen und sekundäres Mikroplastik durch Zerfall größerer Teile. Allein in Deutschland gelangen lt. Stiftung Warentest jährlich rund 364.000 Tonnen Mikroplastik in die Umwelt. Vieles davon findet sich in Kosmetikprodukten, z. B. in Shampoos, Cremes und Duschgelen. Das Mikroplastik aus der Fleece-Jacke gibt (lt. WWF) pro Waschgang ca. 2.000 Fasern ab. Alles gelangt über die Abwässer und Kläranlagen in Flüsse und Meer – und von dort in die Fische – und von dort wieder in den Menschen. Deshalb auch mein Brief an die Umweltministerin am Schluss des nächsten Kapitels. Aber es bewegt sich nichts.

Auf der UN-Meereskonferenz Anfang Juni 2017 sagte UN-Generalsekretär Guterres: „Bereits Mitte des Jahrhunderts könnte es mehr Plastikmüll als Fische in den Ozeanen geben." Aber dann stellte Boyan Slat auf der UN-Konferenz seine Erfindung vor. –Hoffnung? (6. 6. 2017 ARD-Tagesschau.)

Im Artikel der „Süddeutschen" wurden zum Plastikproblem sodann die Aussagen von Nick Mallos von der Umweltgruppe Ocean Conservancy wiedergegeben.

- **Er bemängelte, solange immer mehr Plastik produziert und aus Flüssen, küstennahen Deponien und von Schiffen in die Ozeane gelange, wäre das Säuberungssystem „nur ein Pflaster, aber keine Heilung der eigentlichen Krankheit. Zu dieser Heilung wird dann Martin Thiel aus Chile zitiert, man müsse „Politiker und Unternehmer drängen, den ungeheuren Plastikkonsum zu drosseln."**

Doch dies wird freiwillig nur gering geschehen, da Plastikverpackungen ja unglaublich viele Vorteile für die Hersteller und Verbraucher bringen. Aber weniger verbrauchen, wieder einsammeln und möglichst recyceln, werden wohl die einzigen Möglichkeiten zum Erd-Rettungsteil sein. Millionen kaufen allein in Deutschland ihr Trinkwasser in Plastikflaschen ein, weil sie Angst vor Nitraten oder anderen Giftstoffen im Leitungswasser haben. Doch vor dem Plastik haben sie keine Angst. Deshalb müssen Hersteller und Verbraucher weltweit gezwungen werden, kein Plastik mehr zu verwenden – und alles Plastik muss auf Kosten der Steuerzahler oder Hersteller wieder eingesammelt werden. Noch 2 Beispiele der Schädlichkeit:

- **„Wie gefährlich ist Plastikmüll?": Hierüber berichtete auch die Tagesschau am 22. 2. 2017.** Demian von Osten vom WDR schrieb:

„Egal ob man synthetische Fleecekleidung wäscht oder Auto fährt: Es entstehen winzige Plastikteilchen, die ins Wasser gelangen. Eine neue Studie zeigt, dass ein Drittel des Plastikmülls aus solchen winzigen Teilchen stammt."

Am 23. 2. 2016 meldete das „Hamburger Abendblatt" aus Genf dazu: **„Winzige Plastikteilchen aus synthetischer Bekleidung und Autoreifen verschmutzen die Meere nach einer neuen Studie in bislang nicht bekanntem Ausmaß. Die meist nur wenige Millimeter großen Teilchen könnten bis zu einem Drittel des Plastikmülls im Meer ausmachen, berichtet die Weltnaturschutzunion (TUCN).**
Schätzungen zufolge werden jedes Jahr 9,5 Millionen Tonnen Plastik ins Meer gespült. Weil sich die Stoffe in der Nahrungskette ansammeln, könnte dies auch für Menschen gefährlich werden." –

Es ist bereits garantiert gefährlich. Auch deshalb wurde die UNO tätig. Allerdings bei weitem noch nicht ausreichend. – Darüber hieß es bereits am folgenden Tage in der gleichen Zeitung – ganz klein unter „Wissen" vom Tagungsort Denpasar: „Das Umweltprogramm der Vereinten Nationen (UN) hat auf der indonesischen Insel Bali das neue Programm „Kampagne für saubere Meere" zur weltweiten Vermeidung von Plastikmüll vorgestellt"

Und dann folgten sehr weit gesteckte Ziele – wie: „bis 2022 soll Mikroplastik aus Kosmetikprodukten verschwinden und der verschwenderische Einsatz von Einmalprodukten aus Plastik enden. Zum Start beteiligen sich neun Länder, darunter drei europäische: Norwegen, Frankreich und Belgien." **Und wo blieb Deutschland? - Und warum? . Nur eine Zeit von rund 20 Jahren haben wir nicht mehr.** Ich sage es immer wieder: „Auf Bali kann man nicht mehr im Meer baden, weil es voller Plastik ist. Das ist aber auch bei fast allen großen Flüssen so. Und bald auch bei allen Meeren.

„Deutschland ist Europameister im Produzieren von Plastikmüll! Kaum ein anderes Land auf unserem Kontinent „vermüllt" mit so vielen Verpackungen wie Deutschland. Das ist nicht nur aus Umweltgründen ein Problem – sondern auch gesundheitsgefährdend. Mikroplastik findet sich in den Meeren aber auch auf unseren Äckern und landet in der Nahrungskette – mit bisher unerforschten Folgen für unsere Gesundheit." Soweit Yvonne Willicks im WDR-Fernsehen am 21. 11. 2018 um 21 Uhr.

Der Discounter Netto investierte am 14. 10. 2019 eine Seite zur Plastikvermeidung in „BILD DEUTSCHLAND" und nannte „Plastikverpackungsabfall pro Kopf in der EU 2018" von der Quelle Statista 2019. Dazu wurde genannt: Luxemburg 50,5 kg Irland 46,2 kg, Estland 42,2 kg, Deutschland 38 kg. Viele Länder verbrauchen weniger: EU-Durchschnitt 24 kg. Im nächsten Kapitel werden die von „Netto" auf derselben Seite genannten „7 Wege die Umwelt zu schützen" genannt: „Plastik sparen oder ganz vermeiden.

In der Sendung Markt brachte der WDR um 20.15 Uhr am 24. 1. 2018 Infos zum Plastikmüll, wie „Nur die Hälfte des Mülls der gelben Tonne (oder dem gelben Sack) wird recycelt." „Die andere Hälfte landet in Müllverbrennungsanlagen." Aber ein „ neues Gesetz soll die Quote bis 2022 erhöhen" (also noch lange nicht.) „Probleme mit der Qualität des sortierten Mülls" sind dabei genug vorhanden. Bis 2022 sollen Kunststoffverpackungen zu 63 Prozent wiederverwertet werden." Sodann wurde berichtet, dass die Deutschen Europameister im Mülltrennen sind, denn mit Kunststoffabfällen lässt sich auf dem Weltmarkt theoretisch viel Geld verdienen. Aber leider sind viele Kunststoffe aus der gelben Tonne mit unbrauchbarer Pappe oder Papier verbunden. Zu kleine Plastikteile können oft nicht voneinander getrennt werden. - Aber die Hälfte landet trotzdem noch in den Müllverbrennungsanlagen, weil diese sonst nicht ausgelastet sind. **Sodann hieß es, dass das Duale System die Unternehmen der Lebensmittel und Verpackungsbranche zur Rücknahme und Entsorgung verpflichtet.**

Am 5. März 2019 schrieb Hanna Gersmann im „Hamburger Abendblatt": **„Der Kampf gegen Plastikmüll ist zäh. Seit China die Einfuhr von Kunststoffabfällen gestoppt hat, muss Deutschland im Recycling neue Wege gehen."** Und dann war fast Unglaubliches zu lesen: „Während China nun eine eigene Kreislaufwirtschaft aufbaut, ist für Deutschland der größte Exportmarkt für Plastikmüll weggebrochen. Und nun? – Beim Verpackungsmüll sind die Deutschen europaweit Spitze. Im Schnitt kommt mittlerweile jeder Bundesbürger auf 220 Kilo pro Jahr." Glas, Papier und Metall gehen meistens in den Kreislauf – aber Kunststoffe meistens nicht. Und dann werden die Probleme dabei erläutert. Doch die EU-Kommission verlangt, dass bis zum Jahr 2030 sämtliche Kunststoffverpackungen wiederverwertbar sein müssen. – In 10 Jahren sind dann die Meere noch voller.

Aber „seit 1. Januar ist in Deutschland ein neues Verpackungsgesetz in Kraft, die Recyclingvorgaben sind strikter als zuvor." -

Ich darf dazu sagen: In den Läden ist überhaupt nichts von Plastikrecycling zu merken. Aber: „Der Discounter Aldi zum Beispiel will von 2022 an für seine Eigenmarken nur noch vollständig recycelbare Verpackungen verwenden." Und: „Lidl…will ab 2021 …ein eigenes duales System einführen."

Deutschland exportierte Plastikmüll nach China. Und dazu hieß es zu Beginn dieses Kapitels: **Vom Fluss ins Meer. Die Hauptverschmutzer in Tonnen 2016 Mikroplastik: China, Jangtse 1,47 Mio. Tonnen . Deutschland exportierte den Plastikmüll nach China und dort wurde er wohl in den Jangtse geworfen. Von dort ging es ins Meer.** So viel zur Vermüllung und Gesundheitsschädigung mit Plastik. Ob UNO, G7, G20, EU, und die einzelnen Länder: Keiner verbietet Mikroplastik, keiner will Flüsse und Meere wieder plastikfrei machen.

Es reicht! Am 15. 3. 2019 hieß die Zeitungsüberschrift (HA): „Hamburger genervt von Zucker und Plastikverpackungen." Und darin ergab eine Umfrage der Behörde für Gesundheit und Verbraucherschutz mit der Verbraucherzentrale: „85 % bemängelten zu viel und unnötige Verpackungen – und 81,2 % den exzessiven Einsatz von Plastik." Die bei weitem nicht ausreichende Plastikvermeidung folgt. Damit wird aber noch nicht das Plastik sofort aus dem Meer geholt. Und sofort muss alles geschehen. Stattdessen werden Milliarden für die Digitalisierung der Schulen ausgegeben. Doch darüber später mehr.

Es reicht! – Bald kann nicht mehr im Meer nach essbaren Fischen gefischt werden. Doch die „Fischereiindustrie verursacht zehn Prozent des Mülls im Meer." So die Meldung aus London (HA/dpa 7. 11. 2019): „Rund 10 % des Plastikmüll in den Ozeanen gehen Umweltschützern zufolge auf zurückgelassenes Fischereigerät zurück. Jedes Jahr würden geschätzt etwa 640.000 Tonnen Netze und andere Ausrüstung in den Meeren zurückgelassen, kritisierte Greenpeace...Durch die Fischfangausrüstung würden Meerestiere über Jahre hinweg getötet und verstümmelt. Die Umweltschützer forderten, die Fischereiindustrie wegen ihres Mülls zur Verantwortung zu ziehen."

„Tausende verlorene Fischernetze vermüllen die Meere und gefährden Fische und Vögel. Die Umweltminister der (deutschen) Küstenländer wollen dies ändern." So die Meldung (HA/Martus am 13. 11. 2019) aus Berlin. „Schweinswale sterben in herrenlosen Fischernetzten einen qualvollen Tod," sagte der Hamburger Umweltsenator Kerstan. Wie das finanziert werden sollte war noch völlig unklar – und außerdem waren es ja nur die deutschen Umweltminister. Der kleinste Teil der Erde würde dann vielleicht etwas aufgeräumt werden, denn selbst an die Nord- und Ostsee grenzen noch viele weitere Länder.

Am Freitag, dem 29. 11. 2019 waren allein in Hamburg 55.000 mit zum Teil originellen Schildern bei der Klima-Demo von „Fridays for Future." Auf einem großen Schild stand dabei „FISCHERS FRITZ FISCHT PLASTK". (Bild am 30. 11.) Denn mit Fischen aus dem Meer ist es wohl bald vorbei. Ob UN, EU oder Länder, wie beispielsweise Deutschland: Meere und Flüsse werden von den Regierungen nicht von Plastik gesäubert – und immer mehr Plastik, einschließlich Mikroplastik, darin entsorgt. Nur private 2 Gesellschaften machen dies auf Spendenbasis. Siehe dazu Kapitel 7.

Kapitel 6:

„Plastikfrei? – Wir sind (zu selten) dabei!"

„Stoppt die unnötige Plastikflut! – SOS aus den Tiefen des Meeres"
(WWF-Kampagne mit bitte um Spenden. – Überall sind WWF-Plakate zu sehen.)

„Plastikfrei? – Wir sind dabei!" – So nannte der Initiator Hartmut Zeine am 1. 3. 2019 seine Auftaktveranstaltung in Wentorf bei Hamburg, dem Sitz der später genannten Firma Superseven, die bei der Veranstaltung auch Ihre neuen Plastik-Alternativen vorstellte. Auf der Veranstaltung sprach u. a. Prof. Dr. med. Rüssmann aus Berlin über die Auswirkungen von Mikroplastik im menschlichen Organismus. Der CDU-Bundestagsabgeordnete Brackmann erläuterte einen 5 Punkte Plan des Bundesumweltministerium: 1. das Vermeiden überflüssiger Produkte und Verpackungen. 2. Die umweltfreundlichere Gestaltung von Verpackungen und anderen Produkten. 3. Die Stärkung von Recycling und das vermehrte Einsetzen von Rezykladen. 4. Die Vermeidung von Kunststoffen in Bioabfällen. 5. Internationales Engagement gegen Meeresmüll und für einen nachhaltigen Umgang mit Kunststoffen.

Und tatsächlich forderte die Bundesumweltministerin Schulze am 11. 3. 2019 bei der Umweltkonferenz der Vereinten Nationen in Nairobi: „Meine langfristige Vision ist eine globale Kreislaufwirtschaft, in der Abfälle als wertvolle Ressourcen immer wieder genutzt werden." Das Ziel sollte sich in einer UN-Plastikkonvention wiederfinden. (HA/dpa 12. 3. 2919).

Doch da ist noch viel zu tun, wenn nach dem Vorkapitel jährlich 1,827 Millionen Tonnen Plastik über die Flüsse ins Mehr geleitet werden. In 10 Jahren wären es dann mal eben rund 20 Millionen Tonnen. Keine Meere, keine Fische – alles in Plastik. Es eilt!!! Tätig werden!

Die schon zuvor genannte Firma **Superseven GmbH war 2018** in Schleswig-Holstein **Landessieger beim Preis für biologisch abbaubare und kompostierbare Verpackungslösungen.** Die Firma ist auf kreislauffähige Produktentwicklungen spezialisiert. Dazu gehören kompostierbare Verpackungslösungen, die den biologischen Kreislauf schließen – und recycelbare Verpackungen, die technisch kreislauffähig sind.

Der Firmensitz ist bei Hamburg, Obere Bahnstr. 20 in 21465 Wentorf - und in Berlin, Köpenickstr. 39, 10179 Berlin. Email: Info@superseven.eu. Alle Angaben zur Firma und dessen Angebot finden sich auf Websites, wie www.repaq.de (so heißen auch die Verpackungen) und www.very.compostable.com – in Englisch für das Ausland.

Doch nun zur Verminderung des Plastikproblems überall: Deutschland wirkte im Rahmen seiner im Juli 2017 in Hamburg stattfindenden G-20 Präsidentschaft auf die asiatischen Länder bezüglich des Plastik-Problems ein. Die 20 wichtigsten Industrie- und Schwellenländer unterzeichneten dann einen Aktionsplan, der konkrete Schritte enthält, wie die Vermüllung der Ozeane gestoppt werden soll. „**Das Ende der Gratis-Plastiktüte**". Ist nur ein kleiner und nicht ausreichender Anfang. Und über die Leerung der Meere von Plastik wurde nichts beschlossen. Und die Gratis-Plastiktüte gibt es weiterhin fast überall.

Deutschland muss den Verbrauch wegen einer EU-Richtlinie bis 2025 fast halbieren." – So die Überschrift am 3. 11. 2015 im „Hamburger Abendblatt." Doch reicht dies nicht, und sodann wird international meistens nichts gemacht. Und die Meere werden auch nicht abgefischt. Zur Klimakatastrophe addiert sich die Plastikkatastrophe.

- **Doch vielleicht ändert sich doch noch etwas, denn wie hieß es noch zu Beginn des vorigen Kapitels:** Am 27. November 2018 schrieb das „Hamburger Abendblatt": **„Umweltministerin im Kampf gegen die Plastikflut."**

- Am Tag zuvor (also am 26. 11. 2018, man merke sich das Datum, denn vielleicht geschieht ja wieder nichts) stellte die Ministerin Svenja Schulze (SPD) ein Fünf-Punkte-Papier zur Einsparung von Plastik vor. Denn 103 Kilo Plastikmüll verbrauchten Privatleute in Deutschland 2016 im Schnitt. – Und weiter hieß es am 26. 11.: „Wer nicht gerade in verpackungsfreien Läden einkauft (die es allerdings im Haupt-Lebensmittelhandel – wie bei Aldi, Penny, Netto, Lidl, Rewe, Marktkauf, Famila und Edeka noch kaum gibt), bringt von jedem Einkauf nicht nur Lebensmittel, sondern eine Menge Plastik mit. Das kostet nicht nur bei der Herstellung Ressourcen und Energie, sondern auch bei der Entsorgung. Mehr noch: Plastikmüll verschmutzt die Meere, führt zum qualvollen Tod von Tieren, die den Müll mit Futter verwechseln, und landet als Mikroplastik wieder auf den Tellern."

- **„Umweltministerin Svenja Schulze (SPD) will das jetzt ändern und gemeinsam mit Vertretern des Handels sowie von Umwelt- und Verbraucherverbänden darüber nachdenken, wie unnötige Plastikverpackungen beim Einkauf vermieden werden können.**

- **Es wurde aber noch viel mehr geplant:** Am 27. 11. 2018 hieß es beispielsweise (HA): „So setzt die Umweltministerin stark auf Recycling." Hersteller und Verbraucher sollen möglichst recycelte Produkte verwenden. „Bund, Länder und Gemeinden sollen dabei Vorbild sein und bei öffentlichen Anschaffungen prüfen, wo Produkten aus wiederverwerteten Rostoffen der Vorzug gegeben werden kann - gegenüber anderen." - Die Kunststoffindustrie soll sich freiwillig verpflichten, Agrarfolien zurückzunehmen. Das im Mai des Jahres 2018 verabschiedete Verpackungsgesetz tritt 2019 in Kraft. Und darin steht bereits, dass die Recyclingquoten von 2018 noch um 36 Prozent auf 63 % bis 2011 steigen sollen. Die Ministerin unterstützt das Verbot von Einweg-Plastik, das die EU durchsetzen will. Sodann sollten möglichst Früchte beim Einkauf in Mehrwegnetzen statt in Plastik getragen werden. Und dann sollen Trinkwasserbrunnen dafür sorgen, dass nicht jeder, der beim Stadtbummel durstig wird, Wasser in der Plastikflasche kaufen muss. Außerdem will das Ministerium über die Vorteile von Leitungswasser aufklären.

- „**Wir produzieren in unserer Konsum- und Wegwerfgesellschaft einfach auch zu viel Plastik**" erklärte die Ministerin. „Auch wenn wir es gar nicht wollen. Exportieren wir dieses Konsummuster in Schwellen- und Entwicklungsländer." ‚Mit 50 Millionen € aus dem Energie- und Klimafonds sollen deshalb Staaten an den zehn Flüssen unterstützt werden, die weltweit am meisten Müll transportieren.' - Die am Anfang des vorigen Kapitels aufgeführt sind.

Von den Umweltverbänden sagte dazu Herr Brandes vom WWF: „Eine hundertprozentige Wiederverwertung von Plastik muss möglich sein." – Und Herr Busch von der Naturschutzorganisation BUND kritisierte, dass der „Plan B" fehle. Für den Fall, dass Selbstverpflichtungen scheitern.

Der Entsorgungswirtschaft (BDE) gehen die Pläne auch nicht weit genug.

Am 30. 11. 2018 schrieb ein Leser im „Hamburger Abendblatt: „Plastikmüll: Vorgaben machen." Der Leser fragte, warum die Politiker so mutlos seien, denn freiwillige Verpflichtungen hätten noch nie funktioniert. Deshalb sollten zum Wohle der Bürger rechtlich bindende Vorgaben gemacht werden. Doch die kommen wohl nicht, denn am Anfang des Vorkapitels schrieb ich bereits über das notwendige Verbot von Mikroplastik. Am 5. 12. 2019 stellte die gleiche Zeitung eine Start-up Firma vor die als große Neuerung „Seife aus Hamburg ohne Mikroplastik und Palmöl" produziert. Und viele Läden führen nun bereits diese Seife, genannt: „terrorists of beauty".

Am 29. 11. 2018 wurde in der gleichen Zeitung über weitere Einzelheiten aus der Initiative der Umweltministerin berichtet:

- **„Der weltweite Kampf gegen die Plastiktüte"** war zuvor schon am 30. 3. 2016 die Hauptüberschrift auf der Wirtschaftsseite des „Hamburger Abendblattes." Und darunter stand: „Nicht nur in Deutschland wird den Tragetaschen aus ökologischen Gründen der Kampf angesagt. Andere Länder greifen sogar viel resoluter durch." Und neben einem Foto mit Plastiktüten stand dann: „ Um die Flut von Plastiktüten einzudämmen, führen europäische Länder Verbote ein oder machen sie kostenpflichtig." – Nur die USA machten fast nichts. Die anderen genannten Hauptprobleme des Plastikmülls werden damit nicht gelöst. – Und beim Einkauf lautet oft die Frage: „Wollen Sie eine Plastiktüte?"

Was sollte jeder verantwortungsvolle Bürger gegen die schädliche Plastikflut tun?

„Der Stille Abschied von der Plastiktüte", war dann am 31. 5. 2017 eine Hauptüberschrift im „HamburgerAbendblatt." „Nach der Einigung mit dem Handel vor einem Jahr ist die umweltschädliche Wegwerftasche auf dem Rückzug" stand darunter. Es ging dabei vor allem, um den Ersatz der Plastiktaschen an der Kasse des Supermarktes.- Man könnte stattdessen ja auch Papier- oder Stofftaschen nehmen, Das mache ich bereits seit einem Jahr. Und trotzdem fällt jeden Tag ein Eimer mit Plastikmüll an. Ob 100 gr. Käse oder Lachs – jedes bisschen ist in Plastikfolie verpackt.

Umweltgerechter Leben: Kein übliches „Coffee to go": Aus Berlin berichtete Laura Bethy (HA 3. 9. 15), dass allein in Deutschland jährlich 2,8 Milliarden Becher verbraucht würden. Dafür müssten dann für die Herstellung laut der Deutschen Umwelthilfe (DUH) jährlich 43.000 Bäume, 11.000 Tonnen Kunststoff und 1,5 Milliarden Liter Wasser verbraucht werden. Alternativen sind Becher aus Glas oder Porzellan, die man mitbringt. Große Cafe-Ketten wie Starbucks bieten als Mehrwegsystem an, dass der Kunde seinen Becher mitbringt und dort auffüllen lässt.

Am 17./18. 11. 2018 brachte das „Hamburger Abendblatt" dann einen wohl wirklichen Beginn der Plastikeinsparung in Cafes: „Pfandbecher – hunderte Cafes machen mit", als Hauptüberschrift. Darunter stand dann: „Mehrwegsystem Recup" in Hamburg auf dem Vormarsch. Auch die Hochbahn und ‚Dat Backhus' sind jetzt dabei. Rabatt für Kaffeetrinker". Sie erhielten bereits an 250 Stellen **Recup-Pfandbecher**. Es geht also etwas voran mit den Alternativen zum schädlichen Plastik.

Und am 20. 12. 2018 hieß der Leitartikel im „Hamburger Abendblatt: **„Alltag im Wegwerfmodus. Wenn die EU Plastik verbietet, greift sie in unseren Lebensstiel ein. Das ist gut so."** Und dann wurden unglaublich viele Beispiele des täglichen Plastikverbrauchs aufgezählt. Am

Schluss schrieb die Korrespondentin Stauber: „Unser Lebensstil ist nicht nur umweltschädlich, sondern auch oberflächlich und teuer. Die Europäische Union zwingt uns nun, mit weniger klarzukommen. Im besten Fall verändert das unser Bewusstsein. Es gab schon schlechtere Ziele."

Während auf den Märkten schon meistens in Papier eingepackt wird, werden die Supermärkte damit zunächst nicht gleich folgen. Es sei denn, sie können sogar mit Plastik-Alternativen Reklame machen. Der Supermarkt „Netto" macht bereits mit WWF-Reklame. Und auch Lidl und andere Großhändler wollen mehr Plastik-Alternativen einsetzen.

„Plastik vermeiden", hieß am 2./3. 10. 2019 die (HA) Überschrift: So können Verbraucher bei Produkten wie Yoghurt zu Mehrweggläsern greifen (wenn es die gibt). Für Wasser in Flaschen Glasflaschen wählen oder Leitungswasser trinken (wenn es denn so gut ist wie „Hamburg Wasser"). „Nach einem Test in 20 Städten und Gemeineden hatte Stiftung Warentest Leitungswasser ausdrücklich empfohlen. Denn viele stille Mineralwässer schnitten nicht gut ab."

„Unser täglich Müll", war am13. 1. 2019 eine Hauptüberschrift in „Der Tagesspiegel". Claus Vetter schrieb darin vorweg: „ **Ein einschneidendes Erlebnis und viele Irrtümer: Von einem, der auszog, auf Plastikverpackungen zu verzichten.**" Dabei war die Anfangsidee: Eine Woche lang Plastikkäufe zu vermeiden. Und dann konnte man lesen, welche Schwierigkeiten schon dabei auftreten: „Nicht mal eben auf dem Heimweg hastig etwas Eingeschweißtes aus dem Supermarkt ins Körbchen werfen, sondern den Käse an der Biomarkt-Theke in mitgebrachte Glasbehälter legen lassen." Er schrieb: „Wir mögen uns weniger, das Plastik und ich….Joghurtbecher, Pommesbeutel, Käsefolien. Warum kaufe ich etwas, was ich gar nicht haben will? Vieles lässt sich kaum vermeiden, allein im Bad ist alles voll von Plastiktübchen. Ich habe noch nie eine Zahn- oder Klobürste aus Holz besessen, mein Shampoo kommt nicht aus einer Glasflasche und die acht Toilettenpapierrollen werden von Plastikfolie zusammengehalten. – Selbst mein Fahrradhelm ist aus Kunststoff." Und dann berichtet er von jedem Tag der Woche mit der „Ohne-Kunststoff-Wirklichkeit" (OKW) Zweieinhalb (große) Beutel Plastikmüll waren es trotzdem in der Woche.

Viele probierten dies. Deshalb will ich dazu den Versuch des Abendblatt Redakteurs Heiner Schmidt aus der „Himmel & Elbe" – Beilage kurz beschreiben: „Wenn der Verzicht auf Plastik zum Fulltime-Job wird" war seine Überschrift. Und daneben schrieb eine Pastorin „Sieben Tage ohne…" - Das war dann alles aber kaum möglich.

Doch wie ging es Herrn Schmidt, der sich mit einem Foto voller Plastik in den Armen dazu abbilden ließ? Er schrieb unter anderem: „Am Ende der Woche standen zwei wesentliche Erkenntnisse: Als Verbraucher kann man Plastikverpackungen praktisch kaum entgehen….Wer das nicht will, geht von dort (vom Einkauf) mit einem ziemlich leeren (Stoff-)Einkaufsbeutel nach Hause. Denn viele Lebensmittelhändler lehnen es weiterhin ab, Wurst und Frischkäse an der Frischtheke in Transportboxen zu legen, die der Kunde selbst mitgebracht hat…

Die zweite Erkenntnis lautete: Wenn man intensiv sucht, findet sich für viele Dinge des täglichen Bedarfs …dann doch eine komplett oder wenigstens fast plastikfrei verpackte Alternative. Aber die ist oft teurer und nur mit höherem Zeitaufwand zu beschaffen. Vor und nach der Arbeit ist das für einen Vollzeit-Angestellten kaum möglich." – Es muss also nach Auswegen gesucht werden.

Die Supermärkte können seit kurzem mit biologisch abbaubarem Plastik-ähnlichem Material ebenfalls für die Umwelt tätig werden. Und damit Reklame machen. Zu diesen Alternativen wurde zu Beginn bereits die Firma Superseven genannt.

Es gibt aber neuerdings noch weitere Plastik-Abschaffungs-Firmen, als die zu Beginn genannte Superseven: Am 9. 11. 2018 beschrieb das „Hamburger Abendblatt" „Ein **Bienenwachstuch, das Folie ersetzt.**" Darunter wurde dann beschrieben, dass es sogar schon mehrere Anbieter im Norden Deutschlands gibt.

Lucas Grunhold studierte an der Lüneburger Leuphana-Universität Kulturwissenschaften mit dem Schwerpunkt Nachhaltigkeit. Im Bericht hieß es dazu: „Der stetig wachsende Berg an Plastikmüll in Deutschland ist gerade ein großes Thema. 24,9 Kilo Kunststoffverpackungen sammeln sich laut Umweltbundesamt bei jedem Deutschen im Jahr – nur beim privaten Verbrauch. Nur rund die Hälfte wurde davon recycelt. Herr Grunhold erfand einen Folien-Ersatz aus Wachs, das vor Bakterien schützt und Öl, das vor Pilzen und UV-Strahlung schützt. „Die Tücher sind atmungsaktiv und halten unterschiedliche Lebensmittel frisch.", sagte er dazu. Und ist Gründer der Firma Gala mit den **„Gala Wraps"**

Die Firma **Hellogreen GbR** erfand und stellt bereits ähnliches her. So hieß es: 2018 sind ihre Produkte bereits in über 300 Geschäften in Deutschland erhältlich. Unter der „Website **„bee-goodies.de"** liest man, dass „beeGoodies" „Baumwolltücher, beschichtet mit einer Mischung aus Bienenwachs, Baumharz und Uojoba-Öl, als handgefertigtes Naturprodukt" sind. Auf der Website werden der Bezug und die Händler genannt. In der Schulstr.18, 25469 Hamburg angesiedelt.

Sodann wurde als weitere Firma **„BIO-LUTIONS International AG"** in der Zeitung genannt. In der Dorothenstr. 60, 22301 Hamburg angesiedelt. Sie fordern die Renaturierung der Welt und bieten dazu Produkte zur Verpackung in Naturprodukten an.

Es gibt aber auch noch ganz andere Vermeider von Plastikmüll.

Dazu die Meldung: **„Föhr hat jetzt plastikarme Ferienunterkünfte"**, hieß am 13./14. 4. 2017 eine Berichts-Überschrift über die bekannte Nordsee-Ferieninsel. Darin wurden 50 Wohnungen ohne Plastik beschrieben. Und am Schluss standen dann

5 Tipps zur Plastikvermeidung

1. Umsteigen von Plastik- auf Mehrwegflaschen aus der Region.

2. Verzicht auf Milch und Saft in Tetrapacks.

3. Plastiktüten vermeiden.

4. Plastikgegenstände im Haushalt durch Glas- oder Edelstahl ersetzen.

5. Auf Duschgels und Badezusätze verzichten.

Weitere Infos www.bund.net/themen/meere/mikroplastik .

Sodann hieß es unter anderem in dem Bericht der Presse:

- „Allein in die Nordsee werden jährlich 20.000 Tonnen Müll eingetragen. Der größte Teil davon aus Plastik." – Dann können die Fischer bald mit ihrer Arbeit aufhören. Oder – sie sollten dagegen kämpfen. Überall protestieren – siehe auch am Schluss des letzten Kapitels.

- Fast alle Lebensmittel, Süßigkeiten und Kleidungsstücke sind heute in Plastik verpackt. Dies muss - einschließlich der Entsorgung- geändert werden.

- Die Plastik-Vermeidungs-Erfindung: Keine PET-Flaschen mehr.

- Am 19. 4. 2017 stand im „Hamburger Abendblatt": „Londoner Start-up erfindet H2O Blasen – Plastikflaschen sollen damit überflüssig werden. Studenten aus London hatten die H_2O Kügelchen erfunden, die im Vergleich zu PET-Flaschen fünfmal weniger CO_2 und neunmal weniger Energie verbrauchen würden. Außerdem seien die „Oohos" genannten runden Kugeln ohne Umhüllung viel billiger als Plastikflaschen.

Immer mehr Institutionen machen bei der Plastikvermeidung mit:

„Die EU verbannt Einwegprodukte aus Plastik – von 2021 an dürfen keine Wegwerfstrohhalme oder Teller aus Kunststoff mehr verkauft werden. Andere Produkte erhalten auffällige Warnhinweise." Das war die Überschrift am 20. 12. 2018 (HA). Und dann war da noch viel mehr über Plastikverbot oder Plastikreduzierung zu lesen, damit es nicht 2050 mehr Plastik als Fische in den Ozeanen gibt: Auch Plastik-Besteck, Luftballon-Haltestäbchen, Rührstäbchen, Wattestäbchen, aufgeschäumtes Polystyrol, oxo-abbaubares Plastik werden verboten und auf weiteren Produkten müssen auffällige Warnhinweise über die Umweltrisiken und die Entsorgung angebracht werden. Bis 2025 müssen sodann in der EU 90 % aller Plastikartikel gesammelt und recycelt werden. – In Deutschland passiert das teilweise bereits jetzt.

Am 4. 1. 2019 (HA) hieß es in Deutschland: „Firmen verzichten auf Einweg-Plastik. – In Kantinen und Kaffeeküchen vieler Unternehmen soll es bald umweltfreundlicher zugehen." Viele Firmen verzichten bereits jetzt auf Plastikbecher: Siemens, Allianz, Sky, Vodafone, Deutsche Telekom und Dr. Oetker werden genannt. Selbst Lebensmittel-Grossisten versuchen bereits den Plastikverbrauch durch Alternativen einzuschränken.

„Schluss mit dem Plastik-Wahn", hieß am 22. 12. 2018 die Hauptüberschrift in der Zeitung „BILD". Dazu wurde aus der Stadt Tübingen mit dem Oberbürgermeister Palmer gemeldet: „Stadt will Extra-Steuer auf Einweg-Verpackungen." Darunter war ein großes Foto vom Juhu Beach in Mumbai (Indien) mit einem großen Strand voller Plastik-Müll. **Die EU-Verbannung ist also bei weitem nicht ausreichend, denn fast nur in Europa macht man sich derzeit Gedanken über die Plastikvermeidung.**

Die Plastikeinspargedanken sind allerdings bei weitem nicht überall anzutreffen, wenn es am 15. 5. 2019 im „Hamburger Abendblatt hieß: „Obst steckt zu zwei Dritteln in Plastik. Stichrobe der Verbraucherzentralen: Debatte über Müllproblem lässt Handel kalt."

Zu dem Artikel: „Die EU verbannt Einwegprodukte aus Plastik" schrieb die Leserin Hagemann am 21. 12. 2018 im „HamburgerAbendblatt" unter anderem: „Jeder, der jetzt denkt es sei toll, was Deutschland und der Rest der EU da in ihrer ach so tollen Vorreiterrolle mal wieder unternehmen, der irrt gewaltig. Wer jemals in einem Südostasiatischen Land wie etwa Thailand gewesen ist, der weiß, dass hier mit Plastik in einem Umfang um sich geworfen wird, das seinesgleichen sucht. Für jedes noch so kleine Ding bekommt man Plastiktüten, alles auf den Märkten wird in Plastiktüten jeglicher Größe verpackt und sei es auch nur für einen zweiminütigen Gebrauch. Die EU sollte mal ganz dringend über ihren Tellerrand schauen und mit ihren Partnerstaaten im asiatischen Raum verhandeln. Ich fürchte nur, dass man sich dort ganz wenig diesbezüglich sagen lassen wird."

Plastikfrei? Wir sind doch etwas dabei: Von dem schon im Vorkapitel genannten Discounter Netto wurden auf der ganzseitigen Anzeige im Oktober 2019 **„7 Wege die Umwelt zu schützen" genannt: „Plastik sparen oder ganz vermeiden:**

1. Unverpacktes Gemüse kann in wiederverwertbaren Netzen abgewogen und nach Hause transportiert werden.
2. Informationen zum Gemüse werden mit einem Laser in die Schale gebrannt – für weniger Plastik.

3. Mikroplastik in Kosmetikprodukten schadet dem Grundwasser und der Gesundheit. Netto kennzeichnet Produkte, die ohne auskommen, mit einem Logo.
4. Nicht alle Kunststoffe können problemlos recycelt werden. Netto spart mit FlatSkin-Verpackungen (ein Mix aus gut zu recycelnder Folie und Karton) 13 Tonnen Plastik pro Jahr ein.
5. Auf Einwegkunststoffgeschirr verzichten – so wie Netto. Hier wurden Becher, Teller und Besteck aus dem Sortiment verbannt.
6. Kein Discounter bietet mehr Getränke in Mehrwegflaschen (aus Kunststoff) an. So kann nicht nur Plastik – etwa 470.000 Tonnen pro Jahr -, sondern bis zu 50 % CO_2 eingespart werden.
7. In 400 Filialen mit Bedientheken haben Kunden die Möglichkeit, Fleisch- und Wurstwaren in Mehrwegboxen zu transportieren.

Soweit der gute Einsparbeginn vom Discounter Netto.

Hinterher ging ich zum Discounter. Alle Plastikflaschen waren noch mit Getränken zu verkaufen. Schon die Gewerkschaft Nahrung –Genuss-Gaststätten (NGG) wies drauf hin (29. 10. 2019 HA): Vorgeschrieben ist seit 2019 in Deutschland eine Mehrwegquote von 70 %. Das können dann Glas- oder Mehrwegplastikflaschen sein. Tatsächlich liegt der Anteil der wiederbefüllbaren Flaschen nur bei 33 %. „Hersteller, die die Mehrwegquote von 70 % nicht einhielten, müssten bislang mit keinerlei Sanktionen rechnen, kritisiert die NGG"

Bei vielen Hauptverschmutzern passiert weiterhin nichts. Sie müssen dazu durch die UNO angehalten werden. Sie werfen Plastik in das Meer. – Außerdem ist es bis 2025 noch lange hin. Der BILD-Titelbericht „Schluss mit dem Plastik-Wahn" zeigte ja dazu auch ein Foto nicht aus Europa, sondern aus Indien. Dort ist es den Hindus eben oft wichtiger, Christen zu verfolgen. Allein 2017 wurden schon 661 Übergriffe registriert. (www.opendoors.de/podcast-indien). Aber auch in vielen anderen Ländern, die ich aufzählen könnte, ist es ähnlich mit dem Plastik-Konsum, aber auch der Christenverfolgung. – Also tun wir etwas dagegen. Beispielsweise Reklame, in solche Länder nicht mehr zu fahren und auch ihnen kein – oder nur teures – Plastik zu liefern.

Glückerweise fängt ja China, wie am Schluss es Vorkapitels genannt, damit an, das Plastikproblem lösen zu wollen, indem es auch zuerst kein Altplastik aus Deutschland mehr aufnimmt. Also: „Plastikfrei" – wir sind noch lange nicht dabei!

Am 10. 5. 2019 unterzeichneten 180 Staaten in Basel ein Abkommen, den Export von Plastikmüll einzudämmen (Tagesschau). Dabei ist die Frage: Wieso wird Plastikmüll exportiert, damit es dann beim Importland vermutlich ins Meer entsorgt wird? Oder: „Warum liegt unser GELBER-SACK-MÜLL im Dschungel von Malaysia?" So eine Überschrift vom 29. 10. 2019 in „BILD DEUTSCHLAND2. Und dann stand dort u. a.: „ 130 000 Tonnen Plastikabfall verschiffte Deutschland 2018 in das Land in Südostasien. Damit gilt er offiziell als recycelt – ein Witz! Laut ‚Basler Übereinkommen' von 1989 darf nicht exportiert werden, was ‚am Zielort Gesundheit der Menschen und Umwelt gefährdet.'" Dann wird beschrieben, wie die Plastikabfälle oft nur auf illegale Müllkippen geschüttet werden. Und die Menschen dort davon krank werden.

Aber ein großer Teil des Plastiks wird ja einfach in Flüsse und das Meer entsorgt. Die Beseitigung von Plastik aus dem Meer müsste von den Ländern bezahlt werden, die das Plastik entsorgten. Die können dies leicht auf die Hersteller durch Steuern umlegen. Die im folgenden Kapitel genannten 2 Verbände machen dies bereits mit Spenden, auch der niederländischen Regierung. Doch dies reicht nicht. Alle Länder müssen die Meere wieder säubern. Zusätzlich hat auch

Deutschland die später genannte Umweltverträglichkeitsprüfung nicht durchgeführt.

Doch wie schrieb ich am Schluss des vorigen Kapitels: Ob UNO, G7, G20, EU, und die einzelnen Länder: Keiner verbietet Mikroplastik, keiner macht Flüsse und Meere wieder plastikfrei. Die Petitionsplattform „Campact" schrieb deshalb schon eine Petition am 1. 6. 2019. Und ich schrieb deshalb den nachfolgenden Brief an das deutsche Bundesumweltministerium – alles ohne Resonanz – wie bei den Briefen in den Kapiteln 14, 18 und 19.

Sehr geehrte Frau Ministerin,

ob Seifen, Duschgel, Zahnpasta, überall wird heute teilweise Mikroplastik verarbeitet, das dann mit dem Wasser in Flüsse, Seen und Meere gespült wird.

Eine Umweltverträglichkeitsprüfung nach dem UVPG Gesetz würde ein sofortiges Verbot notwendig machen, um zuerst die Fische und später die Menschen noch zu retten. Es gilt hier auch § 223 StGB (1 u. 2).

Ein Problem: Mikroplastik kann nicht wieder herausgefischt werden, wie es „Ocean Cleanup" und „One Earth – One Ocean e. V. „ noch machen. Diese müssten dringend von den Staaten der Plastik-Herstellfirmen gefördert werden, von denen sie ja auch Steuern beziehen. Dafür könnten dort dafür auch die Abgaben erhöht werden. Die BMU-Verminderung durch Bestimmungen bringt noch fast nichts.

Ich ersuche Sie hiermit dringend, hier tätig zu werden. In meinem neuen Buch „Umwelt- und Lebenserhalt auf unserer Erde" werde ich auch davon berichten.

———————

Kapitel 7:

Meere und Flüsse von Plastik säubern. Es eilt!

Ob Seifen, Duschgel, Zahnpasta, überall wird heute teilweise Mikroplastik verarbeitet, das dann mit dem Wasser in Flüsse, Seen und Meere gespült wird. Eine Umweltverträglichkeitsprüfung nach dem UVPG Gesetz würde ein sofortiges Verbot notwendig machen.
(Im Schreiben an das Ministerium für Umwelt, Naturschutz und nukleare Sicherheit vom 6. 12. 2019 lt. Vorkapitel.)

Flüsse und Meere ohne Plastik sind nach den Worten des in der Einführung zitierten Klimaforschers Professor von Storch noch wichtiger als die wichtige Verbesserung des Klimas. Die Meere von Plastik räumen und kein Plastik mehr einleiten.

Doch die G20 und die Regierungen – auch in der EU - kommen überhaupt nicht auf die Idee, die Meere und Flüsse von Plastik zu räumen, kein Plastik mehr einzuleiten, Mikroplastik zu verbieten. Deshalb: Dies fordern! Petitionen schreiben, und an die Abgeordneten Forderungen stellen. Die Flüsse und Meere für die Fische und Menschen retten. Dies ist noch wichtiger als die Klimarettung. Es eilt!
Also sofort mitmachen bei den 2 Aufräumvereinigungen:

Die 1. Gesellschaft (in Deutschland) heißt: One Earth – One Ocean e.V., **Büro München**/ Garching, Lichtenbergstr.8, D-85748 Garching, Telefon: (0) 89 54 84- 23 61 - **Büro Kiel.** Wischhofstraße 1-3, Gebäude 1 (Fischmarkthalle) D-24148 Kiel, Telefon: (0)431 128 43 622

Die öffentliche Hand kassiert zwar die Steuern von den Plastikherstellern aber das Ergebnis der Meeresverschmutzung kümmert sie bislang nicht. Dazu schrieb dann www.oneearth-oneocean.com :

Leider erhalten wir für unsere vielfältigen Projekte und Aktionen keinerlei finanzielle Unterstützung von Seiten der öffentlichen Hand, sondern müssen alles durch private Spendengelder und Sponsoren finanzieren. So hat unser Müllsammelschiff SeeKuh knapp eine halbe Million Euro gekostet. Deshalb freuen wir uns über jeden Kopf und jede Hand, die uns unterstützten möchte, selbst wenn es „nur" finanzieller Art ist. Ihre Spende ist steuerlich übrigens voll absetzbar!

Es geht auf der Website dabei zuerst um Plastikmüll

„Marine Littering", also die Verschmutzung der Weltmeere, Flüsse und Seen, gefährdet die darin lebenden Organismen und ist eine der größten Herausforderungen für unsere globale Gesellschaft. Geschätzte 150 Millionen Tonnen Plastik befinden sich bereits in unseren Weltmeeren, jedes Jahr gelangen mehr als 10 Millionen Tonnen hinzu.

Bis zu 80 Prozent des Meeresmülls haben ihren Ursprung an Land, etwa drei Viertel davon sind aus Plastik. Schreitet die Verschmutzung im derzeitigen Tempo weiter voran, werden die Meere in wenigen Jahren vollständig vermüllt sein. Aktuellen Studien der UN zufolge sollen bis zum Jahre 2050 mehr Plastikteile als Fische in unseren Meeren schwimmen. Schon heute bilden sich riesige Teppiche aus Plastikmüll auf den Weltmeeren. Der größte davon, der Great Pacific Garbage Patch im Pazifik, hat bereits die Größe Zentraleuropas, d.h. Deutschland, Österreich, Schweiz, Polen, Luxemburg, Ungarn und Tschechien zusammen.

Vögel, Fische und andere Lebewesen fressen Kunststoffteile und verenden an ihrem mit Müll verstopften Magen oder durch innere Verletzungen. Für über 40 Prozent der Wale, ca. 36 Prozent der Seevögel und fast alle Arten von Fischen und Meeresschildkröten ist wissenschaftlich dokumentiert, dass sie Müll fressen. Andere Meerestiere verheddern oder strangulieren sich in alten Fischernetzen, Tauen oder Plastikfolien.

Eine noch ernsthaftere Gefahr für das Leben in den Meeren und auch die Gesundheit des Menschen erwächst durch die Zerkleinerung des Plastikmülls durch Brandung und Wellengang zu Mikroplastik. Über die schleichende Einwirkung auf die Nahrungskette bedrohen kleinste Plastikbestandteile und ihre Inhaltsstoffe (z.B. Weichmacher) Mensch und Tier. Die Auswirkungen auf die Gesundheit des Menschen sind noch gar nicht vollständig erforscht.

Der jährliche wirtschaftliche Schaden durch Plastikmüll im Meer wird von der UN auf 13 Milliarden US-Dollar geschätzt. Das berücksichtigt jedoch noch keine Folgeschäden (z.B. durch Plastik in der Nahrungskette etc.).

Neben gesundheitlichen Bedrohungen für Mensch und Tier hat der Müll auch ökonomische Folgen: Tourismus ist bedroht, da Strände verschmutzt sind, Fischer kämpfen mit Plastikmüll in ihren Netzen, Müll verfängt sich in Schiffsschrauben, Kühlwassersystemen und Entsalzungsanlagen.

Die Zweite Gesellschaft heißt „The Ocean Cleanup" und begann zuerst mit der Plastikräumung. „Ocean Cleanup" hat jetzt eine Flotte kleinerer Systeme, die an den Stellen der größten Mengen Plastik aus dem Meer holen. Allerdings sind Ende 2018 große Schwierigkeiten bei den Arbeiten aufgetreten. Trotzdem hieß dann: **am 13./14. Mai 2017 im „Hamburger Abendblatt" die Meldung von Boyan Slat aus Utrecht, dass das Projekt „"Ocean Cleanup" zwei Jahre früher, nämlich 2018, starten sollte. Technische Neuerungen und eine Geldspritze ermöglichten dies.**

- **„Die ‚Konzentration auf das Wesentliche' bedeutet auch: ‚Räumt endlich die Ozeane auf.' - „Das** ist eine Zeitbombe. **Wenn die Plastikstücke zerfallen und die Gifte in die Nahrungskette gelangen, wird die Menschheit ein echtes Problem bekommen.**" Dies aus „DIE ZEIT" vom 12. 11. 2015 von **Boyan Slat** zitiert. Man kann es immer wieder wiederholen und die Presse ebenso – aber die Politik reagiert nicht, Meere und Flüsse zu säubern.

- .DER SPIEGEL berichtete bereits am 13. 10. 2014 über den Rettungswillen des damals noch 20-Jährigen und die Zeitschrift FOCUS brachte am 9. 7. 2016 einen großen Bericht über die Erfindung und Durchführung mit dem Hinweis: „1,1 Millionen Vögel und Fische sterben jedes Jahr durch Plastikabfälle und 13.000 Plastik-Partikel treiben auf jedem Quadratkilometer Meeresoberfläche." – Es ist also notwendig, die Welt noch zu retten. Und dazu werden nachfolgend dringend notwendige Möglichkeiten aufgezeigt:

- **„Nur mal kurz die Welt retten" war die Hauptüberschrift in dem FOCUS-Bericht inmitten eines Meeresfotos und daneben wurde ganzseitig der „Öko-Star" Boyan Slat abgebildet. Der damals 21-jährige hatte sein Studium abgebrochen, weil er es für dringend erforderlich hielt, so schnell wie möglich den Plastikmüll aus den Meeren zu fischen.**

Dafür spendeten ihm bis zur Zeit des Interviews bereits über 38.000 Menschen zwei Millionen Euro. Die niederländische Umweltministerin Dijkama wurde zitiert mit: „Er ist ein Held. Und die Welt braucht eine Armee von Boyans, um das Müllproblem zu lösen." Darüber wurde ein großes Foto mit Plastikmüll in Meereswellen gezeigt, in dem stand: „Jedes Jahr gelangen 4,8 bis 12,7 Millionen Tonnen neuer Plastikmüll in die Ozeane. Well und UV-Licht pulverisieren ihn zu Mikroplastik."

Auf einer kleinen Weltkarte war dann zu sehen, dass der Großteil des Plastikmülls an 5 Stellen der Ozeane durch die Strömung rotiert. Dies will Boyans zum Auffangen nutzen und dabei mit der größten Rotationsmenge zwischen Hawaii und Kalifornien 2020 mit seinem Auffangsystem beginnen. An einem Teil der entgegenlaufenden Drehung soll eine Barriere den Müll aufhalten. Sie geht in den ankommenden Plastikmüllbereich senkrecht 3 Meter herunter und lässt die Fische darunter durch. Am Schluss des Berichts ist ein Foto des FOCUS-Reporters Sebastian Schellschmidt zu sehen, wie er mit Boyan Slat „auf hoher See" den Prototyp seines Auffangsystems besieht: „The Ocean Cleanup." – Doch diesen Ausdruck benutzte die „Süddeutsche.de" bereits fast 2 Jahre zuvor am 20. 8. 2014. Nur hieß es darin „Forscher warnen vor Ozean-Filtern."

Und in diesem Bericht wurden dann auch die Bedenken einiger Meeresforscher zu Boyan Slats Auffangsystem vorgetragen. Zu den Bedenken gehörte eine fast Selbstverständlichkeit, nämlich dass dringend überall zuerst die Einleitung von Plastikmüll in die Gewässer unterbunden werden muss. Dazu wurde beschrieben, dass „allein in der Donau mehr Plastikteile schwimmen als Fischlarven. Die Kunststoffpartikel ließen sich womöglich einfangen, bevor sie sich im Meer verteilen. Erste Filteranlagen dazu gibt es bereits." – Das war 2014 – und schon damals wurde beschrieben, dass ein Gesetzesvorschlag der EU-Kommission vorsieht, „den Verbrauch von Einweg-Plastiktüten binnen fünf Jahren um 80 Prozent zu reduzieren. Das EU-Parlament will das Recycling von Kunststoffen vorantreiben." Trotzdem wird jedes Lebensmittel in Plastik eingepackt und diese Mengen fließen überall in der Welt noch meistens in Flüsse und von dort in die Meere. Der genannte Boyan Slat sah deshalb auch beim Tauchen im Mittelmeer mehr Plastik als Fische. Und vor allem deshalb wurde er angeregt, den Plastikmüll wieder aus dem Meer zu entfernen, um die Erde bewohnbar zu erhalten. Wenn innerhalb von 5 Jahren nur die Plastiktüten um 80 Prozent reduziert werden sollen, so bringt dies insgesamt keine Verminderung, sondern weiterhin eine erhebliche Vermehrung des Plastiks in den Ozeanen.

Wenn die in der „Süddeutschen" vorgestellten Forscher-Kritiken mit zwei Meeresforscherinnen aus den USA beginnen, die vor der Illusion warnen, „ein derart komplexes Problem habe eine einfache Lösung," dann wäre zu entgegnen, dass dies Problem überhaupt bearbeitet werden muss, um diese weltumspannenden Probleme lösen zu können.

Boyan Slat dankte deshalb auch zuerst den genannten Meeresforscherinnen Goldstein und Martini, deren Kritiken in eine neue Machbarkeitsstudie mit einfließen sollten. Die von der Süddeutschen Zeitung (www.süddeutsche.de/wissen/2.220/umweltschutz-ozeanforschung) genannten Kritiken tragen vielleicht zur dringend notwendigen Machbarkeit bei.

Am 4. 10. 2019 wurde (HA/dpa) aus Rotterdam in den Niederlanden gemeldet, dass nach anfänglichen Schwierigkeiten und einer einjährigen Testphase „der Plastikmüllfänger der Organisation „The Ocean Cleanup" im Pazifik erste Erfolge erzielt. Das System treibe Plastikmüll zusammen und sammelt ihn ein, teile die Organisation mit." Das Projekt wird von Unternehmen, Universitäten und auch der niederländischen Regierung unterstützt. (Warum nicht auch von der Uno und der EU?) –„Vor einem Jahr war die Anlage von San Francisco zum Great Pacific Garbage Patch geschleppt worden, der zwischen Kalifornien und Hawaii gelegen ist. In diesem Strömungswirbel sollen sich laut Schätzungen 1,8 Billionen Plastikteile sammeln. Die Anlage besteht aus einer 600 Meter langen Röhre in U-Form. Daran ist ein 3 Meter langer Vorhang befestigt, der den Müll in dem U festhalten soll."

Am 29. 10 wurde aus Rotterdam gemeldet (HA/dpa): **„Neue Müllfänger sollen Plastik aus den Flüssen holen." „Der Großteil des Plastikmülls in den Meeren wird über Flüsse eingetragen. Mit einer neuen Abfangvorrichtung will die Organisation ‚The Ocean Cleanup' diesen Zustrom nun auf ein Minimum begrenzen.**

Der jetzt 25 Jahre alte Boyan Slat sagte bei der Vorstellung des Müllfängers mit der Bezeichnung „Ocean Cleanup Interceptor": „Wir haben jetzt ein System, das Plastik in den Flüssen einfangen kann. „Nach vierjähriger Entwicklungszeit ständen die ersten vier Müllfängerbereit. Zwei sammelten bereits Plastikmüll in Flüssen in Indonesien und Malaysia ein, der dritte werde für den Einsatz im Mekongdelta in Vietnam und der vierte für einen Einsatz im Rio Ozama in der Dominikanischen Republik vorbereitet. Geplant sind ‚Interceptor' Einsätze vor allem in ärmeren Regionen der Erde, wo Millionen von Menschen an den Ufern großer Flüsse wohnen, ohne dass es dort eine ordentliche Müllentsorgung gibt.

Die mit Sonnenenergie betriebenen Vorrichtungen erinnern an riesige Siebe in Form eines Katamarans, also eines Schiffes mit 2 Rümpfen. Der Abfall wird herausgefischt und über Laufbänder in Container transportiert. Online-Sensoren melden, wenn sie voll sind. Tiere können an den Müllfängern vorbeischwimmen. (Und die Fische?)

Jede einzelne dieser Vorrichtungen könnte pro Tag etwa 50.000 Kilogramm Müll abfangen, was rund einer Million Plastikflaschen entspreche, erklärte Slat. Die Organisation hoffe, die Technik innerhalb von 5 Jahren auf 1.000 Flüssen einsetzen zu können. ‚Wenn wir das schaffen, können wir unsere Ozeane wieder sauber bekommen.'" - Dies kostet alles natürlich auch Geld, das wie schon gesagt, leicht aufzubringen ist, wenn die Hersteller und Regierungen in den Herstellerländern dies aufbringen.

Die **Wikipedia Fördergesellschaft** hatte ein Spendenkonto für Ocean Cleanup eingerichtet: DE33 1002 0500 0001 (IBAN) BFSW DE 33 BER (BIC).-

Und nun noch die wichtige Firma „**Wild Plastik**", die überall, auch in anderen Ländern, Plastik sammelt, um es wieder neu verwendungsfähig zu machen, denn – so schreibt sie: 5 Mrd. Tonnen liegen in der Umwelt, einschließlich dem Meer. Diese Arbeit ist so wichtig, dass die Firma auch von der ISD Hamburgs und einer Bank gefördert wird. Fördern und helfen Sie mit: Wild Plastik aus 20457 Hamburg, Brook 5, (i. d. Speicherstadt) – www.wildplastik.com .

In Wirklichkeit müssten, wie schon gesagt, die Kosten der Plastikentsorgung von den Herstellern eingefordert werden. Sie müssten von diesen dann auf den Plastik-Herstellungspreis aufgeschlagen werden, denn Plastik ist nicht umweltverträglich. Es könnte also eventuell sogar verboten werden. Doch die ganze Welt will Plastik haben.

Verboten werden sollte in jedem Fall aber schnellstens Mikroplastik, entsprechend meinem Brief an das Ministerium. Doch dieser Brief und die später gebrachten Briefe mit der Petition an den Bundestag nützen zunächst nichts.

Also: Alle müssen tätig werden. Es geht um den Erhalt der Bewohnbarkeit der Erde.

Kapitel 8:

Umweltgifte, NO₂, Feinstaub und Müll.

„Atomkraft floppt, Erneuerbare sind Top"

(Dr. Franz Alt am 14. 8. 2014 im „Hamburger Abendblatt.")

- **„Krebsgefahr für Kinder durch Autoabgase"**

war die Bild-Meldung vom 5. 11. 2015. Dies gilt besonders für Kinder, die in der Nähe von Autobahnen oder Durchfahrtsstraßen wohnen, fanden Schweizer Präventivmediziner. Die Kinder hatten ein erhöhtes Risiko an Leukämie zu erkranken.

- **„300 Millionen Kinder atmen weltweit extrem giftige Luft"**

war die Meldung aus New York einer UNICEF-Studie (1. 11. 16 HA). Sie sind dem 6-fachen der WHO-Höchstgrenze an Luftverschmutzung ausgesetzt. Am gefährdetsten sind dabei die Kinder in Süd- und Südostasien, im Mittleren Osten, in Afrika und der Pazifik-Region.

- **„1400 Tote durch Luftverpestung"** war die Überschrift im „Hamburger Abendblatt" am 9. 6. 2017. Das war nur in Hamburg und in einem Jahr. mit seiner rot-grünen Regierung. Schiffs- und Autoabgase vergifteten die Bevölkerung, die allerdings durch ihre Autoliebe daran z. T. selbst Schuld hatte. Die Umweltverbände NABU und BUND protestierten.

- **Die richtigen Fische essen:**

„Die Umweltstiftung WWF schlägt Alarm: Innerhalb von nur 40 Jahren" hätte sich die Anzahl „von Fischen, Seevögeln, Reptilien und Meeressäugern im Schnitt halbiert. Die Bestände von" Makrele oder Thunfisch schrumpften sogar um 74 Prozent. Bei der Vorstellung des aktuellen Meeresberichts „Living Blue Planet Report" am 16. 9. 2015 sagte die Fischereiexpertin des WWF: „Unsere Meere brauchen dringend Erholung, um nicht vor unseren Augen zu kollabieren." Grund ist die Überfischung. Deshalb rät WWF Wildfische nur mit MSC-Siegel zu kaufen. Auf dem Markt sollte der Fischhändler befragt werden. Aal, Hai und Schillerlocken sollten gemieden werden. Wegen eventueller Antibiotika „empfiehlt WWF entweder Fisch aus Bio-Zucht oder auf das ASC-Siegel zu achten, das verantwortungsvolle Zucht kennzeichnet." (dpa aus Berlin in HA 17. 9. 2015)

- **Pestizide aus der Landwirtschaft schädigen oft das Grund- und damit Trinkwasser und verursachen Bienensterben:**

Während das Grund- und das Trinkwasser sich durch Pestizide oft verschlechtern, kommt jetzt das Bienensterben hinzu. Die Baumärkte und Gartencenterketten wollen deshalb den Verkauf der Nionikotinoide einstellen, die als Stoffgruppe zur Schädlingsbekämpfung eingesetzt werden oder wurden. Sie sollen das erhöhte Bienensterben verursachen. (23. 9. 15 HA aus Berlin/lary) „Wenn Bienen nicht mehr für die Bestäubung von Pflanzen sorgen könnten, würde Landwirten die Hälfte ihrer Erträge wegbrechen. Die Landwirtschaft weist allerdings die Schuld am Bienensterben und ebenso am Agrarvogelartensterben zurück. Überall demonstrieren 2019 Landwirte mit oft tausenden Traktoren, weil sie um ihre Existenz fürchten. „SIE SÄEN NICHT UND SIE ERNTEN NICHT ABER SIE WISSEN ALLES BESSER" stand zum Beispiel auf Traktoren.

Am 8. 6. 2016 hieß auch die Überschrift (im Hamburger Abendblatt) „Die Biene wird Bundessache – Einflüsse von Mensch und Umwelt setzten den Bienenvölkern zu. Zu ihrem Schutz wurde nun ein Fachinstitut gegründet." Und zwar im Julius Kühn Institut (JKI) in Braunschweig. Dazu schrieben Alina Reichardt und Johannes Kaufmann beispielsweise: „Ein Drittel unserer Lebensmittel werde es ohne die Honigbienen nicht mehr geben." Ihre jährliche Bestäubungsleistung liegt nach Schätzung von Greenpeace weltweit bei etwa 265 Millionen $. Pestizide, Monokulturen, der Klimawandel und Parasiten wie die Varroa Milbe beschleunigen das Bienensterben. Bienengiftige Pestizide sind 2016 auch in Deutschland noch nicht verboten. Dadurch sind allein in Deutschland 40 % aller Wildbienen und Honigbienen bedroht. Ohne Bienen keine Äpfel und Birnen. Und zusätzlich: Jeder dritte Löffel Nahrung, den Menschen essen, ist bienenabhängig. Dies sagte der deutsche Landwirtschaftsminister Christian Schmidt beim Weltbienenkongress. **Eine Lösung: Bio-Nahrung wirkt dagegen, weil es nicht schädlich gedüngt oder gespritzt werden darf.**

Allerdings wird nie beachtet und diskutiert, dass die Mobilfunkstrahlung dann, wenn sie gemäß Kapitel 17-19 den Menschen schädigt und teilweise sogar tötet, sie gerade besonders schädlich für Bienen, Insekten und Vögel sein muss, die sich ja alle erheblich vermindern. Es wird nicht beachtet, weil der Mobilfunk ja wichtig ist – und oft viel Spaß macht, ähnlich Alkohol, Zigaretten und Cannabis.

Die Schädigung betrifft aber auch die Menschen, denn „nur 8 Prozent der Gewässer (in Deutschland) **in akzeptablen Zustand."** Dies ging aus einem Bericht des Bundesumweltministeriums an die EU-Kommission hervor. 19 % sind in einem schlechten Zustand und 34 % in einem unbefriedigenden Zustand. (1. 11. 16 HA aus „Passauer Neue Presse").

Und **„Unser Trinkwasser in Gefahr"** war am 17. 2. 2017 Titel der Dokumentation im Fernsehsender 3 SAT.

„Gifte für die Ewigkeit" lautete am 7. 6. 2015 die Überschrift im „Hamburger Abendblatt" Und darunter stand: „In der Kesslergrube am Rhein lagern 15.000 Tonnen gefährlichen Chemiemülls. Obwohl das Gift ins Grundwasser sickert, darf es dort bleiben. So wie die 320.000 Altlasten an anderen Stellen in Deutschland." Darunter war als Vorbild eine Skizze zu sehen, wie der Schweizer Pharmakonzern Roche „das Gift der Kesslergrube im Schutz einer luftdichten Halle bergen will. In der unmittelbaren Nachbarschaft begnügt sich der deutsche Chemiekonzern BASF mit einer billigeren Lösung."

„Miese Geschäfte mit Schrott – Gerade einmal ein Drittel der elektrischen oder elektronischen Geräte wird ordnungsgemäß entsorgt. Der Großteil landet in der Tonne oder bei Verbrecherbanden." So lauteten am 31. 8. 2015 die Überschriften in der Zeitung „TAZ". Und dann war darunter zu lesen, dass allein innerhalb der Europäischen Union (EU) rund 10 Millionen Tonnen Handys, Computer oder Kühlschränke ausrangiert werden. Doch nur 35 Prozent davon werden umweltgerecht nach der Elektro- und Elektronik-Altgeräte-Richtlinie WEFE der EU entsorgt. 30 Prozent der EU-Mitglieder setzen diese Richtlinie allerdings überhaupt nicht um. Vom großen Rest der 35 Prozent richtig entsorgter Geräte, also rund 6,5 Millionen Tonnen, kursierten dann 4,65 Millionen Tonnen Elektroschrott innerhalb der EU, rund 1,5 Millionen Tonnen werden exportiert und der Rest wird ausgeschlachtet und landet auf dem Müll..

„Da der Atommüll aus jedem Kernkraftwerk etwa eine Million Jahre strahlt, ist Atomenergie praktisch unbezahlbar." Und weltweit müssen in den nächsten 15 Jahren über die Hälfte der AKW alters- oder sicherheitsbedingt abgeschaltet werden.", schrieb Dr. Franz Alt am 14. 8. 14 im „Hamburger Abendblatt" in seinen Gastbeitrag „Atomkraft floppt, Erneuerbare sind Top".. Schon zwei Tage später lautete die Überschrift in der gleichen Zeitung: „Sachsen in Angst vor radioaktivem Schutt aus Stade." (dpa in HA). In diesem und im nächsten Jahr sollten je 1000 Tonnen radioaktiver Bauschutt   von dem stillgelegten AKW Stade dorthin gefahren und auf einer Deponie eingelagert werden. Doch die Bürger lehnten dies ab. Sie fürchteten um ihre Gesundheit.

Am 18. 8. 2014 hieß es dann in der Zeitschrift „FOCUS": „Als erster kommerzieller Meiler ist das Kernkraftwerk Würgassen vollständig zurückgebaut. Den Anwohnern bleiben 5000 Tonnen strahlender Schutt – vielleicht für immer. Dazu Rückblende von Anfang an: „Die Asse ist Sinnbild des Scheiterns der Endlagersuche", sagte der frühere Präsident des Bundesamtes für Strahlenschutz (BfS), Wolfram König, immer von neuem, wenn sich ein neuer Minister damit (etwas) beschäftigte. Ludger Fertmann beschrieb im Hamburger Abendblatt (5. 3. 14) den ersten Besuch der neuen GroKo Bundesministerin für Umwelt, Naturschutz, Reaktorsicherheit und Bau Frau Dr. Barbara Hendricks in dem ersten Atommüllendlager Asse bei Wolfenbüttel in Niedersachsen. Damals war der Atommüll einfach in simplen Stahlfässern im Auftrage der Helmholz-Gesellschaft in das jetzt z. T. wasserdurchflutete ehemalige Salzbergwerk gekippt worden. Die neue Bundesministerin wurde bereits in der Überschrift zu dem genannten Artikel bezüglich der Entsorgung zitiert mit „Dann bin ich nicht mehr im Amt". In der Tagesschau wurde eine Bürgerinitiative am gleichen Abend genannt, die sehr wohl machbare Vorschläge zur schnellen Entsorgung hatte. – Jedoch hört darauf wohl keiner. Wenige Kilometer von der Asse wurde stattdessen weiter am Ausbau vom Schacht Konrad als Atommüllendlager gearbeitet. Und wenige Monate zuvor wurde bekannt, dass auch Atommüll aus Deutschland in Süditalien von der Mafia entsorgt wurde und schon jetzt die Kinder daran erkrankten. Am 21. 10. 2015 lauteten die Überschriften im „Hamburger Abendblatt: „Atomfässer 30 Jahre lang verrottet. In Brunsbüttel lagern stark beschädigte Behälter. Radioaktiver Inhalt ist ausgetreten. Hohe Luftfeuchtigkeit als Ursache." Auf der ganzen Erde geht es ähnlich zu. Denken wir nur an Fukushima in Japan.

- „**Die Atommüll-Lüge**" war am 8. 5. 2017 um 20.15 Uhr auf 3Sat die Filmerstausstrahlung eines Films von Thomas Hies und Trieneke Klein: Darin hieß es, dass spätestens 2022 das letzte deutsche Atomkraftwerk vom Netz ginge. Bis dahin seien 29.000 cbm hoch radioaktiver Müll angefallen – und bis heute wisse keiner wohin damit. Der Film zeigte in der Sendung viele Probleme des Endlagers auf.

Aber in Wirklichkeit gibt es sichere und gute Lösungen der langfristigen Lagerung – nachfolgend ein Kurzbericht dazu:

- **Sichere Atommüllendlagerung ist möglich:**

Standortunabhängige Kriterien als Zusammenfassung in Behältern, die völlig strahlungs-, wasser- und wärmedicht sowie bis errechneter Strahlungslosigkeit haltbar sind - und als Transport und Endlager genutzt werden können, war die Idee des Leiters einer Ingenieurs-ARGE (Arbeitsgemeinschaft). Zwei promovierte Bauingenieure hatten – zusammen mit dem Leiter der ARGE, ebenfalls Bauingenieur, die Lösung der Atommüll-Endlagerung erfunden. Diese Behälter, weitgehend aus Spezialbeton, können dann transportiert und auch, z. B. in einer Wüste oder an jedem Punkt, abgelegt und sogar mit Erdreich überdeckt und bepflanzt werden. Der leitende Ingenieur dieser Erfindungs-ARGE hatte über das Thema lange mit dem Leiter des Fachbereichs "Sicherheit nuklearer Entsorgung" des Bundesamtes für Strahlenschutz (BfS), und mit der damals zuständigen Staatssekretärin gesprochen. Doch die meinte, sie müsse sich dringend um die Wahl kümmern.

Die Politik ist zwar für Problemlösungen hauptmaßgebend – aber wird oft nicht tätig. Und die beim Atommüll nachfolgende Ministerin meinte sogar, dass sie das Problem nicht mehr lösen könne. In Wirklichkeit wäre auch dies Problem, wie fast alle Probleme, lösbar. Doch auf der gesamten Erde werden weder die Plastikentsorgun-

gen noch die Atommüllentlagerung noch die Klimaer-wärmungsumkehr gelöst. **Und das folgende Problem ebenfalls nicht:**

- **„Umweltgifte bedrohen Millionen"**

war am 22. 10. 2015 eine Hauptüberschrift im „Hamburger Abendblatt" (dpa). Forscher untersuchten die Belastungen in 49 Ländern und stellten verheerende Folgen, besonders durch Blei und Quecksilber, fest. „Im Jahr 2012 seien geschätzte 8 Millionen Menschen in Entwicklungs- und Schwellenländern an den Folgen des Kontakts mit verseuchtem, verunreinigtem Wasser oder kontaminierter Erde gestorben. Im selben Zeitraum starben etwa (nur) eine Million Menschen an Malaria und Tuberkulose." Sodann hieß es, dass etwa 26 Millionen Blei ausgesetzt seien. „In hohen Konzentrationen sind Bleivergiftungen tödlich. Ebenfalls sehr hoch seien die Belastungen durch Quecksilber (wie in Energiesparglühbirnen), sechswertigem Chrom, Radionuklide, Pestizide und Cadmium. ‚Der entscheidende Faktor bei der Vermeidung ist das Abfallmanagement', sagte Christiane Schnepel vom Umweltbundesamt." - Allerdings dürften als Vermeidung auch überhaupt keine Energiesparglühbirnen mit Quecksilber produziert werden. Es ist also Mord. „Zu viel Quecksilber in allen deutschen Flüssen" hieß dazu auch die Meldung vom 24. 3. 2016 (ak/HA aus Berlin**)."**

Die Umweltqualitätsnorm von 20 Mikrogramm Quecksilber je Kilogramm Fisch wird in den großen Flussgebieten Rhein, sowie Elbe und Donau, dauerhaft und flächendeckend um das fünf- bis 15-fache überschritten'" hieß es in einer Antwort des Bundesumweltministeriums auf eine Parlamentsanfrage. Das Quecksilber soll vor allem durch Kohlekraftwerke entstehen.

Seitenweise könnte man mit den lösbaren Problemen fortfahren: Wie Antibiotika Tiere und Menschen verseuchen, wie die Atmosphäre durch Flugzeuge geschädigt wird und, und...

Doch ein Hauptergebnis zeigt sich bereits jetzt durch die: „Nasa Studie: Klimawandel bringt Erde ins Taumeln" (9. 4. 2016 feelgreen.de/AP) „Seit 2002 habe Grönland durchschnittlich mehr als 600 Millionen Pfund Eis pro Jahr verloren", sagte ein Nasa Mitarbeiter und Co-Autor der Studie.

Papst Franziskus wurde in Südkorea am 15. 8. 14 von zigtausenden katholischen Gläubigen begeistert gefeiert. In seiner Predigt geißelte der Pabst die „Verlockungen des Materialismus. Dieser ersticke echte geistige und kulturelle Werte." (dpa in HA 16. 8. 14).

Im Bericht "zur Lage der Welt 2010" der Organisation "WorldWatch" des amerikanischen Umweltinstituts hieß es, dass exzessiver Konsum mit verantwortlich sei für die Zerstörung der Ökosysteme. **Umweltfreundliche Technologien oder staatliche Maßnahmen reichten allein nicht aus, um die Menschheit vor schweren Klima- und Umweltschäden zu schützen. Notwendig sei ein grundlegender Wandel des Konsumverhaltens (KNA in HA 19. 3. 10).**

Ein grundlegender Wandel des Konsumverhaltens würde auch bedeuten, dass alle höheren Gehälter und Pensionen – auch bei den Kirchen - teilweise sogar Hartz-IV - gesenkt werden müssten. Supermärkte, Ferienhotels, Autohersteller und so fort hätten weniger zu tun, müssten entlassen. Die entlassenen Kräfte wären umweltsparend tätig: Plastik einsammeln, Fahrrad und Bahn statt PKW.

Die Umwälzungen werden so oder so, entsprechend den vorgenannten Vorhersagen, unglaublich einschneidend sein. Schon heute sind überall Tote, zerstörte Häuser und Überschwemmungen durch Tsunami vorhanden. Aber es wird viel schlimmer, wenn sich nicht alle ändern, wenn nicht nur der Konsum, sondern auch der Geist das Leben bestimmt. Noch entfernen sich aber wohl immer mehr Menschen davon. Konsum und Verbrauch, auch der Energie, werden beispielsweise durch die Digitalisierung der Schulen mit Milliarden noch verschlimmert. Doch davon später mehr.

Am 18. 1. 2019 brachte T-Online/rtr die Meldung: „Die Verkehrskommission der Bundesregierung erwägt für den Klimaschutz höhere Steuern auf Benzin und Diesel, ein Tempolimit auf Autobahnen sowie eine verpflichtende Quote für Elektroautos. Zusammen mit weiteren Instrumenten könnte damit der CO_2-Ausstoß des Verkehrs bis 2030 fast um die Hälfte gesenkt werden, geht aus einem Papier der Kommission "Nationale Plattform Zukunft der Mobilität" hervor, das der Nachrichtenagentur Reuters vorliegt.

Diesel- und Benzinsteuern sollten demnach ab 2023 zunächst um drei Cent und dann jährlich um einen Cent steigen. Im Instrumentenkasten findet sich zudem ein Tempolimit auf Autobahnen von 130 Stundenkilometern sowie eine komplette Ausrichtung der Kfz-Steuer auf den CO_2-Ausstoß für Diesel und Benziner. Im Gegenzug sollte das Steuerprivileg für Diesel fallen."

Doch im Monat darauf wollte 2019 schon keiner mehr etwas vom Tempolimit auf Autobahnen wissen, obwohl bei umliegenden Ländern oft 120 km/Std. gelten. Umweltverbände protestierten vergebens. Und die Klimagipfelergebnisse gemäß Kapitel 22 waren ebenfalls in Europa nicht voll und bei der UN überhaupt nicht ausreichend

Die geliebten Autos bringen leider auch viel Umweltniedergang. Denken wir dabei zunächst an **Stickstoffdioxid (NO2)**. www.wikipedia.de schreibt dazu u. a.: „Von dem kraftfahrzeugverkehrsbedingten Anteil tragen in der Stadt etwa zu 60 % Diesel-Fahrzeuge bei. Der Grund ist zum einen, dass Dieselautos im Extremfall bis zu zehnmal mehr Stickstoffdioxid ausstoßen als vergleichbare Benziner, zum anderen nutzen die sehr verbrauchsintensiven Fahrzeugklassen Bus und LKW hauptsächlich Diesel. In städtischen oder vorstädtischen Gebieten liegen die Jahresmittelwerte für Stickstoffdioxid im Bereich von etwa 20 bis 30 µg/m³, in ländlichen Gebieten um 10 µg/m³." Und dann kommt das **EU-Vertragsverletzungsverfahren:**

„Am 17. Mai 2018 hat die Europäische Kommission **Deutschland**, Frankreich und das Vereinigte Königreich vor dem Gerichtshof der Europäischen Union verklagt, weil die Grenzwerte für Stickstoffdioxid in diesen Ländern nicht eingehalten werden. Auch haben laut Kommission diese Mitgliedstaaten keine geeigneten Maßnahmen ergriffen, um die Zeiträume, in denen die Grenzwerte überschritten werden, so kurz wie möglich zu halten. Die Mitgliedstaaten haben "keine überzeugenden, wirksamen und zeitgerechten Maßnahmen vorgeschlagen, um die Verschmutzung *schnellstmöglich* – wie es das EU-Recht vorschreibt – unter die vereinbarten Grenzwerte zu senken." In Deutschland wurden die Grenzwerte in 26 Gebieten überstiegen, besonders betroffen sind die Großstädte Berlin, München, Hamburg, Köln, Stuttgart und Düsseldorf. Die im Jahr 2016 gemeldeten Jahreskonzentrationen beliefen sich z. B. in Stuttgart auf bis zu 82 µg/m³ bei einem Grenzwert von 40 µg/m³.

Am 13. 3. 2019 war dann der „Streit um Abgas-Grenzwerte" (t-online/dpa, TIK) der EU mit dem deutschen Verkehrsminister, der die EU-Grenzwerte wohl für zu hoch hielt, ein Thema. Deshalb erhielt er Ende Februar einen Brief: „Der überwiegende Teil der jüngeren fachlich geprüften wissenschaftlichen Erkenntnisse weise auf negative Gesundheitsfolgen unter anderem von Stickstoffdioxyd (NO_2) hin – selbst wenn die Empfehlungen der Weltgesundheitsorganisation (WHO), auf denen die Grenzwerte beruhen, unterschritten seien."

Mit NO₂ korrelierte Krankheitslast: „In einer epidemiologischen Studie im Auftrag des Umweltbundesamtes wurden für das Jahr 2014 rund 6.000 vorzeitige Todesfälle aufgrund von Herz-Kreislauf-Erkrankungen statistisch ermittelt, die mit NO₂ in Verbindung gebracht wurden. Dies entspricht einem Anteil von ungefähr 1,8 Prozent aller kardiovaskulären Todesfälle in Deutschland. Die Studie begründet so außerdem acht Prozent der bestehenden Diabetesmellitus-Erkrankungen in Deutschland im Jahr 2014. Dies entspricht etwa 437.000 Krankheitsfällen. Bei bestehenden Asthmaerkrankungen liegt der prozentuale Anteil der Erkrankungen, die auf die Belastung zurückzuführen sind, bei rund 14 Prozent. Dies entspricht etwa 439.000 Krankheitsfällen. Die Berechnung der Krankheitslast basiert dabei auf Stickstoffdioxid als Markermolekül für verkehrsnahe Gesundheitsschäden. Das bedeutet nicht, dass Gesundheitsschäden durch Stickstoffdioxid verursacht werden, sondern dass Anwohner in Gegenden mit einer Stickstoffdioxidbelastung unter 40 µg/m³ weniger krank sind." Das sind 882.000 Krankheits- und Todesfälle. Im Kapitel 12 ist zu lesen, dass das zukünftige Wasserstoffauto und das Gasauto fast nichts an NO₂ abgeben. Zu letzterem gehört auch das Autogas, das an jeder Tankstelle verkauft wird.

Doch es gibt noch mehr Schlechtes durch den Verkehr: Ultra-Feinstaub: Dazu heißt es (ebenfalls auf Wikipedia): Im Unterschied zum gröberen Feinstaub ist der 100-mal kleinere Ultrafeinstaub viel schwieriger nachzuweisen. Seine Auswirkungen auf Umwelt und Gesundheit können aber mitunter gravierender sein. Als wichtigste Quelle für den Ultrafeinstaub gilt nach wie vor der Verkehr, insbesondere in Städten. Die Kleinstteilchen können sogar die Beschaffenheit von Wolken verändern und das Wetter massiv beeinflussen."

Das ist aber wieder noch nicht alles, denn **„Die Schorn-steine der Kraftwerke pusten die Teilchen hoch in die Luft.** Und dazu wird Herr Junkermann bei Wikipedia zitiert, denn „nach mehr als 1200 Flugstunden über 15 Jahre hin-weg in mehreren Erdteilen hat er mit australischen For-schern nun das Ergebnis seiner Langzeitmessung im US-Fachblatt *Bulletin of the American Meteorological Society* vorgelegt: Die gewichtigste Einzelquelle für die ultrafeinen Partikel seien moderne Kohlekraftwerke." "In der Abgasrei-nigung sind die Bedingungen für die Partikelneubildung optimal", sagt Junkermann.

„Mitte der 70er-Jahre begannen erste Länder, ihre Kohle-kraftwerke mit Filteranlagen auszustatten, um dem sauren Regen entgegenzuwirken. Allerdings gelangten damit auch Unmengen an ultrafeinen Partikeln in die Luft. Einen Anteil daran könnte das Ammoniak haben, das den Abgasen beige-fügt wird, um die schädlichen Stickoxide in Wasser und Stickstoff umzuwandeln. Durch das Ammoniak können sich im Abgas Ultrafeinstaubpartikel in hoher Zahl bilden, die über die Schornsteine der Kraftwerke 200 bis 300 Meter in die Luft gelangen und je nach Wetterlage sogar mehrere Hundert Kilometer verfrachtet werden können." So viel über Ultra-Feinstaub.

Doch es kommt auch noch „Feinstaub aus dem Ofenrohr. Die FDP kritisiert die staatliche Förderung von Heizungsan-lagen, die viele Schadstoffe ausstoßen - Belastungen so hoch, wie durch den gesamten Straßenverkehr." So die HA-Überschrift vom 23./24. 2. 2019. Tim Braune berichtete aus Berlin von Jörg Kachelmanns Gegnern: Holzöfen. Es geht gegen Kamine, Kachelöfen, Pelletöfen und Holzschnitzel-öfen. Die rund 440.000 Holzheizungen stießen 2017 über 3.600 Tonnen Feinstaub aus. Gefährlich für die Menschen sind besonders kleine Feinstaubpartikel (PM $_{2,5}$), je kleiner, desto tiefer können sie über die Atemwege in den Körper gelangen, bis in den Blutkreislauf und in das Gehirn. „Wissenschaftler haben nachgewiesen, dass Feinstaubbelastungen für Schleimhautentzündungen bis zum Schlaganfall und Krebs mitverantwortlich sein können. ‚Auch Zusammenhänge zu neurologischen Erkrankungen wie Demenz und Morbus Parkinson werden diskutiert', erklärt das Umweltbundesamt. 2016 waren diese $PM_{2,5}$-Emissionen aus den Holzbefeuerungen der Haushalte mit 17 % fast so groß wie der Feinstaub-Ausstoß aus dem gesamten Straßenverkehr." Die DUH forderte deshalb die Einführung eines Öko-Labels wie der „Blaue Engel" für besonders schadstoffarme Kaminöfen. „Bund, Länder und Kommunen sollten dringend strengere Vorschriften für die Holzfeuerung auf den Weg bringen."

Aber: Die höchsten Feinstaubkonzentrationen werden nach wie vor in Straßennähe gemessen. Vor allem aber deshalb, weil dort gemessen wird.

Die Zeitung „Die Welt" brachte am 8. 4. 2019 ein Interview mit dem Epidemiologen, Mediziner und Direktor der Swiss School of Public Health über gesunde Luft und die Bedeutung des Feinstaubs darin. Zusätzlich zum genannten Betrug mit Dieselmotoren sagte er: „Es war Deutschland, das sich in den letzten Jahrzehnten vehement dafür eingesetzt hat, dass die EU auf keinen Fall die von der WHO empfohlenen Richtwerte für den Feinstaub in die EU-Direktive überträgt, sondern einen zweieinhalb Mal höheren Wert als Grenzwert ansetzt: 25 statt 10 Mikrogramm PM-2,5-Feinstaub pro Kubikmeter." Er nannte es „das Ergebnis von purem Lobbying." Denn „die Richtwerte der WHO-„Air Quality Guideline" sind wissenschaftsbasiert. Die Idee dieser Richtwerte ist, dem Gesundheitsschutz Priorität zu geben." – Also sind beim besonders schädlichen Feinstaub nur 10 Mikrogramm statt 25 (lt. WHO) vorgeschrieben. Und „das ist eine Groteske", so die Hauptüberschrift zum Bericht. „Für NO_2 wurde hingegen der wissenschaftsbasierte Richtwert in die Direktive übernommen."

Und zuletzt noch der Müll:

Auf 3SAT war am 18. Januar 2019 um 20.15 der Film von Christian Gramstadt „Müll, Mafia und das große Schweigen" über das Geschäft mit dem Müll zu sehen. Und da hieß es dann: „Seit Jahrzehnten operiert die 'Ndrangheta weltweit und erwirtschaftet dabei schätzungsweise mehr als 50 Milliarden Euro jährlich. In Deutschland verzeichnen die Fahnder Stützpunkte aktiver Mafiosi in allen wichtigen Wirtschaftsregionen und meist anscheinend ganz unbehelligt. So antwortete das Bundesinnenministerium auf eine Anfrage der "Grünen" vom Juni 2017 zur Mafiaproblematik unter anderem: "Das Phänomen illegaler Abfallentsorgung, begangen durch Gruppierungen der italienischen Organisierten Kriminalität, ist der Bundesregierung bekannt. In Deutschland wurden diesbezüglich bislang keine Ermittlungen geführt."

Illegaler Müllhandel ist ein Geschäftsfeld mit einer langen Geschichte: Vielen gilt 1989 als eine Art "Geburtsjahr" kalabrischer Giftmüllskandale: Rein zufällig wurden im Ort Santa Domenica Talo in der Provinz Cosenza 60 Tonnen Krankenhausmüll entdeckt, der illegal in einem Firmenofen verbrannt werden sollten.

Giftmüll im Boden und im Meer:

Ein Jahr später strandete das Schiff "Rosso" nahe dem Küstenort Amantea. Große Teile einer möglicherweise hochgefährlichen Fracht sollen im nahe gelegenen Tal Oliva vergraben worden sein. Analysen dort verzeichneten: toxische Substanzen, Cäsium 137 und eine überdurchschnittliche Rate von Krebskranken und -toten.

Mehr als 100 Schiffe sollen im Mittelmeer mit Giften und radioaktivem Material an Bord versenkt worden sein. In Kalabrien selbst stehen mehr als 600 Müllkippen auf der staatlichen Beobachtungs- und Sanierungsliste. Geschehen ist von Seiten der Behörden dennoch bislang wenig – obwohl Umwelt-Aktivisten seit mehr als 20 Jahren Alarm schlagen und davor warnen, dass Kalabrien zur "Müllkippe Europas" verkommt.

Stattdessen wurden Ermittler kaltgestellt und Prozesse verschleppt. Brisante Akten verschwanden in den Archiven. Einer der Top-Fahnder, Natale de Grazia, starb 1995 völlig unerwartet und unter dubiosen Umständen. Abhörprotokolle von Mafiabossen blieben unbeachtet.

So sagte der 'Ndranghetist Carlo Micò 2011: "Ich habe zehn Liter Nervengas. Das tötet in einer Reichweite von acht Kilometern. Ich habe es an einer Stelle vergraben. Jetzt will ich dort nicht mehr hin. Nervengas! Von einem Sowjet, einem Russen und gefährlichem Händler."

Die neue, unsichtbare Mafia: Klar ist den italienischen Antimafiabehörden, dass toxische und radioaktive Stoffe aus den europäischen Industriezentren stammen. Und klar ist auch, dass die Interessen einer verdeckten Koalition aus kalabrischen Mafiaclans, Geheimlogen, Geheimdienstlern, Politikern und Industriellen bis heute vielfältig und mächtig sind. Die Staatsanwaltschaft geht von einer neuen, einer "unsichtbaren Mafia" aus: Einer kleinen Gruppe von Bossen, die sowohl die Familienclans als auch Politiker kontrollieren und die ganz große Deals einfädeln. In den vergangenen Jahren haben sie deshalb ihre Ermittlungen im Müllbereich intensiviert." Soweit die fast unglaublichen Mitteilungen von 3SAT.

Am 15. 5. 2019 hieß dann die Meldung (HA/dpa): „Abenteurer taucht elf Kilometer – und findet Müll." Er ist mit seinem U-Boot zu einem der tiefsten Punkte der Erde im Pazifik auf den Grund des Marianengrabens getaucht und sah dort Müll, kantiges und wohl auch Plastik. Aber es gibt auch noch **„Das Pulverfass im Meer. In Ost- und Nordsee liegt eine gewaltige Menge Munition aus dem Zweiten Weltkrieg. Eine Belastung – nicht nur für die Umwelt."** So die Überschrift im „Hamburger Abendblatt" vom 11. 2.

2019 zu dem großen Bericht der Juliane Görsch. Es ist also genug zu tun. Die Gedanken der Parteien gehen allerdings mehr in die Richtung, eventuellen Wählern mehr Geld zu geben, egal ab damit der Untergang gefördert wird.

Es reicht aber immer noch nicht, denn „Zigarettenkippen verschärfen das Müllproblem. – In den Filtern sammeln sich Giftstoffe, sie sind nur schwer abbaubar. – Millionen Zigarettenstummel liegen in den Straßen der Städte. Die Filter bestehen aus einem Kunststoff." Ob am Strand oder sogar im Wald. Überall liegen die Zigarettenstummel. Die Raucher müssten – auch aus Gesundheitsgründen – eben aufhören. Oder der Staat müsste die Steuern noch einmal erhöhen und davon die Reinigung bezahlen.

Der russische Philosoph Alexander Dugin sagte im SPIEGEL-Gespräch (in Nr. 29/2014): „Ich bin oft in Deutschland, und wenn ich mir anschaue, was bei ihnen in den Buchhandlungen angeboten wird, dann hat die deutsche Kultur keine Zukunft mehr. Sie leben in einer degradierenden Zivilisation. Wo ist der große deutsche Geist geblieben? Wo die Höhen der französischen Philosophie? Wo die Tiefe der italienischen Kunst?..." –
Die Deutschen, Europäer, US-Bürger, aber auch alle Bewohner der übrigen Welt, sollten sich, wie schon gesagt, ändern, um die Zukunft überleben zu können.
Damit die Gründe des Zukunftsverbrauchs allen bewusst werden, ist zusätzlich eine Pressefreiheit erforderlich, die beispielsweise in den heutigen Ländern Irak, Syrien oder Afghanistan oder, ...oder...oder - wie in der heutigen Türkei kaum vorhanden ist, damit „Die Chance auf ein Überleben" wieder möglich wird, denn der Umwelterhalt ist „eine Frage von Leben und Tod." Jeder – und auch die Regierungen – müssen dazu beitragen.

Kapitel 9:
„Das Schlaraffenland ist abgebrannt."

„Wir sind faul, bequem und satt – gleichgültig".

(Karin Baier, Intendantin vom Deutschen Schauspielhaus in Hamburg im Gespräch mit Maike Schiller vom „Hamburger Abendblatt" über: „Die Unterwerfung" – Premiere am 6. 2. 2016.)

Professor Horst Opaschowski leitete 1979 bis 2010 die Stiftung für Zukunftsfragen. Auf die Frage von Martina Tabel: „Und was kommt auf die Bürger zu?" (15. 7 2014. HA) antwortete er unter anderem: „Es drohen massive Rentenkürzungen." Opaschowski forderte dagegen eine „flexible Altersgrenze zwischen 60 und 70." Und „wenn wir nicht gegensteuern, kommt eine Südamerikanisierung der Verhältnisse" Er forderte sodann „eine neue **Generation V. Es geht um Vertrauen, Verlässlichkeit und Verantwortung.**" Auch die Bürger sollen der Regierung künftig auf die Finger klopfen. Und dann sagte er: „Dennoch gibt es ein Umdenken. Viele setzen nicht mehr auf Wachstum, Wachstum, Wachstum. Da spielt auch der Umweltgedanke hinein. Statt Wohlstand rückt das persönliche und soziale Wohlbefinden in den Vordergrund." – Und: **„Das Schlaraffenland ist abgebrannt"**

Das sagte der Fachmann bereits Mitte 2014. Am 13. 4. 2016 hieß als Bestätigung die Überschrift: „Jedem Zweiten droht Altersarmut" (HA). Und schon am 22. 4. folgte die Überschrift: „Müssen wir bald bis 70 arbeiten?" Gleich daneben stand: „Nur jeder dritte junge Mensch spart für das Alter. 38 Prozent fehlt das Geld für die Vorsorge." Am 27. 5. 2016 veröffentlichte (dpa auf t-online.de) das Institut der deutschen Wirtschaft den Bericht: „IW mit Schock-Prognose. –

In 25 Jahren können wir erst mit 73 in Rente gehen." Allerdings wurden und werden in Deutschland die Renten bislang jährlich etwas erhöht. Doch Mieten und Inflation stiegen und steigen schneller.

Mit 70 oder später sogar erst mit 73 in Rente zu gehen heißt zusätzlich, dass viele Fünfzigjährige, die arbeitslos werden und dann häufig keine Arbeit mehr bekommen, dann 20 bis 25 Jahre lang arbeitslos sind, nachdem sie zuvor – vor allem wegen längerer Schul- und Studienzeiten – auch nur 20 bis 25 Jahre gearbeitet haben. Sie erhalten dadurch noch weniger oder kaum Rente. Bereits 2016 betrug deshalb der Anteil der arbeitenden Rentner 14,5 Prozent. Eine in Deutschland dann Ende 2019 angedachte Grundrente soll erst ab 35 Jahren Renteneinzahlungen gelten. Sie bringt dann denen mit der geringsten Rente auch nichts.

Über einen nicht geringen Teil der Arbeitenden hieß im NDR-Fernsehen am 31 10. 2016 die Sendung: „Wenn Arbeit nicht mehr lohnt. Unsere Berufswelt im Wandel." Beispielsweise wurde der Existenzkampf auf dem Bauernhof beschrieben. Aber auch: Polizisten, Fleischer und viele andere können von ihrem Einkommen nicht mehr leben, weil die Mieten, besonders in Großstädten wie Hamburg, Berlin, Frankfurt oder München, hoch sind. Hinzu kommt der digitale Wandel, der Arbeitskräfte einspart, während im Handwerk oder bei der Altenpflege Lehrlinge und später Arbeitskräfte fehlen.

Die Wirklichkeit heißt zwar **„Das Schlaraffenland ist abgebrannt"**: Denn zusätzlich zur sinkenden Steuerzahlerbevölkerung und die Mindest-Verdoppelung der Sozialhilfeempfänger durch ärmer werdende Rentner, besonders aber durch die größere Vermehrung der Alt- und Neu-Migranten, führt auch die sich steigernde Umweltbelastung zum Niedergang und zu höheren Kosten. Trotzdem geht es den Europäern immer noch besser als einem großen Teil der übrigen Welt.

Für die Bevölkerung, die Regierungen und auch für den ISLAM hieße dies: „**Anfangen, selbst zu denken.**" So hieß die Überschrift zur Vorstellung des Sozialwissenschaftlers Professor Harald Welzer durch Doris Kleinau-Metzler im Lebensmagazin „a tempo" des Verlags .geistesleben.com . Der Untertitel seines Buches „Selbst denken" lautete „**Eine Anleitung zum Widerstand.**" – Und die Frage lautete daraufhin: Widerstand „wogegen?"

Worauf der Autor Welzer antwortete: „Dagegen, dass unsere Lebens- und Überlebensgrundlagen mit immer noch wachsender Geschwindigkeit zerstört werden. Und dagegen, dass man selbst Teil dieser Zerstörung ist….Wir haben eine Wirtschaft und eine daran gekoppelte Gesellschaft, die in keiner Hinsicht nachhaltig ist, weil sie prinzipiell darauf basiert, dass man aus immer mehr Ressourcen immer mehr herausholt, damit noch mehr Konsum möglich ist."

Der Autor sagte natürlich noch viel mehr. Einen besonders wichtigen Satz möchte ich daraus aber noch wiedergeben: „Unser Problem ist nicht, dass wir nicht genug wissen, sondern dass wir nicht selbst denken – und handeln". Im Anhang werden abschließend viele Organisationen und Gruppen genannt, die Widerstand gegen die Umweltvergeudung organisieren. Machen Sie mit!

Denken und handeln ist also vor allem auch bei der beschriebenen Umweltverschmutzung und Klimaveränderung notwendig, die bereits in gar nicht langer Zeit schon den Kindeskindern die Lebensgrundlagen erheblich verschlechtern oder entziehen wird. Weil dies aber schleichend langsam und fast überall so ist, halten die viele Menschen und Politiker ein mehr an Konsum mit mehr an Verschmutzung oft noch für wichtiger. Es ist ja überall so. Und wenn man es bei allen sieht, verändert sich relativ nichts, obwohl alle in den Abgrund fahren.

Beispiele der Fahrt in den Abgrund zeigen: Wer aus einem fahrenden Zug in einen mit gleicher Geschwindigkeit daneben in den Abgrund fahrenden Zug sieht, merkt auch seine eigene Fahrt in den Abgrund nicht mehr, weil sich ja relativ zum anderen Zug überhaupt nichts ändert. Ein Ergebnis der Relativitätstheorie des Albert Einstein.

Die viele Menschen sehen zwar ein Mehr an Konsum und Umweltzerstörung bei den anderen Politikern, Staaten und Personen, da sie aber relativ entsprechend handeln, merken sie es nicht – oder wollen es nicht merken. Sie ändern sich relativ zum Nachbarn nicht und merken dabei nicht, dass auch sie in den Abgrund fahren.

Oder wenn jeder mit Wirtschaftswachstum, Völlerei, Umweltzerstörung, Korruption, Verbrechen, zu großer Flüchtlingsaufnahme fremder Religiosität oder Religionskriegen die Welt oder sich in den Abgrund treibt, merkt er es auch nicht, wenn es fast alle anderen, die er kennt, auch nicht anders machen.

Oder, wenn die Rechten nur mit Rechten kommunizieren und die Linken nur mit Linken, dann sind sie jeweils relativ im Recht. Und deshalb müssen die anderen, die ja Unrecht haben, bekämpft werden. Und alle beide kämpfen dann gegen die Mitte, die ja nicht ihre Meinung hat – und gegen sich außerdem gegenseitig.

Und wenn „überall Neukölln ist", dann merkt man zuletzt nicht mehr, dass man überall durch Neukölln geht: Frauen mit Kopftuch und fünfundzwanzigjährig mit fünf Kindern, wie von dort berichtet wurde (die ja, wie später berichtet, Geld einbringen - oder, wie später berichtet wird, den Islam zur Hauptreligion werden lassen wollen), oder Männer mit bis zu 3 Frauen, gemäß Koran erlaubt, davon bis zu 2 als allein erziehende Mütter auf Hartz-IV (lt. früherem SPIE-GEL-Bericht). - Das bringt mehr Geld.

Der frühere Berlin-Neukölln-Bürgermeister Buschkowsky schrieb über diese Zustände und ergänzte dies am 22. 11. 2018 in der Zeitung „Bild" über eine Schule in Berlin-Neukölln: „Von über 100 Abc-Schützen wird bei einem daheim deutsch gesprochen. Dem Rest ist unsere gemeinsame Sprache völlig fremd und vielleicht auch egal (zumindest den Eltern). Die meisten von ihnen werden dieses Handicap niemals aufholen. Schul- und Lebensversagen sind daraus die Konsequenz. Wir wollen ein Zukunftsland für alle Fachkräfte dieser Welt sein? Never! Wir schaffen es ja noch nicht einmal die Kinder, die im Land leben, in ein selbst verantwortetes Leben zu führen." Und dann hieß es zynisch: Wir schauten jahrzehntelang zu und überließen ganze Stadtteile dem Strudel aus Bildungsferne, Kriminalität und Asozialität. Alles eine ‚kulturelle Bereicherung' – die Multikulti-Narren bestimmten die Debatte." – Aber: „Neukölln ist überall", so hieß sein Buch dazu. Und 2019 sagte er dann (am 18. 9. in DIE WELT): „Ich habe meinen Kampf um Werte verloren."

Nicht umsonst ist die deutsche Hauptstadt Berlin das ärmste Bundesland. Und diejenigen, die am meisten gegen die genannte ‚kulturelle Bereicherung' opponierten, nämlich Bayern, sind das reichste Bundesland, die dann nach Berlin Geld zum Länderausgleich geben.

Am 20. 11. 2018, wurde in der Presse von großer Gewalt gegen Frauen berichtet. Dabei ist diese bei den aus angeblichen Kriegsgebieten muslimischer Länder gekommenen besonders hoch. Die Zeitung „Die Welt" schrieb dazu am selben Tag unter anderem: „Die ungehorsame Frau zu schlagen, das ist im Islam ein Gebot Gottes. Die Familienministerin will zur Linderung des Leids dieser Frauen Frauenhäuser bauen. Das ist sicher wichtig, denn die Frauenhäuser, die es schon gibt, sind voll – überwiegend mit muslimischen Frauen. Eine gute Sache, aber keine Lösung."

Dabei sollte folgendes bedacht sein: Deutschland hatte 2011 noch 80,2 Millionen Einwohner. 2016 überstiegen die Sterbefälle die Geburten um 118.000. Zugleich wanderten aber 498.000 nach Deutschland ein, die Einwohnerzahl stieg aber auf 82,5 Millionen, denn die Geburtenrate stieg beträchtlich und wird weiter steigen, vor allem durch die Migranten. Als Hauptursache sehen die Statistiker die Zuwanderung an. 11,2 Prozent der Einwohner haben einen ausländischen Pass. (Stat. Bundesamt, Stand 16. 1. 2018.) Das wären dann rund 9 Millionen. Viele Länder haben nicht so viele Einwohner. Aber am 14. 1. 2019 hieß die Zeitungsüberschrift (HA/epd) zu Flüchtlingen: Zahl der Asylanträge sinkt 2018 auf rund 186.000. – In 10 Jahren sind dies aber wieder rund 2 Millionen – und mit Kindern dann vielleicht 5 Millionen, die zu über der Hälfte meistens auch mit zusätzlichen Ausgaben verbunden sind. Siehe hierzu auch Kapitel 14. Dort wurde rechtzeitig gewarnt. Doch das Bundeskanzleramt hörte nicht.

Da fällt mir ein, dass ein Bundeswehrleiter aus Berlin mir vom Kosovo-Krieg erzählte, dass der Kosovo früher völlig christlich war. Dann kamen Moslems und denen wurde in ihrer Moschee gesagt, dass die Frauen möglichst viele Kinder bekommen sollten. Das taten sie, wurden mehr und mehr. Bis der Krieg der „Rechten" dagegen kam. Im Kapitel 15 wird dazu das neue Buch des früheren Berliner Finanzsenators Sarrazin angesprochen, gegen den im Januar 2020 nach Auftritt bei der FPÖ wieder der Parteiausschluss aus der SPD beschlossen wurde.

In Deutschland ist es jetzt ähnlich. Kirchen werden bereits zu Moscheen umgebaut. Die Christen werden weniger- Fast alle muslimischen Gebiete in der Welt waren früher christlich, denken wir nur an den nahen Osten und Nordafrika. Bis Spanien und Wien waren sie auch schon. Die Christen und Europäer wehrten sich damals, von Polen zusammengeführt, und siegten. Diesmal siegen sie vielleicht nicht, denn wer warnt ist „rechts". Allein deshalb wird der Osten immer rechter.

Statt für den Umweltschutz geben die Deutschen schon jetzt ihr Geld wie in Berlin-Neukölln und für die Frauenhäuser aus, die größtenteils mit Moslemfrauen belegt sind. Vielleicht hilft, so glaubt man, ja die jährlich stattfindende Islamkonferenz, die vielleicht einen Islam schafft, der deutsche Wurzeln hat. Aber für die rund 900 Ditib-Moscheen der türkischen Religionsbehörde ist das schon nicht möglich. Und deshalb wird es auch keinen Islam mit deutschen Wurzeln geben. Und die später noch genannte Moschee-Steuer wird kaum eingeführt werden. Sie würde auch bei Harz IV kaum wirksam werden. In keinem anderen Land werden ja schon die Ditib-Moscheen erlaubt.

In Frankreich wurde deshalb, wohl auch als Warnung, zuerst die „Unterwerfung" als Theaterstück aufgeführt. In Deutschland folgte dies übersetzt im größten deutschen Theater, dem „Deutschen Schauspielhaus" in Hamburg - gegenüber dem Hauptbahnhof gelegen, mit Edgar Selge in der Hauptrolle als Literaturprofessor Francois.

Am 29. 11. 2018 konnten die „Unterwerfung" dann alle – mit Edgar Selge und Matthias Brandt in den Hauptrollen im Fernsehen auf 3SAT um 20,15 Uhr sehen. Der Inhalt: Als der muslimische Politiker Mohammed Ben Abbes in Frankreich mit Hilfe anderer Parteien Staatspräsident wurde, führte er das Pariarchat und die Polygamie ein. Der Professor

Francòis wurde sodann entlassen - und durfte nur, wenn er zum Islam konvertierte, wieder lehren. Gezeigt wurde die Theateraufführung in Hamburg. Dabei war das „Deutsche Schauspielhaus" von Innen und Außen zu sehen. Zusätzlich wurde Edgar Selge in Paris gezeigt, wo er als Professor oft Studentinnen als Freundinnen hatte. Bei einer Freundin zogen die Eltern aus Angst vor der neuen muslimischen Zeit nach Israel um. Er selbst aber fand den Vorteil der vielen Frauen so gut, dass er zum Islam konvertierte und schon deshalb wieder als Professor eingestellt wurde.

Der Islam bevorzugt also die Männer erheblich. Gleichberechtigung gibt es noch nicht. Deshalb sehen auch Männer nicht nur in Frankreich, sondern auch oft in Deutschland einen Vorteil im Islam. Ein Beispiel: „Der Boom der Shisha-Bars wirft Fragen auf – auch zu Kriminalität und Integration." Eine Unter-Überschrift. Oder: „Shisha - Besuch mit Risiken und Nebenwirkungen.- Die Bars und Lounges verbreiten sich mit rasender Geschwindigkeit. Sie locken auch kriminelles Milieu an und schaden der Gesundheit – In den Bars mischen sich Abiturienten und Kriminelle" Überschriften im „Hamburger Abendblatt" am 1./2. Dezember 2018. Die Frauen sollen die Bars natürlich nicht besuchen. Der Islam ist in Frankreich und Deutschland wohl schon weiter als er im Kosovo war. „Die Unterwerfung" erfolgt wohl bereits.

Ein Teil der aus Islamländern kommenden integriert sich allerdings auch sehr gut und erbringt gute Leistungen auf dem Arbeitsmarkt. Da denke ich an meine Frage an einen Mann muslimischer Herkunft. Er war der wichtigste Mann in seiner Firma - Er antwortete: „Da muss ich erst meine Frau fragen. In Afghanistan brauchte ich das nicht, aber ich bin ja in Deutschland." – Allerdings erfolgte die Gleichberechtigung auch hier erst ab und durch Luther mit der Reformation. Und in der katholischen Kirche gilt noch immer das Zölibat. - Wenn in fast allen muslimischen Ländern, aber auch in Indien, insgesamt in 50 Ländern, Christen verfolgt und der Umweltschutz fast gleich Null ist, dann kann – bei „Unterwerfung", dass auch in Westeuropa und in Deutschland einmal nach Verwirklichung des „Sarrazin" - Buches passieren.

Wenn alle Parteifreunde und relativ zum anderen gleich Denkende sagen, dies sei rechts und nicht wahr, oder dies sei links und nicht wahr, dann empfinden sie es auch als wahr oder unwahr. Die deutsch-kanadische Psychologin entdeckte, dass das Gehirn auch falsche Erinnerungen aufbauen kann. „Falsche Erinnerungen sind ansteckend – in sozialen Gruppen verbreiten sie sich wie Viren." – „Das trügerische Gedächtnis", war dazu DER SPIEGEL – Haupttitel vom 2. 1. 2016.

Alles Ergebnisse des Denkens und ebenfalls der Relativitätstheorie des Albert Einstein, denn wenn alle wie im Schlaraffenland leben, merken sie überhaupt nicht mehr, wie sie dabei die Umwelt verbrauchen. Einstein schrieb ja schon vor vielen Jahren: **„ Nichts wird die Gesundheit der Menschen und die Chance auf ein Überleben auf der Erde so steigern wie der Schritt zur vegetarischen Ernährung." Da dies nicht erfolgte, sind auch deshalb die „Grenzen des Wachstums" bereits lange überschritten.**

Der tschechische Ökonom Sedlácek machte sich das Denken zu Eigen. Er wurde in „DER SPIEGEL 40/2015 über den Fetisch Wachstumskapitalismus und das Versagen der Eliten in der Krise interviewt. Aus der mehrseitigen Wiedergabe möchte ich nachfolgend mit dem Fetisch Wachstum beginnend einiges zitieren. Denn die „Grenzen des Wachstums" sind ja schon lange überschritten. Und „das ist unser Problem. Egal wie viel wir haben, wir wollen immer mehr", sagte dazu der Ökonom und beschrieb Einzelheiten: „Das

Wachstum ist zum Fetisch geworden, nicht nur in der Wirtschaft, auch in der Gesellschaft und für jeden Einzelnen. Überall geht es um ‚mehr' und ‚besser', überall geht es darum, die Effizienz zu steigern oder sich selbst zu optimieren. Kein Wunder, dass wir nie zufrieden sein können, wenn Unzufriedenheit unser Antrieb ist. Technologie und Wirtschaft aber sind durchzogen von dem Streben nach Wachstum. Und diesem Ideal wollen wir weltweit Geltung verschaffen." –

Am 7. 10. 2015 hieß dazu die Meldung (HA): „Im Sog der Konjunkturabkühlung in China wird das Wachstum der Weltwirtschaft dieses Jahr laut IWF an Fahrt verlieren. Der Internationale Währungsfond rechnet nur noch mit einem Wachstum von 3,1 Prozent. Deutschland soll um 1,5 Prozent zulegen." – **Der Fetisch Wachstum also – auch, um die oft kriminell hohen Schulden zu zahlen. Und Wachstum dabei auch immer noch beim Umweltverbrauch – und immer mehr bei Dürren und Überschwemmungen, bei schlechter Atommülllagerung und Kunststoffentsorgung. Die Meere sind voll – und bald auch die Fische. Arbeit ohne den Fetisch Wachstum wäre also genug vorhanden.**

Und dann spricht der Ökonom von einem ethischen Minimalkonsens, dass Schulden zurückbezahlt werden müssen, und dass auf dieser moralischen Norm auch unser Banken- und Rechtssystem beruht. Doch „seit der Jahrtausendwende haben sich die globalen Schulden verdoppelt, nichts wurde zurückbezahlt." Die „entfesselten Schulden" wurden im Interview aufgeführt.

Diese entfesselten Schulden betrugen 2019 in Deutschland mal eben 2,305 Billionen € (pro Einwohner 24,79 Ts. €). – In Frankreich 2,36 Billionen € (pro Einwohner 35,30 Ts. €) – In Italien 2,345 Billionen € (pro Einwohner 28,78 Ts. €).

(www.haushaltssteuerung.de) Man stelle sich das einmal vor: Auf jeden Einwohner entfallen in Deutschland fast 25.000 Euro an Schulden. Bei einer Familie mit 2 Kindern sind dies 100.000 €. - Es sollte aber hinzugefügt werden, 2015 erstellte der deutsche Finanzminister Schäuble einen Haushaltsüberschuss von 12,1 Milliarden Euro. (Fast alle Medien am 13. /14. 1. 2016). Aber nur für das Jahr. Die hohen Schulden waren trotzdem nicht weg. Allerdings kam schon am selben Tag dazu der „Klartext vom Rechnungshof: Präsident Scheller hält Asylkosten für unkalkulierbar." So die Überschrift (AFP 14. 1. 16 auf T-Online). Dazu will ich erwähnen: Von den Gesamtausgaben von 356.400.000.000,-€ 2019 entfällen fast die Hälfte, nämlich 145.260.251.00,-€ (also Milliarden) auf „Arbeit und Soziales", was auch die Asylantenkosten der Bundesregierung enthält. Hinzu kommen dann noch die Kosten der Länder. Darüber hinaus bemängelte der Bundesrechnungshof, dass die Bundesregierung dessen Empfehlungen wenig folgte, wie eine Reform der Umsatzsteuer oder zu geringer Straßenerhalt.

Der Bund der Steuerzahler (www.steuerzahler.de) versucht jährlich die Staatsverschwendungen in seinem Schwarzbuch der Verschwendung sichtbar zu machen. Dazu am 30./31. 10. 2019 (HA/Tobias Kisling) aus Berlin: Eine Solaranlage ohne Sonne, eine Brücke für Mäuse (93.000 €), ein Vogelnest aus Gold (92.500 €, nach einem halben Jahr gestohlen) und natürlich die missglückte PKW-Maut (wohl mehrere 100 Millionen). Und zusätzlich hieß es (11. 12. 2019 HA) vom Bundesrechnungshof: „Regierung fördert Klimakiller." Dabei gingen 71 Millionen für Dieselbusse weg.

Doch zurück zu den klugen Tschechen und dabei zuerst zu Sedlácek. Auf die Frage, dass sich vielleicht mit Ausgabenprogrammen, wie beispielsweise bei den USA, Wirtschaftswachstum erreichen lässt, antwortete er, dass dies ein hervorragendes Beispiel für verfehlte Schuldenpolitik sei. „Die US-Regierung nimmt sieben Prozent vom Bruttoinlandsprodukt auf, um drei Prozent Wachstum zu generieren." – Und so wird es fast überall gemacht. „Eigentlich müsste es längst nicht mehr Bruttoinlandsprodukt (BIP), sondern Bruttoschuldenprodukt heißen." – Jedes Kind wüsste das, meinte Sedlácek. –

Darf ich fragen, warum weiß es sonst fast keiner? In Wirklichkeit wissen es die Verantwortlichen ja vielleicht doch. Aber sie wollen immer mehr verteilen oder verbrauchen lassen, weil eine Mehrheit noch immer mehr verbrauchen will: Mehr und besser essen und trinken, ein größeres Auto – und noch viel, viel mehr. Hinzu kommen dann, wie schon erwähnt, die Flüchtlinge aus vielen muslimischen Ländern, die jährlich viele Milliarden allein im Landeshaushalt vieler europäischer Länder kosten. Dazu kommen dann Millionen Wohnungen (meistens auf Schulden).

Dies alles bei den zusätzlichen Mehrausgaben für einen fast nicht mehr möglichen Umwelterhalt: Bei dessen Scheitern kommen noch Millionen weitere Flüchtlinge aus durch die Erderwärmung unbewohnbar werdenden Gebieten und aus Tornado- und Überschwemmungsgebieten hinzu.

In der Tschechoslowakei mahnte nicht nur der Ökonom. Nein – dort denkt und dachte man schon oft weiter. Der tschechische Schriftsteller, Dissident und Staatspräsident Vaclav Havel, er erhielt den Friedenspreis des Deutschen Buchhandels und den Aachener Karlspreis, schrieb auch über den „Versuch, in der Wahrheit zu Leben". Er sagte und schrieb dazu schon 1989 – doch heute haben wir wieder ähnliche Probleme: „Niemandem wird geholfen, wenn die Regierung so lange wartet, bis die Menschen demonstrieren und streiken. All' dem könnte man sehr einfach durch sachlichen Dialog und durch den guten Willen, auch kritische Stimmen anzuhören, vorbeugen. Solchen Warnungen wurde kein Gehör geschenkt. So erntet die heutige Staatsmacht die Saat ihrer eigenen starren Haltung... - Ich hoffe immer noch, dass die Staatsmacht endlich aufhört, sich wie das hässliche Mädchen zu verhalten, dass den Spiegel zerschlägt, in der Meinung, er sei schuld an ihrem Aussehen." So Vaclav Havel am 21. 2. 1989, also zum Zeitpunkt der bislang größten Umwälzung nach dem 2.Weltkrieg, dem Ende des unfreien Sozialismus in Europa, den allerdings noch heute viele für gut halten.

Der Islam, die Flüchtlinge und die Umweltzerstörung können aber eine noch größere Umwälzung bringen. Bei den sich auf den Islam berufenden Islamisten sprachen Papst Franziskus und der französische Präsident Hollande bereits vom 3. Weltkrieg. Der 4. Weltkrieg gegen die lebenserhaltende Umwelt ist bereits ebenfalls vorhanden.

Allerdings kam der Papst Anfang Februar 2019 nach Saudi-Arabien: „Keine Gewalt im Namen Gottes" sollte die Zukunft werden. (5. 2. 2019 Andreas Englisch im „Hamburger Abendblatt".) Und auch der oberste Würdenträger des Islam, Ahmed al Tajib, sagte dies: „Aber auch im Koran steht ganz klar an mehreren Stellen, dass man nicht töten darf." Und er sagte sogar: „Umarmt weiterhin überall eure christlichen Brüder, als seien sie eure Partner."

Es geht trotzdem bereits um das Überleben der schon heute geborenen Kinder. Es geht darum, nicht den hohen Konsum aller als sozial zu bezeichnen und nicht zu sparen, sondern stattdessen Geld für den Umwelterhalt auszugeben, und es geht damit um den Erhalt oder die Wiederherstellung der Umwelt als Lebensgrundlage. Warum schrieb schon Erich Kästner vor über 80 Jahren. „Doch kein Mensch kann lenken"??? - Dies sieht aber heute auch der vorgenannte Wirtschaftler Tomás Sedlácek und machte darum gleichzeitig Vorschläge zum lenken: „Wir müssen aufhören, uns systematisch zu überschulden." Und fast zuletzt sagte er im Interview: „Das System ist das Problem...Fatal wird es, wenn wir glauben, wir hätten das System im Griff. Mit unseren makroökonomischen Vorhersagen gaukeln wir eine Sicherheit vor, die es nicht gibt."

Es geht also finanziell und mit der „Chance auf ein Überleben auf der Erde" bergab. Die Kosten müssen gesenkt werden, das Wachstum muss nicht erhöht, sondern ebenfalls gesenkt – und die Umwelt gerettet werden. Eine Armutswelt mit Umweltniedergang bahnt sich sonst, wie zuvor bewiesen, nicht nur an, sondern ist bereits auf dem Wege.

Und zusätzlich gilt in Europa: „Die Integrationspolitik von heute entscheidet über den Wohlstand unserer Gesellschaft in den nächsten 20 oder 30 Jahren." Auch dies ein Grund, dass fast alle europäischen Länder ihre Grenzen gegen den Zuzug von Migranten etwas geschlossen haben – und die USA, Australien und viele weitere Länder ebenfalls – oder besonders. Zusätzlich nehmen alle EU-Länder des früheren Ostblocks, wenn überhaupt, nur noch christliche Migranten auf. Deutschland ist die Ausnahme, deshalb ist das Volk gespalten: Die einen wollen helfen und die anderen rufen, wir schaffen es nicht. Und alle gehen zuletzt vielleicht selbst daran zugrunde, denn hinzu kommt ja die Umweltvergeudung.

„Unser Problem ist…, dass wir nicht selbst denken und handeln." Hinzu kommt aber vor allem, wie schon gesagt, dass die Politik und viele Bürger den Konsum für wichtiger als den Umweltschutz halten. Und dass derjenige beispielsweise in Deutschland arm ist, der Hartz IV für sich, die Familie, einschließlich Miete, Heizung und Elektrisch erhält, obwohl dies vielfach mehr ist, als oft Löhne im beispielsweise reichen Saudi-Arabien, aber auch in Deutschland. Nach Saudi-Arabien fliegen dann die Europäer (das Klima noch mehr erwärmend), um sich verwöhnen zu lassen. Das Schlaraffenland ist zwar allein aus Umweltgründen abgebrannt. Aber trotzdem wird gefordert, es noch auszubauen.

Ein Hauptgrund für die Vermehrung von Sozialhilfeempfängern und Flüchtlingen sind also in Deutschland die im Vergleich zu den USA, Kanada, Australien oder der Türkei verteilten Sozialleistungen, die bei niedrigen und oft sogar mittleren Lohnhöhen bei vielen Menschen immer mehr als die Arbeit einbringen. Und zusätzlich immer mehr als die Arbeit in den meisten Ländern der Erde. Zusatzverdienste durch Schwarzarbeit oder Drogenhandel können dabei sogar zu ‚Reichtum' mit dem großen Mercedes führen.

Am 14. 1. 2019 hieß es deshalb auch zum Beispiel: (HA) „14 Festnahmen bei Großrazzia gegen Clans. Polizei war mit 1300 Beamten in Nordrhein-Westfalen im Einsatz. Der Staat will Stärke demonstrieren. Aber reicht das?" „Im Focus stehen immer wieder Mitglieder sogenannter Clans. Gekommen sind die ersten Familien in den 1980er Jahren. Die meisten flohen vor dem Krieg im Libanon." Und: „Das Geschäft mit den Shisha-Bars boomt." Das war aber nur in NRW- In anderen Bundesländern ist es ähnlich. In Hamburg wurden beispielsweise Anfang 2019 viele Drogenhändler entdeckt, die im Gefängnis auf dem Lande Ausgang hatten. Das Gefängnis bezeichneten sie als ihr Hotel.

Es gibt also in Deutschland – und vielen Ländern Europas – keine Armut wie in den meisten Ländern der Welt. Die Armut muss sozial abgefedert werden. Es ist eben **„die andere Armut"**. So hieß auch am 5. April 2016, also zum Osterfest, ein ganzseitiger Bericht in der Zeitung „Welt am Sonntag". Und gleich darunter stand. „Hungern muss in Deutschland niemand mehr, Lebensmittel sind im Vergleich zur Nachkriegszeit günstig" Die Autorin Susanne Gaschke beschrieb es dann ganz genau, was ihnen wirklich fehlt. Und weil es so genau war, möchte ich einiges davon wiedergeben, genannt:

„Die andere Armut". Begonnen wird mit dem Wenigen, was die Großeltern sich im Vergleich zu heutigen Ansprüchen leisteten. Es wurde im Garten angebaut, eingemacht, Kleider für die Enkelkinder genäht. Es wurde, zumindest für heutige Begriffe, kaum Geld verbraucht und trotzdem bezeichnete man sich nicht als arm. Der Sohn ging auf das Gymnasium und studierte dann. „Seit 1950 führte das Statistische Bundesamt darüber Buch, was sich die Deutschen leisten und wie sich Kaufkraft und Inflationsrate entwickeln." Und man sieht daran: „Löhne und Kaufkraft sind über die Jahre deutlich stärker gestiegen als die Preise." Als Beispiel wurde genannt, dass man für eine Stunde Arbeit 1950 5 Eier, 1960 12 Eier, und heute 70 Eier kaufen kann.

Es wird dann die Frage gestellt, wenn rund 40 Prozent des Bundeshaushalts in Deutschland – und immer mehr - für Soziales ausgegeben werden, „warum wird dann eigentlich gar nichts besser? Warum gelten bei uns 12 Millionen Menschen als arm?" (Das war 2016.) Der Kinderschutzbund wird zitiert mit 2,5 Millionen Kindern in Armut. Und dann hält die Verfasserin zwei Erklärungen für denkbar: „Entweder wir definieren Armut falsch. Oder es liegt nicht am Geld.": - Es beginnt mit: „Die Leistungen des Sozialgesetzbuches II sollen existenzielle Not verhindern und vor Armut und sozialer Ausgrenzung ebenso wie vor den Folgen besonderer Belastungen schützen." Aber was ist das? Diese Frage wird untersucht: Wenn nach OECD arm ist, wer weniger als 60 Prozent des durchschnittlichen „bedarfsgewichteten Nettoeinkommens" erreicht, dann würden in Berlin Charlottenburg fast alle arm werden, wenn Bill Gates dorthin zöge. Armut wird von den Wohlfahrtsverbänden schlicht mit staatlicher Hilfe gleichgesetzt – und dabei festgestellt:

Arme Kinder können sich schlechter konzentrieren, schlechter sprechen, zählen und schlechter Deutsch sprechen – als Kinder, die keine Sozial-Leistungen erhalten. Die staatliche Leistung, die Armut und Benachteiligung verhindern soll, fördert dies dann möglicherweise sogar.

Hartz-IV bringt sogar, wie schon gesagt, oft mehr als Arbeit, mit dem Ergebnis: In der Schule sagte ein zitierter Schüler „Ich werde Hartzer.". Dazu darf man sich nicht bemühen und danach steht die staatliche Leistung vielleicht sogar für Benachteiligung - und mehr Geld-Leistung brächte noch mehr Benachteiligung, weil es beweist, dass es sich nicht lohnt, sich anzustrengen. Und dies bewirkt dann: „Die andere Armut"

Hinzu kommen die Ergebnisse der im Brief des Kapitels 14 nicht beachteten Warnungen zur Zuwanderungspolitik. Eines der damals vorausgesagten Warnungen: „Wer Außengrenzen schützt, hilft Schulen." Sie wurden nicht geschützt und auch deshalb diese Presseüberschrift vom 7. 1. 2020 (HA). Darin wird über das Buch „Die Macht der Moschee" des früheren Leiters des ARD-Magazins „Panorama", Joachim Wagner, berichtet. Er kam „zu alarmierenden Ergebnissen." Bei Abgeordneten blieben seine Feststellungen und Angebote zu Vorträgen fast immer ohne Ergebnis. Eine Debatte über die Probleme ist weiterhin tabubelastet. Die jetzt schlechten Pisa-Ergebnisse hätten gezeigt, „das Wichtigste ist, dass wir die Schulen mit hohen Anteilen von Schülern nichtdeutscher Herkunftssprache noch stärker als bisher unterstützen müssen." – Er schreibt und spricht auch über das im nächsten Kapitel behandelte „Konsum-Denken". Also Probleme über Probleme. Und dazu zusätzlich die Probleme der Umwelt.

Nicht umsonst wollen Geologen „wegen der beispiellosen menschlichen Einflüsse auf den Planeten ein neues Erdzeitalter ausrufen." Genannt: **„Anthropozän"**. Darüber berichtete 3Sat am 2. 3. 2017. Zu den Veränderungen durch den

Menschen zählen die Geologen neben dem Klimawandel „Veränderungen der Kreisläufe etwa von Kohlenstoff, Stickstoff und Phosphor, die Verbreitung von Plastik, Aluminium, Beton-Partikeln, Flugasche und radioaktivem Fallout."

Während bislang noch das Zeitalter nach der Eiszeit, genannt „Holozän" gilt, soll das neue Zeitalter Mitte des 20. Jahrhunderts beginnen. – In diesem Zeitalter, in dem sich vieles wegen des „Zukunftserhalts" ändern müsste, leben wir heute – und müssen deshalb gegen den Untergang kämpfen. Im neuen Untergangszeitalter „Anthropozän". – Wenn dies nicht aufgehalten wird.

Da sich zusätzlich die Weltbevölkerung vermehrt und alle immer mehr haben und konsumieren wollen, gibt es die Klimaerwärmung und bald die „Welt ohne Wasser". (Entsprechend dem übernächsten Kapitel) - Am 3. 3. 2017 lautete die Klimaverschlechterungsmeldung aus den USA dann: „Das Budget der Umweltbehörde EPA soll dem Vernehmen nach um ein Viertel auf 6,1 Milliarden Dollar gekürzt und die Mitarbeiterzahl um ein Fünftel reduziert werden:" (rtr auf T-Online). Noch stärker sollte bei Mitteln gegen den Ausstoß von Klimagasen gestrichen werden. Die Klimaerwärmung wird also weiter erhöht. um auf die „Welt ohne Wasser" hinzuarbeiten.

Der zum Kapitelbeginn zitierte Zukunftsforscher Opaschowski wurde am 26. 12. 2019 (B. Sprengel/t-online/dpa) erneut zitiert: „Das Umweltbewusstsein im Urlaub tut weh – und freiwillig ist man nicht bereit, auf die Urlaubsfreude zu verzichten." Der Tourismus – ob Kreuzfahrten oder Flugreise – erreiche neue Rekordzahlen. Er verwies dabei auf einen Slogan des Bundeswirtschaftsministeriums: „Klimaschutz beginnt zu Hause." Er würde dies ergänzen mit: „Und endet dort."

Kapitel 10:
„Selbst denken", statt Konsum-Denken.

„Kieler Forscher warnt vor den Folgen der Digitalisierung: Es geht um sehr, sehr viel, um das Regime des neuen digitalen Zeitalters und damit letztlich auch um die Demokratie. "

(Ökonom Dennis Snower, Präsident des Kieler Instituts für Weltwirtschaft am 15. 1. 2019 (HA/dpa).)

- **„Selbst denken" ist bei jedem angesagt, um die Erde noch etwas zu erhalten.**

Im Kapitel 9 wurde dazu der Autor Professor Dr. Harald Welzer zitiert. Er ist Direktor der Stiftung FUTURZWEI: „Wir haben eine Wirtschaft und eine daran gekoppelte Gesellschaft, die in keiner Hinsicht nachhaltig ist, weil sie prinzipiell darauf basiert, dass man aus immer mehr Ressourcen immer mehr herausholt, damit noch mehr Konsum möglich ist."

Dieses „selbst denken" hört aber auf, wenn immer mehr glauben, dass eine schöne neue Welt angesagt ist, wenn alle, auch schon die Kinder, auf ihrem Smartphone oder Labtop spielen. Zusätzlich vermindert auch dies – wegen der von Dr. med. Bergmann im Kapitel 18 zusammengestellte Strahlungsschädlichkeit - die Lebenserwartung. Ich hatte diese Zusammenstellung meinem E-Book über „Mobilfunk und W-LAN" hinzugefügt. Hinzu sollen die 5G-Sender für noch mehr Mobilfunk kommen. Alles natürlich energieverbrauchend und CO_2 erhöhend. Siehe hierzu auch die Kapitel 16-19: „Krank werdend in die Zukunft. Warum?" Nein – nötig ist dies nicht. Aber auch alle Kriege mit Millionen Toten begannen ja durch das Fehldenken es völlig richtig zu machen. Fast alle Ideen haben auch Vorteile. Aber es wird nie Halt gemacht. Ein Beispiel ist die Angst vor der Mobilfunkausweitung auf 5G (die 5. Generation) mit dem technologisch führenden Netzwerkausrüster Huawei. Unabhängig von einer möglichen Strahlungsschädlichkeit, von der auch in Europa keiner etwas wissen will, besteht die Angst, dass der Konzern Daten abgreift. „Die Geheimdienste unterstellen China Industriespionage in großem Stil. Sie wähnen chinesische Hacker hinter den meisten Cyberattacken. Dem 5G-Netztwerk drohen 3 Gefahren: Verlust der Vertraulichkeit (etwa Spionage), der Verfügbarkeit (Abschaltung) und der Integrität (Datenmanipulation).(HA/Sanches/9./10. 2019)" – Durch die Internetbeeinflussung soll in China indirekt diktiert werden. Allerdings wird dies wohl auch auf Europa zukommen. Denn das Negative im Internet kommt nicht weg, sondern wird eher ausgebaut. Siehe dazu auch Kapitel 16.

Zusätzlich wollen Bildungspolitiker nun die digitale Umwelt auch in den Schulen einführen, obwohl über 30 Professoren aus dem Bildungsbereich dagegen eine Protestnote schrieben, die bereits Ende 2016 auch als Petition an den Bundestag gerichtet wurde Ich habe diese Protestnote noch zusätzlich am Tag vor der Zusammenkunft im November 2016 der Bildungsminister der deutschen Bundesländer per E-Mail an die sitzungsleitende Senatorin aus Bremen gesandt. Es nützte nichts. Der Spaß war wichtiger – und vielleicht waren sogar Nebeneinkünfte dabei von Bedeutung Die Gruppe www.abgeordnetenwatch.de will darauf aufpassen..

Am 6. 12. 2016 hieß es beispielhaft in Hamburg im „Abendblatt": „Mit Laptops im Unterricht lernen. – An 30 Hamburger Grundschulen erfahren schon Drittklässler, was Medienkompetenz ist." – Ein Schüler der 4. Klasse wurde zitiert mit: „Mit Papier und Stift zu arbeiten ist doch langweilig." Lieber fuhr er mit der Maus über den Bildschirm.

Die Kinder lernten zu spielen, zu mailen, Facebook etc. – nur Rechnen und Deutsch lernten sie in dieser Zeit wohl nicht. In der gleichen Woche hieß vielleicht auch deshalb die Überschrift in DER SPIEGEL (49): „Das Bundeskriminalamt kann Stellen nicht besetzen. Bewerber fallen beim Deutschtest durch." Alle Jugendlichen werden möglicherweise über den digitalen Konsum vom eigenen Denken abgehalten, sollen nicht mehr merken, wie die Welt nach Einsteins Vorhersage auch durch sie selbst zum Untergang gebracht wird.

Die Ergebnisse der Ablenkungsdigitalisierung sind schon immer öfter in der Presse zu lesen: So stand am 28. 11. 2016 in einer Regionalausgabe des Hamburger Abendblattes, dass sich die Zahl der Schulschwänzer in dem genannten Landkreis innerhalb eines Jahres verdoppelte. „Abtauchen in Parallelwelt aus TV und PC ist eine Ursache" stand darin. –

Ein Zugunglück mit 12 Toten am 9. Februar 2016 zeigte ein anderes Ergebnis: Der Fahrdienstleiter passte nicht auf, weil er auf seinem Smartphone spielte. (DER SPIEGEL 46 2016). So ähnlich soll oder kann es vielleicht überall werden. Ja sogar der US-Wahlkampf 2016 soll durch digitale Unsinn-News beeinflusst worden sein, wenn es am 28. 12. 2016 im „Hamburger Abendblatt hieß: „ In Veles (Mazedonien) entstehen Webseiten mit sogenannten Fake-News." Dazu wurde ein Verfasser befragt: „Was war deine beste Fake-News" – Die Antwort: „Hillary ist eine Lesbe', das brachte mir rund 3000 Euro."

Auf dem Smartphone sieht oder liest man meistens auch nichts über Plastik- und Umweltverschmutzung oder über die schädliche Strahlung durch Mobilfunk und W-Lan, weil dies ja nicht verkauft werden kann - oder Verkäufe und Anzeigen sogar schädigt. Mobilfunk und W-Lan sind stattdessen zu einem Hauptgeschäft ähnlich Alkohol und Drogen geworden. Der Raum des Selbst-Denkens und –Handelns wird dadurch immer beschränkter – und zwar gerade deshalb, weil die Benutzer – auch der „Sozialen Medien" – oft das Gegenteil glauben. Weil nur die einen selbst interessierenden Informationen angewählt werden, werden die Linken immer linker, die Rechten immer rechter und die Demokratie wird mit gegenseitigem Lernen und Verstehen immer weniger.

Am 15. 1. 2019 hieß die Überschrift (HA/dpa): „Kieler Forscher warnt vor den Folgen der Digitalisierung." Der Ökonom Dennis Snower, Präsident des Kieler Instituts für Weltwirtschaft, sieht Europa und Deutschland in einer Schlüsselverantwortung: „Es geht um sehr, sehr viel, um das Regime des neuen digitalen Zeitalters und damit letztlich auch um die Demokratie." Er verwies auf die von China und den USA-Weltkonzernen verkörperten Systeme. Sie seien gefährlich für die Demokratie. Die neue Datenschutzgrundverordnung der EU sei dagegen der richtige Weg. Er forderte „Nutzer müssen mehr und mehr Rechte über die Nutzung ihrer Daten bekommen." Er sagte sodann: „Das Regime in China ist darauf ausgerichtet, dass der Staat besonders vieles über einen weiß." – (Ich darf einflechten: Deshalb sind auch dort 5G – Sender an jeder Ecke erforderlich – siehe Kapitel 16-19.). Die Nutzer hier hingen immer mehr von Google und Facebook ab. Er verglich das System zukünftig mit der Sklaverei. – Soweit die Warnung.

Ein Beispiel der sich durch das Internet – aber auch durch einseitige Parteipropaganda - vermehrenden Einseitigkeit beschäftigte beispielsweise im Dezember 2016 viele Menschen und die Presse in Hamburg, das ja, wie fast jeder Norddeutsche weiß, das Auto-Nummernschild HH= Hansestadt-Hamburg hat: Ein Bürger sah nun auf einem Weihnachtsmarkt an einem Kinder-Feuerwehrfahrzeug eines Kinderkarussells das Nummernschild HH 88. Die örtliche

Linkspartei unterstellte „dem Karussellbesitzer daraufhin Nähe zu Nazis. Der wohne schließlich auch im selben Dorf, wie ein NPD-Funktionär." (HA 10./11. 12. 16). HH heißt zusätzlich angeblich bei den Neu-Nazis oder Nationalsozialisten „Heil Hitler" – und das muss weg. Ein Zeitungsleser schrieb daraufhin, dass er nun gleich sein Auto von Hamburg wegmelden müsse.

Das war aber noch nicht alles: Aus dem Iken-(HA)Zeitungs-Kommentar: „Ein Edeka-Spot und ein Kinderkarussell geraten in das Fadenkreuz politischer Hysteriker." Zu Beginn seines Kommentars musste der Autor an den früheren Spruch im Klassenzimmer denken, der da hieß: „Die Welt ist ein Irrenhaus, und hier ist das Zentrum". Der Spruch fiel ihm im Zusammenhang mit einem Interview der Leiterin der Hamburger Landeszentrale für politische Bildung gegenüber dem „Manager-Magazin" zu einem Edeka-Werbespot ein. Darin wurde dem Unternehmen dann vorgeworfen, „rechtsradikale Botschaften zu transportieren." Und was war dies? Der Autor schrieb zur Kritik angeblicher Nazizeichen: „Los geht es mit den Autokennzeichen, die die Musik aufgreifen. Das Wort Muss im Song wird mit MU SS unterlegt." Und so ging es dann weiter: Die Zahl 420 steht für die englische Version des Geburtsdatums Adolf Hitlers. Viele Zahlen werden als verdächtig angesehen, wie 84 steht für „Heil Hitler" und 39 für „Christliche Identität". Alles war verdächtig. Der Autor meinte dann, dass Extremismusforscher immer mehr Verdächtiges sehen können, wie „Das Mädchen und die Mutter sind blond." Oder: „das Kind hat Zöpfe und liest ein Buch."

Fast zur gleichen Zeit empörte sich ein Freund von mir über die Rechtsradikalen in seiner Nähe, die er daran erkannte, dass sie die deutsche Flagge Schwarz-Rot-Gold aufhängten. Und wieder fast zur gleichen Zeit, am 8. 12. 2016 bildete sich in der deutschen Bundeshauptstadt, dem Land Berlin, eine Rot-Rot-Grüne Regierung (und Mitte 2019 auch in Bremen). Bild schrieb am selben Tag, dass Berlin zu den 59 Mrd. Schulden wohl weitere Schulden machen würde, obwohl es 4,6 Milliarden über den Länder Finanzausgleich zusätzlich erhält. Dies sollte aber im neuen Jahr 2017 noch um 490 Millionen erhöht werden. Berlin und Griechenland wurden ähnlich gesehen.

„Das Prinzip Berlin-Zulage" titelte „DER SPIEGEL" am 17. 12. 2016. In Berlin werden dabei für weniger Leistung bessere Noten gegeben. Der Präsident des Deutschen Lehrerverbandes beklagte deshalb auch das niedrige Leistungsniveau der Berliner Schulen. Die neue rot-rot-grüne Regierung versprach nach dem Bericht billigere Mieten, Rabatte für viele U- und S-Bahn-Fahrer und auch höhere Abiturquoten. Zu den kostenträchtigen über 20 Staatssekretären der Rot-Rot-Grünen Regierung wurde am 18./19. 12. dann (im HA) gemeldet: „Staatssekretär mit Stasi-Vergangenheit darf weitermachen. Dass lange Schul- und Studienzeiten statt Lehrzeiten auch fast 10 Jahre weniger Renteneinzahlung bringen interessiert dabei nicht. Am 4. 1. 17 hieß deshalb die Meldung (dpa/t-online): „Zusätzliche Milliardenkosten. Arbeitgeber: Rentenpläne von Nahles (der deutschen Sozialministerin) teurer als erwartet. - Und für die Umwelt, wie für die Plastik ins Meer Verhinderung, ist dann wohl selbst bei der „Grünen" Partei kein Interesse mehr vorhanden.

Auch in Hamburg regiert die SPD mit den Grünen, von denen jeder glaubt, sie seien besonders für das Grüne und den Umweltschutz. Deshalb wurden und werden sie auch von mehr Bürgern gewählt, denn immer mehr bekommen vor dem Klimawandel Angst.

In Hamburg bildeten sich Ende 2018 Bürger-Initiativen gegen die Entfernung von Naturbereichen mit Bäumen. Die Grünen-Partei war nicht dagegen, denn andererseits werden die Neubürger in Deutschland immer mehr. Ende 2017 hatten dort rund 19,3 Millionen Menschen einen Migrationshintergrund, davon 51 % die deutsche und 49 % eine ausländische Staatsbürgerschaft. 2018 hatten aber nur 166.000 einen Asylantrag gestellt (T-Online am 18. 12. 2018). Die Einwohner und Wohnungen werden also immer mehr – für den Umweltschutz wird das Geld weniger. Und das Grün in den Städten verschwindet dann auch. Zusätzlich vermehren sich die Einwohner mit Migrationshintergrund. Gerade berichtete mir dazu ein Nachbar von 2 verwandten Lehrerrinnen, die in Hamburg in Stadtteilen mit rund 65 % Bürgern mit Migrationshintergrund unterrichteten. Ihre Schüler/innen hatten nicht zu 65 %, sondern zu 98 % Migrationshintergrund. Während die Alt-Deutschen oft keine oder wenige Kinder bekommen, ist es bei den Migranten meistens umgekehrt. - Was soll das? – „Die Unterwerfung" wird wohl rechnerisch kommen. Und die Zukunft – und das Grüne – wird dann abgeschafft.

Dazu hieß es allgemein auf 3SAT am 12. 12. 2018: „2050 werden mehr als zwei Drittel der Weltbevölkerung in Städten leben. Derzeit sind Städte für 80 Prozent des globalen CO_2-Ausstoßes verantwortlich und verbrauchen 75 Prozent der Energie. Forscherinnen und Forscher weltweit machen sich Gedanken, wie die hochverdichteten Metropolen der Zukunft funktionieren können. Pflanzen sollen die Auswirkungen von Urbanisierung und Klimawandel mildern. Der österreichische Umweltmediziner Hans-Peter Hutter meinte, dass für die Erholung der Stadtbewohner ein Netz an kleinen Grünoasen extrem wichtig ist. "Dadurch hat man mehrere Vorteile. Auf der einen Seite die ganze Problematik mit der Hitze. Auf der anderen Seite kann man dadurch Erholungsräume für die Bevölkerung schaffen", so Hutter.

Die Grünen wurden dagegen am 3. 1. 2017 in der gesamten Presse verlacht, weil eine Vorsitzende die Polizei-

Abkürzung „Nafri" für Nordafrikanische Intensivtäter, die schon im Vorjahr und wieder zum Sylvester zu 2016/17 mit vielen Hundert Männern zum Kölner Hauptbahnhof kamen, als rassistisch bezeichnete. Nur zur Rheinverschmutzung mit Plastik sagte sie nichts. Als der deutsche Verkehrsminister Dobrindt dann den „Nafri"-Begriff im Zusammenhang mit dem Satz: „Die Menschen wollen klare Antworten auf die Frage, wie der Staat bestmöglich für ihre Sicherheit sorgt", zur Presse sagte, wurde er sogar im Bundestag von der Linken-Chefin Kipping als „ein rassistischer Hetzer" bezeichnet, und der SPD-Vize Stegner kritisierte ihn „mit aufgeladenen Begriffen zu zündeln, um Ressentiments zu schüren". (dpa/T-Online 5. 1. 2017) Also vielleicht auch ein Trend zum Linkspopulismus, der besonders in Deutschland sichtbar wird, weil die grausame Nazi-Vergangenheit nicht wieder kommen soll. Dann vielleicht schon eher die DDR-Stasi-Vergangenheit durch Rot-Rot-Grün, denken vielleicht viele links Orientierte.

Doch von links wieder nach rechts: Die Deutsche Presse Agentur (dpa) meldete (14. 12. 17 T-Online): „Der Frühling der Populisten." Und beschrieb dann auch gleich die sogenannten Rechtspopulisten in Europa, obwohl ja „populär" volkstümlich, gemeinverständlich und beliebt bedeutet. Und dann wurden genannt: Trump ins Weiße Haus, Großbritannien aus der EU, Italien, Schweden, Ungarn, die Niederlande, Österreich und Finnland driften nach rechts. Abgebildet waren dazu Marine Le Pen und Geert Wilders, die in Frankreich und den Niederlanden zur jeweils stärksten Partei werden könnten. Vielleicht, weil sie volkstümlich und gemeinverständlich reden und dadurch beliebt werden? – Nicht wirtschaftliche Gründe, sondern kulturelle Veränderungen seien nach einer Havard-Studie für die Wähler populistischer Kandidaten maßgebend. Der Politologe Jan-Werner Müller hält in seinem Buch „What is populism?" Populismus für antiliberal und antidemokratisch - Allerdings sollte sich dies ja erst bei entsprechender Politikbeteiligung der sogenannten Populisten herausstellen. – Und ist es nicht noch populistischer, wenn Parteien eventuellen Wählern auf Schulden der Kinder immer mehr versprechen, obwohl es doch gilt, ihnen eine Zukunft zu ermöglichen.

Die Digitalisierung verändert das Leben mit Wirtschaft, Arbeit, Ausbildung und Freizeit grundlegend. Das iPhone wurde 2007 von Apple Chef Steve Jobs vorgestellt und veränderte seitdem global die Kommunikation und den Alltag. Allein 2015 wurden über 1,3 Milliarden Smartphones weltweit verkauft. Dafür hatten alle Geld. Rechts gegen Links – alle sehen auf ihr Smartphone, leben schon in einer anderen Welt, anstatt zusammen zu arbeiten, um die Welt ihrer Kinder noch zu retten. Einige driften dabei sogar als sich so nennende „Reichsbürger" ganz in die Vergangenheit ab, um völlig der Gegenwart mit ihren Zukunftsproblemen zu entgehen. Die Zukunft bringt aber Probleme über Probleme, bei denen jede Parallelgesellschaft nur ihre Sicht sieht. Doch alle müssen gemeinsam diese Zukunftsprobleme lösen, zu denen neben der Umwelt- und damit Zukunftszerstörung auch eine Reformation oder Einordnung des Islam in eine solche Welt gehören.

Bei der deutschen Regierung schien sich nach vielen Jahren, später als in vielen anderen Ländern, aber etwas zu bewegen, wenn am 14. 6. 2016 die Mitteilung veröffentlicht wurde (AFP/t-online.de): Der deutsche Justizminister „Maas will Mehrfach-Ehen verbieten." Er sagte dazu der „Bild-Zeitung": „Niemand der zu uns kommt, hat das Recht, seine kulturelle Verwurzelung oder seinen religiösern Glauben über unsere Gesetze zu stellen. Deshalb dürfen in Deutschland keine Mehrfach-Ehen anerkannt werden." Zusätzlich sollte zukünftig gegen Zwangsehen mit Minderjährigen vorgegangen werden.

„Niemand hat das Recht, seine kulturelle Verwurzelung oder seinen Glauben über unsere Gesetze zu stellen." Da dies fast für die ganze Welt gilt, bedeutet es auch, dass zumindest in fast allen muslimischen Ländern die zuvor immer wieder genannte Scharia gilt. In Deutschland und sicher auch in fast allen anderen noch nicht muslimischen Ländern gelten dann, zumindest nach der Aussage des zu dieser Zeit amtierenden Justizministers in Deutschland, die deutschen und europäischen Gesetze – und nicht die Scharia. Zumindest bis zur „Unterwerfung", wie das Theaterstück und Buch aus Frankreich und dem Hamburger Schauspielhaus.

Wenige Monate später wurden in einer westdeutschen Stadt die 7 Angehörigen einer sich so nennenden Scharia-Polizei vom Gericht nicht verurteilt. Sie forderten die Bewohner auf, gemäß Scharia auf Alkohol, Glückspiel, Drogen, Schweinefleisch und Konzerte zu verzichten. Dies können, zumindest beim Glücksspiel, den Drogen und vielleicht sogar beim Schweinefleisch, sicher auch die meisten Nichtmuslime unterstreichen.

Oft denken aber auch Muslime anders: So erwähnte ich schon früher, dass in Teheran das dortige Sinfonieorchester auch europäische klassische Musik spielte und dass dort Beethovens Neunte 7-mal ausverkauft war. Andererseits müssen die Frauen dort Kopftücher tragen, obwohl dies der Koran nicht verbindlich vorschreibt. In Europa tragen viele Frauen aus dem arabischen Raum und der Türkei trotzdem oft das Kopftuch, um ihren Glauben zu zeigen, oder weil es der Ehemann so will, oder um vielleicht auch die Integration zu vermindern.

Wenn der syrische Lyriker Adonis im SPIEGEL-Gespräch meinte, dass nur die Trennung von Staat und Religion die Konflikte lösen könne, dann werden diese Konflikte in der arabischen Welt wohl nicht gelöst werden, denn das Gegenteil verbreitet sich stattdessen dort immer mehr, und wird oft auch noch vom Westen unterstützt. Selbst im NATO-Land Türkei wurde dieser Weg immer schneller eingeschlagen. Allerdings zeigten die letzten Wahlen, dass auch die Bevölkerung langsam wohl anders denkt. Eine freie Presse als Grundlage der Demokratie gibt es dort nicht oder wurde abgeschafft. Die sich vermehrenden muslimischen Parallelgesellschaften werden über ihre meistens aus muslimischen Ländern finanzierten Moscheen oft dazu angehalten. So hieß am 6. 1. 2017 die Hauptüberschrift im „Hamburger Abendblatt": „ Türkischer Verband (Ditib mit rd. 900 Moscheen) macht Stimmung gegen christliche Kultur." Der Verband hatte „massiv Stimmung gegen das christliche Weihnachtsfest und gegen Sylvesterfeiern gemacht." Dazu wurde das Internet-Bild eines den Weihnachtsmann verprügelnden Muslims mit türkischer Beschriftung gezeigt. Kurz zuvor wurde an der von Deutschland finanzierten Schule in Istanbul die Weihnachtsfestbesprechung verboten.

Da man beim Islam ein- aber nicht austreten darf, da dort vieles anders als es in den europäischen Verfassungen geregelt ist, gelten für immer mehr Zuwanderer und deren Nachkommen die europäischen Gesetze und die europäische Kultur nicht. Allein dies kann schon zu „2084. Das Ende der Welt", entsprechend dem Roman von Boualem Sansal führen. Sein „Land der Gläubigen lässt keinen Raum für Entwicklung, Evolution und Fortschritt. In „DER SPIEGEL" 21/2016 wurde seine „Abrechnung mit dem islamischen Extremismus" beschrieben, dessen Anfangsentwicklung er bis 2003 als Beamter im algerischen Industrieministerium selbst miterlebte. Am Schluss der Buchbesprechung war ein Foto von einer islamistischen Kundgebung: „Warten auf den Sieg" zu sehen: Mit dem Plakat „ISLAM WILL DOMINATE THE WORLD".

Wenn die in Griechenland beginnende Demokratie und das dann kulturell und legislativ folgende Rom in Europa, Westasien und Nordafrika mit dem folgenden Christentum einschließlich der Reformation, der Aufklärung, der Kunst – wie Malerei, Bildhauerei, Bau- und Dichtkunst sowie Musik – die noch vorhandene Kultur schuf und erhielt, dann ist dies bald vorbei – wenn der Islam die Welt dominieren will - und Europa, die Kirchen, die USA, die Türkei und Saudi-Arabien dies noch fördern. Die Unterwerfung der westlichen Kultur unter den Mittelalter-Islam mit Tötung der Ungläubigen. - Die Einheit von Staat und Religion im Islam könnten dann also, wie gesagt, „2084" zum Ende der Welt führen. Wenn nicht dagegen gearbeitet wird, wenn gedacht wird und alle am Klimaerhalt arbeiten.

Andernfalls kann das Ende der Welt schon früher eintreten, wenn die Haupt-Umweltprobleme, wegen der jeweils nächsten Wahlen, den Politikern und Bürger/innen unwichtiger sind. Eine Exklusiv-Umfrage für Deutschland (27. 12. 2017 HA) ergab, dass 30 % den Flüchtlingszustrom weiter begrenzen wollten, 25 % wollten sichere Renten, 17 % eine Eindämmung der Kriminalität, 15 % eine neue Euro-Krise abwenden und 8 % die Steuerlast der Bürger senken. 2019 zeigten die Wahlen, dass die Bürger den Umwelterhalt für besonders wichtig erachteten.

Am 12. 6. 2017 wurde von der G7-Umweltkonferenz aus Bologna berichtet (AFP, AP cwe auf T-Online.de), dass ein Klimaschutz-Gegner die US-Delegation leitet. Es hieß aber auch (damals): „ Die Vereinigten Staaten werden weiter wichtige internationale Partner auf eine Art unterstützen, die mit unserer Innenpolitik vereinbar ist und sowohl eine starke Wirtschaft als auch eine gesunde Umwelt erhält." Heute wollen diese Länder nicht mehr - sondern weniger - von der Umwelt wissen. G7 im Juni 2017 in Bologna und G20 im Juli 2017 in Hamburg: Immer sind Wachstum und Umwelt die Hauptprobleme. Die allerdings im Bereich Umwelt immer größer werden und am wenigsten gelöst werden, weil sie den Politikern, wie sie zumindest glauben, augenblicklich keine Wähler bringen. Das mag bei dem US-Präsidenten Trump bislang noch stimmen, aber in Deutschland erhalten die GRÜNEN als Umweltpartei immer mehr Stimmen. Da hieß beispielsweise im Mai 2019 schon die Überschrift „Grüne vor der SPD“. Denn es tut sich nichts.

Es tut sich nichts, wenn beispielsweise beim Petersburger Klimadialog am 13. Mai 2019 die 35 teilnehmenden Staaten bis 2050 das Klima normalisieren wollten. In rund 30 Jahren sind fast alle Teilnehmer nicht mehr im Amt. Sie machen fast nichts und denken vielleicht: „Nach mir die Sintflut“. Und das ist die große Sünde. „Eine Frage von Leben und Tod.“ Wenn das Meer immer mehr ansteigt, die Deiche in Europa schon deshalb laufend erhöht werden, weil das Eis an den Erpolen schmilzt. Sie sorgen für die nach ihnen kommende Sintflut.

Wenn statt der Umweltrettung durch den Wald gemäß Kapitel 2 der Wald unter der sich vermehrenden Trockenheit so leidet, dass er immer weniger wird, dann fiele auch diese Möglichkeit der Rettung weg. „Trockenheit, Borkenkäfer und Stürme haben den Wäldern in Deutschland im vergangenen Jahr erheblich zugesetzt. Allein in Thüringen gingen mehrere Millionen Wald-Bäume zugrunde – darunter vor allem Fichten.“ So Verena Müller im „Hamburger Abendblatt“ am 29. 1. 2020. Sie zitiert z. B.: „Wir brauchen nicht weniger, sondern mehr Totholz im Wald,“ von Christian Wirth; Biodiversitätsforscher. – Also: Alles muss immer wieder neu überdacht werden.

Kapitel 11:

„Welt ohne Wasser" und die „Welt brennt".

„Die Erderwärmung wird drastische Auswirkungen haben, wenn der Mensch sie nicht stärker bremst als bisher." Und: „Niemand auf diesem Planeten bleibt von den Auswirkungen des Klimawandels unberührt",

(Im Bericht des Weltklimarates IPPC 2016 aus Yokohama der IPCC-Vorsitzende Pachaurit.)

Die Einführung nannte bereits die Klimaerwärmung mit 42,6 Grad in Deutschland 2019. Das war am 25. 7. 2019 in Lingen (HA 26. 7. 2019). Aber schon warnten die Meteorologen vor weiter wachsender Erwärmung. Ergebnis

- **Klimaerwärmung bringt mehr Verdunstung, also Trockenheit und Regen-Unwetter.**

Die Deutsche Bundesstiftung Umwelt warnte deshalb vor zunehmendem Starkregen als Folge des Klimawandels. „Die durch Starkregen und Hochwasser entstehenden Schäden stellten einzelne Kommunen vor große Probleme. (19. 8. 15 HA)." Aus dem Haupturlaubsland Italien wurde am 16. 10 2015 (HA) gemeldet, dass heftige Unwetter schwere Schäden angerichtet hätten. Mehrere Personen kamen dabei ums leben, Häuser wurden überflutet und Bäume entwurzelt. Latium, Abruzzen und Benevento wurden besonders betroffen, Venedig wurde überschwemmt. Dies wiederholte sich in den kommenden Jahren und wurde besonders im Jahre 2018 gemeldet. Und im Mai/Juni 2016 waren in Deutschland Unwetter mit Millionen Schäden und 8 Toten. –

Sodann schmelzen Gletscher und das Eis am Nord- und Südpool. Langfristig wird dadurch vielleicht sogar eine Poländerung möglich. Hauptgründe sind: **„CO_2-Konzentration in der Atmosphäre erreicht Rekordwert.**

Der Anstieg gehe vor allem auf die Nutzung fossiler Brennstoffe, wie Kohle, Gas und Öl zurück" (US-NOAA 7. 5. 15 www.feelgreen.de). Das gleiche wurde bereits am Schluss des Kapitels 2 im Jahre 2018 gemeldet. Der Anstieg der CO_2-Konzentration verringert sich also nicht. Allerdings gibt Erdgas dabei nur weniger als die Hälfte der Kohlendioxydmenge von Kohle und Öl ab. (Deshalb 2015 neu: Erdgas VW und 2019 war es dann der Elektro VW – die Wirklichkeit findet sich im Kapitel 12.)

Der Kieler Klimaforscher Latif sagte bereits 2015 (4. 4. 15 dpa in feelgreen), dass der Menschheit nur noch 15 Jahre bleiben, um den Klimawandel einigermaßen in den Griff zu bekommen. (Dann wären es 2020 nur noch 10 Jahre. – Die Politik muss handeln. Sofort!) Und den USA und China kommt dabei eine Schlüsselrolle zu, das Klima noch zu retten.

Wie zur Bestätigung sagte der Direktor des brasilianischen Nationalinstituts für Weltraumforschung, der 2019 die Daten über die Abholzung des Regenwaldes an die Öffentlichkeit brachte, als die Wälder dort brannten: „Handelt die Regierung nicht, ist es in zehn Jahren vorbei – für alle."

- **„Nach derzeitigem Stand müsse von einer Erwärmung um 3,6 bis 5,3 Grad Celsius bis zum Ende des Jahrhunderts ausgegangen werden,"**

erklärte schon 2013 die IEA, die Internationale Energie Agentur. (AFP in HA **11. 6. 2013**). Waldbrände, Hochwasser und Meerwasseranstieg werden mehr. Dazu die Anzahlerhöhung von Hitze-, Hagel-, Hochwasserereignissen nach Münchner Rück. Die Anzahl der Ereignisse: 1972 (2), 1974 (10), 1978 (17), 1988 (25), 2002 (30), 2006 (40), 2011 (44) (Bild am Sonntag 15. 6. 14). Dazu hieß (im FOCUS 36/2014) der Bericht: „It never rains in California" – „Bade- und Speicherseen trocknen aus, Gemüse, Obst und Wein verdorren, Weiden werden zu Wüsten." – In anderen Gebieten Südeuropas und Asiens dagegen nie erlebte Unwetter und Überschwemmungen mit Toten.

- **2 Szenarien. bei 3,5 Grad Anstieg und bei 2 Grad Anstieg durch vermehrten Umweltschutz:**

Dies berechnete die Studie „Climate Impacts in Europe" von 49 Experten im Auftrag der Europäischen Kommission (24. 10. 2014 und 13. 8. 2015 www.feelgreen.de) Die Studie berechnete bei Überschwemmungen, dass Donau, Elbe und Saale ganze Landstriche überfluten würden. Bei 3,5 Grad Anstieg betrüge der Schaden bis 2070 rund 100 Milliarden jährlich und bei 2 Grad Anstieg durch Umweltmaßnahmen 68 Milliarden. Die Ernten würden bis 2080 in Nordeuropa um nur 10 % zurückgehen und in Südeuropa um 20 %. Bei nur 2 Prozent Erwärmung wären dagegen die Folgen kaum merklich. Extreme Wetterlagen mit Dürren, Regen und Überschwemmungen werden erheblich mehr. Im Süden Europas steigen die Temperaturen beträchtlich. Und Waldbrände würden sich in Europa bei 3,5 Grad Erwärmung so erhöhen, dass rund 800.000 Hektar jährlich in Flammen stehen würden. Umweltmaßnahmen würden sich also lohnen. Bei 32 Milliarden Einsparung (100 – 68) jährlich wären es in nur 50 Jahren allein bei der Überflutung 1,6 Billionen. Hinzu kommen dann zusätzlich zu den Flüchtlingen aus Syrien, Irak, Afghanistan etc. die Flüchtlinge aus den dann Trockengebieten der Welt.

- **„Antarktis verliert drastisch an Eis"** war die Überschrift vom 15. 1. 2019 (HA/dpa).

„Studie: Eis-Abnahme seit den 1980er-Jahren versechsfacht. Die Antarktis verliert einer Studie zufolge deutlich mehr Eis als bisher angenommen…".Die Forscher ermittelten den Masseverlust von 1979 bis 2017. „Demnach verlor dieser im ersten Jahr etwa 40 Milliarden Tonnen. Im folgenden Jahrzehnt waren es etwa 50 Milliarden Tonnen jährlich. In der Dekade danach (1999-

2009) sogar 166 Gigatonnen. Im letzten Zeitraum (bis 2017)" 252 Milliarden Tonnen. „Zum Vergleich: Der Bodensee enthält knapp 50 Milliarden Tonnen Wasser." - Im Vergleich dazu also rund das 20-fache oder 1.000 Milliarden Tonnen Wasser aus der Abschmelze.

Und außerdem hieß es am 7. 11. 2019: Die „Arktis erwärmt sich doppelt so schnell wie die Welt. Die Arktis ist in den vergangenen Jahren zum ‚Hotspot' des Klimawandels geworden." So der 6. World Ocean Review (WOR). (HA/dpa 8. 11. 19.)

Und im „Zusammenhang mit der Klimakrise. – Wieder Eisbär-Alarm am Nordpolarmeer." (13. 8. 2019/dpa, rok auf T-Online): „Am Nordpolarmeer kommen erneut Eisbären Siedlungen gefährlich nahe. Die Bewohner des russischen Dorfes Ryrkaipij am Ufer des arktischen Tschuktschensee schlagen inzwischen mehrmals täglich Alarm, wie die Umweltschutzorganisation WWF mitteilte… ‚Zum Ende des Sommers zieht es die Eisbären geballt an die Küsten', sagte WWF-Sprecher Roland Gramling. Dort warten sie, bis sich Eis auf dem Meer bilde, um dann auf Robbenjagd gehen zu können. Darauf müssten sie (jetzt) mitunter Monate warten. ‚Wegen der Klimakrise bleibt das Meer immer länger eisfrei.' Darüber war dann ein Foto mit Eisbären ohne Eis auf dem Erdboden zu sehen.

- **Beispielbeweise zur Klimaerwärmung in Mitteleuropa:**

Am 11. 8. 2015 (HA): „Größte Dürre seit 50 Jahren. Trockene Böden von Brandenburg bis Bayern, Ernteausfälle etc." – Oder andere Meldungen vom Vortage in „BILD": „Waldbrandgefahr. Allein in Brandenburg wurden bis Anfang August 240 Feuer gezählt, bei denen gut 300 Hektar geschädigt wurden. Im gesamten Vorjahr waren es nur 120 Brände" – Oder: „Der Wasserstand der Flüsse sinkt! In der

Elbe lag er Mitte vergangener Woche bei 58 cm, statt wie normal bei rund zwei Metern." – Oder: „Allein in Hessen rechnen die Bauern mit Ernteeinbußen von bis zu 40 Prozent bei Mais." – Oder: „In Frankfurt weichte die Hitze Bahngeleise auf." Oder: „Auf den Autobahnen A3, 7, 9, 71, 92 und 94 wölbte sich die Fahrbahn."

Von dpa hieß es beispielsweise auf T-Online am 16. 8. 2015 unter anderem: „An vielen Orten Italiens erlebten Einheimische und Touristen derzeit eine böse Überraschung: Sturm, Gewitter und Überflutungen haben in den letzten Tagen Menschenleben gekostet und ein Bild der Verwüstung hinterlassen. In Rom und Florenz ergossen sich bei einem Gewitter Wassermassen auf die Straßen, der Pegelstand des Tibers ist stark angestiegen. Zentrale Plätze in Venedig stehen unter Wasser."

Schon am nächsten Tag folgte die Meldung: „Starke Regenfälle haben im Osten Deutschlands und in Niedersachsen Straßen und Keller überschwemmt. Im thüringischen Rustenfelde wurde ein toter Mann in einem Bach angespült." - „Wärmerekord gebrochen: Der heißeste Juni seit Beginn der Aufzeichnungen (T-Online.de 22. 7. 2014). „Der Klimawandel vergrößert die Temperaturunterschiede zwischen Großstädten und deren Umland": – In den bereits heute wärmsten Städten, vor allem entlang des Rheins, würden Hitzetage um 5 bis 10 Tage zunehmen. In nahezu allen deutschen Metropolen ist durch die Hitze mit mehr Gesundheitsproblemen bis hin zu Hitzetoten zu rechnen. Hamburg bildet hierbei eine Ausnahme. (dpa in HA 21. 8. 15). 2018 und 2019 etc. verringern sich die Ernten wegen der Trockenheit.

- **„DER SPIEGEL" –Titel vom 8. 8. 2015: „Welt ohne Wasser".**

Und der begann dann auf dem Foto eines ausgetrockneten Sees in Kalifornien mit: „Bis zum letzten Tropfen." Und darunter stand: „Das Wasser wird knapp, weltweit nehmen Dürren zu – mitschuldig daran sind Verbraucher, die spanische Erdbeeren kaufen, aber auch Regierungen und Konzerne, die sich an der wichtigsten Ressource der Zukunft bereichern. Sie ist werdvoller als Erdöl."

Auf einer Erdkarte waren dazu die Gebiete mit extremer Wasserknappheit zu sehen. Dies waren insbesondere Nordafrika, die arabische Halbinsel, und die Gebiete wie Irak, Serbien, Pakistan, Iran und Afghanistan. Also die heutigen Hauptflüchtlingsgebiete. Europa und die USA waren, mit Ausnahme von Kalifornien, in etwa in der Mitte zwischen dem extrem hohen und dem geringen Risiko angesiedelt Schon vor dem „SPIEGEL-Titel" prophezeite die UN eine dramatische Wasserknappheit: „Die Menschheit müsse lernen, weniger Wasser zu verschwenden." 20. 3. 15 dpa in feelgreen.de)

Beispiele aus der „Welt ohne Wasser":

- **USA:** Ein kalifornischer Alptraum - hieß dazu ein Beispiel in der „Welt ohne Wasser": „Amerika, die globale Supermacht, sieht hier aus wie ein Entwicklungsland: Kaputte Straßen, zerfallene Häuser, Menschen ohne Wasser. Die Wasserkrise wird zur humanitären Katastrophe, weil die absurde Agrarpolitik vieler Trockenregionen in Kalifornien auf die Spitze getrieben wurde." – Allerdings ist es in Spanien wohl auch nicht viel anders.

- **Spanien:** Wasserraub für Erdbeeren war ein anderes Beispiel aus der „Welt ohne Wasser": „Seit dem Beitritt Spaniens zur Europäischen Gemeinschaft 1986 wird hier bewässerte Landwirtschaft gefördert. So begann der Rausch um das ‚rote Gold': Erdbeeren. ‚Damit kann man viel und leicht Geld verdienen', sagt Felipe Fuentelsaz von der Umweltorganisation WWF." Und dann kann man lesen, dass die umliegenden Plantagen über 20 Millionen Kubikmeter Wasser pro Jahr verbrauchen – „so viel, wie in 8.000 olympische Schwimmbecken passt. **Rund 2.000 Hektar Wald fielen ihnen bislang zum Opfer."**

- **„Knappe Ressource Wasser."**

Dazu stand in der Zeitschrift FOCUS (24/2016), dass eine neue Untersuchung der niederländischen Universität Twente zeigte, dass Wasser weltweit zur Mangelware wird. „4 Milliarden Menschen leiden wenigstens einmal im Jahr 4 Monate unter Wassermangel". Aber 70 % des weltweiten Wasserverbrauchs entfallen auf die Landwirtschaft, die bei zu großer Erwärmung dann auch keine Nahrung mehr herstellen kann.

- **Antarktis-Eis könnte verschwinden und Anstieg des Meeresspiegels um bis zu 58 Meter,**

wenn weiter besonders Öl und Kohle verbraucht werden. Bei extrem hohem Kohlendioxyd Ausstoß könnte die antarktische Eisdecke über einen Zeitraum von 10.000 Jahren komplett abschmelzen – und so den Meeresspiegel bereits in den ersten tausend Jahren um 30 bis 58 Meter ansteigen lassen. Andernfalls müssten Kohle, Öl und sogar Gas in der Erde bleiben. (Potsdamm-Institut für Klimafolgenforschung (PIK) dpa in HA am 12./13. 9. 15).-

Stattdessen suchen US- und russische Firmen besonders, auch am Nordpool, nach Öl. Oft geschieht dies heute über Fracking. Deshalb bebt heute die Erde in Oklahoma zweimal pro Tag. (AFP in feelgreen.de 28. 9. 15). „Es besteht die Gefahr, dass Sturmfluten höher auflaufen und eine Bedrohung für die Küstenbewohner werden können. Die Erhöhung der Deiche ist deshalb notwendig," dies sagte der Geophysiker und Klimawissenschaftler Grosfeld vom Bremerhavener Alfred.-Wegener-Institut am 29. 9. 2015 der „Nordwest-Zeitung". (30. 9. 15 fmg/HA). Der „Anstieg des Meeresspiegels könnte Megastädte überfluten" hieß am 9.

11. 2015 dazu die Überschrift bei feelgreen.de. - Zusätzlich könnten Staub und Ruß das Schmelzen des Grönland-Eises um 7 % beschleunigen. Es taut. Dabei kommt auch altes Eis wieder hervor. Und alles wirft kaum mehr die Sonnenwärme zurück – verstärkt somit die Klimaerwärmung.. (3. 11. 2015 Spiegel-Online auf feelgreen.de)

- **„Weltklimarat schlägt Alarm:**

„Die Erderwärmung wird drastische Auswirkungen haben, wenn der Mensch sie nicht stärker bremst als bisher." Das waren bereits am 1. 4. 2014 die Überschriften zum Bericht des Weltklimarates IPPC aus Yokohama **„Niemand auf diesem Planeten bleibt von den Auswirkungen des Klimawandels unberührt", wurde der IPCC-Vorsitzende Pachauri zitiert. Und die Greenpeace-Klimaexpertin Kosonen sagte: „Wir bewegen uns auf schmalem Grat. Aber wenn wir mutig handeln und die Treibhausgasemissionen schneller (als geplant) senken, können größere Bedrohungen für die menschliche Sicherheit noch vermieden und lebenswichtige Meeressysteme, Wälder und Arten geschützt werden." Aber: „Die Auswirkungen des Klimawandels auf die Nahrungsmittelversorgung sind schlimmer als zuvor geschätzt", sagte Tim Gore von der Hilfsorganisation Oxfam. – Allerdings wurde bis 2020 fast nicht gehandelt.**

Zu dem langen Bericht über die vielen Erkenntnisse wurde eine Weltkarte mit den Voraussagen der Klimaforscher IPCC gezeigt. Einige Beispiele daraus, die Europa betreffen: 32 Mrd. Dollar kosten jährlich die Überschwemmungen in der EU bis 2050 (doppelt so viel wie 2013), Hinzu kommen Süßwasserknappheit, Gesundheitsprobleme, niedrigere Ernteerträge, Artensterben und –veränderung bei Vögeln und Fischen - Darunter stand, wie zum Beweis: „23 Frosttage weniger im Norden." (mik/dpa)

Und links vom Weltklimaratbericht war zu lesen: „Die Forscher bezeichnen **die Ostsee** als die weltweit größte Sauerstoffmangelzone menschlichen Ursprungs" Und woran liegt dies? Die Forscher stellten fest, dass die Sauerstofftemperatur um etwa 2 Grad gestiegen war. „Die Folgen für den Sauerstoffgehalt: Je höher die Temperaturen, desto weniger Sauerstoff kann sich darin lösen. Noch gravierender wirken sich die Nährstoffe aus der Landwirtschaft aus, die mit Flüssen beispielsweise in die Ostsee gespült werden. Sie lassen etwa Cyanobakterien sprießen, die sich stark vermehren und Sauerstoff verbrauchen." (dpa in HA) – Schon im November 2011 forderte der Weltklimarat dann einen völligen Treibhausgas-Stopp (2. 11. 15 AFP, dpa auf feelgreen.de). - Kein Sauerstoff mehr im Meer – und keine Fische mehr. Zusätzlich kommt noch der im Kapitel 5 beschriebene Plastikmüll hinzu. Alle arbeiten also daran, die Erde unbewohnbar zu machen.

- **„Fällt die nächste Eiszeit aus?"**

war am 14. 10. 2015 eine Hauptüberschrift im „Hamburger Abendblatt". Darin warnte der Klimaforscher Schellnhuber vom Potsdam-Institut für Klimafolgenforschung vor einer düsteren Zukunft und forderte das Ende der Kohle, wegen der damit verbundenen Kohlendioxydabgabe. „Bereits eine Erderwärmung bis zu zwei Grad bedeute, dass der Meeresspiegel um Schätzungsweise sechs Meter ansteige." Und dann kommt ein wichtiger Satz: „Oberhalb dieser Grenze sei kein Halten mehr." - Am 21. 10 2015 war in der gleichen Zeitung die OECD-Meldung zu lesen: „Kohle-Strom gefährdet die Klimaziele." - Später ist im nachfolgenden Bericht zu lesen, dass die 2 Grad Klimaerwärmung wohl überschritten wird.

Dabei ist zusätzlich zu fragen, warum nicht alle PKW auf Autogas umgestellt werden müssen? Beides würde schon eine fast unglaublich Kohlendioxydeinsparung bringen. (Siehe dazu Kapitel 12.) Außerdem ist es viel gesünder, mit dem Rad zu fahren oder zu Fuß zu gehen. Auch deshalb wurden durch London zwei große Radwege wie ein Kreuz gebaut. Und auch deshalb werden in vielen Städten, wie in Hamburg beispielsweise, Radwege aus- oder neugebaut und Fahrräder städtisch verliehen. Dazu stand am gleichen Tag oberhalb des Berichts des „Kohle-Stroms, der die Klimaziele gefährdet": Ein Großbericht über einen Kongress der Orthopäden und Unfallchirurgen in Berlin. Darin ein wichtiger Satz: „Immer wieder betonen die Orthopäden und Unfallchirurgen, dass Bewegung in jedem Alter und auch bei eingeschränkter Mobilität, beispielsweise bei Rheuma, ungemein wichtig sei." Bewegung ist also gesünder als das fahren mit dem Auto.

- **„Golfregion künftig unbewohnbar?**

– war am 23. 10. 2015 die Überschrift im „Hamburger Abendblatt. „Extreme Hitze könnte Leben am Persischen Golf in Zukunft unmöglich machen, vermuten Forscher." - Die „US-Forscher hatten berechnet, dass bei ungebremstem Ausstoß von Treibhausgasen die Sommertemperaturen dort regelmäßig auf Werte steigen, die selbst junge und gesunde Menschen nicht mehr ertragen können. Dies gefährde nicht nur Menschen in Dubai, Abu Dhabi oder Doha, sondern auch Pilger in Mekka, betonen sie im Fachjournal ‚Nature Climate Change'" – Insoweit müssten gerade alle Muslime am Klimaschutz und gegen ihre Kriege arbeiten, weil sonst bei ihnen eine Haupt-Glaubensgrundlage wegfallen würde.

- **„Deutschland fördert(e) Klimakiller mit 52 Milliarden Euro"**

hieß am 15. 12. 2014 eine Überschrift, in der Martin Greive aus Berlin im „Hamburger Abendblatt" berichtete: Aus einer Studie des Umweltbundesamtes (BUA) ging hervor, dass die umweltschädliche Energiesteuervergünstigung für Diesel mit 7,5 Milliarden Euro der größte Posten sei. Dann folgt die entsprechende Vergünstigung für Kerosin.mit 6,9

Milliarden Euro und dann die kostenlose Zuteilung von CO_2-Rechten mit 6,1 Milliarden Euro. Laut dem Bericht sind die Subventionen mehrfach schädlich: 1. Fallen Kosten für die Subventionen an. 2. entstehen Umwelt- und Gesundheitsschäden. Und 3. belasten umweltschädliche Subventionen die Entwicklung umweltfreundlicher Technologien. Ein Teil davon wurde bis 2018 bereits davon gesenkt, doch einiges blieb.

- **„Klima-Ziele"**

in Sichtweite war am 5. 11. 2015 die Meldung in der Zeitung „BILD": „20 EU-Staaten haben die Klimaziele für 2020 (Senkung der Treibhausgasemissionen um 20%) bereits erreicht. **Deutschland gehörte nicht dazu."**

- **„Tornados und Blitzfluten: Eine ungewöhnlich lang anhaltende Unwetterserie richtet enorme Schäden an."**

So stand es bereits am 9. Juni 2016 im Hamburger Abendblatt." Die Hauptüberschrift dazu: „Stürmische Zeiten für Deutschland", zeigte, der Klimawandel hinterlässt auch in Deutschland, aber auch im übrigen Europa, deutliche Spuren, mit vielen Toten, zerstörten Häusern und Milliarden Schäden. Die Zeitung „BILD" veröffentliche zu diesem Thema am 3. 6. 2016 die Befragung dreier Fachleute: „Sind wir selbst schuld an dem Katastrophen-Wetter?" Dazu sagte dann der Klimaforscher Professor Dr. Latif: „ Der Starkregen ist eine Folge des Klimawandels." Die Landschaftsarchitektin Prof. Stokman sagte: „Wir haben versucht, uns das Wasser zu unterwerfen – jetzt sehen wir die Folgen." Und der Meteorologe sagte: „So ein Wetter habe ich in 31 Berufsjahren noch nicht erlebt.".

- **„Klimawandel lässt mehr Menschen flüchten als Krieg"**

wurde am 23. 5. 2016 (HA) vom Potsdamer Institut für Klimafolgenforschung gemeldet. Schon seit den 80er-Jahren gebe es mehr extreme Niederschläge als ohne die Erwärmung der Atmosphäre. – Oder am 22. 3. 2016 (HA/dpa): „Der Klimawandel tötet das Riff. Alarm am Great Barrier Riff. Extrem hohe Wassertemperaturen sorgen für massives Korallensterben."

- **„In Afrika herrscht wieder Hunger – das müsste nicht sein" war in DER SPIEGEL Nr. 9/2017 zu lesen. „Anhaltende Dürren" seien nach Unicef mit Schuld daran, dass 1,4 Millionen Kinder verhungern könnten. Betroffen waren vor allem die nordost-afrikanischen Länder Jemen, Südsudan, Somalia und Nordnigeria.**

Und dann war eine Hauptursache zu lesen, die von den Hilfsorganisationen meistens verschwiegen wird, weil sie Angst haben, dann nicht mehr helfen zu dürfen. „In weiten Teilen Somalias herrscht die islamistische Schabab-Miliz. In Nordnigeria…morden die Islamisten von Boko-Haram." Und im Südsudan kämpft die korrupte Regierung gegen nicht minder korrupte Rebellen. Schuld am Verhungern und der Dürre sind also hauptsächlich die Menschen. Die Johanniter bitten 2018 um Spenden für verhungernde Kinder im Jemen. (Saudi-Arabien kämpft dort. Auf dessen Seite, wegen gleicher Ölinteressen, auch immer die USA stehen.)

- **„Die größte humanitäre Katastrophe" war das zum gleichen Thema am 13. 3. 2017 zitierende „Hamburger Abendblatt". Und darunter stand dann: „Die Vereinten Nationen sehen das Leben von 20 Millionen Menschen bedroht. Die Hauptursache dafür sind bewaffnete Konflikte."**

Der Bericht beginnt mit dem Südsudan, der sich im Zentrum der größten Hungersnot befindet, von der 5,5 Millionen Südsudanesen bedroht sind. Die Regierung des Landes sei vor allem daran interessiert, noch daraus Kapital zu schlagen, indem die Hilfsorganisationen 100.000 US Dollar für eine Arbeitserlaubnis zahlen sollen. Zusätzlich werden Hauptkrisengebiete im Jemen und Somalia genannt. Auf einer großen Landkarte oberhalb des Berichts sind aber noch viele weitere kleinere Krisengebiete zu sehen.

- **„Seit Jahren fällt in Ostafrika der Regen aus. Millionen Menschen droht der Hungertod."** (9. 6. 2017 HA).
- **„WWF warnt vor einer Verschärfung der globalen Wasserkrise", war am 22. 3. 2017 die Überschrift im „Hamburger Abendblatt".**
- **Der deutsche Bundespräsident forderte am 9. 6. 2017 die Bevölkerung auf, Geld für die Verdurstenden in Nordostafrika zu spenden.** (ARD-Tagesschau 20 Uhr.)

Nach der WWF Prognose droht eine gefährliche Verschärfung der Wasserkrise besonders in den Regionen Nordafrika, Naher Osten, Nordchina, im Südwesten der USA und Südeuropa. Der Grund ist vor allem die Klimaerwärmung und Menschenvermehrung. Hinzu kommt die geringe Sparsamkeit, zu der als Beispiel der Gemüseanbau in Andalusien genannt wird.

- **Die Erderwärmung wird zusätzlich durch Gezeitenkraftwerke, Wellenkraftwerke, Offshore-Windkraftanlagen, Erdöl- und Erdgasbohrung am Meeresgrund erhöht.** (HA 12. 5. „Monopoly am Meeresgrund)

Als Ergebnis warnte das deutsche Bundesamt für Seeschifffahrt (12. 5. 17 HA): „Der Meeresspiegel könnte stärker steigen." Bei abschmelzenden Polen mit zusätzlichem Gewichtsverlust durch Erdölförderung könnten sich die Pole ändern. Eine US-Studie von „Climate Central" brachte Anfang 2020, dass bei weiter ungebremstem CO_2-Ausstoß der Meeresspiegel bis 2100 um bis zu 5 m ansteigen könne

(BILD-Hamburg-Ausgabe 29. 1. 2020.) Eine neue Sintflut könnte also, wie nach der Bibel schon einmal, wieder kommen.

An einer „Welt ohne Wasser" der Zukunft – aber mit steigendem Meeresspiegel - haben also vor allem die Menschen Schuld, die sich deshalb in ihrem Verhalten dringend ändern müssten, um nicht zuletzt, wie in Nordostafrika, zu verdursten.

Am 1. 12. 2018 (HA) hieß die Zeitungsüberschrift: „Rekord-Hitze mit tödlichen Folgen. Australien erlebt einen der heißesten Dezember – mit bis zu 48 Grad Celsius." Und am 21. 12. 2018 (HA) lautete die Zeitungsüberschrift: „2018 war wärmstes Jahr seit Beginn der Aufzeichnungen." Und jeder merkte es: In ganz Nord und Mitteldeutschland fiel der Winter zum ersten Mal fast aus. **Zeit zu handeln!**

„Gletscherschmelze: Das Wasser um den Himalaya wird knapp", war die Zeitungsüberschrift vom 6. 2. 2019 (HA/dpa). Und dann war zu leasen, dass mindestens ein Drittel der Gletscher im Gebiet von Himalaya und Hindukusch einer Studie zufolge bis Ende dieses Jahrhunderts schmelzen werden. Dies aber nur dann, wenn die Erderwärmung gemäß dem Pariser Klimaabkommen im Vergleich zur vorindustriellen Zeit um nur 1,5 Grad gestiegen ist. (Sie ist aber schon höher).. Würden diese 1,5 Grad im globalen Durchschnitt erreicht werden, würde die Temperatur in der Gebirgsregion um 2,1 Grad steigen. „Das werde die Versorgung mit Wasser, Lebensmitteln und Energie aus dem Lot bringen. Zudem werde es zu schlimmer Luftverschmutzung sowie einer Zunahme extremer Wetterereignisse führen."

„Eisverlust in Grönland beschleunigt", war eine Zeitungsüberschrift am 23. 4. 2019 (HA).

- „Klimawandel lockt Zecken und Mücken nach Norden", war am 15. 4. 2019 in der Zeitung Bild die Überschrift. **„Forscher schlagen Alarm. – Die Gefahr: Tropen-Krankheiten wie Dengue-Fieber, Leishmaniose oder Chikungunya könnten sich dann auch bei uns** (im Norden) **ausbreiten."**

Am 3. 8. 2019 brachte der Investor-Verlag: „In Deutschland wird das TRINKWASSER KNAPP! Seit 1970 ist die weltweit pro Kopf verfügbare Süßwassermenge um 40% gesunken.

Am 14. 8. 2019 veröffentlichte „BILD DEUTSCHLAND" ganzseitig mit Fotos: „Zwei der größten Öko-Systeme des Planeten werden zerstört. DIE LUNGE DER WELT BRENNT."

„Im Osten Russlands brennt die Taiga, in Brasilien weite Teile des Regenwaldes!" Dazu wurden dann die zu dieser Zeit größten Brände gezeigt: „Die Ausdehnung der Brände (10 Millionen Hektar) in Russland entspricht fast der 3-fachen Fläche Nordrhein-Westfalens." Und darunter: „Regenwald in Flammen - Brasilien schaut zu." Wie schon im 3. Kapitel berichtet.

„Apokalypse am Amazonas." War dann am 23. 8. 2019 die Zeitungsüberschrift (HA). Und Brasiliens Präsident Bolsonaro sagte: „Es ist doch normal, dass die Bauer Feuer legen, um Acker- und Weideland zu schaffen." – Ackerland für Soja und Weideland für Rindfleisch: Zum Export vor allem nach Europa. Zu den wohl Hauptschuldigen am Klimawandel.

Am selben Tage wurde gemeldet (t-online/rtr. AFP, dpa): „EU droht Brasilien mit Blockade von Handelsabkommen....Die EU-Kommission sowie Irland und Frankreich drohen mit einer Blockade des EU-Handelsabkommens mit den südamerikanischen Mercosur-Staaten, wenn Brasilien den Regenwald nicht besser schützt." Dieses Freihandelsabkommen verpflichtet die Vertragspartner, darunter Brasilien, „auf Einhaltung von Umweltstandards und des Pariser Klimaabkommens von 2015." Die Mercosur-Staaten sind Brasilien, Argentinien, Uruguay und Paraguay.

Am 28. 8. 2019 berichtete „BILD" dann von den „Ureinwohnern im Regenwald". Darunter war ein Häuptling mit Sohn vor dem niedergebrannten Wald abgebildet, der sagte, „lange werden wir uns das nicht mehr ansehen!" Die Bild-Reporter waren zu dem über 27.000 Quadratmeter großen Schutzgebiet für indigene Völker gefahren. „Das ist unser Land", sagte der Häuptling der Xavante, „aber vor zwei Wochen kamen die weißen Bauern und haben es einfach abgebrannt." - „Brasiliens Präsident Bolsonaro hatte die Wahl im Oktober 2018 auch mit dem Versprechen gewonnen: ‚Keinen Quadratkilometer mehr für die indigenen Völker!' Die Ureinwohner machen rund 1 % der Bevölkerung aus, haben Anspruch auf 13 % des brasilianischen Territoriums. Das Wort des Präsidenten im Rücken drängen die Landwirte die indigenen immer rücksichtsloser zurück."

Das Oberhaupt der Kayapo-Ureinwohner und Regenwald-Aktivist forderte in dem Bericht „die internationale Gemeinschaft zum Einschreiten gegen Brasiliens Präsident Bolsonaro auf." Dazu wurde von der Organisation Prima Klima erklärt, dass der Regenwald so heißt, „weil es dort normalerweise sehr viel regnet,...2000 Milliliter pro Quadratmeter im Jahr – das ist fast viermal so viel wie in Deutschland."

Wiederum am selben Tage schrieb mir die Umweltorganisation „WeMove.EU": „Regenwälder brennen für billiges Fleisch. Das katastrophale Handelsabkommen zwischen der EU und Brasilien wird dies noch verschlimmern. Stoppen wir jetzt das Mercosur-Abkommen!" Das Abkommen ermöglicht es der EU, billiges Rindfleisch, Soja, Holz und andere Produkte zu kaufen. Aber: „Wird der Vertrag unterzeichnet, wird Europa viel mehr Obst und Gemüse importieren, das mit (hier) verbotenen Pestiziden behandelt wurde." – Gegen das Abkommen habe auch ich unterschrieben.

Das ist aber leider noch lange nicht alles: „Trump will Alaska-Regenwald abholzen lassen", hieß am 29. 8. 2019 die Überschrift (HA). Trump autorisierte seinen Agrarminister Perdue, einen vor rund 20 Jahren von Präsident Bill Clinton kreierten Schutz im Tongass National Forest, dem „größten gemäßigten Regenwald", von der Größe Bayerns aufzuheben. „Tourismus und Fischerei (sind dort) wichtiger als Fleischindustrie." - Doch das ist immer noch nicht alles:

Immer mehr Brände zerstören die in Wirklichkeit zu vergrößernden Wälder: So am 13. 8. 2019 (HA): „Am Sonnabend wüten Waldbrände auf Gran Canaria. Auch andere Inseln leiden unter der Trockenheit." - Und am 19. 8. 2019 wurde aus Gran Canaria gemeldet (HA/dpa): Waldbrand wütet weiter – mehrere Orte evakuiert. Am 30. 8. 2019 (HA) dann: „Feuer bei Erntearbeiten. Die latente Gefahr." Aber das war dann schon in Deutschland. Das ist aber leider immer noch nicht alles:

Anfang November 2019 erhielt ich die Meldung (WeMove.EU), dass der Förster Liviu Pop in Rumänien immer wieder gegen den illegalen Holzeinschlag im dortigen Wald vorgegangen war. „Er war Baumretter und Vater von drei Kindern. Nun ist er tot." …"Alle Anzeichen deuten darauf hin, dass die lokale Holzfäller-Mafia ihn erschossen hat….Liviu Pop setzte sich für die Bäume Rumäniens ein, obwohl er wusste, dass Kollegen von ihm bedroht, geschlagen und ermordet wurden." Es wurde an die EU appelliert, dem Morden ein Ende zu setzten und die Regierung Rumäniens zu drängen, für eine unparteiische Untersuchung zu sorgen. – Also nicht nur in Südamerika, sondern auch in Europa werden Personen zwecks illegaler Waldabholzung umgebracht. Hinzu kommen dann noch die sich vermehrenden Waldbrände.

„Waldbrände in der EU zerstörten 2018 doppelte Fläche von Berlin", war die Überschrift (HA/dpa) vom 6. 11. 2019. Das waren dann 178.000 Hektar.

Und am 9. 11. 2019 hieß dann die Überschrift (in Bild): „Immer mehr Buschbrände in Australien außer Kontrolle." Und das waren dann 3700 Quadratkilometer. „1000 Kilometer Feuerfront" hieß dann am 13. 11. 2019 eine Überschrift im „Hamburger Abendblatt. Und dann wurde neben einem großen Feuerbild aus Australien berichtet, dass 3000 Feuerwehrleute im Einsatz sind, um das Feuer zu bekämpfen. „Mehr als 600 Schulen bleiben geschlossen, auch Sydney ist mittlerweile betroffen.

Am 8. 1. 2020 berichtete „BILD-DEUTSCHLAND"(tawi) dann aus Canberra in Australien: „Zehn Millionen Hektar Land, eine Fläche so groß wie Bayern und Baden-Württemberg zusammen, haben die Feuer in Australien vernichtet. Und die Brände können noch Monate wüten. Der WWF Australien schätzt, dass 1,25 Milliarden Tiere getötet wurden. Darunter mehr als 25.000 Koalas, viele Kängurus, Kakadus und Schmetterlinge…. ,Der Klimawandel spielt eine entscheidende Rolle,' sagt Klimaforscher Mojib Latif (65). ,Die hohen Temperaturen und die Trockenheit begünstigen die Feuer. Wenn wir nicht schleunigst etwas gegen die Erderwärmung tun, könnten bestimmte Regionen der Erde unbewohnbar werden.' – Soweit ein Teil der vielen Zeitungsinformationen des Tages. – Überall brennt der Wald. Und die mögliche Rettung durch Wald vermindert sich laufend, denn zusätzlich wollen ja nur wenige auf Rindfleisch verzichten.

„Gibt es ein neues Waldsterben?" War am 30. 7. 22019 die Überschrift (HA) zum Bericht von Verena Müller. **„Millionen Bäume sind zuletzt vernichtet worden – durch Brände, Trockenheit, Schädlinge. Experten fordern einen Masterplan. – 90 % der Schäden trafen die Fichte."** Da es um den deutschen Wald ging, kam dann am 30. 8. 2019 die Meldung, dass die deutsche Bundesagrarministerin Klöckner eine halbe Milliarde Euro für den Schutz des Waldes in Aussicht stellt. „Rund 110.000 Hektar Wald seien schon verloren gegangen....In Baumschulen stünden rund eine Milliarde Pflanzen bereit, die zügig gesetzt werden können." – Das ist aber nur in Deutschland.

„Weniger ist mehr", nannte DER SPIEGEL bereits im Oktober 2015 sein „Wissen" Exemplar, in dem „Wege aus Überfluss und Überforderung" vorgestellt wurden. Die Kapitel zeigten dann 1. Die „Konzentration aufs Wesentliche" 2. „In der Balance" und 3. „Weniger Konsum, mehr Gewissen" auf.

Am 26. 3. 2019 wurde über die deutschen Klimaziele bis 2030 berichtet: „Regierungskommission findet kaum einen gemeinsamen Nenner." (dpa auf T-Online): Man einigte sich auf Ziele wie: Bis zu 10 Millionen Elektro-Pkws bis 2030 (siehe dazu mehr im Kapitel 12.) - Massive Investitionen in den öffentlichen Nahverkehr, die Bahn und die Digitalisierung des Verkehrs (Kapitel 18 – 20 zeigen Gefahren dazu auf.) Strittig war auch ein Tempolimit auf Autobahnen. Überhaupt wurde nichts gegen den Spaß beschlossen. – Dies erfolgte auch kaum am 20. September 2019 beim Klimagipfel der deutschen Regierung gemäß Kapitel 22.

Kapitel 12:
Besser?: Elektro-, Wasserstoff-, Gas-, Autos.

„Wasserstoff ist die Antriebstechnik der Zukunft."

Sagte der parteilose Hamburger Senator Westernhagen für Wirtschaft, Verkehr und Innovation. (HA 18. 12. 2019)

Ich will auch über das fast nie angesprochen Autogas berichten, weil an fast jeder Tankstelle Autogas zu weniger als der Hälfte des Benzinpreises angeboten wird und genügend Gas vorhanden ist, das dann weniger CO_2 + NO_2 als Benzin und Diesel abgibt. Am Kapitelschluss komme ich noch einmal auf das Autogas und das neuerdings auch verwandte Erdgas zurück. Aber zuvor kommt die neue Alternative zum Gas, die noch umweltfreundlicher sein soll, nämlich Wasserstoff:

Dazu mit der Praxis beginnend: Der zuvor genannte Hamburger Wirtschaftssenator betonte die volkswirtschaftlichen Chancen des Wasserstoffs. Im März 2019 gab es 4 Tankstellen in Hamburg dafür, die nächsten sollten folgen. (HA 7. 3. 2019 Heiner Schmidt). Im Leitartikel schrieb dazu Georg J. Schulz, der Ressortleiter Auto und Mobilität: „Schon vor 181 Jahren entdeckte Christian Friedrich Schönbein, dass sich Wasserstoff und Sauerstoff in elektrische Energie verwandeln lassen." Zuletzt meinte er: „Bitte noch weiter testen und tüfteln, auch wenn sich alles zurzeit auf Lithium-Ionen-Akkus fokussiert." Das ist das dann besonders teure Elektro-Auto, das in Deutschland als PKW noch zusätzlich mit einer Kaufprämie nach dem deutschen Klimagipfel (gemäß Kapitel 22) vom Staat gefördert wird. –

Aber dazu nachfolgend zunächst etwas aus der Information vom 14. 1. 2019 von „Professor Jörg **Wellnitz** von der

Technischen Hochschule **Ingolstadt** (THI) und Inhaber einer Professur in Melbourne, er hat sich akribisch mit allen Aspekten der E-Mobilität auseinandergesetzt.

Doch zuvor: Oben fing ich mit Hamburg an. Von dort wurde gemeldet (25. 10. 2019 HA): „Die Polizei fährt jetzt mit Wasserstoff." Und am 18. 10. 2019 (HA) hieß die Meldung: „Wasserstoff-Tankstellen für LKW werden in Hamburg entwickelt." Während dieser Zeit wurden an der Lkw-Elektro-Oberleitung bei Lübeck noch Fehler beseitigt.

Und südlich von Hamburg liegt Niedersachsen. Auch dort kündigte der Umweltminister Lies eine „Wasserstoff-Strategie" an. „Wir werden die Energiewende nicht erfolgreich bewältigen, wenn wir nur auf Strom setzen", sagte Lies. - Vielleicht sollte er dies auch zu VW sagen.

Nach Professor Wellnitz hieß es zur E-Mobilität: „Sie kann und wird nie so kommen, wie von Industrie und Politik prognostiziert. In der Volksmeinung ist E-Mobilität eine tolle Sache", sagte der Professor, „aber sie macht überhaupt keinen Sinn, wenn man sich alle Aspekte des Themas einmal vor Augen führt." „Mal ein Blick zur Elektromobilität und der Unmöglichkeit, E-Autos in Massen zu produzieren.") – Allerdings hieß zusätzlich die Meldung vom 18. 7. 2019: „Der neue Elektro-Auto Gigant kommt aus China." Dazu sollte man dann schon Aktien kaufen.

Und nun zu Professor Wellnitz: „Für gerade einmal 16 % des klimaschädlichen Kohlendioxidausstoßes ist der Autoverkehr verantwortlich. Belastender ist da ja schon die Massentierhaltung und die landwirtschaftliche Monostruktur", so Wellnitz. „Von den großen Containerschiffen auf den Weltmeeren ganz zu schweigen. 330 dieser Schiffe gebe es aktuell. 15 von ihnen produzierten so viel CO_2 wie alle 750

Millionen Autos zusammen. Vom Flugverkehr und den großen Kreuzfahrtschiffen noch einmal ganz zu schweigen."

„Bis eine Batterie für einen Tesla gebaut ist, kann man 8 Jahre lang mit einem Verbrennungsmotor fahren (bzw. 200.000 km), um die gleiche Umweltbelastung zu erzielen", so Wellnitz. Denn seiner Meinung nach ist es nur noch eine Frage der Zeit, bis der Strom zum Aufladen der Batterien – der zudem in der Hauptsache alles andere als sauber produziert wird – ebenso besteuert wird wie Benzin oder Diesel. Und dann lägen die Kosten für ein Elektroauto bei rund 800 Euro pro Monat. Und der hat aufgrund der möglichen Ladezyklen eines Akkus in 8 Jahren fast nur noch Schrottwert. Und das weiß die Autoindustrie nicht?"

„Alle wissen es", sagt Professor Wellnitz, „aber es geht weder um die Umwelt, noch um die Kunden." Warum Hersteller wie Audi, BMW und andere derzeit Milliarden in die neue Technologie investieren, liege ganz wo anders. „Zum einen lassen sich Milliarden an EU-Fördergeldern kassieren. Daneben bewahren E-Autos die großen Hersteller vor Strafzahlungen wegen Nichterreichens der europäischen Klimavorgaben, da sie mit angeblichen Zero-Emissionsmodellen den Flottenmix nach unten drücken. Es geht selbstredend auch um das Markenimage, um ein grünes Mäntelchen und um Technologiekontrolle." Man baue die E-Autos im Wissen, dass sie alles andere als die automobile Zukunft seien. „Es zu machen ist billiger, als es nicht zu machen", hat mir mal ein Automanager gesagt! „Es ist sinnlos, aber es kostet weniger." – „Und – so ganz nebenbei – geht es natürlich auch darum, noch mehr Autos zu verkaufen. 1,6 Milliarden Fahrzeuge gibt es heute bereits. 80 Mio. sollen aber noch produziert werden. Und noch mal ganz nebenbei: E-Streifenwagen in Bayern waren die Bilanz eines Reinfalls. www.pi-news.net/2020/01/e-autos-als-streifenwagen-die-bilanz-eines-reinfalls/

Die E-Autos sind für die Hersteller kein Ersatz für Verbrenner, sondern ein Zusatzgeschäft, um als Zweit-oder Drittfahrzeug noch mehr Autos an den Mann zu bringen. Doch dieses Zusatzgeschäft stößt an seine Grenzen, wenn es um die benötigen Rohstoffe für den Bau von Akkus geht, deren Abbau in Chile (Lithium) und Zentralafrika (Kobalt) nicht nur extrem umweltunverträglich ist und in weiten Teilen mit unvertretbarer Kinderarbeit einhergeht."... „Würde Audi den A4 in großer Serie rein elektrisch bauen, müssten sie den halben Weltmarkt an Kobalt leer kaufen."

„Bei VW" – so Wellnitz– „habe man so eine Rechnung schon mal aufgemacht und sei zu dem Ergebnis gekommen, dass der Konzern für seine Produktion von E-Autos rund 130.000 Tonnen Kobalt benötigen würde. Die Weltproduktion jedoch liegt derzeit bei 123.000 Tonnen! Und die meisten Schürfrechte liegen in China, was, wie Professor Fritz Indra sagt, der auch mal bei Audi beschäftigt war, einen veritablen Wirtschaftskrieg auslösen kann".

„Die Chinesen haben sich in Afrika weitgehende Schürfrechte gesichert. Kobalt wird zum Beispiel im Kongo teils unter brutalsten Bedingungen von Kindern aus dem Boden gekratzt", so Indra. „Man braucht zudem Graphit, Mangan und Lithium. Bei all diesen Themen begeben wir uns voll in eine chinesische Abhängigkeit, wir müssen das alles von den Chinesen kaufen."

Wie für Professor Jörg Wellnitz liefert auch für „Verbrennerpapst" Indra das Elektroauto „in einer gesamtheitlichen Betrachtung" keinen Beitrag zum Klimaschutz. Wellnitz, für den der Dieselmotor nach wie vor der sauberste und umweltfreundlichste Antrieb ist, macht noch eine andere bemerkenswerte Rechnung auf: „Ein Auto-Akku liefert 100 Wattstunden Leistung pro kg Gewicht, ein Benziner 12.000 Wattstunden und Wasserstoff (für Wellnitz der

Treibstoff der Zukunft) 33.000 Wattstunden Leistung pro kg Gewicht." – So Professor Jörg Wellnitz.

So viel über das Elektroauto von Fachleuten. Es gibt aber auch andere Fachleute, die anderes sagen: Am 16. 12. 2019 veröffentlichte T-Online /rtr/Nachrichtenagentur Reuters) völlig andere Untersuchungsergebnisse: „Reine Elektro-Autos sind einer Studie zufolge klimaverträglicher als alle anderen Antriebsformen. Weder Brennstoffzellen-Fahrzeuge mit Wasserstoff noch solche mit synthetischen Kraftstoffen könnten die gleiche Klimabilanz vorweisen, heißt es in einer zuvor veröffentlichten Studie im Auftrag des Instituts „Agora Verkehrswende." (Durch das verkehrswissenschaftliche Institut Ifeu = Institut für Energie- und Umweltforschung).

„So erzeuge ein Fahrzeug mit Brennstoffzelle …mit 150.000 Kilometern Fahrleistung rund 75 % mehr Treibhausgase als ein Batterie-Auto. Bei einem Diesel Motor betrieben mit synthetischen Kraftstoffen (z. B. Wasserstoff) seien es sogar dreimal so viel. Eingerechnet werden Emissionen sowohl aus Produktion als auch aus dem Betrieb des Autos." Und dann hieß es: „Wasserstoff aber auch andere synthetische Kraftstoffe benötigen für die Produktion sehr viel Strom, was die Klimabilanz verschlechtert."

„Wasserstoff und synthetische Kraftstoffe werden jedoch voraussichtlich für den klimafreundlicheren Einsatz von schweren LKW, von Flugzeugen und in der Schifffahrt benötigt."

Also unterschiedliche Ansichten über: „Die mobile Zukunft: Batterie oder Wasserstoff?" – So die Überschrift am 18. 12. 2019 im „HamburgerAbendblatt". Aber ein Verbrauch mit CO_2-Abgabe bleibt immer.

Auch darum sagte wohl der BUND-Geschäftsführer Manfred Braasch dem „Hamburger Abendblatt" im Interview zu Sven Kummereincke (18. 7. 2019 HA): „Wir müssen weg vom dominierenden Individualverkehr. Es wäre keine Lösung, die 50 Millionen PKW mit Verbrennungsmotor gegen 50 Millionen E-Autos auszutauschen – auch dafür wäre der Ressourcenverbrauch viel zu hoch. Und die Klimabilanz sieht derzeit so aus, dass ein Elektro-Neuwagen quasi mit 60.000 Kilometern auf dem Tacho startet im Vergleich zum Benziner.

Dazu möchte ich noch den Inhalt eines Leserbriefes vom 18. 2. 2019 wiedergeben, weil es am 14 2. 2019 (HA) noch hieß: „Hamburg schafft seine Wasserstoffbusse ab. Allerdings schaffte Hamburg sie im Monat darauf dann doch nicht mehr ab, als es dann, wie zuvor beschrieben, hieß: „Wasserstoff – der Wirtschaftssenator fährt voran." (HA 7. 3. 2019)

Doch nun zum Leserbrief: „Dass in gut 15 Jahren Testphase kein Hersteller gefunden werden konnte, der Wasserstoffbusse in Serie produzieren kann, offenbart die beschämende Rückständigkeit der deutschen Autoindustrie. In einer Sendung im Deutschlandfunk empfahl der Leiter des Instituts für elektrotechnische Verfahrenstechnik, Prof. Detlef Stolten, deshalb diese Busse schlicht bei der Konkurrenz in Japan oder Südkorea einzukaufen, wie es beispielsweise einige Kommunen in Frankreich tun, um die deutschen Autohersteller zum Handeln zu zwingen. Ebenso ist nicht nachzuvollziehen, warum Hamburg nur noch auf die teuren Elektrobusse setzt. Die Stadt Augsburg fährt seit 2011 flächendeckend mit kostengünstigen, klimaneutralen Biogas-Bussen, die mit Agrarabfällen betrieben werden und bereits mit diversen Umweltpreisen prämiert wurden. Seit Anfang des Jahres werden in Augsburg sogar Biogas-Elektro-Hybrid Busse eingesetzt, mit denen noch einmal 8,5 Prozent

Energie eingespart werden können. Vielleicht würde sich Hamburg einmal dort informieren – der Steuerzahler und die Umwelt würden sich freuen."

Um beim Beispiel Hamburg zu bleiben: Am 16. 7. 2019 hieß die Hauptüberschrift im „Hamburger Abendblatt": „E-Busse der Hochbahn: hohe Kosten, viele Ausfälle, geringe Reichweite."

So viel über moderne Zeiten und Motore. Der nachfolgende Autor setzte, genau wie der Professor, seinen Verstand ein und kam zum gleichen Ergebnis:

Am 21. 2. 2019 wurde im Hamburger Abendblatt ein Gastbeitrag von „Frank Böttcher über alternative Antriebe und die Grenzen der Elektromobilität", veröffentlicht. Die Überschrift dazu hieß: „Wasserstoff wird der Antrieb der Zukunft." Ich möchte daraus etwas verkürzt und ergänzend berichten:

Zunächst rechnete der Autor vor, dass es in Deutschland 63,7 Millionen zugelassene Fahrzeuge gibt. Ein Akku für einen Elektro-Pkw verfügt über 40 Kg Lithium. Würden alle Fahrzeuge auf Elektroantrieb umgestellt, bräuchten wir dafür 2,5 Millionen Tonnen Lithium. Die weltweite Förderung betrug aber 2018 nur 250.000 Tonnen. (Man müsste also nur für Deutschland das Zehnfache fördern. Würden 10 weitere Länder deutsche Autos fahren, das Hundertfache.)

Doch zusätzlich stecken noch 11 kg. Kobalt in einem PKW-Akku. 2017 wurden weltweit davon 110.000 Tonnen gefördert. Aber allein für die deutschen Autos wären ja fast 800.000 Tonnen nötig. Der Autor gab zusätzlich zu bedenken, dass einmal im Kongo Kobalt von tausenden Kindern in Minen ausgebuddelt würde. Sodann aber China zur Hälfte

Weltmarktführer sei – und umweltunverträglich den Abbau unter dem Meer vorantreiben will.

Am 30. 10. 2019 brachte BILD Deutschland eine ganze Seite mit Fotos und der Beschreibung des Kobalt Abbaus: „Für UNSERE E-AUTOS muss Caleb (8) in einer MINE SCHUFTEN" Und dazu der Kommentar: „Blut klebt an unseren Akkus." Von Till Biermann: „Lithium-Ionen Akkus, die neben Handys auch E-Autos betreiben, sollen für eine saubere Zukunft sorgen. Nur klebt auch an diesen Akkus viel Schweiß, Blut und Kinderarbeit."

Da die E-Autos außerdem für ihre Batterien noch Lithium benötigen, brachte die gleiche Zeitung am 1. 11. 2019 dazu ganzseitig den Bericht: BILD in der Atacama-Wüste (in Chile), wo Lithium für Elektro-Autos gewonnen wird. Dazu dann die Überschrift: „Weil ihr sauber fahren wollt, GEHT UNS DAS WASSER AUS!" Und dann der Kommentar: „E-Autos sind nicht das Allheilmittel", von Karina Mössbauer.

E-Autos sind trotz der zuvor gebrachten unterschiedlichen Vorschau nach „DER SPIEGEL" vom 26. 10. 2019 die angeblichen Autos der Zukunft. „Getrieben von kalifornischen Erfindern und chinesischen Aufsteigern, sucht die deutsche Autoindustrie ihren Platz in der neuen Welt der Robotaxis und Elektromobile. Als neue Marktführer werden dann mit Neuzulassungen 2018 in Tausend genannt: Tesla (USA) 234, aus China BYD, BAIC, SAIC 485, Nissan aus Japan 88, BMW und VW zusammen 175. Der Titel hieß dazu: „Von 100 auf null – Ideenlos, träge, ängstlich: Ist die deutsche Autoindustrie als Wohlstandsmotor noch zu retten?"

Nein – es kommt die amerikanische Autoindustrie als Wohlstandsmotor nach Deutschland. Am 13. 11. 2019 hieß es dann schon: „Tesla will Großfabrik in Berlin bauen.(HA/Bath). Dann war zu lesen, dass Tesla bei Berlin (im

Brandenburgischen nahe dem BER Flughafen) seinen ersten Produktionsstandort in Europa auf rund 120 Hektar errichten will. In der ersten Ausbaustufe sollten dann 6000 Arbeitsplätze entstehen und in der zweiten Ausbaustufe weitere 4000.

Robotaxis und Elektromobile. – Alle brauchen Batterien, deren Rohstoffe es wohl bald nicht mehr gibt. Alle brauchen meistens immer mehr umweltschädliche Energie. Und am 8. 1. 2020 hieß der Kommentar im „Hamburger Abendblatt": „E-Roller-Projekt gescheiter. Viele Verletzte, ökologischer Unsinn – Zeit zum Ausstieg."

„Spätestens an dieser Stelle sollten wir die Vernunft zu Worte kommen lassen." Hieß es sodann von „Frank Böttcher über alternative Antriebe und die Grenzen der Elektromobilität". Und dann kommt: **„Wasserstoff hat als Antrieb in fachkundigen Kreisen längst die Nase vorn.** Das Gas wird einer Brennstoffzelle zugeführt, die für den Antrieb sorgt. Kleine Akkus, die in der Beschleunigungsphase der Brennstoffzelle helfen, werden beim Fahren und Bremsvorgang wieder aufgeladen. Japan setzt längs zum Überholmanöver an." Und dann liest man, wie klug man dort ist: 2020: 6.000 Autos mit Wasserstoffantrieb und allein in Tokio 35 Tankstellen dafür. „Das erscheint klug." Ist am Schluss zu lesen. Und: „Seien wir nicht länger stolz auf die Zahl der gebauten Elektroladestationen."

Allerdings kommen auch hier Zweifel auf, wenn es am 17. 7. 2019 (HA) hieß: „Ist die Wasserstoffnutzung wirklich so effizient?" Und dann wird angesprochen, „in einem Elektrolyseur wird Wasser mit Hilfe von Strom in Wasserstoff und Sauerstoff gespalten. Der Wasserstoff wird dann in die Autos gefüllt. Dort wird er mit Hilfe von Sauerstoff in einer Brennstoffzelle wieder zu Strom umgewandelt." – Und bei beiden Energieumwandlungen geht Energie verloren. Am

Ende verbleiben nur noch 50 %. Also die Menge der Elektroenergie. Warum die nicht gleich nehmen?

Doch vielleicht hat der Wasserstoff doch noch mehr Vorteile, denn Dr. Stefan Spaarmann veröffentlichte im Aktuellen Online-Flyer vom 23. 2. 2019 über die „Neue Rheinische Zeitung":

Verschlafen deutsche Unternehmen die „leuchtende" Zukunft? Sie sollten lieber mit Dr. Spaarmann für die Zukunft forschen und realisieren.

In den USA und Japan arbeitet man bereits am Licht, auch als Antrieb für Autos. „Licht – unser unverzichtbares Lebenselixier" – Sei auch als Antrieb für Autos möglich, schrieb Dr. Spaarmann. Doch noch sind wir nicht so weit.

Noch kosten der preiswerteste VW Polo rund 18.500,- und der preiswerteste VW Golf rund 20.500,- jeweils mit Erdgas – rund +2.500,-, das es an jeder Tankstelle gibt. Auf Hamburgs Straßen z. B. hat nur eins von 2.223 Taxen Elektro-Antrieb aber 240 sind **Hybrid-Autos.**

Hierzu schrieb Wikipedia 2018: Die in Europa verkauften Hybridautos verfügen in der Regel über einen Benzin- und einen Elektromotor. Studien zufolge haben Hybridfahrzeuge in Deutschland seit dem Abgasskandal zusätzlich an Bedeutung gewonnen. Dies bestätigt nicht zuletzt die gestiegene Nachfrage privater Autokäufer und Firmenkunden nach Hybridautos führender Hersteller wie Toyota (Stand: Januar 2018).[5]

Zu den weiteren Alternativtreibstoffen – und zum Autogas - schrieb Dipl.-Ing. Martin Dankert aus Wittenburg:

Zur Alternative Autogas:

Propan und Butan, waren früher eher störende Gase, die oft am Bohrloch einfach abgefackelt wurden. Bei der Erdgasförderung wird es als nasses Gas nicht gewünscht, bei der Erdölförderung ist es Bestandteil des geförderten Gemisches aus Kohlen-Wasserstoffen und in der Raffinerie entsteht es beim Krackprozess. In Zeiten wo Energie immer mehr kostet, sind die Flüssiggase wieder interessant geworden. Autogas gehört dazu und ist nicht neu.

Schon in den 20er Jahren des vorigen Jahrhunderts fuhren in den USA viele Fahrzeuge mit Gas. 1935 wurde in Hannover die erste Gastankstelle Deutschlands eröffnet. Bei jeder Ölkrise war es wieder im Gespräch. In den 1970 und 1980er Jahren fuhren in der DDR viele Taxis, vor allem in den Großstädten mit Propan/ Butan. Auch in der BRD existierten in den 80er Jahren eine Reihe von Tankstellen mit Gas. Doch erst als die Steuerbegünstigung für Autogas und Erdgas kam, wuchs das Interesse der Verbraucher, da es direkt am Preis an der Tankstelle spürbar war.

Jetzt, wo nicht nur die Beschaffung der Rohstoffe, Geld kostet, sondern auch der Umgang mit den Verbrennungsprodukten, kommt Autogas eine besondere Bedeutung zu. Die Schadstoffbelastung durch Abgase kann wesendlich verringert werden. So führte die Hochschule für Technik und Wirtschaft des Saarlandes eine Studie durch, welche die Abgase im realen Fahrbetrieb von Benzin, Diesel und Autogas verglich. Danach wird allein die Partikelemission eines Opel Astra (LPG=Flüssiggas) gegenüber dem Benziner (trotz seiner PFI = Partikelfilter) um 50 bis 70% unterschritten. Die CO_2 Einsparung des Autogasfahrzeuges lag bei 13-14 % gegenüber dem Benziner. Gegenüber einem Astra Diesel hat der Autogas-Astra nur 1/50 des NO_x (incl. NO_2) Ausstoßes.

Laut KBA (Kraftfahrt-Bundesamt) und DVFG = Deutscher Verband für Flüssiggas) ist Autogas der Alternativkraftstoff mit der besten Tankstellen-Infrastruktur. Trotzdem halten sich die Automobilhersteller bei der Ausrüstung mit Autogas ziemlich zurück.. Viele wollen die teuren Tests nicht fahren, um dafür eine Garantie zu geben.

Aber mittelständische Unternehmen wie die Firma Cargas in Hessen www.cargas.de , Autogastechnik Triptis in Thüringen www.zawoli.de , Auto Becker im Ruhrgebiet www.auto-becker.net oder Alternative Kraftstoffe Dipl. Ing. Martin Dankert www.sparmartin.de nahe Hamburg in Wittenburg an der BAB > Berlin beschäftigen sich seit Jahren mit der Umrüstung von auch gebrauchten Serienfahrzeugen auf Autogas und übernehmen oft die Test der Gasanlagen für die Hersteller. Eine Autogasnachrüstung kostet je nach Motorgröße und Motormanagement zwischen 1800,00 Euro (VW Golf SPI) und 3500,00 Euro (8 Zyl. Vortec). Ein Berufspendler der täglich von Schwerin nach Hamburg fährt, braucht dann ca. 10 Monate bis er seine Umrüstkosten eingefahren hat. Damit hat Autogas die kürzeste Amortisationsstrecke aller Alternativkraftstoffe.

Zur Alternative Erdgas:
Hier ist die Schadstoffeinsparung rein chemisch besser, im Gesamtprozeß aber ähnlich wie bei Autogas, solange es nicht über 6000 km von Russland kommen muss. Für Erdgasfahrer eignen sich am besten Fahrzeuge mit Werksausrüstung. (Bei VW kostet dies rund 2.500 bis 3.000,- €. Die Anzahl an Tankstellen für Erdgas ist derzeit nur 17 % gegenüber den Autogastankstellen. Umwelttechnisch stellt es eine gute Alternative dar.

Und nun noch einmal zur schon genannten Alternative Elektro-Auto:

Mit Elektrofahrzeugen können Schadstoffe aus den Stadtzentren herausgebracht werden. Es entstehen keine Abgase am Auto. Nicht zu vergessen sind aber die Abgase bei der Stromherstellung, evtl. wieder CO_2.

„Leider sehen die aktuellen und auch künftigen Abgasnormen nur eine isolierte Betrachtung dessen vor, was aus dem Auspuff herauskommt", kritisierten die Professoren Heinze und Altjohann der Hochschule für Technik und Wirtschaft. Entsprechend werben Autohersteller bei Elektrofahrzeugen mit 0 Gramm CO_2. Die Abgase entstehen aber an den Kraftwerken. So hat der ADAC in den beiden ersten Tests von Elektrofahrzeugen nach seinem neuen Standard für den Renault Fluence Z.E Expression 144,9 Gramm CO_2/km ermittelt und für den Volvo C30 electric sogar 159,2 Gramm. https://www.projekt-s1000plus.de/blog/endlich-ehrliche-betrachtung-der-co2-emissionen/

Ökologisch relevant ist hier auch der Herstellungsprozeß. Wie schon erwähnt: Speicher aus seltenen Erden. Produziert unter menschenunwürdigen Zuständen. Eine gute Alternative sind Energiespeicher, die die Umwelt nicht zerstören, mit Strom der sonst bei den Windkrafträdern nicht abgenommen werden kann, zu füttern. Dazu bedarf es aber noch einiger Entwicklung. Doch die Entwicklung sollte bei Elektrofahrzeugen sinnvoll sein.

Ein Beispiel negativer Entwicklung ist der auch auf der A1 in Schleswig-Holstein im Raum Lübeck gebaute **E-Highway**. Harald Klix berichtete darüber am Donnerstag, dem 9. Mai 2019 in der „Hamburger Abendblatt" Beilage des Landkreises „Stormarn" mit einem großen Foto: „Seit Dienstag in Betrieb: Auf der A5 bei Darmstadt fährt eine Scania-Zugmaschine mit ausgefahrenem Stromabnehmer auf der ersten deutschen Teststrecke mit Oberleitungen." Darunter wurde dann von der nun 19 Millionen teuren

Stromautobahn bei Reinfeld (im Kreise Stormarn kurz vor Lübeck auf der A1 als Forschungsprojekt über nur 5 Kilometer auf der normalen Autobahn berichtet. Oberleitungen für E-Motoren von E-LKW waren im Juni für zunächst 1 Auto fertig. Nach und nach sollten es dann zunächst 5 Fahrzeuge werden. Mehr Fahrzeuge gibt es vorläufig noch überhaupt nicht. In Schweden wurde schon einmal so etwas gebaut – und nach einiger Zeit wieder abgebaut. Es war unsinnig. Dann ist es auch hier unsinnig und kostet zusätzlich zum CO_2-Verbrauch bei der Herstellung später auch dasselbe bei der Elektro-Herstellung.

Hier merkte man zusätzlich etwas spät, dass bei den Oberleitungen kein Rettungshubschrauber mehr landen kann. Rettungshubschrauber müssen dann auf den Feldern daneben landen. Die Leitungen pfeifen zusätzlich bei Wind wie die Orgelpfeifen. Und da die LKW dort meistens aus den Nordländern, wie Dänemark, Norwegen, und Schweden kommen, gibt es die E-LKW von dort überhaupt nicht und sonst eigentlich auch nicht, wenn nicht in Deutschland der Staat - zusätzlich zu den 19 Million Kosten der Ministrecke (früher waren 14 Millionen geplant) – bei Speditionen helfen würde. Zuerst gibt es, wie gesagt, nur einen Strom-Lkw, aber nach und nach sollen es eben 5 werden. Ab September kann dann dieser eine LKW fahren. Die LKW können allerdings beim Fahren gleichzeitig Batterien für eine Weiterfahrt aufladen. Der Steuerzahlerbund kritisierte (HA 13. 5. 19/dpa) ebenfalls die Fehlinvestition.

Bundesweit gibt es nach der großen Geldausgabe 3 Teststrecken, die gleichzeitig für die Wissenschaft, wie für die TU Dresden und die FH Kiel, genutzt werden sollen. –

Doch nun noch einmal zurück zur **Alternative Wasserstoff:** Wasserstoff hat chemisch die besten Eigenschaften um als Kraftstoff verbrannt zu werden. Bei der Verbrennung entsteht fast ausschließlich Wasserdampf. Probleme bei der Speicherung und Herstellung machen den Einsatz für Otto Normalverbraucher derzeit noch nicht rentabel. Es ist aber vorläufig die umweltfreundlichste Energie. Die Regierungschefs der norddeutschen Länder Hamburg, Niedersachsen, Bremen, Schleswig-Holstein und Mecklenburg-Vorpommern beschlossen deshalb Anfang Mai 2019, diese Energieart bei sich und bundesweit voranzutreiben. „Der Aufbau einer grünen Wasserstoffwirtschaft hat nicht nur bedeutende ökologische (Energiewende, Klimaschutz, Luftreinhaltung, Lärmminderung), sondern auch ökonomische (Wertschöpfung, Standortsicherung, Unternehmensgewinne, Steuereinnahmen) und soziale Dimension (Arbeitsplätze)" hieß es in der Vereinbarung. (HA/dey 3. 5. 2019)

Die Alternative Biodiesel / Bioethanol:
Biodiesel sei hier der Vollständigkeit halber erwähnt. Mit der Beimischung in den mineralischen Diesel, ist der Biodiesel praktisch vom Markt verschwunden. Das gleiche gilt auch für Bioethanol, es ist jetzt zu verschiedenen Anteilen im Benzin.

Die Alternative Pflanzenöl:
Während 1999 bis 2005 viele Fahrzeuge mit Pflanzenöl fuhren, ging der Preisvorteil in den darauf folgenden Jahren stark zurück. Der Preis schwankte in den letzten 15 Jahren so stark, das er teilweise sogar über dem Preis für versteuertes Diesel gelegen hat. Mir ist derzeit keine öffentliche Pflanzenöltankstelle bekannt.

Es gibt aber noch die Alternative: **Alles bleibt beim Alten:**
Das Benzin-Auto: Als Klimagipfelergebnis soll erst ab 2021 das Benzin zunächst 10 Cent/Liter teurer werden und Diesel 8 Cent/Liter. Wer dann abends, statt morgens tankt, kann davon vielleicht schon wieder die Hälfte einsparen.

Obwohl der Sinn darin liegt, dann weniger oder mit der Bahn oder dem Rad zu fahren.

Das Diesel-Auto: Dazu hieß am 21. 1. 2020 die Zeitungsüberschrift (HA): „Dieselautos werden in Hamburg zu Ladenhütern." Am 23. 1. schrieb ein Leser, der sich Ende der 70-er Jahre (also ca. 1979, und somit bis 2020 vor 41 Jahren) einen Diesel 6 gekauft hatte, der damals wegen „seiner Umweltverträglichkeit – von der Steuer befreit war.": „Kürzlich bin ich mit 3,9 l/100 km Verbrauch an die Nordsee gefahren. Ich kenne keinen Benziner, der so sparsam und damit so CO_2-arrm fährt."

Die kleine Preiserhöhung bei Benzin und Diesel wird wohl kaum etwas bewirken, weil ja beispielsweise bis November 2019 692.425 SUV-Autos gekauft wurden. Das sind Sport Utility Vehicles, die „Menschen-Gefährder und Klimakiller" nach den 3 Fachleuten mit Dr. Storz, Wermann und Winkel, die über Campact (siehe Anhang) eine Petition dagegen starten wollten. Die dann aber, wie fast alle Petitionen oder Briefe an Ministerien und Verwaltungen, wenig nützte.

Da sich die Meinungen und Untersuchungsergebnisse, wie auch das Beispiel des Diesel-Autos zeigt, laufend ändern, ist es auch für die Politik schwer, zu den richtigen Ergebnissen zu kommen. Alles müsste außerdem europa- und weltweit gemacht werden. Bei einem Auto-Hauptherstellerland müssten dann beispielsweise Autos gebaut werden, die fast nichts verbrauchen. Also noch etwas besser als der Uralt-Diesel. Stattdessen werden viele Millionen in später nicht benötigte E-Oberleitungen für fast nicht vorhandene E-Laster investiert. Die Windräder für E-Energie werden nicht ausgelastet, weil es Jahrzehnte braucht, bis die nötigen Elektroleitungen in den Süden gebaut sind. Jeder bearbeitet nur einen kleinen Blickwinkel – und wirft dabei Plastik in das Meer.

Kapitel 13
„Eine Frage von Leben und Tod."

„Weltweit sei der Klimawandel für viele Menschen, Regionen und auch ganze Staaten bereits eine ‚Frage von Leben und Tod'"
(UN-Generalsekretär Guterres bei der UN-Klimakonferenz.)

Am 3. 12. 2018 begann die 24. UN-Weltklimakonferenz im polnischen Kottowitz. Zum Auftakt ermahnte UN-Generalsekretär Guterres die knapp 200 Teilnehmerstaaten zu einem entschlossenen Kampf gegen die Erderhitzung. Er sagte u. a.: „Weltweit sei der Klimawandel für viele Menschen, Regionen und auch ganze Staaten bereits eine ‚Frage von Leben und Tod'. (t-online/dpa, 3. 12. 2018)

Guterres sah keine Zeit für endlose Verhandlungen. „Wenn wir versagen, werden die Arktis und Antarktis weiter schmelzen, die Korallen sterben, die Meeresspiegel steigen, mehr Menschen werden an Luftverschmutzung sterben und an Wasserknappheit – und die Kosten dieses Desasters werden durch die Decke schießen.."

Sodann warnte Guterres davor, dass die Welt wegen des Klimawandels in großen Schwierigkeiten stecke und die Dringlichkeit der Situation kaum überschätzt werden könne. ‚Es gehe darum, „ein globales Klima-Chaos" abzuwenden, sagte er. „Wir brauchen mehr Taten und mehr Ehrgeiz."'

In Paris war 2015 beschlossen worden, die Erderwärmung auf unter 2 Grad, möglichst sogar auf 1,5 Grad zu begrenzen. ‚Die bisher weltweit zugesagten Maßnahmen zur Reduzierung klimaschädlicher Treibhausgase reichen dazu aber bei weitem nicht aus. Die Verbrennung von Kohle, Öl und Gas, bei der Kohlendioxyd frei wird, steht dabei im Mittelpunkt.' Bei diesem 24. Klimagipfel sagte Guterres sodann, ,dass die Zeit für endlose Verhandlungen fehle. Die Konzentration von Kohlendioxyd in der Atmosphäre sei so hoch wie seit drei Millionen Jahren nicht. „Trotzdem steigen die Emissionen weiter an."'

Warnend verwies Guterres darauf, dass der Treibhauseffekt längs im Gang sei. „Nach Berechnungen der Weltwetterorganisation seien die 20 wärmsten Jahre in den vergangenen 22 Jahren gewesen." (t-online/dpa, 3. 12. 2018). Das waren wichtige Worte eines wichtigen Mannes. Am 30. Mai 2019 erhielt der UN-Generalsekretär António Guterres dann den internationalen Karlspreis im Krönungssaal des Aachener Rathauses.

Zu 2019/20 hieß es dann bereits (BILD/Klostermann+Kolbe 16. 11. 2019): „Der Wärmste Winter aller Zeiten! – Experten warnen vor Rekord-Temperaturen." Letzteres war dann die US-Wetterbehörte NOAA.

Am Sonntag, dem 2. 12. 2018 ging in Argentinien der G20 Gipfel zu Ende, der Gipfel der größten Industrienationen, die wohl auch die Haupt-Schuldigen am Treibhauseffekt, aber auch an der Plastik-Verseuchung sind.

Die Presse-Überschriften hießen dazu (im Hamburger Abendblatt am 3. 12. 18): „USA und China einigen sich auf Burgfrieden. – Washington verzichtet auf neue Zölle, Peking will mehr US-Produkte kaufen…" - Zuletzt stand dort: „Und in der Schlusserklärung hieß es **„Beim Klimaschutz bleibt es beim US-Ausstieg aus dem Pariser Klimaabkommen. Die Front verlief 19 gegen einen (USA), wie bereits beim G20 Gipfel in Hamburg."** Im Mai 2019 war dann der Burgfrieden USA und China schon wieder vorbei, und zusätzlich der mit dem Iran auch. – Die USA – die große Gefahr.

Für die Hauptschuldigen an der „Frage von Leben und Tod" ist also das Wirtschaftswachstum wichtig. Für die USA, als einem der Hauptverursacher, ist die Erderwärmung und CO_2-Erhöhung überhaupt nicht vorhanden, obwohl nach den Bränden in Kalifornien dann zur Zeit des G20-Gipfels riesige Regenfälle in Kalifornien das Land überschwemmten. Der US-Präsident Trump wollte nur Wirtschaftswachstum, das heute Wähler – und den Tod erst später herbeibringt.

Allerdings will auch die Weltbevölkerung oft das Wirtschaftswachstum. So stand am selben Tag, dem 3. 12. 2018, gleich neben dem vorigen Bericht: „Straßenschlachten bei Protesten der ‚Gelben Westen'. Krisensitzung der Regierung nach Krawallen in Paris." Und was wollen die Randalierer, die Läden plünderten, ganze Straßenzüge als Schlachtfeld hinterließen? – „Sie wollen das Mehr. Keine Benzinerhöhung durch Steuern. Wirtschaftswachstum für sich."

Am Sonntag, dem 16. 12. 2018 brachte dann T-Online schon die Ergebnisse der UN-Klimakonferenz in Kattowitz. Da hieß es:

- „Konferenz-Präsident Michal Kurtyka verkündete am Samstagabend den Beschluss dieses klimapolitischen Meilensteins, im Plenum gab es Applaus und Jubelrufe. Das drei Jahre lang ausgehandelte **Regelbuch** ist eine wichtige Etappe in der internationalen Klimapolitik, weil es die konkrete Umsetzung des Paris-Abkommens festlegt und damit die Wirksamkeit der internationalen Vereinbarung."
- „Umwelt- und Entwicklungsorganisationen würdigten das Regelbuch als wichtiges Fundament für die internationale Klimapolitik, kritisierten die übrigen Konferenz-Ergebnisse angesichts der fortschreitenden Erderwärmung jedoch als enttäuschend." - ‚Das

ist ein historischer Moment', sagte Kurtyka, nachdem das Regelbuch endlich beschlossen war. Die Delegierten klatschten und jubelten, viele umarmten sich erleichtert.

Das drei Jahre lang ausgehandelte Regelbuch ist eine wichtige Etappe in der internationalen Klimapolitik, weil es die konkrete Umsetzung des Paris-Abkommens festlegt und damit über die Wirksamkeit der internationalen Vereinbarung mitentscheidet.

Bundesumweltministerin Svenja Schulze (SPD) erklärte in Kattowitz: "Wir haben erreicht, dass sich zum ersten Mal nicht nur die halbe, sondern die ganze Welt beim Klimaschutz in die Karten schauen lässt."

Und weiter wurde berichtet:

„Auch der Umgang mit den Schäden und Verlusten durch den Klimawandel in den ärmsten Ländern war in Kattowitz hoch umstritten. Nachdem das Anliegen im Konferenztext zur Berichterstattung über die jeweilige nationale Klimapolitik zwischenzeitlich auf eine Fußnote beschränkt wurde, fand es schließlich aber Eingang in den Haupttext. Dies sei "ein wichtiger Schritt in Richtung Klimagerechtigkeit", erklärte die Klimaexpertin von **Brot für die Welt**, Sabine Minninger.

Ein zentrales Diskussionsthema während der gesamten zweiwöchigen Konferenz war der 1,5-Grad-Bericht des Weltklimarats IPCC. Er legt dar, dass eine Erderwärmung um mehr als 1,5 Grad verheerende und voraussichtlich unumkehrbare Folgen hätte. Im Paris-Abkommen ist das 1,5-Grad-Maximum allerdings nur als Idealziel festgehalten, verbindlich wird lediglich eine Begrenzung der Erderwärmung auf deutlich unter zwei

Grad im Vergleich zum vorindustriellen Zeitalter festge-
schrieben.

Neben Umweltschützern hatten die kleinen Inselstaaten
und andere vom Klimawandel besonders betroffenen
Länder in Kattowitz gefordert, den 1.5-Grad-Bericht zur
Handlungsgrundlage der internationalen Klimapolitik zu
machen. Öl-Förderländer wie die USA und Saudi-
Arabien verhinderten aber ein entschiedenes Bekenntnis
zu den IPCC-Befunden. Auch die geforderte verbindliche Zusage, die nationalen Klimaschutzpläne bis 2020
nachzubessern, fand keinen Eingang in den Ab-
schlusstext.

„Zu den Knackpunkten in Kattowitz gehörten auch die
Transparenzregeln: Dabei geht es unter anderem darum,
wie die nationalen Klimaziele der einzelnen Länder
künftig eingereicht und überprüft werden. Gerungen
wurde auch um die Regeln für die Klima-Finanzhilfen
der Industrieländer für die Entwicklungsländer. **Zuletzt
hatte ein Streit über den künftigen Umgang mit
Marktmechanismen für den Klimaschutz, in dem
sich Brasilien quer stellte, für stundenlange Verzöge-
rungen gesorgt. Der Streit wurde schließlich auf die
nächste UN-Klimakonferenz in Chile vertagt.** Auch
der Umgang mit den Schäden und Verlusten durch den
Klimawandel in den ärmsten Ländern war in Kattowitz
hoch umstritten. Nachdem das Anliegen im Konferenztext zur Berichterstattung über die jeweilige nationale
Klimapolitik zwischenzeitlich auf eine Fußnote beschränkt wurde, fand es schließlich aber Eingang in den
Haupttext. Dies sei " ein wichtiger Schritt in Richtung
Klimagerechtigkeit", erklärte die Klimaexpertin von
Brot für die Welt, Sabine Minninger.

Der Geschäftsführer von **Greenpeace Deutschland**, Martin Kaiser, kritisierte, die Unterhändler in Kattowitz hätten „dabei versagt, die drängendste Frage zu beantwortet: Wann fangen Regierungen endlich an, ihren Ausstoß an Treibhausgasen spürbar zu senken?" Der "einzige Lichtschimmer" dieser Klimakonferenz sei das Regelbuch, das „dem Pariser Abkommen einen Motor" einsetze. Das Regelbuch gilt ebenfalls als eine solide technische Basis. Nun müssten alle Staaten aber auch deutlich mehr politischen Willen zur zügigen Umsetzung des Pariser Abkommens zeigen". Der Vorsitzende **des Bunds für Umwelt und Naturschutz** Deutschland **(BUND),** Hubert Weiger, mahnte: ‚Um eine stetig schlimmer werdende Klimakrise zu verhindern, müssten die Länder ihre Klimaschutzziele entsprechend der 1.5-Grad-Grenze verbessern.' - So viel aus dem umfangreichen Bericht auf T-Online.de.

Und zuletzt zurück zum zu Beginn genannten UN-Generalsekretär Antonio Guterres. Er kündigte an, für ehrgeizigere Klimaziele zu kämpfen. In einer im Plenum verlesenen Botschaft erklärte er, seine fünf Prioritäten seien "Ambition, Ambition, Ambition, Ambition, Ambition." – Ambitionen, die auch die Umweltorganisationen (siehe Anhang) verfolgen – und auch viele Privatpersonen.

Ein Beispiel wurde in dem vorgenannten T-Online-Bericht widergegeben: Die fünfzehnjährige Greta Thunberg sprach bereits am Mittwoch auf einer Plenarsitzung des UN-Klimagipfels. Sie ist die wohl berühmteste Schulschwänzerin der Welt, jede Woche geht sie freitags nicht zur Schule – um stattdessen vor dem schwedischen Parlament für einen stärkeren Kampf gegen den Klimawandel zu demonstrieren.

Und dann fuhr die noch junge Greta sogar nach Kattowitz. In ihrer Rede appellierte Greta eindringlich an die Gipfelbesucher: "Ich habe gelernt, dass man nie zu klein ist, um etwas zu erreichen." Und weiter: "Unsere Umwelt wird geopfert, damit reiche Menschen in Ländern wie meinem in Luxus leben können." Gretas Aufruf an die Weltgemeinschaft: "Ihr sagt, dass ihr eure Kinder über alles liebt. Und dennoch beraubt Ihr sie ihrer Zukunft."

Greta glaubt daran, dass die Folgen des Klimawandels nur durch einen radikalen demokratischen Umbruch erfolgen kann: "Wir sind nicht hier hergekommen, um die Spitzenpolitiker anzubetteln. Ihr habt uns in der Vergangenheit ignoriert, und ihr werdet uns wieder ignorieren. Euch gehen die Entschuldigungen aus."

Gretas Schlusswort: "Wir sind hier hergekommen, um euch wissen zu lassen, dass Veränderung kommen wird – ob ihr es mögt, oder nicht. Die wahre Macht liegt bei den Menschen." Im Kapitel 21 komme ich noch einmal auf „Greta und die unzureichende Klimapolitik" zurück.

Am 15. 1. 2019 hießen dann die Überschriften im „Hamburger Abendblatt" (von Alene Paulina Schnell): „Schule schwänzen für das Klima. Immer mehr Jugendliche auf der ganzen Welt eifern der Schwedin Greta Thunberg nach und streiken freitags."

Als Ergebnis gibt es jetzt auch Schulstreiks für das Klima in Deutschland. Unter dem Motto „Fridays for Future" demonstrieren junge Menschen freitags in den Städten vor den Parlamenten, um für einen echten Klimaschutz zu kämpfen. Ein Beispiel (19./20. 2018 im HA): „Nach Schätzungen des BUND versammelten sich rund 1500 junge Menschen vor dem Rathaus." Das war am 18. 1. vor dem Hamburger Rathaus. „Sie forderten mehr Einsatz für den Klimaschutz und ein Mitspracherecht. Immerhin betreffe der Klimawandel vor allem ihre Zukunft." –

Unter dem Motto „**Fridays for Future**" finden freitags in vielen deutschen Städten Demos, aber auch im übrigen Europa, statt. Kapitel 21 beschreibt hier noch mehr. Am Freitag, dem 25. 1.2019 meldete die Tagesschau dass fast 10.000 Schüler in Berlin für den Erhalt der Umwelt demonstrierten. Und am Freitag, dem 1. Februar 2019 demonstrierten Schüler mit dem Hauptplakat „**WARUM für die Zukunft lernen, wenn ihr sie ZERSTÖRT**" in einer schleswig-holsteinischen Kreisstadt. Am Freitag, dem 1. 3 2019 kam Greta Thunberg von Paris über Brüssel nach Hamburg zur Freitagsdemo (C. Kesseböhmer 2./3. HA). 10.000 Schüler und Studenten gingen nach Veranstalterangaben vor das Hamburger Rathaus. „**Wir lassen uns unsere Zukunft nicht stehlen. Wir werden weiterstreiken, bis die Politiker etwas unternehmen. Und wenn sie nichts machen, dann werden wir das tun.**" Sagte sie auf Englisch. Die Teilnehmer/innen skandierten: „**Wir sind hier, wir sind laut, weil Ihr uns unsere Zukunft klaut.**" Der bekannte Klimaforscher Latif sagte in seiner Rede: „**Wenn von unten kein Druck kommt, wird von oben nichts passieren.**"

Und Luisa Neubauer sagte: „Als wir in Paris waren, hat Präsident Macron uns zu einem Gespräch eingeladen. Gerade im Vergleich dazu sind die Reaktionen aus der deutschen Politik eine Katastrophe." Die Mitorganisatorin Nele Brebeck sagte am Tag zuvor zu dem Schauspieler Liefers: „**Unser Haus brennt, und wir haben keine Zeit mehr, um über eine Lösung nachzudenken, wir brauchen sie jetzt.**" (hpck/HA) www.fridaysforfuture.de Nachsehen und evtl. mitmachen.

Doch einige Leserbriefe und Regierungschefs meinten auch, dass die Kinder und Jugendlichen am Freitag die Schule besuchen sollten. Sie könnten ja auch am Samstag demonstrieren. Dazu zitierte der Redakteur Hartmuth Sandtner Mojib Latif, Meteorologe, Klimaforscher und Präsident der Deutschen Gesellschaft Club of Rome: Der sagte bei seiner Ansprache auf der Demonstration (Fridays for Future vor dem Hamburger Rathaus): „Wenn von unten kein Druck kommt, wird von oben nichts passieren." – Gerade durch den Freitags-Auftritt zur Schulzeit kam der Druck von unten. – So konnte es auch am 14. 3. 2019 (HA/epd) heißen: „Auch Bischöfin Fehrs begrüßt Schüler-Demo für Klimaschutz."

So viel zur wichtigen Klimakonferenz in Kattowitz Ende 2016, in der nur die allernotwendigsten Probleme bearbeitet wurden – und zu „Fridays for Future". - Der US-Trump leugnete nicht nur bei den einheimischen Waldbränden die Klimaveränderungen, sondern ließ auch nicht das 1,5 Grad Ziel durchgehen. Die USA, Saudi-Arabien, Kuwait und Russland wollten den jüngsten Bericht des Weltklimarates IPCC nur „zur Kenntnis nehmen." – Die USA verkaufen wohl lieber Waffen an Saudi-Arabien für Kriege im Jemen und fast überall im nahen Osten, deren Herstellung und Einsatz ja auch negativ für das Klima ist. Denn US-Unternehmen sind 2017 für 57 % aller Waffenverkäufe verantwortlich. Deutschland nur für 2,1 Prozent. (dpa/epd/11. 12. 2018 HA). Also: „Alles eine Frage von Leben und Tod."

Erst 2019 stellte man fest, dass das Geld dann fehlt. Die Grundsteuer soll dafür dann in Deutschland auch erhöht werden, weshalb die Deutschen dann entsprechend weniger haben. Aber das Rechnen und schreiben soll ja auch dafür, statt Digitalem, weniger gelernt werden. Deshalb werden für das Digitale mal eben 48 Milliarden Euro allein in Deutschland ausgegeben – und für die Umwelt fast nichts. Selbst das Plastik muss von Privaten aus dem Meer geholt werden – und die Wälder sollen ebenfalls von Privaten aufgeforstet werden. Zusätzlich wird das Geld für Flüchtlinge ausgegeben – nur für die Umwelt das wenigste.

Ein Beispiel als Haupt-Zufluchtsgrund nach Deutschland brachte am 8. 5. 2019 „BILD DEUTSCHLAND": Ein Syrer war mit 3 Frauen und 13 Kindern nach Deutschland gekommen. Er bekam monatlich 3.785 Euro + Miete, Heizung, Strom (kostet rund 1.215,- Euro) = rund 5.000,- im Monat = Euro 60.000,- pro Jahr. In 20 Jahren dann 1,2 Millionen Euro. In Syrien hätten alle nichts bekommen. So geht es bergab und die Mehrfachehe soll auch deshalb vielleicht noch nach Deutschland kommen.

Und die vor Kriegen, Armut, Hunger und Hitze Flüchtenden kommen nach Europa, und vor allem nach Deutschland. Die USA - als durch Waffenverkäufe Hauptverursacher- nehmen keine auf.

Die Flüchtenden, vor deren Menge und Kosten in den Kapiteln 14 und 15 gewarnt wird, kommen zusätzlich aus einem weiteren Grund nach Deutschland: Es gibt in Deutschland laut BILD-Beispiel das meiste monatliche Geld: Für sie das Leben im Paradies.

Kapitel 14:
Der 2015er Brief zur Zuwanderungspolitik.

„Da ist die Schicksalsfrage des Klimawandels, die der Steuerung und Ordnung der Migration, da ist der Kampf gegen den internationalen Terrorismus."

(Die deutsche Bundeskanzlerin Merkel in Ihrer Neujahrsansprache2019.)

Am 4. September 2019 zeigte das ZDF-Fernsehen: **„Angela Merkels Schicksalstag. 4. September 2015.** Und die Zeitungsüberschrift im „Hamburger Abendblatt" des selben Tages lautete: **„Heute zeigt ein ZDF-Dokudrama ‚die Stunden der Entscheidung' in der Flüchtlingskrise".**

2015 erfuhr die Bundeskanzlerin, dass die ungarische Regierung den Fußmarsch tausender Flüchtlinge nach Österreich und Deutschland mit Hilfe von Bussen beschleunigte."

„Für den ZDF-Redaktionsleiter Brauburger lautete die Kernfrage jener Tage: ‚Gab es damals noch Spielraum, anders zu entscheiden?' Hätte Merkel die Grenzen schließen sollen? Seine Antwort: ‚Darüber kann sich nur jeder sein eigenes Urteil bilden.' (dpa/HA)

Sie hätte anders entscheiden können, denn schon 2015 analisierte Generalmajor a.D. Gerd Schultze-Rhonhof warnend die politische Wirklichkeit und Zukunft in einem Brief an die Bundeskanzlerin.

Beachtet wurde davon nichts. Genauso wenig, wie von den Briefen und Petitionen der Kapitel 7 und 17 bis 19 heute beachtet wird. Fast alles trat, auch bei der Asylantenflut, entsprechend dem Brief ein.

Weil sich, wie fast immer, keiner in Regierungen um die Warner kümmert, werden Parteien wie die Alternative für Deutschland (AfD), von vielen Bürgern gewählt, die sogar bei der Thüringen Wahl am 2. 2. 2020 zuerst für einen Ministerpräsidenten sorgte, den dann die Parteispitzen nicht wollten. - Aber ist die AfD ganz bösartig rechts, während die frühere Ost-SED-Partei, die Linke, ganz lieb links ist?

Erst am 18. 11. 2019 wurde (HA/dpa) aus der „Welt am Sonntag" vom Vortage berichtet: „Seehofer will einen Neuanfang in der Migrationspolitik." Das sollte dann ein Neuanfang in Europa sein, mit Vorprüfung an den Außengrenzen und dortiger Ablehnung, bei unbegründetem Asylantrag.

Der rund 20-seitige Brief von 2015 fasste die Probleme der Asylantenflut und deren Ursachen und Ergebnisse schon vorher zusammen. Herr Schulze-Rhonhof sagte mir dazu am 7. 8. 2019, dass er seinerzeit auch Bundestagsabgeordnete informiert hätte, aber ohne Resonanz. Und leider brächten immer mehr Menschen ja auch immer mehr Umwelt-Niedergang.

Aber zuvor noch der Hinweis, dass auch andere 2015 auf die Asylanten-Probleme hinwiesen. Beispielsweise hieß am 17. 10. 2015 die Überschrift der Zeitschrift „FOCUS": „Braucht Deutschland einen ZAUN? Warum das große Willkommen uns überfordert. Wie sich die Kanzlerin Merkel immer mehr Feinde schafft." – Andererseits wurden die Asylanten auf dem Münchner Bahnhof mit Bananen und Willkommen begrüßt. Damals machte die Kanzlerin auch das, was große Teile der Bevölkerung wollte: Helfen! Nur wurden die Probleme und Asylantenmengen dann immer mehr. Und Sie werden durch die Klimaerwärmung vielleicht noch mehr. - Doch nun zum Brief von Gerd Schultze-Rhonhof an die deutsche Bundeskanzlerin 2015, aus dem ich aber nur wichtige Auszüge bringen will:

Sehr geehrte Frau Bundeskanzlerin,

Ich möchte nicht als ausländerfeindlich gelten. Habe ein halbes Jahr lang einem Armutsflüchtling ohne Gegenleistung ein Zimmer mit Bad gestellt, ihn an den Mahlzeiten der Familie teilnehmen lassen, ein Fahrrad geschenkt und ihn unfallversichert. Trotzdem meine ich, dass die jetzige, in Deutschland gewährte grenzenlose Gastfreundschaft gegenüber Migranten sinnlos ist, unser Sozialsystem und unseren sozialen Frieden zerstört, das bisher noch vorhandene Vertrauen unserer Bevölkerung in die Funktionsfähigkeit von Parlament, Demokratie und Kommission der Europäischen Union im allgemeinen und die Fähigkeiten der hier politisch handelnden Funktionsträger im besonderen schwer beschädigt…

Anfang einer Völkerwanderung: Der jetzige Strom an Zuwanderern ist kein einmaliges und mit unseren bisherigen Gewohnheiten und Mitteln zu lösendes europäisches Problem. Und die großzügigen Gesten der deutschen und der österreichischen Regierung, ein paar Tausend in Budapest „aufgestaute" Migranten ins Land zu lassen, um das dortige Elend zu beenden, sind nicht, wie einige deutsche Minister geäußert haben, ein einmaliger Akt. Es wird ein Drama mit immer neuen Szenen geben. Das jetzige Drama ist der Anfang eines stets weiter anschwellenden Problems, der Anfang einer Völkerwanderung. Außerdem ist diese Völkerwanderung aus der Migranten-Sicht nicht in erster Linie ein europäisches Problem, weil die meisten Migranten ganz bewusst Deutschland und Österreich wegen ihrer Sozialsysteme und ihrer Ausländerfreundlichkeit ansteuern. ..

Drei Migranten-Ströme:

Wir werden jetzt von drei Migranten-Strömen überrollt, aus Afrika, aus Kriegsgebieten und aus den südlichen Balkanländern.

Afrika:

Afrika hat einen jährlichen Bevölkerungszuwachs von 30 Millionen Menschen. Ein erheblicher Anteil dieser Menschen wird Jahr für Jahr nach Europa drängen. …

Kriegsgebiete:

Auch die Flüchtlinge aus Kriegsgebieten kommen derzeit aus Territorien, an deren Destabilisierung ein Teil unserer Verbündeten mit offenen Kriegshandlungen, Geheimdiensten, Söldnern und Geldzuwendungen einen wesentlichen Anteil hat. Kriegsflüchtlingen muss zwar zeitweise Schutz und Bleibe geboten werden, aber nach den Kriegen sollten sie ihre Länder wieder aufbauen und dazu repatriiert werden. Jahrelanges Verbleiben in Deutschland, Asylanträge mit oft jahrelangen Gerichtsverfahren durch den Instanzenweg hindurch und sogenannte Abschiebehindernisse führen dazu, dass das für die Kriegsdauer gewährte Gastrecht von vielen Flüchtlingen zu einem Anspruch auf Dauerverbleib und ein leichteres Leben in Deutschland ausgenutzt wird.. ..

Südliche Balkanländer:

Eine dritte Gruppe sind derzeit die Migranten aus den südlichen Balkanländern. Es sind in der Regel Menschen mit dem verständlichen Wunsch nach einem materiell besseren und sichereren Leben. Solange sie in geringen Zahlen kamen, konnte unser Volk sie materiell versorgen, und es bestand eine größere Chance, sie in unsere Gesellschaft zu integrieren. Der jetzt auf Deutschland zurollende, ungebremste Migranten-Strom aus dieser Region sprengt zusammen mit den zwei vorgenannten Migranten-Bewegungen auf Dauer unsere Staats- und Kommunalfinanzen, zerstört den Bürgerfrieden in kleinen Städten, Ortschaften und in vielen Stadtteilen großer Städte und überfordert die Kapazitäten der Kommunalverwaltungen, der karitativen Einrichtungen und der freiwilligen deutschen Helfer.

Verpflichtungen:

Wir sind nicht verpflichtet, unsere materielle und kulturelle Substanz und unsere auf numerischer Überlegenheit beruhende Selbstbestimmung im eigenen Land auf Dauer an fremdstämmige Migranten-Mehrheiten abzugeben. Dabei ist nicht nur an die direkte Zuwanderung zu denken. Im Haus neben mir z. B. wohnt eine Migranten-Familie (ohne Deutschkenntnisse). Das Familienoberhaupt hat 11 Kinder, und eine seiner Töchter hat bereits 12 Kinder. Fast alle jüngeren Migranten bekunden außerdem, dass sie ihre Familien nachzuholen gedenken.

Falscher Vergleich:

Manche Politiker kommen uns mit falschen Vergleichen, so z. B. mit der Aufnahme der ostdeutschen Vertriebenen 1945 und 1946. Die damaligen Vertriebenen wurden samt und sonders von Polen, Tschechen und Sowjets mit roher Gewalt aus ihrer Heimat ausgetrieben, in der sie trotz aller Kriegszerstörungen sonst gern geblieben wären. Die Vertriebenen flohen auch nicht in ein reiches, „gelobtes Land", um besser zu leben. Sie flohen in einen ebenfalls verwüsteten, verarmten Teil ihres eigenen Landes. Ihre Perspektive ergab sich aus ihrer Integrationsfähigkeit, aus ihrem Fleiß und ihrer Fähigkeit, das zerstörte Westdeutschland wieder mit aufzubauen.

Zuwanderungskritik:

Die durch Beschimpfungen und Mediendruck nicht mehr öffentlich geäußerte Zuwanderungskritik entzündet sich vordergründig an dem zur Schau gestellten Verhalten etlicher Migranten. Sie hat aber auch eine grundsätzliche Dimension. Die vordergründige Kritik entzündet sich am unangemessenen Verhalten einiger Asylanten und in Deutschland verbleibender oder geduldeter Migranten. Es mag nicht häufig vorkommen, aber es „verbreitet" sich schnell auf dem Erzählweg. Ich nenne aufdringliches Macho-Verhalten,

Missachtung von deutschen Frauen, z. B. Verhöhnung von Helferinnen, die den Toilettendreck der Migranten entfernen, Drogenhandel, Rempeleien und Schlägereien, überzogene Anspruchshaltung bei Behörden und Ärzten, mangelhafte Hygiene in den Unterkünften, das Verdrängen anderer Ethnien bis hin zur Drangsalierung deutschstämmiger Kinder in mehrheitlich migrantenstämmigen Schulklassen u.a.m..

Sie, Frau Dr. Merkel, sagen heute: „Deutschland und Europa werden sich verändern". Sie sagten aber noch im November 2004: „Die multikulturelle Gesellschaft ist gescheitert". Ihre Anpassung in dieser Hinsicht zeugt von Resignation oder von Prinzipienlosigkeit. Bitte verstehen Sie, dass ein großer Teil der deutschstämmigen Deutschen Ihren Sinneswandel nicht mit vollziehen kann und will. Viele Bürger wollen, dass sie, ihre Kinder und Kindeskinder der dominierende Bevölkerungsteil im eigenen Lande bleiben. Sie sehen in der anrollenden Völkerwanderung eine kalte Eroberung. Viele sind überzeugt, dass die Worte unseres Altkanzlers Schmidt der nahenden Realität entsprechen: „Wir können nicht mehr Ausländer verdauen, das gibt Mord und Totschlag."

Es seien erwähnt:

– die Missstimmung in einer großen Zahl anderer EU Staaten über Deutschlands Vorpreschen mit seiner Migranten-Aufnahme und über den von ihm ausgeübten Druck zur Übernahme von Migranten nach einer Quote,

– das Bilden weiterer Parallelgesellschaften durch nicht gelungene Integration (Hierauf hat Brandenburgs Innenminister Schönbohm schon 1999 hingewiesen.),

– das Abgleiten weiterer Stadtteile in Zonen außerhalb deutschen Rechts und deutscher Polizeigewalt,

– der überproportionale Zuzug von in den Arbeitsmarkt nicht vermittelbaren Migranten bei unterproportionalem Zuzug von arbeitsmarkttauglichen Migranten,

– dadurch die Zunahme der Armen und der Armut in Deutschland,

– das Absenken der durchschnittlichen Pisa-Vergleichs-Ergebnisse für die Kinder der Wohnbevölkerung in Deutschland,

– die anwachsenden Sozialkosten und Transferleistungen in nicht abschätzbarem Ausmaß,

– dadurch zunehmende Belastungen für die öffentlichen Haushalte und deren erneute Verschuldung,

– die weitere Desintegration der deutschen Bevölkerung,

– das „Einwandern" von Antisemitismus und von ethnischen und religiösen Konflikten aus den Herkunftsländern,

– die Überlastung des Schulwesens, von Sozialarbeitern, Angestellten der Arbeitsämter und Sozialbehörden, Betreuern, Sonderlehrern, Kita-Mitarbeiterinnen, Gefängnispersonal usw.,

– das Bilden eines neuen Großstadtproletariats aus arbeits- und beschäftigungslosen, nicht integrierten Migranten und abgelehnten, abschiebebedrohten und untergetauchten Asylbewerbern, deren hohe Erwartungen an Deutschland sich trotz eines anfangs herzlichen Willkommens nicht erfüllt haben,

– die verdeckten und leichteren Einreisemöglichkeiten für Extremisten und Terroristen und

– Seenotrettung im Mittelmeer ist eine humanitär unumgängliche Maßnahme, aber auch sie löst das Mengenproblem einer Völkerwanderung nicht. Sie verstärkt es eher.

– Deutsche Unterstützung Griechenlands und Ungarns bei der Aufnahme und Registrierung lindert zwar die Not der dort wartenden Migranten, aber sie verstärkt eher den Anreiz für weitere Migranten, als dass sie bremst.

– Die Vorschläge, bessere Aufnahmeeinrichtungen bereitzustellen, unserer Willkommenskultur zu stärken und Wohnungen für Migranten zu bauen, nehmen zwar den Druck von den angekommenen Migranten, aber sie erzeugen nur Anreize für immer neue Migranten.

– Mit der „ganzen Härte des Gesetzes gegen rechtsradikale Gewalttäter vorzugehen". Das ist eine Selbstverständlichkeit, aber keine Lösung des Problems.

– Auch der Vorschlag eines Parteichefs „Der Bund muss dauerhaft mehr Kosten übernehmen." wirkt angesichts der Lage ziemlich hilflos.

– Der Vorschlag eines Zuwanderungsgesetzes ist mindestens 30 Jahre alt. Dass wir keines haben, zeugt davon, dass die Parteien sich nicht einigen können, was sie damit bezwecken wollen.

– Ein Vorschlag der EU Kommission, 1,8 Milliarden Euro für Projekte in Afrika zur Verfügung zu stellen, um dort Not zu lindern, verschließt die Augen vor der dortigen Bevölkerungsexplosion und der Wirkungslosigkeit der vielen schon bisher dorthin transferierten Milliarden.

Vorwurf und Bitte

Was wollen Sie der deutschen Bevölkerung noch alles zumuten? Reichen die verspielten Milliarden für die Griechenland-Finanzhilfen und die meiner Meinung nach damit begangene Konkursverschleppung nicht? Ist Ihnen die Verkaufszahl für das Sarrazin-Buch „Deutschland schafft sich ab" mit 1,5 Millionen Exemplaren in kürzester Zeit keine Warnung gewesen? Wollen Sie die nachfolgenden Generationen in unserem Land noch mit weiteren Transferleistungen und Sozialkosten belasten? Schrecken Sie die rund 50 % Nichtwähler nicht, die Ihnen bei jeder Wahl den Rücken zeigen? Wollen Sie Ihre politische Legitimation durch einen weiteren Anstieg der Nichtwähler-Prozente weiter untergraben?

Ich bitte Sie dringend, zu erwirken,

– dass der Rechts-Instanzenweg im Asylverfahren abgeschafft wird, (In der Schweiz sind Asylverfahren in der Regel binnen 48 Stunden abgeschlossen.)

– dass die Asylverfahren afrikanischer Migranten in Nordafrika oder in den Herkunftsländern der Migranten abgewickelt werden,

– dass die Einwanderung per Schiff über das Mittelmeer nach australischem Vorbild unterbunden wird, (Australiens Regierung hat in allen Herkunftsländern Zeitungs- und TV-Anzeigen geschaltet und bekannt gemacht, dass Asylanträge nur noch in den dortigen Konsulaten angenommen und Bootsflüchtlinge generell zurückschickt werden. Die australische Marine nimmt Flüchtlingsboote „auf den Haken", in Seenot geratene Migranten an Bord und fährt sie an die nächste Küste auf dem Gegenufer zurück.)

– dass Angehörige von Nicht-EU-Balkanstaaten und aus asiatischen Unruhe- und Armutsgebieten ihre Asyl- oder Einwanderungsbegehren nur an deutschen Vertretungen in ihren Heimatländern vorbringen können, und dass Angehörige aus diesen Staaten und Gebieten ohne positive Asyl- oder Einwanderungsbescheide bei illegaler Einwanderung sofort repatriiert werden, und dass dies in den Herkunftsländern bekannt gemacht wird,

– dass nur Asyl- und Einwanderungsbegehrende aus Kriegsgebieten wie derzeit Syrien wie bisher behandelt werden,

– dass die Einwanderung generell nach kanadischem Vorbild und deutschem Interesse gesteuert wird, (Auswahl nach jährlichem deutschem Zuwanderungsbedarf, deutschen Sprachkenntnissen, Berufserfahrung und Bedarf am Beruf in Deutschland, Bildungsstand und Alter. Australien und Dänemark haben ähnliche Aufnahmekriterien) und

Sie sind eine deutsche Politikerin und zuerst dem Wohle des deutschen Volks verpflichtet, und Sie sollten nicht versuchen, mit dem Drängen auf eine Quotenregelung schon wieder den „EU-Schwarzen Peter" in die Hand zu nehmen.

Mit freundlichem Gruß

Ihr Gerd Schultze-Rhonhof

Leider ist fast der gesamte Briefinhalt eingetroffen oder trifft noch ein. So schrieben am 7./8. 12. 2019 Eltern im Leserbrief zur Meldung, dass 20 % der Schüler nicht richtig lesen können, über „unsägliche Zustände an Schulen." : …Angriffe mit Steinen und Messern, fliegende Stühle im Klassenzimmer und Mobbing sind…heutzutage Standart…Lehrer …haben keine entsprechende Handhabe, um diesen unsäglichen Zuständen ein Ende zu bereiten. Sie sollen alleine um die 25 bis 30 Kinder gut unterrichten, von denen einige nicht gut oder gar kein Deutsch sprechen und andere verhaltensauffällig sind und Förderbedarf haben…..Am 6. August 2019 (HA/dpa) hieß es deshalb auch: „Europäer sehen Zuwanderung problematischer als Klimawandel." Laut Umfragen der EU-Kommission nannten 34 % der Europäer die Einwanderung als größtes Problem und nur 22 % den Klimawandel. In Deutschland nannten 37 % die Zuwanderung als größtes Problem.

———

Kapitel 15:
„Es geht um den Erhalt unserer Gesellschaft."

„Gegen Moral ist bekanntlich schwer zu argumentieren, daher hat es die Gesinnungsethik in Deutschland immer leichter als die Verantwortungsethik. Wir müssen in der Politik aber an die Folgen denken."
Der Journalist und Jurist Joachim Wagner, früherer Leiter des ARD-Magazins „Panorama" im Gespräch mit M. Iken am 7. 1. 2010 im „HamburgerAbendblatt.

2019 war das Ergebnis des von der Bundeskanzlerin und den Abgeordneten nicht beachteten Briefes des Kapitels 14 vorhanden. Und die Bevölkerungsmeinung hatte sich geändert, wie der INSA-Meinungstrend auf die Frage bewies: „Wen würden Sie wählen, wenn am nächsten Sonntag Bundestagswahl wäre?"

Nach Eintritt der im warnend vorausschauenden Brief genannten Änderungen, waren die Antworten Ende September 2019 im ZDF-Politbarometer: CDU 27 %, SPD 13 %, Grüne 27 % und AfD 14 %, – Das waren dann erheblich mehr bei den Grünen, wegen der neuen Umweltaufmerksamkeit durch „Fridays for Future" - und ebenso bei der AfD, weil in einigen Gegenden die Asylanten schon fast zur Mehrheit wurden. Am 4. 1. 2016, also gleich nach 2015, wollten die CDU wollten noch 36 %, die SPD 22,5 %, Grüne 10 % und AfD nur 9,5 %.

Bei den Landtagswahlen am 1. 9. 2019 kamen die CDU in Sachsen mit 7 % Verlust auf 32,4 % und die AfD mit über 20 % Gewinn auf 27,9 % der Stimmen.

Am Tag vor der Wahl wurde veröffentlicht (HA/dpa/Wahl-Immel) **„Studie zeigt Skepsis vor Zuwanderung. Eine**

Mehrheit glaubt, dass dadurch der Sozialstaat belastet wird." (Das waren 71 % im Westen und 83 % im Osten) nur 37 % meinten, dass Deutschland mehr Flüchtlinge aufnehmen solle, weil es humanitär geboten sei. Und 49 % meinten, Deutschland könne keine weiteren Flüchtlinge aufnehmen. Und am 6. 9. 2019 (HA) berichtete Julia Emmrich aus Berlin von einer Befragung von 2400 Deutschen zwischen Mai und September: „Die größte Angst haben sie vor den Folgen des Zuzugs von Ausländern." Das waren dann 56 % wegen einer „Überforderung des Staats durch Flüchtlinge". – Doch so viele wählten die AfD noch nicht. Allerdings in Sachsen fast 30 %. Ist das rechts – oder Demokratie?

Der ebenfalls warnende Verfassungsschutzpräsident Hans-Georg Maaßen wurde 2019 in den einstweiligen Ruhestand versetzt und zusätzlich kam in der CDU-Partei sogar die Idee auf, ihn aus der Partei auszuschließen. Ende September 2019 schrieb der stellvertretende Chefredakteur des „Hamburger Abendblattes": „Ein Land rutscht nach links. Das ist vor allem für die Rechtspopulisten eine gute Nachricht – und sollte allen Demokraten Warnung sein." Und er schrieb in seiner Kritik u. a. auch: „Merkel hat rechts der Mitte einen großen Raum aufgespannt, welchen die AfD bespielen kann."

Fast alle Aussagen des vorher genannten Briefes bestätigten sich, wenn am 22. 1. 2020 die Zeitungsüberschrift lautete: „Asylanspruch als Folge des Klimawandels (HA/dpa) – Und am 24. 1. hieß es (BILD): „Geheimbericht warnt vor mehr Migration". Darüber stand der Bericht: „SPD SCHMEISST SARRAZIN RAUS." (wegen seiner Bücher).

Zu der im Brief zuvor genannten Zuwanderung passend, schrieb die später beschriebene Autorin Susi Petzold in ihrem Vorwort zum Buch „Protokoll":

„Es geht um so viel, um alles, den Erhalt unserer Gesellschaft, unserer Gemeinschaft, der Demokratie – um Deutschland, um Europa."

Dazu passend brachte T-Online/hs am 7. 8. 2019 als Beweis für die dann oft als rechts eingestuften Warner das Interview mit einer zuvor im Februar pensionierten Lehrerin aus Berlin-Neukölln.

Sie sagte beispielsweise: „...die Kinder der Clans sind bei uns in der Schule. Sie kommen zum Teil aus sehr großen Familien mit bis zu 11 Kindern. ...Erfahrungsgemäß werden die Kinder aber immer schwieriger – es gibt immer mehr gestörte Kinder...Wenn die Eltern mal überreagieren, dann, weil sie bekifft sind oder etwas anderes genommen haben...Lehrermangel ist das große Thema.... – So viel über die „Lehrerin an einer Brennpunktschule."

Um die Schwierigkeiten, die einzuschulende Kinder, die noch kein Deutsch können, beim Lernen haben, abzustellen, forderte Carsten Linnemann (CDU), sie sollten in einer Pflichtvorschule die Sprache lernen und dann erst richtig eingeschult werden. Was darauf folgte, war nach dem „Bild-Kommentar" vom 7. 8. 2019 „eine hysterische Debatte, um eine vermeintliche Ausgrenzung." – Als Fachfrau wurde dazu die Direktorin Busse einer Schule in Berlin-Neukölln gehört, die FAKTEN nannte: „Laut Lehrerverband spricht mindestens jedes fünfte Kind in der ersten Klasse zu schlecht Deutsch, um dem Unterricht zu folgen. Dramatisch: Schon jetzt steigt laut aktueller Studie (Caritas) die Zahl der Schüler ohne Abschluss. Ein Grund: Mangelnde Sprachkenntnisse."

Soweit – und wieder nicht so gut, denn wie sollen Schüler ohne Abschluss eine Lehrstelle finden? Wie sollen sie, außer in Hartz-IV, integriert werden. Bundesweit sollen laut

Caritas 6,9 % der Schüler ohne Abschluss die Schule verlassen. Das sollen dann über 50.000 sein. Man nimmt ihnen einfach die Möglichkeit, sich auch in die Arbeitswelt zu integrieren, eine Lehre zu machen, denn das duale Ausbildungssystem in Deutschland ist der Hauptmotor der geringen Arbeitslosigkeit. Dazu hieß es am 16. 8. 2019 (HA): **„Viele Betriebe berichten von hoher Motivation" der Migranten. „25.000 Geflüchtete machen eine klassische Lehre." Die meisten im Gastgewerbe, es folgen die Verkehrsbranche, die Bau- und dann die Industriebranche.**

Ohne Schulabschluss, Lehre und Arbeit kosten Migranten dann oft jährlich als Arbeitslose oder „Harzer" Geld, das auch im Umwelterhalt fehlen würde. Und auch durch die Nichtintegration mangels fehlender Schul- oder Ausbildung hieß am 18. 11. 2019 die Meldung: „Jeder zweite Arbeitslose hat Migrationhintergrund....Vor fünf Jahren lag der Wert noch bei 36,4 %" (BILD/hoe). Und oft bemerken die Neubürger, genau wie die deutschen Altbürger, dass Sie mit Hartz IV oft mehr Geld als mit Arbeit verdienen können. Nicht umsonst hieß die Meldung vom 27. 12. 2019 (t-online/dpa): Die Zahlungsansprüche ausländischer Hartz-IV-Bezieher haben sich nach einem Bericht der „Neuen Osnabrücker Zeitung" zufolge seit 2007 fast verdoppelt. 2018 waren es 12,9 Mrd. €, 2007 waren es knapp 6,6 Mrd. €. Unter den ausländischen Hartz-IV-Beziehern entfielen von Sept. 2018 bis August 2019 2,4 Mrd. auf Bürger anderer EU-Staaten und 6,1 Mrd. auf Bürger aus den 8 wichtigsten Asyl-Herkunftsstaaten. Sie erhalten dies auch ergänzend bei Arbeit, wenn es nicht für den Lebensunterhalt reicht.

Die Zeitung „Bild" stellte am 1. 12. 2018 eine Floristin aus Hamburg vor, der bei 1.500 € netto Monatslohn nach Abzug von Miete, Heizung etc. nur 2,66 Euro am Tag für das Essen übrig blieben. Die Mieten steigen für die Arbeitenden, weil die Wohnungen für die Zuwanderer erst gebaut werden müssen – und darum immer teurer werden.

Im Vergleich dazu zeigte die Zeitung eine Karte, nach der eine Hartz IV-Familie mit 2 Kindern 2335,- – 2591,- Euro (incl. Miete, Heizung und Elektro) pro Monat ohne Arbeit erhielt.

Würden dagegen der Mann und die Frau arbeiten, der Mann 2.000,- und die Frau die genannten 1.500,- € netto verdienen, so müssten sie für die Kinder in einer Kita noch rund 500,- € bezahlen, erhielten aber 440 € Kindergeld, macht 3.560,- €. Wenn sie dann für Miete, Heizung und Elektro 1.000,- € pro Monat bezahlen, haben sie nicht mehr als die Hartz IV – Familie für Nicht-Arbeit.

Bei den von der Lehrerin genannten 11 Kindern hätten sie erheblich mehr als die Arbeitenden. Die genannten Clans haben deshalb auch oftmals einen Mercedes und handeln vielleicht noch nebenher mit Rauschgift. Das macht reich. Die ganze Nordafrika- und südöstliche Welt will dann in dieses Paradies Deutschland. Wohl auch deshalb hieß am 15. 11. 2019 (HA) die Meldung: „Kokain für 250 Millionen Euro entdeckt: Ziel war Deutschland."

Nicht umsonst schrieb ja der frühere Berlin-Neukölln Bürgermeister Buschkowsky (SPD): „Ich habe meinen Kampf um Werte verloren (DIE WELT, 18. 9. 2019)." Mit einem Koffer voller Geld wollte er (beim Fernsehsender RTL) einigen Hartz-IV Empfängern helfen, einen Neuanfang zu schaffen. In der Sendung wurden Familien gezeigt, „die bis zu 30 Jahren von Sozialleistungen leben." – „Buschkowskys Eltern haben sich mit etwas geplagt, was man Erziehung nennt. Man kann auch sagen Wertevermittlung. Diesen Stress tun sich nicht alle an. Das ist der Unterschied."

Und er nennt auch die Politik als Verantwortliche: „Wer heute im Niedriglohnsektor arbeitet, verdient häufig kaum mehr als den Hartz-IV-Satz....Im Niedriglohnsektor kann man deshalb ab 6 Kindern aufhören zu arbeiten. Stimmt das? Rechnen wir nach: 2 Kinder bis 6 Jahre alt = 2x250,- € 2 Kinder 6-13 Jahre alt = 2x308,- €, 2 Jugendliche 14-17 Jahre = 2x 328,- €, + 2 Erwachsen in Bedarfsgemeinschaft = 2x 389,- € = 778,- € Zusammen 2.550,- € . „Plus 800 bis 1000 € Miete. Dann sind wir bei 3300 € netto ohne Zuschläge" (wie Heizung und Wasser). „Letztlich sind wir dann locker bei 3500 bis 4000 €." Er schlägt dann eine Deckelung wie in den Niederlanden vor. Und weiter berichtet er, dass diejenigen, die sich früher bemühten „das friedliche Zusammenleben zu organisieren und die Lage der Kinder zu verbessern", heute fast alle in Pension sind. „Und die jungen Leute, die nachgekommen sind, haben keinen Bock mehr auf dieses Theater um Integration und den Kampf gegen Unkultur."

Aber immer mehr merken, dass die Zukunft daneben geht. So hieß die Kritik des Redakteurs Iken im „HamburgerAbendblatt vom 17. /18. 8. 2019: „Wir sind satt und selbstzufrieden." – Und darin schrieb er unter anderem: „Satt, selbstzufrieden und selbstgefällig zeigen sich hierzulande nicht nur Politik und Gesellschaft, sondern auch viele Unternehmen. Die Große Koalition (SPD + CDU) ist vor allem groß im Entdecken von Gerechtigkeitslücken – und noch größer darin, diese durch Steuermilliarden unverzüglich zu schließen; die Gesellschaft dämmert erschöpft in den eigenen Blasen vor sich hin, sie diskutiert keine Zukunftsfragen, sondern brüllt Andersdenkende an."

Entgegengesetzt zu Hartz-IV tappen viele Rentner, die gearbeitet haben in „die Armutsfalle" (HA 19./20. 10. 2019): „Jeder dritte Schleswig-Holsteiner muss demnach nach 40 Jahren Arbeit mit weniger als 1000 € im Monat auskommen. Vielen Menschen reicht das nicht bis zum Monatsende." Denn davon müssen ja auch Miete, Heizung, Elektro, Fernsehen etc. bezahlt werden. Und Mieten und Nahrung werden immer teurer. Darum hieß auch am 24. 12. 2019 (also zu Weihnachten) eine Zeitungsüberschrift (HA): „ Immer mehr Rentner brauchen die Tafeln."

Nicht umsonst waren Mitte Juli 2019 laut ARD-DeutschlandTREND von infratest dimap 70 % mit der deutschen Bundesregierung unzufrieden und nur 29 % zufrieden, Mitte Juni 2018 waren sogar fast 80 % unzufrieden. Denn der größte Teil des Volkes muss ja die Geldverteilung der Regierung bezahlen.

Die Brennpunkte wurden seit 2015 immer mehr. In einem Leitartikel des Hamburger Abendblattes hieß es dazu: „Die neue CDU-Chefin tut gut daran die Flüchtlingskrise von 2015 aufzuarbeiten." Und auf der nächsten Seite hieß es dann: „Die CDU kämpft gegen ihr Trauma. Parteichefin Annegret Kramp-Karrenbauer versucht, einen Schlussstrich unter die Flüchtlingspolitik der Bundeskanzlerin zu ziehen."

Die deutsche und die europäische Wirklichkeit hatten sich eben völlig geändert: „Das hätte der Integrationsbeauftragten nicht passieren dürfen", schrieb deshalb zu den „Weihnachtsgrüßen ohne Weihnachten" Lamya Kaddar ihre Kolumne am 19. 12. 2018 auf t-online.de. Und „Bild" schrieb am selben Tag als Hauptüberschrift „Die peinliche Weihnachts-Karte aus dem Kanzleramt. Integrationsbeauftragte drückt sich vor dem Wort Weihnachten." - Auf der 2. Seite war u. a. zu lesen, "Stattdessen steht dort: „Egal woran Sie Glauben...wir wünschen Ihnen eine besinnliche Zeit und einen guten Start ins neue Jahr. – „Komisch" hieß es dann: „Zu Ramadan konnte die CDU-Politikerin allen Musliminnen und Muslimen in Deutschland auch eine gesegnete und besinnliche Fastenzeit auf Twitter wünschen."

Auf derselben Seite stand noch ein anderes Beispiel der Unterwerfung: „ACHTUNG BUSCHKOWSKI! Bin ich der

Nächste, der weg soll?" Der frühere Berliner Finanzsenator Sarrazin – und vielleicht der Einzige, der dort rechnen konnte, da ja heute Berlin wieder eines der ärmsten deutschen Bundesländer ist, – Thilo Sarrazin hatte sein neues Buch **„Feindliche Übernahme"** herausgebracht. Und dazu war davor zu lesen: „Zum dritten Mal macht sich der SPD-Vorstand auf den Weg, um Thilo Sarrazin loszuwerden.…Es ist ein Buch, dass mit dem Islam hart ins Gericht geht. **Nach Thilo Sarrazin wird der Islam in zwei bis drei Generationen in Deutschland die Mehrheit der Bevölkerung stellen. Für Sarrazin stellt der Islam deshalb eine „reale Existenzbedrohung der westlichen Welt dar."** Es wurde in der Zeitung „Bild" sogar die Frage gestellt: „Darf nur SPD-Mitglied sein, wer Fan des Islam ist?"

Zu Sarrazin schrieb am 19. 12. 2018 eine Frau in ihrem Leserbrief im Hamburger Abendblatt unter anderem: „Die SPD sollte lieber den Islam im Lichte unseres Grundgesetzes betrachten und sich überlegen, wie weit der Religionsparagraph des Grundgesetzes zur Würde der Frau und der Toleranz gegenüber Atheisten sowie anderen Religionen eingeschränkt werden müsste."

Und ein promovierter Leser schrieb unter anderem, ebenfalls im "Hamburger Abendblatt": „…Herr Sarrazin nimmt sein grundgesetzlich verbrieftes Recht auf freie Meinungsäußerung wahr. Seine Ansichten zum orthodoxen Islam sind überwiegend sachlich formuliert und zeugen von einer profunden und ernsthaften Auseinandersetzung mit der Problematik. Seine Sicht der Dinge wird übrigens von einer wachsenden Zahl von seriösen Autoren bestätigt, übrigens auch von etlichen liberalen Muslimen…"

Der stellvertretende Chefredakteur des Hamburger Abendblattes, Herr Iken schrieb sodann im Leitartikel am 18. 12. 2018 zur „Sarrazin-Austreibung" unter anderem: „Die SPD hat Probleme genug – jetzt schafft sie sich ohne Grund noch ein neues." Und dann verwies er zuerst auch auf den früheren Sarrazin-Bestseller „Deutschland schafft sich ab", „den viele damals zerrissen hatten, ohne ihn überhaupt gelesen zu haben."

Nun konnte Sarrazin nicht nur als Berliner Finanzsenator rechnen, weshalb man ihn vielleicht deshalb auch dort loswerden wollte. Nein, er rechnete auch bei der Vermehrung der ISLAM-Migranten. Etwas, was bei einigen Parteispitzen wohl unbekannt ist. In Frankreich führte dies zum Schauspiel der „Unterwerfung" – und in Deutschland ist man wohl teilweise schon dabei. Und die Bevölkerung hat deshalb zum Teil Angst davor und wählt die AfD. - Wenn ich zu jemandem den Merkel-Ausspruch „Wir schaffen das!" sage, erhalte ich schon meistens die Antwort: „Wir schaffen das nicht." Dabei sind dann fast immer die Umwelt und die Zuwanderer gemeint. Wer letztere betreute, weiß mehr darüber. Doch darüber später mehr.

Am 24. 9. 2019 brachte das deutsch-französische Arte-Fernsehen die Dokumentation „Katar: Millionen für Europas Islam." Und darin wurde von dem aufgrund „seiner gigantischen Gas- und Ölvorkommen mit einem Bruttoinlandsprodukt von 124.529 US-Dollar pro Kopf" reichsten Staat der Welt berichtet, in dem auch wenige Tage später die Olympiade bei größter Hitze begann. (Die CO_2-Abgabe spielt für dieses Land natürlich keine Rolle – sie kann nicht hoch genug sein.) - Zwei französische Journalisten hatten Unterlagen erhalten, die auf eine, auch von Katar finanzierte, Muslimbrüderschaft hindeuten, die „ein Missionierung- und Finanzierungsprogramm zur Stärkung des Islam in Europa" durchführte. „Es umfasst 140 Projekte, wie den Bau von Moscheen, oder die Errichtung von Kulturzentren und Schulen." Alles, damit Sarrazin schneller Recht hat?

Tatsächlich liest fast jeder alle paar Tage in der Presse etwas von Überfällen, Vergewaltigungen oder Islam-Terror durch Asyl suchende Männer. Am 21. 12. 2018 brachte Dietmar Seher auf t-online.de als Haupttitel dazu einen Beweis:

Wie hoch ist die Terrorgefahr in Deutschland? – Und er berichtete dann: „Zwei Jahre nach dem Weihnachtsmarkt-Anschlag von Berlin mit 12 Todesopfern ist die Gefahrenlage offenbar ähnlich hoch. Das Bundeskriminalamt geht davon aus, dass in diesen 24 Monaten sechs islamistische Anschläge durch Sicherheitsbehörden vereitelt wurden. "Anschläge von Einzeltätern oder Kleingruppen beispielsweise mit Fahrzeugen, Schusswaffen oder Messern sind aber nach wie vor eine ernstzunehmende Bedrohung." Vor allem für "weiche Ziele" wie Menschengruppen. – Dann stellte er die Frage: „Welche vereitelten Terrorpläne waren die gefährlichsten?"

„Der in Schwerin 2017 festgenommene Yamen A., ein 2015 eingereister Flüchtling aus Damaskus, wollte nach den Feststellungen des Oberlandesgerichts Hamburg bis zu 200 Menschen durch einen selbstgemixten Sprengsatz töten und hatte dafür die meisten Zutaten zusammen. Er wurde Ende November zu sechseinhalb Jahren Haft verurteilt."

Und weiter hieß es in dem sehr genauen Bericht:„Wie viele sogenannte Gefährder gibt es in Deutschland? Die Bundesländer nutzen teils unterschiedliche Definitionen für das, was einen Gefährder charakterisiert. Generell gilt: Gefährder sind noch nicht durch eine Straftat im Bereich des terroristischen Islamismus aufgefallen, aber zum Beispiel durch Drohungen, Äußerungen und Kontakte. Sie haben sich nicht strafbar gemacht. Polizei und Geheimdienste trauen diesen Personen aber zu, politisch motivierte Straftaten von erheblicher Bedeutung zu begehen. Insgesamt ist ihre Zahl parallel zur steigenden Aufmerksamkeit der Sicherheitsbehörden angestiegen. Das Bundeskriminalamt nannte die Zahl von

760 Gefährdern, von denen sich derzeit 440 in Deutschland aufhalten und 130 in Haft sind.

Und „Wo gibt es die meisten Gefährder? In den Stadtstaaten Berlin, Hamburg und Bremen und in Nordrhein-Westfalen und Hessen. In NRW sind laut dem Landesinnenministerium 272 Personen als Gefährder eingestuft, 112 von ihnen "aktionsfähig" und auf freiem Fuß." Wohlgemerkt: Das waren Zahlen vom Ende 2018.

Die NRW-Zahlen zeigten überdies, wie stark die Gefährder-Zahl seit einigen Jahren angewachsen ist. Ende 2014 waren es erst 72, 2016 dann schon 209. Und am 31. 1. 2019 hieß es (HA): „Iraker wollten bei Anschlag angeblich möglichst viele Ungläubige' treffen." Sie wurden in einem kleinen Ort in Schleswig-Holstein unter Terrorverdacht festgenommen'.

Es geht also um den Erhalt der Gesellschaft bei der sich verändernden Herkunft durch große Zuwanderung. Der schon genannte frühere Leiter des ARD-Magazins „Panorama", der Journalist und Jurist Joachim Wagner, sagte im Abendblatt-Gespräch vom 7. 1. 2010: „Wenn man über eines der zentralen Zukunftsprobleme – und dazu gehört die Migration angesichts von Millionen Menschen auf der Flucht – nicht offen und ehrlich reden kann, ist das brandgefährlich. Die Bundesregierung redet das Problem klein, wenn sie darauf verweist, dass in den letzten Jahren unter 200.000 Menschen jährlich zu uns gekommen sind. Das ist die Einwohnerzahl einer mittleren Stadt...."

Die wachsende Angst der Bevölkerung ist also auch nach diesen Berichten begründet. Sie ist auch, neben der Sarrazin-Untersuchung, wie schon erwähnt, ein Grund dafür, dass immer mehr zur Partei AfD überlaufen – und es Migranten teilweise schwer haben, sich zu integrieren und durch Arbeit am deutschen Leben teil zu haben. Zusätzlich schrieb der Bildungsforscher Professor Lindemann in der Zeitschrift „FOCUS" vom 17. 10. 2015: „Der Bildungsstandart der meisten Einwanderer aus Vorderasien und Afrika ist niedrig, ihre Fähigkeiten sind limitiert. Die Folgen werden bitter sein. – Ingenieure auf Realschulniveau."

Aber es ändert sich nicht viel: – Damit sich nicht viel ändert, wird an rund 800 deutschen Schulen zu 55.000 Schülern in Deutschland islamischer Religionsunterricht gelehrt. Der Lehrer-Chef ist über den Islam-Unterricht in Deutschland besorgt.

In Afghanistan trägt laut Buchautor Constantin Schreiber (Kinder des Korans) deutsche Finanzhilfe zur Produktion und Verbreitung antisemitischer Inhalte an den Schulen bei. „Wo Intoleranz täglich auf dem Stundenplan steht" – So der Buchautor und der Artikel in „BILD DEUTSCHLAND" vom 3. 5. 2019. Im Religionsbuch steht auch gegen das Leben in westlichen Demokratien: „In letzter Instanz sind religiöse Gebote bindend, nicht weltliche Gesetze."

Wie soll da eine Integration gelingen, wenn außerdem die Türkei rund 900 Moscheen in Deutschland unterhält? Und wenn jeder, der versucht, die Asylsituation zu verbessern, als Fremdenfeind in die rechte Ecke gestellt wird, wie es lt. „BILD" durch die Ebert-Stiftung geschah. Woran dann der Moderator Claus Kleber und der Politiker Sigmar Gabriel Kritik äußerten. Herr Kleber fragte: „Bin ich schon rechts, weil ich für Recht und Ordnung bin?" (28. u. 29. 4. 2019 in BILD) – So schwierig ist die Situation bei der Integration.

Ich kenne selbst bereits integrierte Personen aus jenen Ländern. Sie sind, wie ich meine, sicher nicht dümmer. Es fehlt dort nur an den guten Schulen – oder überhaupt an Schulen. Um dem abzuhelfen, gründete Ursula Nölle einst den Verein Afghanistan Schulen im Ort Oststeinbek bei Hamburg. Vor 15 Jahren übernahm dann Marga Fladers von ihr den Vereinsvorsitz. Sie reist deshalb zweimal jährlich nach Afghanistan. Der Verein setzt sich dort für Lehrerfortbildung und Schulen ein, baut neue Schulen, hat 2 Frauenzentren eingerichtet – und für ältere Mädchen und Frauen gibt es Förderkurse zur Vorbereitung auf den Schulbesuch. Zu Beginn des Jahres 2019 erhielt sie das Bundesverdienstkreuz 1. Klasse, vom Ministerpräsidenten Günther in Kiel überreicht. Unterstützung findet sie durch Helfer und Spender, das Auswärtige Amt sowie das Bundesministerium für wirtschaftliche Zusammenarbeit.

Vielleicht liegt es auch daran, dass es die Frauen aus diesen Ländern nicht in den politischen Parteien nach oben bringen. Denn am 21. 12. 2018 fragte die Kolumnistin Lamya Kaddor auf t-online.de: „Wie weit kann man es anno 2018 als Frau mit türkischem oder arabischem Migrationshintergrund oder islamischem Glauben in der deutschen Politik bringen?" Und sie brachte dazu die Beispiele 2er Frauen:

Sie schrieb nicht, dass in muslimischen Ländern es die Frauen überhaupt nicht bis nach oben bringen dürfen – und Christen sowieso nicht. Letztere werden dort oft noch verfolgt und getötet, wie es unter www.opendors.de beschrieben wird. Frauen dürfen in Saudi-Arabien erst seit kurzem mit dem Auto fahren. Und in den meisten muslimischen Ländern hat der Mann das Sagen. Auch in der Moschee sitzen die Männer nur im Hauptraum beim Prediger, dem Imam, auf dem Teppich zur Unterwerfung. Es gibt in islamischen Ländern bislang meistens keine Gleichberechtigung.

Aber am 3./4. 8. 2019 hieß die Überschrift im „Hamburger Abendblatt": „Saudi-Arabien erlaubt Frauen das Reisen. – Kronprinz Mohammed bin Salman schränkt die Allmacht der Männer ein und gibt der weiblichen Bevölkerung mehr Rechte." – Frauen über 21 Jahren dürfen künftig ohne Einwilligung des Ehemanns oder ihrer männlichen Verwandten einen Pass beantragen und außer Landes reisen. - Doch sonst bleibt alles wie es war: Frauen dürfen weiterhin nicht gegen den Willen ihres heimischen Gebieters heiraten, studieren, arbeiten oder eine Wohnung mieten. – Soweit der Bericht.

Wie schon zuvor gesagt: Die Christenverfolgung ist in vielen muslimischen Ländern üblich. Am 20. 8. 2019 sprach die ARD-Tagesschau von 100.000. Sie beginnt aber zum Teil schon in Deutschland. Ein Beispiel: „Algerier soll Landsmann wegen seines Glaubens schwer verletzt haben." So die Überschrift am 22. 1. 2019 (HA). Der Landsmann war nur zum Christentum konvertiert. Diese Art der Verfolgung gab es davor aber schon öfter. Und oft endete sie mit dem Tod der zum Christentum konvertierten. Und oft halfen deutsche Behörden dabei indirekt noch mit.

Ein Beispiel zur Mithilfe deutscher Behörden an der Christenverfolgung vom 23. 7. 2019 in „BILD DEUTSCH-LAND": **„Vom Islam konvertierte Christin in den Iran abgeschoben. Jetzt droht ihr der Galgen"** Aus Teheran hieß es dann: „Sie sitzt im Iran fest, darf nicht mit ihren Söhnen in Deutschland telefonieren und hat keine Chance auf einen fairen Prozess." Dazu wird der Menschenrechtsexperte Daniel Karg von Amnesty International zitiert mit: „Der Übertritt vom Islam zu einer anderen Religion gilt im Iran als Abfall vom Glauben – ein Verbrechen, das mit der Todesstrafe geahndet werden kann, wenn der Konvertit sich weigert, wieder zum Islam überzutreten." – „Christliche Organisationen sehen den Iran als eines der gefährlichsten Länder der Welt für Christen." Gegen eine derartige Abschiebung hieß es darunter: „CDU-Kauder kämpft für Christen – gegen Seehofer." Von letzterem hieß es: „Keine Duldung per Taufschein." - Die Wirklichkeit also: Parteien mit dem Vorwort „Christlich" schicken Christen in den Tod.

Oder ist es schon wieder die Verbeugung vor dem Islam und gegen die Integration? Wenn es z. B. in derselben Zeitung hieß: „AUS RÜCKSICHT AUF DAS ‚SEELENHEIL' Kita streicht Schweinefleisch für Kinder." Da hieß es dann in Leipzig: „Aus Respekt gegenüber einer sich verändernden Welt werden ab dem 15 Juli nur noch Essen und Vesper bestellt und ausgegeben, die schweinefleischfrei sind."

Zum Leben in dieser sich verändernden Welt, sollten wir daran denken, das die Gleichberechtigung im Islam noch nicht vorhanden ist. Die Kindergärtnerinnen dürften dann solche Entscheidungen überhaupt nicht fällen.

Zur noch nicht vorhandenen Gleichberechtigung im Islam sollten wir aber zusätzlich nicht vergessen, dass auch in den heute noch christlichen Ländern die Gleichberechtigung erst durch Luther nach der Reformation begann. Und am 17. 1. 2019 war in allen Medien ein Hauptthema, dass vor 100 Jahren das Frauenwahlrecht eingeführt wurde. Die Männer hatten auch früher mehr Rechte als die Frauen. Bis vor rund 60 Jahren konnte der Ehemann den Job seiner Frau kündigen, ihr den Führerschein und große Anschaffungen verbieten – und durfte die Frau erst ein eigenes Konto bei der Bank haben.

Und selbst bei der katholischen Kirche wurde die Gleichberechtigung noch nicht eingeführt. Auch dort wäre vielleicht eine Reformation notwendig, zu der die Zeitung „BILD" auf Grund von Missbrauchsfällen mit 12 Thesen am 26. 2. 2019 aufrief:

1. Öffnet die Akten und Archive! Ein Neuanfang beginnt mit Glaubwürdigkeit! Solange der Vatikan Ermittlungsbereichte zu tausenden Missbrauchsfällen der katholischen Kirche in Geheim-Archiven verschließt, ist dies nicht möglich, etc.

2. Kontrolle zulassen! Düstere Männerbünde, organisierte Kriminalität, obskure Kreise etc.
3. Null Toleranz wahr machen! Etc.
4. Glaubenskongregation abschaffen! Die Kirche duldet keinen Widerspruch, etc.
5. Ende der Scheinheiligkeit! Zölibat abschaffen etc.
6. Frauen zulassen! Rederecht etc. 7. Werdet bescheiden! 8. Mehr Demokratie wagen! Etc. 9. Kirche muss jünger werden! 10. Kindern gehört die Kirche! Etc. 11. In Argentinien aufklären und 12. Sprich, Benedikt!

Doch zurück zur schon früher genannten Lamya Kaddor. Sie wurde 1978 in Ahlen geboren. Sie ist Religionspädagogin und Islamwissenschaftlerin. Außerdem schrieb sie viele Bücher zum Thema der muslimischen Integration. Beispielsweise: „Muslimisch-weiblich-deutsch!". Eine mutige und persönliche Islamkritik, die wachrüttelt und einen wichtigen Beitrag zur Integrationsdebatte leistet. Lamya Kaddor gehört zu einer neuen Generation von deutschen Muslimen.

Am 5. 3. 2019 hieß es in der Glinder Zeitung-Sachsenwald (bei Hamburg): Die Mitglieder der islamischen Gemeinde Glinde (Kleinstadt nahe Hamburg) wollen mit Ihren Mitbürgern ins Gespräch kommen. Gehört der Islam zu Deutschland? „Ja" sagten sie. Und der bundesweite Tag der offenen Tür findet am 3. Oktober, dem Tag der deutschen Einheit statt. Alle können dort beten – auch Andersgläubige. Für Muslime entspricht der Freitag dem christlichen Sonntag und 5 Mal am Tage sollte gebetet werden. Doch viele jüngere kommen nicht mehr. Die Gläubigen werden auch dort, wie bei den Christen, weniger.

In den arabischen Länder ist es aber noch anders: Ein heutiges Beispiel der Frauenunterdrückung wurde dazu am 8. 1. 2019 im „Hamburger Abendblatt" von Martin Gehlen aus Bangkok berichtet: Rahaf Mohammed Alqunun floh aus

Saudi-Arabien nach Thailand, weil sie Vater und Bruder verheiraten wollten. „Ich will mit den UN reden und ich will Asyl", sagte sie dort. Sie ist aber kein Einzelfall. Als Beispiel wurde von Dina Ali Lasloom berichtet, die „zurück nach Saudi-Arabien gezwungen wurde. Seitdem ist sie verschwunden. Andere werden in Erziehungsheimen untergebracht oder erhalten Haftstrafen für ‚Ungehorsam gegenüber dem männlichen Vormund'". Geradezu Unglaubliches ist dort zu lesen. Wie von zwei Schwestern, die sich in New York das Leben nahmen, um nicht in ihre Heimat zurück zu müssen. „Denn in Saudi-Arabien herrscht ein patriarchalisches Schariarecht, was die Frauen bis ins kleinste Detail gängelt und entmündigt… „Eine 13-jährige kann zur Hochzeit mit einem dreimal so alten Mann gezwungen werden." Und Frauen, die sich für die Abschaffung der männlichen Vorherrschaft einsetzten, sitzen seit Mai 2018 in Haft. „Nach Auskunft ihrer Angehörigen wurden sie gefoltert und sexuell misshandelt."

Zum Glück ist es in Europa noch anders, - und gerade die jüngeren Zuwanderer wollen es oft auch anders. Denn eine Umfrage der Adenauer-Stiftung zeigte bei den meisten Zuwanderern eine hohe Bereitschaft, sich an die deutsche Kultur anzupassen. (Quelle: dpa auf t-online.de 16. 12. 18/rtr). – **83 Prozent der Deutschen mit Migrationshintergrund…gaben an, Zuwanderer sollten ihr Verhalten der deutschen Kultur anpassen. Nahezu 100 % befürworteten den Erwerb der deutschen Sprache und ¾ sprechen auch zu Hause überwiegend Deutsch. 96 % der Deutschen mit Migrationshintergrund leben gerne in Deutschland.**

Und auch das ist wichtig: Drei Viertel der Muslime in Deutschland (74 %) können sich der Umfrage zufolge vorstellen eine christlich geprägte Partei zu wählen. Bei den Muslimen, die sich als schwach religiös einstufen waren es sogar 91 Prozent, bei den durchschnittlich religiösen 78 und bei den stark religiösen Muslimen 57 Prozent." Die Umfrage wurde 2015 unter 1004 Deutschen mit Migrationshintergrund und 1009 in Deutschland lebenden Ausländern durchgeführt. Kanzleramtsminister Altmeier sagte dazu, dass Integration möglich sei, mehr als viele gedacht hätten. (16. 12. 2017rtr auf t-online.de)

Dann müssen die Deutschen aber auch für die deutsche und europäische Kultur, auch für das Christentum, eintreten. Selbst die Kirchen sind hier gefordert. Sie müssen versuchen, den außerhalb der europäischen Kultur Andersgläubigen die Vorteile des Christentums, auch für sie, zu vermitteln: „Liebe deinen Nächsten – wie dich selbst." Und Weihnachten wurde Jesus Christus als der Begründer der Nächstenliebe geboren. Ein Hauptgrund, weshalb die Asylanten in Europa aufgenommen wurden und werden. Dazu sollten die Kirchen nicht kirchliche Schulen und Kirchen schließen, sondern sogar für neue Christen werben. Denn immer mehr treten aus den Kirchen aus – und immer mehr Kirchen werden geschlossen.

Wollen die Kirchen und die Bevölkerung die abendländische Kultur noch erhalten? Dazu gehören auch Bach, Beethoven und Brahms – Klassik-Musik, um nur B zu nennen. Dazu gehört auch auf Saudi-Arabien hinzuwirken, in Mekka den Islam zu reformieren, anstatt in den USA Waffen zu kaufen. „Liebe Deinen Nächsten wie dich selbst", ist Christentum, dass hier aber bis 1945 auch nicht vorhanden war. Diktaturen wollen das nicht.

Die Wirklichkeit der Flüchtlingsbetreuung und Einbürgerung beschrieb Susi Petzold. - „Die Frau, die in ihrer Freizeit 25 Flüchtlinge betreut." So hieß die Überschrift am 18. 12. 2018 im „Hamburger Abendblatt" über ihr Wirken, dass sie in ihrem Buch „Protokoll" beschrieb. „Manchmal vergesse ich, dass ich ein Flüchtling bin", hieß sodann ihre Widergabe über die Einbürgerung der Flüchtlinge. Diese Erfahrungen beginnen mit dem Treffen in einer Autowerkstatt: Der 21-jährige Belal macht dort eine Lehre als Kfz-Mechatroniker. Er war vor 3 Jahren mit seinem Bruder aus Afghanistan geflüchtet. Es wird dann über die Probleme gesprochen. Pünktlichkeit ist eines davon. Doch „Junge wie Belal lernen das aber schnell", sagte dazu der Ausbilder, „die sagen, wenn das hier so ist, dann mache ich das auch so." Anders ist es da oft bei den Älteren. So hatte der Ausbilder das Problem, dass ein Älterer keine Arbeit in der Küche machen wollte, weil das in der alten Heimat auch nicht üblich war. Küchenarbeit machten dort nur die Frauen. - Dabei fällt mir das schon früher genannte Gespräch mit einem gut integrierten Afghanen ein, der sagte, da müsse er erst seine Frau fragen. In Afghanistan hätte er das nicht gebraucht, aber in Deutschland sei das ja anders.

Die junge afghanische Raziye wurde, nachdem ihr Frau Petzold eine Mathematiklehrerin vermittelt hatte, wie folgt zitiert: „In den ersten Wochen der Fastenzeit bestanden meine Eltern darauf, wegen des Ramadan dort nicht hinzugehen." (*denn beim Fasten wird auch nicht gearbeitet und abends dann kräftig gegessen.*) Und weiter sagte sie: „Es war das erste und letzte Mal, dass ich hier in Deutschland wegen des Ramadan etwas verpasst oder anders gemacht habe. Es ist okay für mich, dass der Ramadan hier nicht akzeptiert wird. Ich halte mich strikt daran und besuche trotzdem die Schule."

Die ehrenamtlich tätige Frau Petzold sagte sodann: „Sehr viele werden hier bleiben und die Gesellschaft von morgen mitprägen." Und dann berichtet sie etwas, fast alias Sarrazin, über die Zukunft: **Wenn nicht engagierte Deutsche Zugang zu den Flüchtlingen bekommen, bekommen es** andere. Sie schreibt über Geflüchtete, „die nichts auf die Reihe kriegen. **Also machen sie halt in der Moschee oder bei irgendwelchen Leuten, die sie beruhigen. Dass sie aber bloß ausgenutzt werden, um etwas Schlechtes zu machen, merken sie nicht.**"

Und sodann stand dort der Klartext zum Thema Scharia: „Ich glaube, die deutsche Regierung müsste mit dem Thema Religionsfreiheit strenger sein." Und der zu Beginn genannte Belal sagte zur Frage, was ihm nicht gefiele: „In der Schule haben einige überhaupt keinen Respekt vor den Lehrern. **Und es gibt hier Leute, die haben keine Lust zu arbeiten und bekommen dann auch noch Geld vom Staat. Das geht überhaupt nicht!**"

Fast alle Flüchtlinge kommen aus Ländern, die sich mit anderen bekriegen. Fast ähnlich, wie es vor rund 80 Jahren in Europa war. Auch durch die aus den USA kommende Weltwirtschaftskrise konnte ein Adolf Hitler hochkommen, bei dem es wirtschaftlich sehr bergauf ging. „Am deutschen Wesen soll die Welt genesen", war das Motto und die Grundlage der Kriege gegen alle - und des Holocaust.

Ähnlich ist es zum Teil aber auch beim heutigen Islam, der oft Gegeneinander und später vielleicht gegen alle kämpft. Sunniten kämpfen indirekt gegen Schiiten. Der IS und die Taliban sind dabei die Spitze. Alle sollen gehorchen und dumm bleiben. Bei den Taliban noch nicht einmal lesen und schreiben lernen. Alle kämpfen gegeneinander für ihre Islam-Glaubensart und zusätzlich noch gegen die Israelis. Die USA helfen dabei durch Waffenlieferungen mit, nehmen aber keine Flüchtlinge auf. Und diese Unterschiede bringen die Kriegsflüchtlinge dann möglicherweise nach Europa mit – und vermehren sich entsprechend der „Sarrazin-Rechnung".

Obwohl die Anzahl der Extremisten im Vergleich zur Gesamtbevölkerung verschwindend gering ist. In Hamburg waren es Mitte 2019 (HA 9. 7. 2019) bei rund 1,85 Millionen Einwohnern: 1.631 Islamisten, 1.335 Linksextremisten und 340 Rechtsextremisten, zusammen also nur 3.306.

Trotzdem ängstigen sie nach den Islamisten-Anschlägen, dem Rechts-Mord am Kasseler Regierungspräsidenten Lübcke und den Links-G20 Krawallen in Hamburg doch die übrige Bevölkerung. Zu letzterem wurde (HA) am 9. 7. 2019 über die Verurteilung eines Teilnehmers berichtet: „Er wollte Menschen verletzen." Und der Amtsrichter sagte: „Damit es keine weiteren Gewaltorgien gibt, müssen klare Ansagen gemacht werden."

Bei den Islamisten wird der Koran in ihrer Moschee eben als Grundlage ihres Glaubens extremistisch ausgelegt. - Ähnlich legten die katholischen Priester ja früher auch die Bibel so aus, wie sie es für richtig hielten. Bis Luther die Bibel übersetzte, damit jeder selbst nachlesen konnte, weshalb er von ihnen auch umgebracht werden sollte. Meistens spielt der Erhalt der Umwelt dabei keine Rolle. Allein deshalb muss es heißen: Integrieren oder zumindest sich an die Verfassung halten. – und keine größere Vermehrung, dank Hartz-IV, als bei den Deutschen.

Dr. Thomas Mirow (SPD) von der Deutschen Nationalstiftung sagte dazu (HA 1./2. 6. 2019):
„Unbegrenzte Zuwanderung funktioniert nicht."

Ein großer Dank gilt besonders denjenigen, die sich, wie Frau Petzold, um die Integration kümmern. Freunde von mir machten das auch: Von 5 Personen aus Syrien integrierten sich dabei drei: Einer arbeitete als Kraftfahrer, einer bei der Sparkasse und einer als Anwalt in der Verwaltung. Von einem der drei arbeitete die Ehefrau sodann für Biochemie im Labor. Voll integriert.

Am 4. 1. 2019 hieß die Nachricht (HA): „Mehr Patente von Forschern mit Migrationshintergrund". Fast jedes zehnte aus Deutschland angemeldete Patent sollte demnach lt. IW von „klugen Köpfen mit Migrationshintergrund stammen." - Aber die Patente kamen dabei nicht von Migranten aus muslimischen Ländern, sondern aus Polen, Tschechien, Ungarn, Serbien oder Russland. Also aus Europa – dem Ursprung der westlichen Kultur. Dem Ursprung der klassischen Musik, der Malerei und Bildhauerei, der Wissenschaft überhaupt. Es kann nicht oft genug wiederholt werden.

Zur genannten Scharia sagte Friedrich Merz von der CDU: „Kein Scharia-Recht auf deutschem Boden". Nach www.wikipedia.org beschreibt die Scharia „die Gesamtheit aller religiösen und rechtlichen Normen, Mechanismen zur Normfindung und Interpretationsvorschriften des Islam (aus ‚Das Islamisches Recht' von M. Rohe, 2011). Die Scharia wird aber nur an einer einzigen Stelle im Koran in Sure 45, Vers 18 erwähnt: Wo er ursprünglich den Pfad in der Wüste zur Wasserquelle bezeichnet. Daraus wird im Islam der göttliche Ursprung abgeleitet." In vielen muslimischen Ländern entspricht die Scharia der Gesetzesgrundlage. Selbst in einigen westlichen Ländern wird sie teilweise anerkannt. (Siehe hierzu z. B. Wikipedia).

Aber wie hieß es zuvor über Geflüchtete, „die nichts auf die Reihe kriegen. - Also machen sie halt in der Moschee oder bei irgendwelchen Leuten, die sie beruhigen. Dass sie aber bloß ausgenutzt werden, um etwas Schlechtes zu machen, merken sie nicht."

Ein zusätzliches Problem dabei ist zurzeit auch noch, dass die Moscheen größtenteils aus muslimischen Ländern finanziert werden. Darüber berichtete bereits der zuvor genannte Bericht über „Katar: Millionen für Europas Islam". Und dazu schrieb beispielsweise „Bild" am 29. 12. 2018: „Wie Terror-Geld Moscheen in Deutschland finanziert. Wie viel finsteres Geld aus dem Ausland finanziert die deutschen Moscheevereine?" Und dann wurden Geldquellen für die geschätzt 2600 Moscheen aus dem Iran, der Türkei, Saudi-Arabien und Kuwait genannt. Am selben Tag hieß beispielsweise die Überschrift im „Hamburger Abendblatt": „Wer finanziert die Moscheen in Deutschland? – Die Auslandszuwendungen sind der Bundesregierung ein Dorn im Auge – auch aus Sicherheitsgründen. Außenminister Maas will die arabischen Staaten in die Pflicht nehmen." Allerdings gestattet Deutschland als einziges Land, dass die Türkei 900 Moscheen mit Personal bauen und unterhalten darf. Ja Anfang 2019 kam sogar die Idee auf, dass in den Schulen türkisch, statt der Weltsprache Englisch gelehrt werden sollte.

Der evangelische Pressedienst (epd) schrieb (HA 27. 12. 2018): „Die liberale Muslimin Sayran Ates und Politiker der großen Koalition fordern die Einführung einer Moschee-Steuer für Muslime. Mit einer solchen Abgabe sollten die Muslime die Finanzierung ihrer Gemeinden verstärkt selbst organisieren." – „Für Unions-Fraktionsvize Thorsten Frei (CDU) wäre das ein ‚wichtiger Schritt', um den Islam von ausländischen Einflüssen zu emanzipieren. – Ob das was wird? – Ich besuchte vor Jahren die größte Moschee in Berlin. Dazu hatte Saudi-Arabien mal eben 4 Millionen gegeben. Allerdings wird in Saudi-Arabien das Geld knapper, siehe „in Riad braut sich was zusammen", im Handelsblatt.

Die „Unterwerfung" hat wohl teilweise bereits in Deutschland begonnen. Mit dem Ende der hiesigen Zivilisation als Ziel. Von der Umwelt ist dabei, wie schon gesagt, überhaupt keine Rede. Und am 7. 3. 2019 stand im „Hamburger

Abendblatt (Muks)": „Der CDU/CSU-Fraktionsvorsitzende Ralph Brinkhaus kann sich einen Muslim als Bundeskanzler vorstellen." Auf der Vorseite stand, dass der AfD-Fraktionschef Höcke sich keinen muslimischen Bundeskanzler vorstellen könne. Er gilt aber als rechts.

Wenn die Christen daneben weniger werden, könnte wohl, wenn das neue Sarrazin-Buch Recht behält, eines Tages Weihnachten ohne Weihnachtsgrüße stattfinden - oder überhaupt nicht mehr. Und die Umwelt ist dann sowieso eingegangen. Gerade die Partei die „Grünen" wird ja wegen der Umweltangst von immer mehr Wählern gewählt. Aber die Deutsche Vereinigung für eine Christliche Kultur (DVCK) e. V. schrieb dazu am 4. 1. 2019, dass sich in Deutschland der Kinderschutz und Familienwerte in einem freien Fall befänden. Als Ursache wurde dabei auch das Erstarken der Grünen bei den letzten Wahlen genannt (z. B. Gender, Ehe und Familie, Schulpolitik).

Wenn in Europa keine Kampf-Verhältnisse wie im nahen Islam-Osten eintreten sollen, dann müssen die westlichen Werte, auch des Christentums, wie schon gesagt, erhalten bleiben, für sie eingetreten werden, einschließlich des Erhalts der Umwelt, denn die USA – als der Hauptschuldige an Kriegen und Waffenlieferungen – nehmen, wie ebenfalls schon gesagt, keine Fremden auf. Darum auch die teure Mauer nach Mexiko. – Aber auch die Kirchen sind gefordert tätig zu werden, Moslems, aber auch Europäer, zu Christen zu machen. Wo bleibt sonst der Missionsbefehl? - und auch für den Umwelterhalt zu kämpfen.

Doch „Rechtsradikalismus und Ausländerkriminalität sind Gift für die Integration – beide gehören bekämpft", schrieb Matthias Iken in seiner Kolumne am 5./6. 1. 2019 im „Hamburger Abendblatt." Und dann bringt er Beispiele, wie

Rechte die Ausländerkriminalität und Linke die rechtsradikale Gewalt instrumentalisieren.

„Selbst denken", statt Konsum-Denken, hieß es im Kapitel 10. Alle Probleme sind gemeinsam lösbar. Man muss es nur wollen. Zusammen denken, wie die Probleme gelöst werden können, anstatt beispielsweise, wie schon gesagt, Anschläge auf politisch Tätige oder Unternehmen zu tätigen.

Diese Beachtung der Wirklichkeit muss auch von den Menschen und den Wählern in Europa von der Politik gefordert werden. Beispielsweise könnte die SPD stolz darauf sein, ihren früheren Berliner Senator Sarrazin noch als Mitglied zu haben. Er zählt immerhin zu der ersten in der „Liste der 500" der intellektuellen Elite des Magazins „Cicero". Oder den früheren Neukölln-Bürgermeister Buschkowsky.

Wenn am 13. 2. 2019 (HA/dpa) nach Untersuchung der Bertelsmann-Stiftung aus Berlin gemeldet wurde, dass der deutsche Arbeitsmarkt angesichts der alternden Bevölkerung jährlich 260.000 Zuwanderer benötigt, davon rund 114.000 aus dem EU-Ausland und 146.000 aus Drittstaaten (wie auch Asylanten), dann werden die Ausländer mehr und Sarrazin hätte recht. Allerdings nannte Matthias Iken die Bertelsmann-Studie: „Studien aus dem Phantasialand", weil eben vieles anders läuft. Er schrieb u. a., „dass **Einwanderung in den Arbeitsmarkt für ein Land klüger ist als eine Migration in die Sozialsysteme – und eine gesteuerte Zuwanderung besser als offene Grenzen.**" Dazu hieß am 23. 9. 2019 die Zeitungsüberschrift (HA): „Drei von vier Syrern leben von Hartz IV. Trotz höherer Bildungsabschlüsse tun sich viele bei der Jobsuche noch schwer." – „Vor der Arbeitssuche stehen bei Migranten Sprachkurse."

Soweit „Phantasialand", denn leider bekommen die Deutschen, anders als die Ausländer aus den Drittstaaten, auch deshalb immer weniger Kinder, weil Ehepaare meistens beide arbeiten müssen, um ihre 1.000 bis 1.500 € an Miete aufbringen zu können. Denn die Grundsteuer wird meistens parallel zu den zu versorgenden Asylanten mehr – und die Wohnungen knapper und dadurch teurer.

Weil die Altbürger weniger werden, geschieht dies dann für die Neubürger, denn auch für die Asylanten muss Wohnraum geschaffen werden. Das Kapital dazu bezahlen oft die Altbürger mit der Grundsteuer, die dann vielleicht ihr Haus verkaufen müssen – und selbst kaum noch Wohnraum haben. – Aber das ist noch nicht alles:

Helfen Sie, wie Frau Petzold, den Asylanten, aber verlangen Sie auch Frieden in den Kriegs-Regionen, deren Kriege zu den Asylanten führten – und verlangen Sie auch, dass sie nicht kommen, um Hartz-IV mit großer Familie zu kassieren.

Verlangen Sie von den Abgeordneten, die Probleme zu lösen. (www.bundestag.de/abgeordnete).
Aber die Umweltprobleme und der Umwelterhalt sind noch wichtiger. Die Abgeordneten müssen immer tätiger werden, für die Zukunft in Demokratie, aber besonders auch für die Umwelt auf der Erde kämpfen. Wälder pflanzen und Plastik aus dem Meer holen, statt Geld zu verteilen. Nicht mehr, sondern weniger Konsum. Es eilt!

Ein Beispiel der schlimmen Flüchtlingsgründe brachte T-Online am 14. 3. 2019: Achter Jahrestag des Syrien-Konflikts" - Alles, an was ich mich erinnere, ist der Krieg" (avr, t-online.de). 2011 begann der Krieg in Syrien. Hunderttausende Menschen starben, Millionen sind auf der Flucht. Vor allem die Kinder leiden in dem Konflikt. Das sind ihre Geschichten: Als der kleine Yahya und seine Familie aus Syrien flüchteten, war es dunkel. So dunkel, dass sie kaum die Straße sich sahen. Bei jedem Schritt mussten sie aufpassen, nicht auf Gegenstände zu treten, die andere Flüchtlinge weggeworfen hatten. "Ich musste meine Schulbücher, Stifte und Farben zurücklassen, weil meine Mutter es mir gesagt hatte", sagt Yahya. "Sie sagte, es würde nicht lange dauern, bis wir zurückkehren. Aber jetzt sind es schon sechs Jahre." Yahya ist ein syrisches Flüchtlingskind. Heute ist er 13 und lebt in Zaatari, einem Flüchtlingslager in Jordanien. Seine Geschichte veröffentlicht das Kinderhilfswerk Unicef. "Alles hat sich geändert: „Meine Schule, meine Heimat, meine Freunde", sagt Yahya."

Und noch eine Meldung aus Berlin „zum Erhalt unserer Gesellschaft" über Syrien: „Der fast neunjährige Bürger- oder auch Religionskrieg in Syrien hat die christlichen Gemeinschaften nach dem Religionsexperten Oehring zerstört. Mehr als 700.000 der vorher 1,2 Millionen Christen im Lande sollen ins Ausland (also auch z. T. nach Deutschland) geflohen sein, sagte der Koordinator für den internationalen Religionsdialog der Konrad Adenauer Stiftung (HA/dpa/24.-26. 12. 2019).

Und dann noch das Beispiel: 44.000 Kinder in einem Flüchtlingslager: Zaatari wurde 2012 errichtet. Heute zählt es knapp 79.000 Einwohner, darunter mehr als 44.000 Kinder, schreibt die Unicef. Das Kinderhilfswerk unterstützt den Aufbau des Camps, unter anderem förderte es den Aufbau sogenannter Makani-Zentren. Hier finden Kinder und Jugendliche unter anderem Bildungs- und Freizeitmöglichkeiten, darunter Computerräume und Sportgeräte. 13 Makani-Zentren gibt es laut Unicef in Zaatari, mehr als 7.000 Kinder werden so versorgt. Doch solche Zustände wie in Zaatari sind nicht der Standard für viele Flüchtlinge. Ein Bericht der Unicef zeigt: Viele syrische Kinder leben noch in lebensgefährlichen Verhältnissen – in und außerhalb Syriens.

Zum Weihnachtsfest war ich am Heiligen Abend in der Kirche mit Krippenspiel. Doch die Kirche war so voll, dass die Familie alles nur in einem anderen Raum über die Leinwand erleben konnte. Ich selbst bekam mit meinem Enkelkind auf dem Schoß noch den letzten Platz in der übervollen Kirche. Der schon öfter zitierte stellvertretende Chefredakteur Iken schrieb dazu in seinem Leitartikel (HA), dass zum Heiligabend die Kirchen voll und sonst fast leer sind. Zusätzlich sind (2019) nur noch 55 % in einer der Kirchen. Er schrieb u. a.:…"Der Glaube trocknet aus. Traditionen gehen verloren, religiöses Wissen wird verschüttet, viele tief gründende Wurzeln werden gekappt. Man muss kein Christ sein, um diese Entwicklungen zu beklagen. Es war der Friedenspreisträger und Muslim Navid Kermani, der davor warnte, dass hierzulande Traditionsketten reißen." Und weiter schrieb er: „'Denn euch ist heute der Heiland geboren, welcher ist Christus, der Herr, in der Stadt Davids.' Heißt es im Lukas-Evangelium.: Er wird nicht im Palast geboren, sondern in einer Futterkrippe…Hier wird nicht weniger als eine neue Ordnung begründet, hier liegt die Geburtsstunde einer humanitären Religion." Und dann nennt er auch Gründe des Glaubensrückgangs: „ …da macht sich der Erzbischof in der Flüchtlingshilfe weltweit stark – und schließt in Hamburg 6 Schulen. Zu sehr ist in der Kirche die Rede vom Geld, zu wenig vom Glauben, zu sehr dominiert die Politik, zu wenig die Spiritualität, zu wichtig ist der Zeitgeist, zu wenig der Geist.… Wie sähe dieses Land aus ohne…christliche Krankenhäuser, Schulen, Hospize, ohne Jugendgruppen, Seniorenarbeit und Flüchtlingshilfe? Dunkel."

Im Kapitelanfang wurde die Autorin Susi Petzold aus ihrem Vorwort zum Buch „Protokoll" zitiert: **„Es geht um so viel, um alles, den Erhalt unserer Gesellschaft, unserer Gemeinschaft, der Demokratie –um Deutschland, um Europa."**

Kapitel 16:
„Das" Negative im „Internet muss weg".

Im deutschen Grundgesetz steht: Artikel 2: Das Recht auf Leben und körperliche Unversehrtheit.

Wenn es „um so viel, um alles, den Erhalt unserer Gesellschaft, unserer Gemeinschaft, der Demokratie – um Deutschland, um Europa." geht, dann muss auch „das negative im Internet weg."

Geben Sie Gedankenfreiheit! - Noch ist sie vorhanden – aber sie schwindet. Denn außerdem sind alle – ob Alt- oder Neubürger – „Rohstofflieferanten für Google und Facebook, die als Händler unserer Daten die Welt regieren. Dabei merken wir gar nicht, wie man uns mithilfe dieser Daten manipuliert: Unsere Meinungen, unsere Entscheidungen, unsere Beziehungen."

Der Autor Schlecky Silberstein beschrieb dies in seinem Buch **„Das Internet muss weg"**, sowie allgemein die großen Probleme, die das Internet durch die laufende Benutzung vor allem der sozialen Medien, wie Facebook, mit sich bringt.

Das beginnt bereits in der Jugend, wenn er schrieb: „Nie waren Angststörungen und Depressionen unter Teenagern so hoch wie heute. Nie gab es so viele Teenager Selbstmorde. Nie beklagte sich eine Generation so sehr über Beziehungsstörungen wie Millennials, und nie registrierten Psychologen einen so niedrigen Stand des Empathie-Levels unter Jugendlichen wie heute." „Smartphones sind kleine Spielautomaten, deshalb können wir uns so schwer davon lösen. Die Münze ist dabei eine Dateneingabe infolge eines Interaktionsanreizes."

Die großen Probleme, die das Internet langfristig mit sich bringt, werden in dem Buch beschrieben: „E-Mail, Whats App, Snapchat. Moderne Kommunikation zerstört die Kommunikation." So heißt beispielsweise ein die heutigen Probleme beschreibendes Kapitel in dem Buch.

„Smartphones sind am Steuer lebensgefährlich. – Mehr Unfälle durch Ablenkung als infolge von Alkohol." So die Zeitungsüberschrift vom 15. 11. 2019 (HA/Stormarn). „Manche Fahrer sind durch elektronische Geräte so abgelenkt, dass sie es über Kilometer nicht wahrnehmen, wenn sie ein Polizeiauto verfolgt", sagte der Präventionsbeamte…Seine Kollegin ergänzte: „Trotz höheren Bußgelds stellen wir bei Kontrollen fest, dass die Zahl der Verstöße steigt." – Also doch: „Das Internet muss weg?" Smartphone oder Handy werden für viele zum Lebensinhalt. Das Handy ist so wichtig, dass in derselben Zeitung noch stand: „Jugendliche überfallen 67 Jahre alte Frau und rauben ihr das Handy."

Am 9./10. 11. 2019 (HA/dpa) hieß dann die Meldung: „Immer mehr Kinder leiden unter Beschwerden." Da wird von Kindern mit Migräne berichtet. Und die Dresdner Neurologin Goßrau wird zitiert mit: „Mehr als zwei Drittel der Schulkinder haben regelmäßig Kopfschmerzen." – Der Anteil der Kinder und Jugendlichen mit Kopfschmerzen nehme seit Jahren zu. „Schulfehltage (dadurch) können zu Leistungsabfall, Schulversagen und Schulangst führen. Viele Betroffene isolieren sich sozial, auch seelische Erkrankungen können häufiger vorkommen", warnte die Ärztin.

Die „Schädliche Bildschirmzeit" beschieb eine Studie: „Medienkonsum beeinflusst das kindliche Gehirn. Besonders die Sprache leidet." (11. 11. 2019 HA/dpa) Für ihre Studie hatten Wissenschaftler des Cincinnati Children's Hospital Medical Center 47 Kinder im Alter zwischen 3 und

5 Jahren untersucht....Bei den Kindern mit mehr Bildschirmzeit war die sogenannte weiße Substanz im Hirn verändert....- vereinfacht könnte man davon sprechen, dass die Leitungsgeschwindigkeit der großen Datenautobahnen im Gehirn verringert war." Martin Korte von der TU Braunschweig sagte: „Das Hauptproblem ist in meinen Augen, dass Kinder, die viel Zeit vor Bildschirmen verbringen, weniger sprechen und weniger dem Sprechen andere lauschen."

Das zusätzlich Negative des fortwährenden Lebens mit Handy, Smartphone oder Bildschirmen wird laufend bewiesen. Dazu finden sich zusätzliche Beispiele in den folgenden Kapiteln bezüglich der verschwiegenen Strahlungs-Gesundheits-Gefährdung.

Doch zuvor ein weiteres Beispiel: „Zu viel Facebook macht unglücklich und radikal. Neue Studie zeigt: Soziale Medien verstärken Verschwörungstheorien und Aggressivität. (HA J. M. Wellmann 28. 8. 2019.)"

Und diese Probleme werden immer größer. Sie beginnen bereits bei den Kindern: „Cybermobbing hat es vor zehn Jahren noch nicht gegeben", wurde die Ärztin Dr. Ott am 7. 11. 2019 im Hamburger Abendblatt zitiert. „Der Druck,. In den sozialen Medien präsent zu sein und gemocht zu werden, macht viele Kinder krank." So das ärztliche Zitat. Forscher beschrieben kurz vorher, dass Kinder vor dem 11. Lebensjahr vom Internet und von Smartphones möglichst fernzuhalten sind. Nicht bessere – sondern immer schlechtere Schulbildung wären die Folgen.

Es kommt aber noch schlimmer: „Jedes vierte Schulkind ist psychisch auffällig, zeigt eine Studie der Krankenkasse DAK. Die Ursachen dafür sind vielfältig", so die Meldung vom 22. 11. 2019 (HA) – und „2 % der Schüler sind depressiv." Und da liest man dann unter anderem: „Äußere Einflüsse wie Stress oder das ständige Vergleichen in den sozialen Medien könnten eine Erkrankung dann natürlich begünstigen." Oder: „…neue Technologien, irreale Schönheits- und Lebensideale, zur Schau gestellt auf Instagram und Co." – Kliniken und Ärzte können oft helfen.

Am 2./3. März 2019 sah der ARD-Chef Ulrich Wilhelm (HA, J. Gaugele, J. Quoos u. S Vannnier) in den Geschäftsmodellen von Google und Facebook eine „Gefahr für die Demokratie". Und dann sagte er: „Wir sehen in Deutschland, dass durch Freund-Feind-Denken und Polarisierung der Zusammenhalt schwächer wird. In unserer Demokratie kommt Konsens ja immer durch Rede und Gegenrede zustande. Dann können Kompromisse auch getragen werden. Doch wenn Menschen nur noch zur Kenntnis nehmen, was sie in ihrer eigenen Meinung bestärkt, und nicht mehr das ganze Bild sehen, dann schwindet das Gemeinsame. Und Polarisierung und Hass nehmen zu." Das „selbst denken" gemäß Kapitel 10 wird also weniger.

Es kann aber noch viel schlimmer werden, denn der „Geheimdienst und Datenschutz warnten vor ‚TikTok'-App", so die Meldung vom 25. 11. 2019 in der Zeitung „BILD". Das deutsche Bundesamt für Verfassungsschutz (BfV) warnte vor der Benutzung der erfolgreichen chinesischen Video-App. Und der Datenschützer Ulrich Kelber warnte vor „Apps von Anbietern, die ihren Sitz nicht in der EU haben." Es kann nicht ausgeschlossen werden, dass in anderen Ländern „eventuell auch staatliche Stellen zugriff auf die Daten erhalten."

Ein weiteres Problem ist das einseitige durch Apps geförderte Parteidenken Ein Beispiel ist der Umgang mit den sich vermehrenden Asylanten und der sich wohl dadurch auch vermehrenden Partei AfD. „Im kleinen Ort Paska im Süden

Thüringens erreichte die Partei am rechten Rand bei den Landtagswahlen ihr Rekord-Ergebnis." (29. 10. 2019 HA) Das waren dann 62,7 %. Und der Bürgermeister wurde zitiert mit: „Die Deutschen zahlen alles, die Ausländer bekommen alles." Das war dann wohl rechts!

Als nun der frühere AfD-Mitbegründer, und dort seit Jahren nicht mehr tätige Hamburger Professor für Volkswirtschaftslehre Bernd Lucke (57) am 16. 10. 2019 wieder mit Vorlesungen in der Hamburger Universität beginnen wollte, wurde er von Demonstranten niedergebrüllt und musste unter Polizeischutz das Gebäude verlassen. (HA 17. 10.) Als er eine Woche später wieder eine Vorlesung halten wollte, stürmten ca. 30 teils vermummte Jugendliche erneut seine Vorlesung und brüllten: „Es gibt kein Recht auf Nazipropaganda!" Dabei hielten sie Spruchbänder hoch – mit der Aufschrift „Antifaschistische Aktion." (HA 24. 10.) Das war dann wohl links.

Aus eigener Erfahrung weiß ich, dass die Volkswirtschaft nichts mit Nazipropaganda zu tun hat. Aber auch schon vor über 40 Jahren beschäftigte ein Mit-Kommilitone die Vorlesung in meinem Beisein mit dem Einwand, der Sozialismus sei besser, worüber dann auch diskutiert wurde.

Am 9. November 2019 wurde in Deutschland der dreißigste Jahrestag gefeiert, an dem Hunderttausende über die Grenze strömten, in Berlin die Grenzmauer eingerissen und überklettert wurde, und auch durch den damaligen sowjetischen Präsidenten Gorbatschow und die Regierungen in Ost und Westdeutschland sowie die USA die Wiedervereinigung Deutschlands ermöglicht wurde. Die damalige DDR, die Deutsche Demokratische Republik war eben nicht demokratisch, die Staatssicherheit (Stasi) überwachte alles und der Sozialismus bewährte sich nicht, nur deshalb wollten wohl fast alle die Grenze überwinden.

Das Links-negative der DDR erlebte die heutige Jugend genauso wenig mit, wie das Rechts-negative der Nationalsozialisten. Vor allem deshalb gibt es wohl immer mehr Links und Rechts. Aber nur die gleichen Ideen reden im Internet mit einander. Mit anderen dagegen nicht. Das ist ein Hauptproblem.

„Der dritte Versuch des genannten AfD-Mit-Gründers Professor Lucke fand dann in einem Physik-Hörsaal statt. Eine Hundertschaft und Absperrgitter sicherten das Areal." (HA 1. 11. 2019 Jessen, Rascher.)

Zuvor kritisierte in Berlin sogar der Bundespräsident die Verhinderung einer Vorlesung von Bernd Lucke an der Universität Hamburg und der Rede des CDU-Politikers Thomas de Maiziere. „Das offene Ohr, das beherrschte Wort, die schonungslos ehrliche, aber auch respektvolle Auseinandersetzung seien Tugenden, die das Land dringend brauche. Was nicht gebraucht werde, sind aggressive Gesprächsverweigerung, Einschüchterung und Angriffe," (26./27. 10. 2019 HA/dpa.)so der deutsche Bundespräsident.

Am 18. 11. 2019 forderte Der Bundespräsident Steinmeier bei der Hochschulrektorenkonferenz in Hamburg dann eine neue Form der Streitkultur. „Diese Form der Auseinandersetzung müsse aufs Neue gelernt werden, Staatsbürger, die es gelernt haben, strittige Themen mit offenem Visier zu diskutieren – und Unterschiede auszuhalten, ohne sich in Selbstverkapselung zu verkriechen oder in rücksichtsloser Aggressivität nur die eigene Meinung gelten zu lassen." (dpa/mha/HA)

Am 21. 10. 2019 hieß als Beispiel fehlender Streitkultur vor der Wahl im deutschen Bundesland Thüringen die Überschrift (t-online/AFP): „Dann wollen sie mich abstechen."

Thüringens CDU-Spitzenkandidat Mike Mohring hatte zuvor schon per E-Mail eine Morddrohung erhalten. Und nun erhielt auch der Grünen-Politiker Dirk Adams als Fraktionsvorsitzender im Thüringer Landtag kurz vor der Landtagswahl eine Morddrohung.

Mohring sollte nach der Forderung seinen Wahlkampf bis Sonntagmittag einstellen. „Das haben Rechtsextremisten von mir gefordert", sagte Mohring. „Wenn ich das nicht tue, dann wollen sie mich abstechen, so wie die Oberbürgermeisterin von Köln, Henriette Reker, oder gar eine Autobombe zünden." – Das war dann also rechts, obwohl früher die CDU als rechts bezeichnet wurde. Heute ist es die AfD-Partei. Am 8. 11. 2019 (HA/zv) hieß dann eine Zeitungsüberschrift in Hamburg: „Linksextreme bekennen sich zu Farbanschlag auf Polizeiwache." - Auf einer linksextremen Internetplattform tauchte dazu ein Bekennerschreiben auf.

Woher kommt, zusätzlich zum Internet, diese heutige rechts- und linksextreme Gewaltbereitschaft? Der frühere Berlin-Neuköllner Bürgermeister Heinz Buschkowsky schrieb einmal das Buch „Überall ist Neuköln." Und so ist es tatsächlich, wenn es zum Beispiel von einem Hamburger Stadtteil am 7. 11. 2019 (HA/epd) hieß: „…im Hamburger Osten gilt als sozialer Brennpunkt. Die Migrantenquote liegt bei 58 Prozent, bei Jugendlichen sogar bei 80 Prozent. Etwa ein Viertel der Bevölkerung erhält Sozialleistungen."

Trotzdem laufen fast alle in dem Stadtteil mit dem Smartphone oder Handy herum, mit dem jeder seine für ihn richtige Welt sucht und findet. Und viele freuen sich auch über die Zuwanderung. Zunächst auch die Wirtschaft, weil immer mehr - einschließlich neuer Wohnungen - verbraucht wird. Andere denken an die 80 % der jugendlichen Migranten und die 25 % Sozialleistungen. Sind sie dann schon rechts und die anderen links? - Was sagte der deutsche

Bundespräsident in Berlin? „Was nicht gebraucht werde, sind aggressive Gesprächsverweigerung, Einschüchterung und Angriffe."

Neben den schon genannten Anschlagsdrohungen auf Politiker, waren kurz zuvor die Schüsse von Halle ein „Weckruf für die Republik." So der Leitartikel vom 10. 10. 2019 im „Hamburger Abendblatt." (Das waren Schüsse auf eine Synagoge.) Und am 21. 10. (HA) forderte dann ein grüner Justizsenator in Hamburg: „Möglichst mehr Strafanzeigen, mehr Staatsanwälte und Druck auf Facebook & Co. Das sind die Eckpunkte einer Offensive gegen ‚Hate Speech' im Internet." Am gleichen Tag wurde er in der Zeitung zitiert mit: „Steffen: ‚Das Risiko von rechter Gewalt wächst."

Nach Schätzungen der Deutschen Migräne- und Kopfschmerzgesellschaft hat etwa jedes zehnte Kind Migräne. Auch von Sehstörungen, Übelkeit und Erbrechen wird berichtet. Als Hauptursache gelten verspannte Muskeln im Schulter- und Nackenbereich. Aber auch verstärkter Medienkonsum, (Also Internet – ‚Das Internet muss weg' heißt ja das Buch dazu.) Seelischer Stress und körperliche Inaktivität. Die kommt auch vom Sitzen vor dem PC.

Der Vorstandchef des Hubert-Burda-Media-Konzerns, Paul Bernhard Kallen, pochte (HA/dpa 8. 11. 2019) „auf eine viel strengere Regulierung sozialer Medien. Es seien Monopole entstanden, die weite Bereiche der Wirtschaft bedrohten…Man habe die sozialen Massenmedien ‚ohne jede Überlegung, ohne Regulatorik, ohne jede Verantwortung einfach auf die Menschheit losgelassen'….Für WhatsApp etwa gebe es für den Umgang mit Daten überhaupt keine Regeln. Dabei erreichten die sozialen Medien mehr Menschen als TV, Radio und Print."

Die Gewalt breitet sich also aus, während sich die europäische Kultur vermindert. Wir merken gar nicht, wie wir durch unsere Daten in unseren Meinungen, Entscheidungen und Beziehungen manipuliert werden.

Das Internet verbraucht nicht nur immer mehr gutes Miteinander, sondern ist außerdem einer der größten Energie und damit Klimaverbraucher. Dazu einige Daten: „Wäre Internetnutzung ein Land, wäre es der drittgrößte Energieverbraucher (inkl. Aller Geräte) nach China und USA." Das brachte „BILD DEUTSCHLAND" am 29. 10. 2019. Das ZDF-Fernsehen hat im Mai 2019 einen Bericht mit dem Titel „Smartphones 2040 die größten Klimakiller" gesendet. Darin hieß es auch: „Kanadische Forscher warnen: Der CO2-Ausstoß von Smartphones bedroht die Umwelt, Schuld daran ist der weltweite Datenaustausch der Handynutzer."

Der von der BILD-Zeitung genannte Energie- und damit Umweltverbrauch wird allerdings noch erheblich erhöht. Denn die RWTH Aachen errechnete im Auftrag des Stromlieferanten EON: Der Strombedarf könnte in Deutschland bis 2025 um 3,8 Terawattstunden (TWh) zunehmen, und zwar allein durch das 5G-Netzwerk. Das ist so viel Strom, um alle 2,5 Millionen Menschen in Düsseldorf, Köln und Dortmund ein ganzes Jahr mit Strom zu versorgen. „Es wäre zwingend erforderlich, die Abwärme der Rechenzentren zu nutzen und auf klimafreundliche Technologien zu setzen."

Doch zurück zum BILD-Bericht: Zusätzlich erbrachte das Internet die reichsten Unternehmer, die Bild auch nannte: Amazon Gründer Jeff Bezos (geschätzt 109,9 Mrd. US Dollar), Mark Zuckerberg von Facebook (62,3 Mrd. US Dollar), Larry Page als Erfinder von Google (49,8 Mrd. US-Dollar, damit dies mehr wird, muss jetzt jeder Portaleingeber monatlich bezahlen – anders als bei Mozilla Firefox) und Ma

Huateng, der Tencent in China gründete (38,8 Mrd. US-Dollar). Ein zusätzliches Hauptproblem: Die Steuern werden oft nicht in den dem Land gezahlt, in dem das Geld verdient wird, so auch nicht in Deutschland, sondern in einem Land mit geringeren Steuern.

Sodann   verbringt beispielsweise jeder Deutsche durchschnittlich 3 Stunden online - und 14 – 29-jährige sogar über 6 Stunden. In dieser Zeit werden keine Bücher oder eine noch meistens objektive Presse gelesen. Und es werden mit Sicherheit die großen klassischen Konzerte der europäischen Kultur nicht gehört.

„Smombies – nur Augen für das Smartphon. Der Blick auf dem Display, bewegen sie sich durch den Straßenverkehr. Unfallmediziner und Forscher sind besorgt, denn die Zahl der Unfälle steigt." So hieß am 20. 12. 2019 eine Hauptüberschrift (Anett Stein/HA). „Betroffen sind vor allem Jugendliche." Und „Zahl der Autounfälle durch Handynutzung steigt." So 2 Unterüberschriften darin. 2/3 der Fußgänger telefonieren regelmäßig, 43 % schreiben Nachrichten – und fast die Hälfte nutzt die Geräte auch beim Überqueren der Straße war dort zu lesen. Also: Das Internet muss (meistens) weg.

Am 4. 12. 2019 brachte Frau Leidinger auf T-Online: „So klimaschädlich ist das Internet": Und dann schrieb sie dazu: „Fliegen und Autofahren ist schädlich fürs Klima. Das dürfte den meisten Menschen mittlerweile bewusst sein. Aber die wenigsten machen sich darüber Gedanken, dass es ebenso klimaschädlich ist, sich ein Video bei YouTube anzusehen, kurz etwas bei Google zu suchen, oder online einzukaufen. 3,8 Millionen Suchanfragen werden weltweit pro Minute allein bei Google gestellt. Jede Suche verbraucht dabei laut Google 0,2 Gramm Kohlendioxid. Das bedeutet, dass allein die Suchmaschine pro Minute 760 Kilogramm CO_2 produziert. Würde man diesen CO_2-Verbrauch mit dem eines Autos vergleichen, fährt Googles Suchmaschine alle zwei Minuten einmal um die Welt.

Den Großteil ihrer Zeit verbringen Menschen im Internet aber nicht mit Google-Suchen, sondern mit dem Ansehen von Videos. Bei einem Drittel davon handelt es sich um pornografisches Material. Wären die Streamingdienste wie Netflix und Amazon ein Land, würden sie in einem Jahr so viel CO_2 produzieren wie Chile, wie eine Untersuchung des "Shift Projects" zeigt." - „Kurz etwas bei Google zu suchen", kann seit 2019 auch dazu führen, nur die Unternehmen dort zu finden, die dafür extra Geld bezahlen. Wer das nicht wollte, wurde dort gelöscht und ist nur noch bei „Mozilla Firefox" zu finden.

In Deutschland soll aber zukünftig der Jugendschutz bei „Instagram & Co" eingeführt werden. Onlinespiele und Filme erhalten dann eine Alterskennzeichnung für Onlinespiele und Filme. „Auch in der digitalen Welt brauchen Kinder und Jugendliche Schutz – vor Mobbing, sexualisierter Anmache, vor Hassrede oder Abzocke", sagte die 2019er Familienministerin Giffey der Redaktion des „Hamburger Abendblattes. Und die EU-Wettbewerbskommissarin Vestager sagte: „Das freie Internet ist Utopie" und beklagte die Kommerzialisierung im Netz. (HA 14./15 12. 2019)

„Stromfresser Internet. EU Kommissionsvize Vestager erwartet hohen Energieverbrauch durch Digitalisierung", war dann am 16. 12 2019 die Überschrift im „Hamburger Abendblatt". Und darin berichtete Herr Kerl beispielsweise von Zahlen des Stromversorgers EON, dass allein durch Plattformen wie Youtube und Netflix und durch Videokonferenzen mit Skype und anderen weltweit rund 200 Milliarden Kilowattstunden Strom pro Jahr verbraucht werden. Schon 2018 hätten diese Plattformen ungefähr so viel Strom verbraucht wie alle Privathaushalte in Deutschland, Italien und Polen zusammen, berichtete dpa. Oder 40.000 Google-

Suchanfragen pro Sekunde weltweit mit je 0,3 Watt bringen 12 KW pro Sekunde oder 43.200 KW pro Stunde. Wenn dieser Mobilfunkverbrauch mit viel Geld immer weiter ausgebaut wird. Und wenn dazu noch der UN-Klimagipfel in Madrid am 15. 12. 2019 mit „Stillstand beim Klimaschutz" (HA) zu Ende ging (siehe auch Kapitel 20), dann wird es so noch lange nichts mit dem „Umwelt- und Lebenserhalt auf unserer Erde".

Viele sitzen eben auch beim Computerspiel mit großem Stromverbrauch vor dem Internet. Das wird aber in Deutschland sogar aus Steuermitteln gefördert. Dazu schrieb der Abendblatt Redakteur Iken u. a. in seiner Hamburger Kritik am 30. 11/1. 12. 2019: „Wirklich groß ist die große Koalition nur im Geldausgeben. Vor wenigen Tagen waren es 200 Millionen Euro Förderung für die Computerspielindustrie – offenbar eine systemrelevante Branche." Damit alle immer nur noch spielend mit dem Smartphone herumlaufen? Die Überschrift zum Artikel hieß: „Wenn jeden Tag Black Friday ist. - So schnell hat die Politik noch nie Milliarden verteilt. Nun gerät sogar die Schuldenbremse ins Visier." Und dann schrieb er auch: „Ein seltsames Bündnis von rechts bis links möchte die Geldschleusen entgültig öffnen. In der vergangenen Woche forderten der Bund der Deutschen Industrie und der deutsche Gewerkschaftsbund, dass der Bund in den kommenden 10 Jahren jedes Jahr 45 Milliarden zusätzlich investieren soll."

Aber wohin? - Statt in den vom Autoren beschriebenen Unsinn, stand in derselben Zeitungsausgabe: (Deutsche) „Nordländer sehen existenzielle Krise der Windenergie" - „Wir brauchen einen deutlich schnelleren Netzausbau. Wir haben Überkapazitäten und müssen die Windanlagen abschalten. Das kann niemand verstehen", sagte Günther (der Ministerpräsident von Schleswig-Holstein.) Bekannt ist dies seit Jahren. Aber lieber wird wohl das Geld für den Spaß ausgegeben. So schrieb der Autor Iken in seinem „Black Friday" zum Geldausgeben: „Die SPD möchte Verhütungsmittel kostenlos für alle verteilen."

Das ist aber noch nicht alles. In Hamburg hieß die Überschrift: „Zwei Millionen Euro – Senat fördert Gamesfirmen. Gründer und Entwickler digitaler Spiele erhalten in den nächsten Jahren wieder öffentliche Unterstützung." – Der Kultursenator gab dies bekannt. (HA 10. 1. 2020). Für Internetspiele, die heutige Kultur – mit steigendem Stromverbrauch – und mehr Kranken.

Am selben Tag war auch die weltweite Demo „Fridays for Future" für eine andere Klimapolitik – und in Deutschland auch gegen den Konsumrausch beim „Black Friday". Und „ausgerechnet am internationalen Protesttag für mehr Klimaschutz hat der Bundesrat Teile des Klimapakets der Bundesregierung gestoppt." (Siehe dazu mehr im Kapitel 22.)

Soviel über die Förderung des Spielens auf dem Smartphone oder Computer im Internet. – Zusätzlich kommt neuerdings als neue Mode, überall im Hause alles zu regeln oder regeln zu lassen: Smartphone und Home sind dann zusammen Smarthome. Dann heißt es zum Komfort: Moderne Hauselektronik ist klug – und unsere Smartphone Apps steuern mit viel Wissen die Funktionen des Hauses. So lassen sich Beleuchtung, Rollladenmotoren, Panikschaltung und sichernde Magnetkontakte nach Wunsch steuern. Vom zusätzlichen Energieverbrauch, der zusätzlichen Wärmeentwicklung und auch der Strahlung redet man natürlich nicht.

Die nachfolgenden Kapitel beweisen die zusätzlich „krankmachenden Wirkungen des Mobilfunks." Davon will allerdings weder die Politik noch die Bevölkerung oft etwas wissen, da der Mobilfunk ja angeblich überall wichtig ist. Vielleicht ist dies ja sogar richtig, wenn dadurch die Menschenmenge mit sich vergrößerndem Umweltverbrauch krank und damit verringert wird.

Klaus Weber schrieb dazu „Mobilfunk – die verschwiegene Gefahr" (Febr. 2019 ISBN 879-3-905533-05-7 – Herausgeber: Klagemauer.TV www.kla.tv . Im Inhalt heißt es z. T.: II. Das „Grenzwert-Lügen-Gebäude", III. Studie, die biologische Effekte belegen, IV. Schädigungen an Menschen, Tieren und Pflanzen, V. Fallbeispiele der Praxis, VI. Die Ignoranz der Behörden, VII. Die Macht der Lobby, VIII. 5G: Der Quantensprung zur weltumspannenden Mikrowellenbestrahlung. Und Manfred Spitzer schrieb das Buch „DIE SMARTPHONE-EPEDEMIE, Gefahren für Gesundheit, Bildung und Gesellschaft."

Da weiterhin immer mehr ihr Smartphone lieben, noch 2 Tipps dazu zuletzt: 1.: Wie bekannt ist, sollte man bei Smartphones möglichst „Mobile Daten aus" aktivieren, um die eigenständigen Aktivitäten des Smartphones im Internet zu unterbinden. 2.: Es gibt - neben Strahlungsaspekten – einen gewichtigen Grund, warum man auch NFC (Near Field Communication) abschalten sollte. Mehr hierzu gibt es in dem SWR-Beitrag „Vorsicht Verbrechen". Siehe dazu: https://www.youtube.com/watch?v=LMjHNbRjLCA.

Zuletzt noch der Hinweis: „Intelligente Stromzähler kommen – und mit ihnen mehr Überwachung und variable Stromtarife." „Zunächst werden diese Smart Meter nur für Betriebe und Haushalte mit einem Stromverbrauch von mehr als 6.000 kWh im Jahr zur Pflicht." Und zusätzlich „bei Solaranlagen über 7 kW Leistung, Ladepunkten für E-Autos und Nachtspeicherheizungen." (19. 12. 2019 DEUTSCHE WIRTSCHAFTSNACHRICHEN üb. Scheingräber.)

Kapitel 17:
Krank werdend in die Zukunft. Warum?

„Zwei Dinge sind unendlich, das Universum und die menschliche Dummheit. Aber beim Universum bin ich mir nicht so ganz sicher."

(Albert Einstein, Erfinder der Relativitätstheorie)

Tabakwaren werden nur mit der Aufschrift **„Rauchen ist tödlich"** verkauft. Sie werden zusätzlich mit hohen Steuern belegt und immer ist in den Medien zu lesen, dass sie rund 10-15 Lebensjahre kosten. Eine aktuelle Studie der Australian National University in Canberra hatte 7 Jahre lang 190.000 Raucher und Nichtraucher ab 45 Jahren begleitet. Raucher haben ein dreimal so hohes Risiko an Herz-Kreislauf-Erkrankungen und Schlaganfall zu sterben, wie Nichtraucher. Selbst geringfügiges Rauchen ist hoch schädlich – aber ein Rauchstopp vermindert das Risiko um 90 %. (7. 7. 19 dpa/t-online.)

Trotzdem rauchen sehr viele Menschen – obwohl es in Apotheken Mittel dagegen gibt. Und zusätzlich sagte Prof. Stefan W. Schneider, der Direktor der UKE-Klinik für Dermatologie in Hamburg (Marc Hasse in HA 17. 1. 2019): „Rauchen wirkt für die Hautalterung wie ein Turbo." Nebenbei gesagt ist es auch für die Kinder schädlich, wenn die Eltern rauchen. Dazu am 15. 1. 2019 (HA/dpa) die Meldung: „Auch seltenes Passivrauchen ist schädlich für Kinder." Das ergab eine Langzeitstudie aus Finnland, „bei der 26 Jahre lang knapp 2500 Kinder rauchender Eltern auf Herz- und Gefäßschäden hin untersucht wurden. Kinder rauchender Eltern hatten ein viermal höheres Risiko, später an einer Verengung der Halsschlagader zu erkranken."

„Schon wenige Zigaretten täglich verdoppeln das Krankheitsrisiko", war die Überschrift vom 7. 7. 2019 (t-online/dpa) – Raucher haben einer australischen Studie zufolge ein etwa dreimal so hohes Risiko wie Nichtraucher an Herz-Kreislauf-Erkrankungen zu sterben.

Ende Juli 2019 kam aus Genf die WHO-Meldung im Tabakbericht: „Mit dem Rauchen aufzuhören ist eines der besten Dinge, die man für seine Gesundheit machen kann." Dies sagte der WHO-Chef Ghebreyesus am 26. 7. bei der Vorstellung des Welttabakberichts. Jedes Jahr sterben nach Angaben der WH0 8 Millionen durch Tabakkonsum. Die WHO forderte zur Verminderung noch höhere Steuern. Sodann warnte die WHO ausdrücklich vor Zigarettenersatz wie E-Zigaretten, alle seien gesundheitsschädlich.

Zwei Professoren klärten bei Vorträgen in Hamburg sodann über **Demenz und Alzheimer** auf. Nach Prof. Gallinat sind 14 Prozent aller Alzheimer Erkrankungen auf das Rauchen zurückzuführen. Sodann wird zum Gehirntraining geraten (Verzicht auf das Navi) und zur maßvollen Ernährung „mit Gemüse, Früchten, Pflanzenölen, Fisch, Geflügel, Vollkorn und Milchprodukten." (Marc Hasse, 12. 2. 2019 HA) - Wegen der Schädlichkeit ist das Rauchen, wie fast jeder weiß, ja auch in fast allen öffentlichen Verkehrsmitteln und Lokalen nicht erlaubt.

Und außerdem: „Ein Zehntel des Mülls an der Ostsee sind Zigarettenkippen". So die Überschrift (HA/tki) der Meldung aus Berlin. „Weggeworfene Zigaretten vermüllen die Meere, Schaden Tieren und könnten in den Nahrungskreislauf gelangen. ..Während der Tabak unproblematisch ist, seien die Giftgemische in den Filtern umweltschädlich." Der Abbau dauert 2-3 Jahre. Die Zigaretten können über das Grundwasser in die Nahrungskette gelangen. Nach EU-Studie machen

Zigaretten mit 19 % den größten Anteil von Kunststoffen in Meeren, wie der Ostsee, aus.

Und so geht es mit dem Spaß machenden krank werden weiter: Am 14. 2. 2019 schrieb Juliane Wellisch auf T-Online/W: „Gefährlich wie Zigaretten – Deshalb brauchen wir Schockbilder auf Süßigkeiten." Und dann schrieb sie, dass **Zucker schlecht** für unseren Körper sein soll, zumindest in den Massen, in denen er in Lebensmitteln und Getränken täglich auf dem Speiseplan steht. Diabetes, Herz-Kreislauf-Erkrankungen, ein erhöhtes Krebsrisiko nennt sie als erste Beispiele. – Also: fast kein Zucker mehr, weshalb es auch in England eine Zuckersteuer auf Softdrinks geben soll.

Am 13. 3. 2019 (HA/*lary*) hieß es dann sogar: „Dreckige Luft gefährlicher als Rauchen". Darunter war ein Auto-Abgasfoto mit der Unterschrift: „Luftschadstoffe lösen Atemwegserkrankungen aus." Das Max-Plank-Institut für Chemie und die Uni Mainz brachten eine neue Studie heraus, die das Risiko von Luftverschmutzung neu bewertete. Die **Lebenserwartung** wurde besonders **durch Feinstaub um 2 Jahre gesenkt**. Während die WHO nur 10 Mikrogramm Feinstaub als Höchstwert empfiehlt, ist der EU-Grenzwert 25 Mikrogramm. Darum gibt es hier auch 133 vorzeitige Todesfälle pro 100.000 Einwohnern. Also, wie beim Rauchen, saubere Luft anstreben. – Wie im Kapitel 8 schon beschrieben.

Am 19. 1. 2019 brachte die Zeitung „BILD" auf der Hauptseite 3 große Fotos der Landwirtschaftsministerin Julia Klöckner, wie sie auf der „Grünen Woche" in Berlin als Foto des Tages Alkohol trank. „Prost". – **Leider kann auch Alkohol zur Sucht werden** und darf vom Autofahrer zuvor nicht getrunken werden. Denn auch zu viel Alkohol ist schädlich. Jeder 10te Beschäftigte hat ein Alkoholproblem

(13. 5. 19HA). Aber viele denken: „Ein bisschen Spaß muss sein, dann ist die Welt voll Sonnenschein."

Es geht weiter mit den zu vermeidenden Schädlichkeiten. Das „Bille-Wochenblatt" brachte am 23. 1. 2019: **„Schimmelpilze in Räumen können für Menschen zu einer gesundheitlichen Belastung werden",** sagte Judith Meider, die Leiterin des auf Schimmelpilz spezialisierten Labors „Urbanus". „Sporen und Bestandteile der Pilze fliegen in Räumen herum und werden permanent eingeatmet. Bei erhöhter Raumkonzentration können Allergien die Folge sein." ‚Manchmal treten sogar Vergiftungserscheinungen oder pilzverursachte Infektionen auf.' - Schimmel gefährdet also die Gesundheit erheblich. Zwecks baulicher Zuvor-Vermeidung schrieb ich auch die E-Books: „HausWärmedämmung" und „Gesund wohnen, bauen und sanieren." Sowie das Portal: www.Bau-Information.de . Zum Entfernen siehe auch www.isotec.de .

Und weiter geht es mit anderen selbstgemachten Erkrankungen: Nach einer Studie, von der Prof. Jos Lelieveld, der am 17. 1. 19 (Lt. HA) dem ARD-Fernsehen berichtete **„sei der Feinstaub** (über den schon im Kapitel 8 berichtet wurde) **für etwa ebenso viele vorzeitige Todesfälle verantwortlich wie das Rauchen."** – „Als Hauptverursacher des Feinstaubs machen die Forscher des MPIC die Landwirtschaft aus, insbesondere die Massentierhaltung. Weltweit verursacht Feinstaub laut Studie rund 9 Millionen vorzeitige Todesfälle. Aus Gülle entweicht Ammoniak, das sich zu Feinstaub entwickelt." Der Präsident des Bauernverbandes hielt allerdings die „Todesfall Statistik" für „hochgradig unseriös". Also: **Weniger Fleisch ist weniger Massentierhaltung und damit weniger Feinstaub. Zumindest aber weniger Klimaerwärmung,** wie es z. B. in den Kapiteln 2 + 3 bezüglich Rindfleisch bewiesen wurde.

Die Menschen arbeiten also sehr oft an ihrem eigenen Untergang. Von den vielen Kriegen gar nicht zu reden. Im Kapitel 3 schrieb ich bereits von der Meldung über eine Studie der Oxford Martin-School (HA): „Weniger Rindfleisch, weniger Tote." **Ein Umstieg von Rindfleisch auf andere Eiweißquellen könnte die Zahl der ernährungsbedingten Todesfälle um bis zu 5 Prozent senken.** 2010 war ja allein die Rindfleischproduktion für rund 25 % aller Treibhausemissionen (ohne die Abholzung der Wälder etc.) verantwortlich. Und mit den Wäldern für 40 Prozent.

Also: Ernähren Sie sich gesund. Darüber sprechen immer wieder viele Ärzte. So beispielsweise Prof. Lohse am 28. 1. 2019 (HA) in seinem „Vortrag - Ballaststoffe besonders wichtig für eine ausgewogene Kost. Auf XXL-Portionen verzichten." Die Ballaststoffe kommen überwiegend in pflanzlichen Lebensmitteln vor. Viele sind in Hülsenfrüchten, Möhren, Paprika, roten Beeten und Kohl enthalten, in Gurken und Tomaten weniger, wegen des Wassers darin. Bei Getreideprodukten Vollkorn wählen.

Und weiter geht es jetzt mit dem ungesunden Spaß. **„Studie: Schon zwei Joints verändern das Gehirn."** War am 15. 1. 2019 eine Hauptüberschrift im „Hamburger Abendblatt". Und dann war zu lesen: **„Bei jungen Cannabis-Nutzern können offenbar selbst kleine Mengen Einfluss auf Denkvermögen oder Geschicklichkeit haben."** Und „in den letzten 12 Monaten konsumierten knapp 7 Prozent der 12- bis 17-Jährigen Cannabis." Dabei können „offenbar selbst kleine Mengen Einfluss auf Denkvermögen oder Geschicklichkeit haben." Und es zeigte sich, „dass bereits ein oder zwei Konsumanlässe innerhalb der Pubertät zu Veränderungen im Bereich des zentralen Nervensystems führen können." – Trotzdem wurde am 10. 1. 2020 in der Zeitung berichtet (HA), dass bei der Diskussionen im Gymnasium 95 % die Freigabe von Cannabis befürworteten. Cannabis wohl bereits das große Geschäft. Es werden sogar schon Aktien angeboten. Aber es gibt noch mehr Drogen und Gefahren:

Am 21. 11. 2019 brachte der Fernsehsender 3SAT die Dokumentation: „Neue Drogen …legal lebensgefährlich? Legal Highs – Substanzen die als Badesalz, Duft oder Kräutermischung angeboten werden. Sie sind jedoch (oft) hochgefährlich." „Cannabis aus der Apotheke." Wurde eine Woche zuvor in Fernsehzeitungen angeboten und auch in der Sendung als schädlich besprochen

Doch weiter bei 3SAT: „Legal Highs sind hochgefährlich. Ihr Konsum endet immer öfter tödlich. Analysen zeigen: Fast alle Produkte enthalten Stoffe, die unter das Betäubungsmittelgesetz fallen. Sie wirken ähnlich wie Cannabis, Ecstasy oder Kokain, nur um ein Vielfaches stärker.

Synthetische Cannabinoide sind sogenannte Voll-Agonisten – klassisches Cannabis nur ein Teil-Agonist. Das heißt: Beim herkömmlichen Marihuana-Konsum werden nur einzelne Rezeptoren in Gehirn und Körper stimuliert, bei der synthetischen Variante alle.

Der Illegale Handel ist schwer zu überwachen: Die Folgen sind verheerend: Es kommt zu Panikattacken, Wahnvorstellungen, Muskelkrämpfen, Kreislaufzusammenbrüchen, Herzinfarkten, Psychosen und – im schlimmsten Fall – sogar zum Tod. Innerhalb weniger Jahre hat sich die Zahl der Todesfälle durch Legal Highs in Deutschland mehr als verzehnfacht. Eine abschließende Einschätzung der Langzeitfolgen beim Konsum von Legal Highs gibt es allerdings nicht, weil derzeit noch keine systematischen Studien vorliegen, da immer wieder neue synthetische Substanzen auf der Markt kommen. 2016 reagierte die Bundesregierung mit einem Gesetz, das die Verbreitung der Legal Highs endlich stoppen sollte, dem "Neue-psychoaktive-Stoffe-Gesetz" – kurz: NpSG. Erstmals wurden ganze Stoffgruppen verboten, vor allem synthetische Cannabinoide und sogenannte 2-Phenylethylamine. Viele der Legal Highs sind jetzt zwar durch das neue Gesetz verboten. Doch es ist sehr schwierig, den Internet-Versand zu überwachen und die im Ausland agierenden Anbieter zu belangen, die immer wieder neue Stoffgruppen entwickeln."

Aber sogar das „**Lachgas wird zur Partydroge. Das Rauschmittel ist legal und günstig. Doch Mediziner warnen vor Nebenwirkungen.**" So die Überschriften am 13. 8. 2019 im „Hamburger Abendblatt".

Hinzu kommt noch der „**Shisha – Besuch mit Risiken und Nebenwirkungen. Die Bars und Lounges verbreiten sich mit rasender Geschwindigkeit. Sie locken auch kriminelles Milieu an und schaden der Gesundheit.**" So die Überschriften am 1./2. 12. 2018 im „HamburgerAbendblatt". (von Christoph Heinemann und André Zand-Vakili). „In den Bars mischen sich Abiturienten und Kriminelle." Ein Beispiel wird dazu genannt: „Am vergangenen Sonntag stürmten Polizisten und Zöllner die Shisha-Lounge … Der Rauch steht dicht im Raum. Es sind rund 80 Personen anwesend, darunter 16 Jugendliche. Wenig später wird die gesamte Bar evakuiert. Messungen ergaben, dass die erlaubte Konzentration des giftigen Kohlenmonoxids mehrfach überschritten war.
Laut Experten hat der Besuch in Shisha-Bars gleich ein vierfaches Risiko. ‚Es hat zunächst alle unzähligen Schäden für die Gesundheit zur Folge wie normale Zigaretten', sagte Dr. Jan Löhler, Vorsitzender der HNO-Ärzte Schleswig-Holsteins. „Hinzu kommt die Kohlenmonoxid-Konzentration im Raum. Zuletzt könne der Besuch in Shisha-Bars junge Menschen schnell verführen, dauerhaft zu Rauchern zu wer-

den." – Und gleich unter dem großen Bericht über die heutigen Bars stand dann der Bericht über

„Das große illegale Geschäft. Immer mehr Banden produzieren in Kellern, Wohnungen und Lagerhallen – Millionenschaden für den Fiskus." Von den Herren Dinger, Niewerth und Unger. Mit einem Foto (DPA) So sieht der Tabak aus, der (in Shisha-Bars) auf die Wasserpfeife gelegt wird. „Im Fokus der Fahnder mehrere Beschuldigte, unter ihnen auch Flüchtlinge aus Syrien und den Palästinensergebieten." …In Cafés sitzen Studenten, junge Frauen und Männer, manchmal fast nur Männer aus türkischen oder arabischen Familien."

Der Leitartikel dazu vom gleichen Tage vom Redakteur Heinemann hieß: **„Kein bloßer Jugendtreff. Der Boom der Shisha-Bars wirft Fragen auf – auch zu Kriminalität und Integration."**

Vor dem nächsten Suchtmittel noch eine neue Lebensmittelwarnung: Aber am 9. 4. 2019 brachte die Zeitung „DIE WELT": **„Milch ist ein hochbrisanter Cocktail." Und darunter stand dann: „Weiß wie die Unschuld? Von wegen. Die Milch hat dunkle Seiten. Neuere Forschungen belegen, dass sie schwere Krankheiten wie Krebs auslöst."** Professor Bodo Melnik lehrt an der Universität Osnabrück Ernährungswissenschaft, Allergologie und Dermatologie sagte dazu im Interview (mit Elke Bodderas):

„Das Risiko hängt von der Dosis ab und von der Lebensphase, in der man Milch trinkt. …Milch enthält Stammzellen, jede Menge Eiweiß und Botenstoffe, die das Zell- und Körperwachstum anregen." …Milch kann „abhängig vom Alter des Konsumenten segensreich oder gefährlich sein.. **Wer Milch trinkt, dopt seinen Körper und regt ihn zum**

Wachstum am....Für Säuglinge ist Wachstum lebenswichtig. Bei Erwachsenen dagegen sind Substanzen, die Zellen zur Vermehrung anregen, mit Vorsicht zu genießen. Bei Männern ist der Zusammenhang von Milchkonsum und einem erhöhten Risiko für Prostatakrebs erwiesen. Bei Frauen wird ein erhöhtes Risiko für Brustkrebs vermutet. Außerdem wurden Inhaltsstoffe der Milch mit der Entstehung von B-Zell-Lyphomen in Verbindung gebracht, das sind aggressive Tumore des Lymphsystems. Umgekehrt scheint Milch das Risiko für Darmkrebs zu mindern. An ungünstigen Nebenwirkungen kommen aber noch Akne, Fettsucht, Diabetes und Osteoporose hinzu, die mit Milchverzehr in Verbindung gebracht werden."

Milch „enthält unter anderem Exosomen, das sind winzige Transportbläschen in Virusgröße, die von der Natur dafür geschaffen wurden, ihren Inhalt in verschiedene Regionen des Körpers zu transportieren, sogar bis ins Gehirn. Die Exosomen enthalten Mikro-RNA, das sind winzige Gensequenzen, die bestimmte Gene im Körper des Säuglings (oder des Kälbchens) regulieren - und unter anderem tumorunterdrückende Gene abschalten."

Auf die Frage: „Es heißt, das Kalzium der Milch stärkt die Knochen. Gilt das etwa nicht mehr?" Die Antwort: „Beim Säugling schon. Milch ist extrem wichtig für das Skelettwachstum. Die Milch steuert den Knochenaufbau durch ein kompliziertes Wechselspiel von aufbauenden und abbauenden Zellen.

Beim Erwachsenen verschiebt die Milch das Gleichgewicht ausgerechnet in die falsche Richtung und verstärkt die Bildung von knochenfressenden Zellen. Höchstwahrscheinlich bewirkt Milch deshalb genau das Gegenteil. Die Knochen werden brüchig, Osteoporose entsteht. Als

Kalziumquellen eignen sich deshalb Joghurt, Käse, oder grünes Gemüse viel besser als Frischmilch.

Im Gespräch ergab sich weiter: Biomilch ist für Erwachsene gesünder, weil die Milch weniger Mikro-RNA enthält. Und dann schlägt der Professor vor: **„Milch gehört erhitzt oder gefiltert. Das ist zwingend zu empfehlen….Über 100 Grad erhitzte Milch, wie die H-Milch, enthält keine wirksamen Mikro-RNA und Exosomen mehr."**

„Pharmaforscher übrigens sind von deren Effektivität (des Mikro-RNA) geradezu begeistert. Das Unternehmen Roche benutzt Milch-Exosomen, um Krebsmedikamente an verschiedene Regionen des Körpers zu bringen."

Der Wissenschaftler sagte abschließend auf die Frage, ob er noch Milch trinkt, dass er keine Frischmilch mehr trinkt (sondern H-Milch, wie zuvor empfohlen). Er isst auch Käse oder Milchreis (zuvor wurde noch Yoghurt genannt) – Kleine Kinder also noch unabgekochte Bio-Milch. Und Erwachsene hoch erhitzte Milch, H-Milch – oder die Milch abkochen – alles in Bio.

Und nun wieder zu den heutigen Suchtmitteln:
Ein Hauptsuchtmittel ist heute das Smartphone oder das Handy. **„Schüler schlafen zwei Stunden zu wenig"** war dazu am 16. 1. 2019 eine Hauptüberschrift im „Hamburger Abendblatt" (dpa). **„Eine Folge ist laut Studie gesteigerter Stress. Schuld am Schlafmangel sind oft Handys."** Nach der DAK-Studie „fühlt sich die Hälfte der älteren Schüler infolge von Schlafmangel tagsüber erschöpft und müde." „Neunt- und Zehntklässler schlafen demnach mehrheitlich erst nach 23 Uhr ein." – Viele weitere Probleme werden noch aufgezählt. – Also: **Meistens ohne Handy oder Smartphone gesünder leben.**

Das Negative des fortwährenden Lebens mit Handy oder Smartphone wird laufend bewiesen. Dazu einige Beispiele:

- „Mediziner warnen vor Handys im Straßenverkehr: Immer mehr tödliche Unfälle. Smartphone Ursache Nr. 1." (HA Herder + Mittelacher 12. 8. 2019.)
- „Wenn das Smartphone zu Sucht wird. Viele Arbeitnehmer haben immer das Handy neben sich liegen. Das stört die Konzentration. Und kann berufliche Konsequenzen haben." (HA Verena Wolf 24./25. 8. 2019.)
- „Zu viel Facebook macht unglücklich und radikal. Neue Studie zeigt: Soziale Medien verstärken Verschwörungstheorien und Aggressivität. Moderate Nutzung dagegen erhöht Zufriedenheit. (HA J. M. Wellmann 28. 8. 2019.)

Schon 1888 konnte Heinrich Hertz sehr schnelle elektromagnetische Schwingungen entdecken. Sie entstehen durch Entladungsströme, die in elektrischen Schwingungskreisen schnell hin- und herpendeln. Damit haben wir die elektromagnetischen Schwingungen. Die Veränderung der Schwingungsgeschwindigkeit wird nach dem Entdecker weltweit in Hertz gemessen. Der größte Teil dieser Schwingungen entstand durch die nachfolgende technische Entwicklung und Forschung des – im Vergleich zur Evolution - unglaublich kurzen Zeitraums der letzten 100 Jahre. Darum konnten sich die Lebewesen auch weitgehend an die geänderten Strahlungen noch nicht gewöhnen. Bezüglich ihrer Schädlichkeit gehen die Meinungen der offiziellen Wissenschaft mangels Erfahrung und objektiver Untersuchungen noch weit auseinander.

Die Leugnung oder die Unwissenheit über die Strahlungsschädlichkeit bringt immer mehr Kranke und Tote, wie im nachfolgenden Kapitel Ärzte an Beispielen berichten, und wie es auch der nachfolgende Bericht zeigt:

So ergab die Auswertung der Krankenakten von 99 Radartechnikern der Bundeswehr, dass 69 von ihnen verschiedene Krebse entwickelt hatten (F. Ilse HA 7. 2. 01), weil sie vermutlich nicht ausreichend auf die Gefahren dieser Strahlung hingewiesen wurden. Anfang März 2004 (ap/HA 6. 3. 04) wurde von einem Prozess vor dem Bonner Landgericht gegen die Bundesrepublik Deutschland berichtet. Der Klägeranwalt Geulen schätzte in dem Bericht die Zahl der Radaropfer auf etwa 1000 und dazu einige 100 bei der NVA der früheren DDR.

Schon 1987 brachte die „Funkschau" in Heft 20 einen Bericht mit vielen Quellenangaben über die biologische Wirkung von Mikrowellen. Der Bericht begann mit dem Hinweis, dass menschliche Gehirnzellen mit sich veränderndem Kalzium-Ausstoß reagieren, wenn sie einer elektrischen Feldstärke von nur 1,94 mV/ ausgesetzt werden (von W. Bise 1978). Anfang 1991 bestätigte eine australische Untersuchung (SAD/HA 9. 2. 91), dass elektromagnetische Felder in der Nähe von Hochspannungsleitungen das Krebsrisiko von Kindern verdoppeln würden.

Am 26./27. 1. 2019 schrieb über die Kinder Frau Deutsch in der gleichen Zeitung: **„Wie man richtig lernt und behält."** Und darin stand dann auch: **Wer ausgeschlafen ist, behält 40 Prozent mehr als andere.** Bei den genannten 7 wichtigen Regeln zum Lernen, wie immer wiederholen, lieber täglich 5 Vokabeln als einmal 25 lernen, stand dort etwas sehr wichtiges: **„Entferne dein Handy und ähnliche Geräte während der Lernzeit aus deinem Zimmer."** Das wäre dann auch in der Schule beim Lernen wichtig. - In den Schulen wird heute dagegen meistens das Gegenteil angestrebt. Im Ausland wurde dies oft schon wieder abgeschafft.

Am 22. 2. 2019 wurde gemeldet (HA/mit/dpa): „Nach monatelangem Streit darf der Bund den Ländern 5 Milliarden

Euro für die Digitalisierung der Schulen zahlen." Umgerechnet auf 11 Millionen Schülerinnen und Schüler sollen das rund 500 € pro Schüler sein. „Das Geld soll für die Ausstattung von Schulen mit schnellem Internet, WLan, elektronischen Tafeln (Whiteboards) Online-Lernplattformen, Lehrer-Fortbildung und Schüler-Workshops ausgegeben werden."

Also: Alle sollen krank und dumm werden, wie aus dem Inhalt des nachfolgenden Schreibens eines Mediziners zu lesen ist:

Der Mediziner Wolf Bergmann aus Freiburg schrieb zu diesem Thema **COMPUTER AN GRUNDSCHULE** am 4. 1. 2019 in „Badische Zeitung" zur Ratssitzung in March vom 28. 12. 2018 unter anderem:

„Es wäre schön, wenn wir an der Grundschule ohne Computer auskämen – das brachten eine Lehrerin und Räte laut BZ zum Ausdruck. Aus ärztlicher, neurobiologischer und erziehungswissenschaftlicher Sicht, wäre dies nicht nur ‚schön', sondern dringend erforderlich.. Dafür gibt es wissenschaftlich unbestreitbare Gründe: **Die mit der Digitalisierung der Schulen verbundene massive Dauerbestrahlung mit künstlichen gepulsten Mikrowellen (hier vor allem W-Lan) führt zu fortgesetzter Schädigung der natürlichen biologischen Regelkreise. Kinder sind dem besonders ausgeliefert: Zellschädigung durch oxidaktiven Stress, Immunschwäche, Brüche in der Erbsubstanz, Konzentrationsverlust, Verhaltensstörungen, Gedächtnisschwäche, Bahnung aller bekannten und unbekannten Krankheiten sind weltweit immer wieder wissenschaftlich bewiesene Folgen.**

Für die gesunde Entwicklung des kindlichen Gehirns in den ersten Lebensjahren ist eine zunehmende Differenzierung der Nervennetze im Kortex lebensnotwendig, wodurch immer feiner werdende Verschaltungen in den Rindenfeldern des Gehirns angelegt werden. Voraussetzung für die Entwicklung von Eigenständigkeit, Denken, Planen und Problemlösungen, für Empathie und soziale und intellektuelle Kompetenz.

Wenn Computer in der Grundschulzeit das Lernen prägen, erleiden die reifenden Nervennetze durch Falsch- und Überstimulierung eine Notreife. Mit der Folge, dass alle oben genannten erhofften und für ein reifes und verantwortungsvolles Leben notwendigen Fähigkeiten genau nicht entwickelt werden können. Die dadurch entstehende Leere erzeugt ein unauslöschliches Verlangen nach mehr, verankert im Schaltkreis des sogenannten Belohnungssystems. Hirnphysiologisch eine opiumartige Sucht. Warum stimmen Eltern und Lehrer dann zu? Lernen geschieht durch Bewegung, Nachahmung, Erfahrung, Üben mit lebendigen Wesen, durch Vorbilder zum ‚Anfassen'. Ich wünsche den Kindern in March – und allen Kindern – Eltern und Lehrern, die sich als Vorbild für die Zukunft der Kinder einsetzen und Zivilcourage zeigen, sich für eine humane Bildung einsetzen – und sich der ‚Digitalen Bildungsoffensive‚ widersetzten, (viel Erfolg)."

Am 14. 8. 2019 hieß dann die Meldung (BILD DEUTSCHLAND acm): „Erste Schulen bekommen Geld für Digitalisierung." Das waren dann 5,5 Milliarden.

Und damit komme ich zur immer weiter ausgebauten und auszubauenden Strahlung für einen angeblich besseren Empfang, Darüber schrieb ich bereits im E-Book „Mobilfunk und W-Lan" mit vielen Ärzte-Zitaten. Im nächsten Kapitel dieses Buches nenne ich auch ein Fachinstitut, von dem ich über den nachfolgenden Fachartikel in „Der Tagesspiegel" vom Sonntag, dem 13. 1. 2019: **„Strahlendes Ver-**

sprechen." – informiert wurde. Der Bericht von Harald Schumann und Elisa Simantke und INVESTIGATE EURO-PE beginnt mit: **„Die neue Generation des Mobilfunks soll bis zu 1000-mal mehr Datenvolumen übertragen. Doch hinter den großen Versprechen lauert möglicherweise erhöhte Krebsgefahr. Und die europäischen Regierungen wollen davon nichts wissen."**

Im Gegenteil: „Steinmeier (der deutsche Bundespräsident) forderte schnelles Internet auch auf dem Land. Der neue Mobilfunkstandart 5G soll bundesweit allen Bürgern zur Verfügung stehen." So die Überschrift vom 24. 1. 2019 (HA/dpa).

Am 13. 1. 2019 hieß es in der Sonntagszeitung von DER TAGESSPIEGEL aus Berlin außerdem auf der 1. Seite: **„Zweifel an 5G-Mobilfunk. - Der geplante europaweite Ausbau des Mobilfunknetzes der 5. Generation (5G) birgt große ökonomische und technische Risiken und stößt in einigen EU-Ländern auf erheblichen Widerstand.** Das Journalistenteam Investigate Europe berichtet, dass zudem eine wachsende Zahl wissenschaftlicher Studien darauf hindeute, die für den Mobilfunk genutzte elektromagnetische Hochfrequenzstrahlung könne die Gesundheit schädigen...." Diese Körperverletzung wird dann von Ärzten im Kapitel 15 beschrieben.

Die Frage **„was macht uns süchtig",** beantworteten am 13./14. 4, im „Hamburger Abendblatt" die Professoren Dr. med. Thomasius und Dr. Tobias Effertz. Da hieß es: „Es gibt viele Schulen an denen gedealt wird, auch die Cannabisprävention ist grottenschlecht. Es droht zudem, dass diese Substanz legalisiert werden könnte." Wegen ihrer Computersucht kommen Jugendliche in stationäre Behandlung. Den Eltern wird geraten 1 Tag offline und um 22 Uhr W-LAN abschalten. Sodann wird ein zunehmendes Suchtproblem auch bei Erwachsenen festgestellt. In Deutschland haben immer mehr Rehabilationskliniken für Menschen mit pathologischem Internetgebrauch eröffnet.

Wenn also alle tagsüber auf das Smartphone sehen, kann das schon pathologisch sein. Alle werden unnötig krank. Zusätzlich werden sie durch die Strahlung der immer stärker werdenden Mobilfunktechnologie noch kranker. Die folgenden Kapitel beweisen dies. Und am 26. 3. 2019 hieß die Überschrift (HA): „Zwischen 2007 und 2017 hat sich die Zahl der Krankschreibungen wegen psychischer Probleme mehr als verdoppelt."

„Süchtig nach Smartphone" beschrieb Susanne Gaschke am 8. 4. 2019 in „DIE WELT" aus Berlin aus dem Vortrag des Professors für molekulare Psychologie: Markett: „Die ‚sozialen Medien' üben eine extrem starke, neuro-anatomisch nachweisbare Wirkung auf das Belohnungszentrum des menschlichen Gehirns aus. Dieses …heißt *Nucleus accumbens* und ist indirekt auch für unsere Motivation, unseren Ehrgeiz und unseren Antrieb verantwortlich. Bei Menschen, die Facebook und WhatsApp exzessiv nutzen, wird dieses Gehirnteil intensiv stimuliert – und ist gleichzeitig signifikant kleiner als bei Gelegenheits-Smartphonisten. Man weiß noch nicht, ob die Leute Facebook abhängig werden, weil ihr Belohnungszentrum besonders klein ist, oder ob es schrumpft, weil sie andauernd sozialmedial bestrahlt werden. Für ihre Motivation verheißen allerdings beide Varianten nichts Gutes." – Im Mai 2019 wurde aus Augsburg gemeldet: „Vor allem den jüngeren Beschäftigten setzt Digitalstress zu."

Wenn der Professor den Probanden für einige Stunden das Gerät wegnahm, reagierten diese ähnlich Alkoholsüchtigen, auch mit einer erhöhten Konzentration des Stresshormons Cortisol. Die Softwarehersteller wissen von dem Suchtportal der ‚Nutzer" und setzen darauf, diese am Gerät zu halten um noch mehr Daten von ihnen abgreifen zu können. Und dann kommt ein wichtiges Ergebnis: „Das ist ethisch absolut fragwürdig. Und angesichts der Tatsache, dass in Deutschland fast 60 Millionen ein Smartphone benutzen, dass Studierende im Schnitt 100 Mal am Tag auf ihr Gerät schauen und es 50 Mal entsperren, dass der Durchschnittsnutzer zweieinhalb Stunden und der Jugendliche viereinhalb Stunden pro Tag (also 2-3 Arbeitstage pro Woche) mit einer Suchtmaschine verbringt, ist das Ganze eine hochpolitische Angelegenheit. Wie erhält man freien Menschen ihre Freiheit, wenn sie sich freiwillig in Gefangenschaft begeben.…Der sogenannte Digitalpakt der Bundesregierung mit den Ländern, der bisher nur eine diffuse, industriefreundliche Fortschrittshuldigung ist, könnte hier eine echte Aufgabe finden."

Professor Dr. D. Manfred Spitzer leitet die psychiatrische Universitätsklinik und das Transferzentrum für Neurowissenschaften und Lernen in Ulm. Er muss es also wissen, die „Digitale Demenz", wie sein Buch heißt – oder sein Buch: „Die Smartphone Epidemie" mit „Gefahren für Gesundheit, Bildung und Gesellschaft".

Das Negative und gesundheitsschädliche, die „Gefahren für Gesundheit, Bildung und Gesellschaft", des Mobilfunks sind so umfangreich, dass ich dies in den folgenden Kapiteln beschreiben und zitieren will. Ärzte und andere Fachleute warnen darin auch die Verantwortlichen und den Bundestag eindringlich vor dem weiteren Ausbau mit G5, dabei wird auch vor der Verminderung der Demokratie gewarnt. Dies ist aber vielleicht gewollt – oder: „Nur noch Kopfschütteln über DIE DA IN BERLIN" schrieb der Chefkolumnist der Berliner BZ am 15. 4. 2019 in der Zeitung „BILD DEUTSCHLAND".

Am 17. 4. 209 fragte dazu der Kolumnist Hajo Schumacher im „HamburgerAbendblatt": **Stirbt die Demokratie digital?"** – „Die schöne neue Welt kann in China besichtigt werden: Dort wird das ganze Leben zum Punktesammelspiel per Smartphone." Er schrieb, dass digitale Kommunikation Gräben eher zu vertiefen scheint und Emotionen über Fakten siegen. „Hat der digitale Fortschritt gar die Kraft, unser demokratisches System auszuhebeln, und zwar nicht, weil eine böse Macht unseren mühsam eingeübten Parlamentarismus unterwandert, sondern weil wir uns eines Tages womöglich freiwillig dafür entscheiden." – Soweit die Tatsachen.

Und am 24. 4. 2019 fragte der Kolumnist Hajo Schumacher in der gleichen Zeitung: „Macht das Internet klüger? Glücklicher, Attraktiver? Eher nicht, sagt einer, der es wissen muss". Und das war dann Professor Gigerenzer. Positiv sei nur: „In den USA sei die Zahl minderjähriger Mütter deutlich zurückgegangen." Digitales Treffen macht eben nicht schwanger. Schlafmangel, düstere Gedanken und schlechtlaunig vermehren sich in der Jugend. Nur Negatives wird vom „Kick mit dem Klick" berichtet.

Doch vor dem nächsten Kapitel noch die Gesundheitswarnung eines Medizin-Professors: Prof. Karl Hechts Broschüre: **„Gesundheitsschädigende Effekte der Strahlung von Smartphone, Radar, 5G und WLAN"** ist die eindringliche Warnung eines Arztes vor den Todsünden der digitalisierten Menschheit. Auf 82 äußerst lesenswerten Seiten wird jedem Leser unmissverständlich aufgezeigt, welche Gefahren wir mit der kritiklosen Anwendung der mobilen Kommunikation eingehen! Die Broschüre von Prof. Hecht kann bei der Kompetenzinitiative herunter geladen werden: http://kompetenzinitiative.net/KIT/KIT/gesundheitsschaedigende-effekte-der-strahlenbelastung/.

Wenn sich die Regierenden und die Bevölkerung (bei den Wahlen) nicht um den Einhalt der Mikrowellenvermehrung bemühen, sind sie Schuld am Untergang des Lebens, denn auch dies ist „eine Frage von Leben und Tod". Stattdessen sagte der EU-Kommissar Günther Oettinger: Der Mobilfunkstandart 5G soll bis 2024 in Europa ausgebaut werden.

Professor Dr. Thiele nennt seine 5 € Broschüre: „Die digitale Fortschrittsfalle – Warum der Gigabit-Gesellschaft mit 5G-Mobilfunk freiheitliche und gesundheitliche Rückschritte drohen." – „Er warnt (darin) nachvollziehbar vor der sich auftuenden Fortschrittsfalle und appelliert an die Politik unserer Tage, den eingeschlagenen Digitalisierungskurs zu korrigieren, solange dazu noch Zeit bleibt." Nur bleibt die Zeit nicht mehr. Zusätzlich wird der erhebliche Strom-Mehrverbrauch ignoriert. (Siehe das Vorkapitel.)

Wer nun neu baut, sollte vielleicht gleich sein Haus abgeschirmt bauen. Dazu kann er zur Beratung – evtl. über die Dr. Moldan Umweltanalytik, Am Henkelsee 13, 97346 Iphofen www.drmoldan.de, Baubiologen befragen und messen lassen. Außerdem W-Lan im Hause durch Leitungen ersetzen. Auch die Telekom macht dies.

Als Architekt habe ich früher die Häuser oft abgeschirmt gebaut. Aber viele wollen heute vor allem einen guten Empfang haben. Deshalb stellt z. B. die Firma Bauer, wegen der fehlenden Nachfrage, ihre E-Protekt Abschirmprodukte nicht mehr her. Aber Knauf macht noch die Gipskartonplatte La Vita für innen (Tel.: 01805/31-10 00 www.knauf.de), Linzmeier macht noch die LINITHERM PAL Wärmedämmung (Tel.: 07371/18060 www.linitherm.de) und KS protect macht auf besondere Bestellung abschirmende Kalksandsteine (Tel.: 09092/221 www.ks-protect.de). Siehe sodann auch unter www.forum-elektrosmog.de – www.bfs.de.de - www.handywerte.de .

Und außerdem bietet die Firma Biologa Danell GmbH abschirmende Produkte im Niederfrequenzbereich an. Dazu gehören Elektroinstallationsmaterialien, Steckdosenleisten, Netzabkoppler und die Hochfrequenzabschirmung für baubiologisch gestaltete Bereiche. Hinzu kommen abschirmende Farben und Stoffe, auch verarbeitet in Baldachinen und Wäsche als Schutz vor hochfrequenter Strahlung. www.biologa.de . Nach Studie der Universität der Bundeswehr in Neubiberg ist die Abschirmwirkung von Wärmeschutzgläsern und Aluminium hoch.

In den folgenden Kapiteln wird von den fast unglaublichen Schädigungen durch die Strahlung von Sendemasten, W-LAN und anderen Strahlungsgebern – wie zukünftig auch besonders 5G – berichtet. Allerdings soll sich, laut dem Bundesamt für Strahlenschutz (bfs), bei 5G die Reichweite verringern und die Strahlung dann auch. Sie soll nicht mehr so tief in den Körper eindringen. – So war es zumindest geplant.

Freudenstadt soll lt. der dortigen Bürgerinitiative zum Testfeld für 5 G werden. Hierzu schrieb (gem. Schr. der Bürgerinitiative Mobilfunk v. 29. 4. 2019 a. d. Bürgermeister): „Die Präsidentin des Bundesamtes für Strahlenschutz Dr. Inge Paulini zu 5G: *‚Hier haben wir noch wenige Erkenntnisse und werden mittelfristig weitere Forschung betreiben.'* " – „Nach dem Bericht sollen im Campus Freudenstadt Experimente mit der 5G Mikrowellenstrahlung durchgeführt werden." Auf Arte-Fernsehen gab es dazu einen Bericht: www.diagnose-funk.org/publikationen/artikel/detail&news=1403
Zusätzlich hieß am 5. 2. 2020 (BILD) die Meldung: „Krebshilfe will Solarien verbieten lassen" „Laut Krebshilfe verursachen Solarien jedes Jahr europaweit bei rund 3400 Menschen schwarzen Hautkrebs." Also auch durch Strahlung.

_____

Kapitel 18:
„Biologische Wirkungen des Mobilfunks."

Negatives zu erfahren ist dann positiv, wenn man dadurch dieses Negative für sich und andere verhindern oder in Positives verändern kann.
(Hans-Jürgen Kiene 2019)

Weil mir ein Parteivorsitzender schrieb, dass die Schädlichkeit von Mobilfunkstrahlung noch nicht nachgewiesen sei, möchte ich zu Beginn dieses Kapitels einen Beweis nennen:

Vom 5. – 6. Oktober 2019 fand im Kurfürstlichen Schloss Mainz ein Internationales Öffentliches Symposium statt: „Biologische Wirkungen des Mobilfunks." Mit der Überschrift: „Fortschritt oder fortschreitende Verantwortungslosigkeit?" Dort sprachen 12 Professoren und einige Ärzte über die damit wissenschaftlich bewiesene häufige Schädlichkeit des Mobilfunks.

Ein Beispiel: „Hochfrequente Strahlung steht mit einem erhöhten Krebsrisiko und einigen neurodegenerativen Erkrankungen in Zusammenhang – diese Risiken werden von der ICNIRP so wie nationalen und internationalen Behörden jedoch verharmlost." 13.45-14.15 Uhr am 5. 10. von Prof. Dr. med. Lennart Hardell.

Oder zuvor 11.10-11.50 Uhr von Prof. Dr. Gertraud Teuchert-Noodt: „Verbaut die digitale Revolution uns und unseren Kindern die Zukunft? Erkenntnisse aus der Hirnforschung der letzten 40 Jahre."

Oder am 6. 10. 2019: „Die Aushebelung von Grund- und Schutzrechten." Vom Richter a.D. Budzinski.

Besonders der geplante 5G-Mobilfunk würde, nach nachfolgender Zusammenfassung, die Bürger und die Umwelt krank machen. – Schädlich ist nach Inhalt der später beschriebenen Ärztewarnung auch eine Digitaloffensive an Schulen. Dies alles ist aber gemäß Umweltverträglichkeitsgesetz gesetzlich unzulässig. Im nächsten Kapitel sollen dazu auch kurz juristische Möglichkeiten des Widerstandes aufgezeigt werden.

Viele umfassende Informationen zu diesem Thema erhielt ich zum Teil von der schon genannten Dr. Moldan Umweltanalytik aus Iphofen in Süddeutschland. www.drmoldan.de . – Er schrieb z. B. auf seiner Website als Beispiel zu Beginn ein Beispiel aus der heutigen Zeit:

„Als ich vor einigen Jahren zu einer großen, international tätigen Bank gerufen wurde, waren bei den Mitarbeitern in einem Gebäudetrakt Kopfschmerzen, Bluthochdruck und ständiges Unruhegefühl sowie überdurchschnittliche Krankheitstage vorhanden. Schon eine Schnell-Analyse zeigte eine unnötig starke Hochfrequenzbelastung, die anschließend eindeutig als Ursache identifiziert werden konnte. Die Lösung: Umstellen der Computer und Drucker von WLAN auf LAN (Netzwerkkabel) und Minimierung der Sendeleistung der Repeater für schnurlose DECT-Telefone.

Wir messen die IST-Situation, bewerten die Ergebnisse, suchen nach den Verursachern für ggf. erhöhte Belastungen und zeigen Ihnen Wege zur Reduzierung oder Vermeidung auf.

Die Ursachen für mangelnde Konzentration, reduziertes Leistungsvermögen oder häufige Krankheitstage sind immer wieder in den nicht sichtbaren Belastungen durch elektromagnetische Felder zu finden.

Typische Quellen sind: elektrische Wechselfelder an Schreibtischen mit Metallgestellen und Stromleitungen, dauersendende Schnurlostelefone und W-LAN-Router, magnetische Wechselfelder durch Trafostationen und Stromversorgungsleitungen.

Weitere Einflüsse können durch **Luftschadstoffe** und Ausdünstungen aus Baumaterialien sowie Bürogeräten entstehen.

Störender **Lärm** kann mannigfache Ursachen haben.

Wussten Sie schon, dass Arbeitsplatzuntersuchungen preiswerter sind als der Krankheitstag eines Mitarbeiters?

Meine Philosophie lautet: Nicht zurück in die Steinzeit, sondern ein bewusster Umgang mit der Technologie!

Ich bin Sachkundiger zur Bewertung elektromagnetischer Felder an Arbeitsplätzen nach DGUV Vorschrift 15 (bisher BGV B11)." Soweit die Praxis von Dr. Moldan.

Doch nun will ich zum Thema mit dem „Leben und Siechen im globalen Mikrowellenofen" aus einer Rede von Peter Hensinger vom 15. 10 2018 mit einer Zusammenfassung aller angeblichen Mängel von 5G zitierend beginnen (siehe auch www.oekologiepolitik.de):

Es beginnt mit 5G: „Die 5. Generation des Mobilfunks. Das große Versprechen: endlich unvorstellbare Datenmengen in Sekundenbruchteile jederzeit und überall verfügbar. Alles ist mit allem vernetzt: Smartphone, Garagentor, Heizung, Kühlschrank, Auto, Kinder- und Schlafzimmer, Überwachungskameras, Wasserzähler Polizeistation, Werbeagentur, Ämter....Das Internet der unbegrenzten Möglichkeiten. Digitalisierung als Lösung aller Probleme

5G: Was es dazu braucht: Hunderttausende neuer Funkmasten (alle 100 m), Milliarden neuer funkender Endgeräte, Tausende neue Satelliten, extrem hohe Sendeleistung, Strahlenintensität aller Masten und Endgeräte, gepulste Mikrowellen.

Und was es u. a. bedeutet:

- **Vollständige Durchstrahlung der gesamten Atmosphäre und des gesamten Lebensraumes innen und außen mit extrem lebensfeindlicher gepulster technischer Mikrowellenstrahlung hoher Intensität. Verlust an Lebensenergie und Siechtum für alles Leben auf dem Planeten.** (Menschen, Tiere, Insekten, Bäume....) Es gibt kein Entrinnen. *(Siehe auch Internationaler Wissenschaftlicher- und Ärzte-Appell: ‚Stopp von 5G auf der Erde und im Weltraum. An die Vereinten Nationen, die Weltgesundheitsorganisation, die Europäische Union, den Europarat und die Regierungen aller Nationen.'* https://www.5gspaceappeal.org/)
- **Rasante Beschleunigung der Erderwärmung und Klimaveränderung durch großen Hitze- und CO2-Ausstoß der Superrechner** (Schon heute in Polarnähe aufgestellt wegen der Wärmeentwicklung mit katastrophalen Klimafolgen.) Klimaveränderung durch Veränderung der elektrischen Ladung der Atmosphäre. Auch die Vizepräsidentin der EU-Kommission „Vestager erwartet hohen Energieverbrauch durch die Digitalisierung." (HA 16. 12. 2019)
- **Sprunghafter Anstieg des Energieverbrauchs. Schluckt alle Einsparbemühungen. Schon heute übersteigt der Energieverbrauch der Mobilfunktechnologie die gesamte regenerativ erzeugte Energie.**
- Vollständige Erfassung von persönlichkeitsbezogenen Merkmalen. Erstellung von Bewegungsprofilen, Erfassen der Konsumgewohnheiten, Interessen, politischen und sonstigen Betätigungen. Big Data für die Konzerne, Polizei und Geheimdienste.

- Vollständige Überwachung und Manipulierbarkeit."

Und aus Freiburg kommen am 9. 12. 2018 von Dr. med. Wolf Bergmann noch folgende Wahrheiten:

- Mit der weiteren Digitalisierung Verstärkung von Verbindungsverlust, Kompetenzverlust sozial, emotional und intellektuell. Sucht und Abhängigkeit für alle Altersgruppen.
- Besonders dramatisch: die Digitalisierung des Bildungswesens von Kindergärten und Schulen. Wissenschaftlich immer wieder erwiesen und uralte Lebenserfahrung. Kinder brauchen für eine gesunde Entwicklung Kontakt, Bewegung, Spielräume.
- Die frühe „Erziehung" mit digitalen Medien führt zu Notreife des Gehirns, sinkenden IQ, Verlust von Mitgefühl und sozialer und intellektueller Kompetenz. *(Siehe Prof. Teuchert-Noodf (Neurobiologe, Hirnforschung). Die Digitalisierung verbaut unseren Kindern die Zukunft.)* www.aufwach-s-en.de .
- Ressourcenverbrauch von Unmengen von „seltenen Erden" (Koltan u. a.). Noch mehr Kriege, noch mehr Umweltzerstörung, noch mehr Anhäufung von giftigem Schrott.

Und dann hieß es: Die langfristige Schädigung des Lebens durch die künstliche Mikrowellenstrahlung unterscheidet sich nicht von der Wirkung künstlicher radioaktiver Strahlung.

Wir müssen uns entscheiden – Aufstehen für eine zukunftsfähige Welt.

Zum Zukunfts- + Gesundheitserhalt: „Stopp 5 G"

Überall sollen dann 5G-Antennen errichtet werden. Aber bereits heute sind so viele Strahlungen vorhanden. Mit den Ergebnissen:

- **Je näher am Mast, umso mehr Neurologische Erkrankungen, Leukämie, Krebs.** – Internationaler Appell „Stopp 5G…"

- **Insektensterben:** In den letzten 30 Jahren sind 75-80 % der Insekten verschwunden. Insekten reagieren besonders empfindlich auf Änderungen des elektromagnetischen Feldes. Ulrich Warke: „Bienen, Vögel, Menschen – Die Zerstörung der Natur durch Elektrosmog. Heft 1. der „Kompetenzinitiative zum Schutz von Mensch, Umwelt und Demokratie." (www.kompetenzinitiative.net). Dazu hieß es am 14. 3. 2019 (HA/dpa):

- **„Drei Viertel der Deutschen beobachten Insektenrückgang."** „79 % der Bevölkerung fordern verbindliche Regelungen zum Schutz der Insekten. Knapp drei Viertel (72 %) geben an, dass sie in ihrer Region einen Rückgang der Tiere beobachteten. Das ergab eine Umfrage im Auftrag des BUND. Der forderte schnelle Fortschritte beim Insektenschutz.

- **WLAN-Studienrecherche 2018-1**: Isabel Wilke: „Biologische und pathologische Wirkungen der Strahlung von 2,45 GHz auf Zellen, Fruchtbarkeit, Gehirn und Verhalten." In „umeltmedizingesellschaft" Heft 1/2018.

- **SmartCity**: Überwachung, Klimakiller, Elektrosmog. „kompakt" Nr. 03/2018 www.diagnose-funk.org .

- **Ärzte fordern WLAN-Verbot in Kindertagesstätten und Schulen.** „kompakt" 01/2018.

- **Smartphones & Tablets schädigen Hoden, Spermien und Embryos.** „brennpunkt Febr. 2016 www.diagnose-funk.org

- **Baumschäden durch Mobilfunkstrahlung erkennen.** „kompakt" 04/2017 (In meinem E-Book „Mobilfunk und W-Lan habe ich das dargestellt und fotografiert.)

Überall wird gegen 5G opponiert. Doch kümmert dies vielleicht viele genauso wenig, wie der Brief im Kapitel 14, deren Nichtbefolgung erst den Zuspruch für die AfD ermöglichte.

Einige Links zu Widerständen gegen 5G:

- **Internationaler Appell: Stop von 5G auf der Erde und im Weltraum:** www.raum-und-zeit-com/r-z-online/top-aktuell.html .

- **Die neue Technik**: **extreme Strahlenbelastung direkt in Menschennähe ohne Entrinnen:** Schweizer-Fernsehen:
https://www.youtube.com/watch?v=o13-1Us-Scl

- **Britischer Geheimdienstexperte:** 5G wird die Menschheit (Menschlichkeit, Humanität) verwüsten. But Those Behind it Are Above The Law! -
https://www.youtube.com/watch?v=MnArQm2Bxo4

- **Totalkontrolle + Überwachung bereits heute:** Indien und China.

- **Die Digitalisierung verbaut unseren Kindern die Zukunft.** Prof. Teuchert-Noodt.
http://www.aufwach-s-en.de/wp-content/uploads

In einem nachfolgenden Brief kommen von dem um die Zukunft und Gesundheit besorgten Dr. med. Bergmann noch Mitteilungen, die ich nachfolgend z. T. wiedergeben möchte:

Mit der ungeheuren Propagandawelle zu 5G und zur heilsbringenden Digitalisierung wächst auch die Wachheit für die Gefahren:

Nach unermüdlicher Aufklärungsarbeit 2er Frauen in Michelbach an der Bilz hat der Gemeinderat es abgelehnt, der Telekom für einen neuen Mast Gelände zur Verfügung zu stellen. In der Beschlussvorlage des Bürgermeisters war die gesundheitliche Gefährdung ausschlaggebend für die Ablehnungsempfehlung. Zugleich wurden alle Bürger aufgefordert, der Telekom kein Privatgrundstück zur Verfügung zu stellen.

Weitere Nachrichten dazu bei <www.diagnose-funk.de> im aktuellen Newsblog. Daraus z.B. diese beiden Nachrichten:

In Pfullendorf ist ein Mobilfunkmast nicht erwünscht: "Eine klare Absage hat der Gemeinderat in seiner Sitzung am Dienstag dem Aufbau von Mobilfunkstationen durch die Deutsche Telekom erteilt."
s. https://www.schwaebische.de/landkreis/landkreis-sigmaringen/pfullendorf_artikel,-mobilfunkmasten-sind-in-der-gemeinde-nicht-erw%C3%BCnscht-_arid,10997467.html

Der zu Beginn der Einführung von mir zitierte Dr. med. Bergmann schrieb:
Am Samstag, d. 26.1. (2019) hat der Südwestrundfunk (SWR 4) ein Interview mit mir zu 5G ausgestrahlt. Ich finde es selbst sehr gelungen. Hier kann der Mitschnitt gehört werden:
http://www.wolfbergmann.de/IntWolfBergmannSWR_4.MP3 - Und weiter schrieb er:
Auf dem 3tägigen Landesärztekongress Stuttgart in der vorigen Woche mit sehr großer Ausstellung hat Diagnose-

Funk einen attraktiven Stand gehabt. Viele gute Gespräche haben gezeigt, dass zumindest unterschwellig ein großes Unbehagen besteht gegenüber 5G und den damit verbundenen Eingriffen in das gesamte Leben und viele dankbar waren für Aufklärung und weitere Aktivitäten.

Die beste Nachricht für mich wäre, wenn sich alle Kräfte auf ein gemeinsames Vorgehen für die Durchsetzung "Stopp 5G" zusammenschließen würden und für eine groß angelegte konzertierte Aktion dazu alle Kräfte mobilisieren würden. Dazu kann ja schon mal jeder ein großes kreatives Brainstorming beginnen!

Ganz herzliche Grüße aus Freiburg
von Dr. med. Wolf Bergmann
www.wolfbergmann.de

Und nun noch eine weitere Information zum Ausbau von 5G: Bundesverkehrsminister Andreas Scheuer (CSU) fordert die Bundesländer und Kommunen dazu auf, auch Ampeln und Laternenmasten als Antennenstandorte freizugeben. *"Die* Mitnutzung vorhandener Infrastruktur wie zum Beispiel Ampeln, Straßenlaternen oder Gebäuden ist für einen schnellen 5G-Ausbau unerlässlich", sagte Scheuer dem Magazin Focus Online. "Dafür schaffen wir jetzt die Rahmenbedingungen.*"*

In einem Papier des Ministeriums, das Focus Online vorliegt, heißt es, herkömmliche Standorte seien im städtischen Raum "weitgehend ausgereizt". Als neuartige Standorte kämen Flachdächer, Dachkanten und Beleuchtungsmasten infrage. Besonders geeignet seien kommunale Hinweisschilder wie U-Bahn-Zugänge und Infotafeln im öffentlichen Nahverkehr.

Zudem empfehlen die Autoren Standorte für Smart Cells. Empfohlen werden "Befestigungen in geringer Höhe an Gebäuden, aber auch innerhalb von Gebäuden."

Die Handlungsempfehlung wurde von der AG Digitale Netze erarbeitet, zu der etwa die Deutsche Telekom, die Branchenverbände Bitkom, Buglas (Bundesverband Glasfaseranschluss), Breko (Bundesverband Breitbandkommunikation), VATM (Verband der Anbieter von Telekommunikations- und Mehrwertdiensten), Anga - Verband Deutscher Kabelnetzbetreiber, der VKU (Verband kommunaler Unternehmen), der Deutsche Landkreistag und Deutscher Städtetag gehören. – Das war also 5G

Nicht verschweigen will ich „STRAHLENDE INFORMATIONEN" der Wiener Ärztekammer von bereits 2015. Ich will daraus etwas verkürzt die 10 medizinischen Regeln (Handy = auch Smartphone) übermitteln:

So wenig und so kurz wie möglich telefonieren. Unter 16 Jahren möglichst überhaupt nicht. - Abstand halten. Freisprecheinrichtung oder Headset nutzen - Handys nicht am Körper positionieren, vor allem Schwangere nicht. Männer nicht in der Hosentasche. Bei elektronischen Implantaten wie Herzschrittmacher äußere Rocktasche, Rucksack oder Handtasche. - Nicht in Fahrzeugen telefonieren. Ohne Außenantenne ist die Strahlung im Fahrzeug höher. - Beim fahren nicht SMS oder Handy verwenden: Gefahr und verboten. - Möglichst über Festnetz telefonieren. Internet und alles über Kabel. Schnurlostelefone vermeiden. Öfter offline gehen. - Weniger Apps=weniger Strahlung. - Benutzung an Orten mit schlechtem Empfang (Keller, Aufzug) vermeiden. - Das Handy steigert die Sendeleistung und Strahlung. Lieber dann Headset verwenden. - Beim Kauf auf möglichst geringen SAR-Wert, sowie einen externen Antennenanschluss achten. – Soweit die Warnungen der Wiener Ärzte.

Das Bundesamt für Strahlenschutz www.bfS.de warnt aber auch vor Strahlen bei Mobiltelefonen. Als Vorsorge werden auch die Spezifischen Absorptionsraten (SAR) von Handys angegeben. Vor allem in der Medizin und in Berufen wird

vor Strahlung gewarnt. Dazu gibt es ein Strahlenschutzregister und auch noch den:
www.service.bund.de/Content/DE/DEBehörden/B/BfS/Bund

Und nun wieder zu 5G: Ideen mit viel Strahlung zur Verwirklichung von 5G werden nachfolgend kurz beschrieben:

Der Hersteller von Outdoor-Gehäusen Berthold Sichert will 5G-Antennen in Festnetz-Multifunktionsgehäuse aus Polycarbonat integrieren, die Funkstrahlung nicht abschirmen. Das berichtet die Wirtschaftswoche unter Berufung auf die Unternehmensführung. *"Wir bringen 5G auf die Straße"*, sagte Geschäftsführer Julian Graf von Hardenberg der Wirtschaftswoche.

Die Verwendung der Multifunktionsschränke als Kleinzellenstandort ist keine neue Idee. Hier lassen sich die Kleinzellen aller Frequenzen verbauen, üblicherweise ab 1.800 MHz, 2.100 MHz, 2.600 MHz und 3.x GHz bis zum C-Band. *"Dreieinhalb Jahre haben wir daran gebastelt, jetzt ist die Serienproduktion angelaufen. Wir haben erfolgreiche Testläufe mit Ericsson gemacht"*, sagte von Hardenberg Golem.de. Grundsätzlich könnten Antennen von jedem Ausrüster eingesetzt werden, man sei hier neutral.

"Mit unseren Netzbetreiber-Partnern denken wir Infrastruktur neu und unsere traditionellen Stadtmöbel bieten heute Lösungen für die Smart City, wie W-LAN und 5G-Hotspots", erläutert von Hardenberg in einer Selbstdarstellung beim VATM (Verband für Telekommunikation und Mehrwertdienste).

Genug Gehäuse sind vorhanden: Die Vetoring-Ausbaupläne der Deutschen Telekom sehen vor, dass die Zahl der Multifunktionsgehäuse bis zum Jahr 2020 auf 200.000 steigt.

"Multifunktionsschränke sind eine gute Ergänzung im Rahmen unseres Mobilfunkausbaus", erklärte die Telekom der Wirtschaftswoche. *"Sie ersetzen aber keine anderen Varianten wie zum Beispiel den kontinuierlichen Ausbau der großen Sende-Standorte."*

Die Bochumer Telekommunikation Mittleres Ruhrgebiet (TMR) baut kommunales Glasfasernetz für bislang unterversorgte Stadtgebiete auf. Hier kommen Verteilerschränke von Sichert zum Einsatz. Die ersten 100 Standorte seien so ausgewählt, dass sie sich auch für 5G-Antennen eignen. *"Sie bieten genug Platz, um die Antennen mehrerer Mobilfunkbetreiber einbauen zu können"*, sagte ein TMR-Sprecher der Wirtschaftswoche. Das Unternehmen gehört den Stadtwerken und Sparkassen.

Quelle: https://www.golem.de/news/berthold-sichert-5g-fuer-die-telekom-aus-dem-berliner-multifunktionsgehaeuse-1901-138907.html?utm_source=nl.2019-01-23.html&utm_medium=e-mail&utm_campaign=golem.de-newsletter

Da China bereits führend bei 5G zwecks Überwachung aller ist, wollen China-Firmen auch in Europa mit die ersten sein:

Nachfolgend dazu meine Info von claus.scheingraber@kabelmail.de Gesendet: Samstag, 26. Januar 2019 - 14:38. **Die Zukunft mit 5G:**

Der chinesische Weltmarktführer Huawei für Mobilfunk prognostiziert folgende technische Möglichkeiten für 5G. Die jüngsten Äußerungen des CEO Ken Hu vom 21.11.2018:

Stuttgart soll zur Modellregion für den 5G-Ausbau, der fünften Generation des Mobilfunks, werden. Das hat zur Konsequenz, dass in der Großregion Stuttgart tausende neue

Sendeanlagen gebaut werden sollen, in ganz Deutschland sollen es nach Schätzungen des IT-Portals Golem 600.000 neue Mobilfunkstandorte sein.

(https://www.golem.de/news/huawei-wie-5g-aufbau-mit-weniger-neuen-antennen-funktionieren-soll-1811-137840.html).

Der Aufbau der 5G-Infrastruktur für die SmartCity, das Internet der Dinge und das autonome Fahren geschieht ohne Technikfolgenabschätzung und ohne Berücksichtigung der Studienlage zu den Risiken der Strahlung von 5G für Mensch, Tiere und die Natur. Deshalb hat sich die Bürgerinitiative Stuttgart West an den Oberbürgermeister Fritz Kuhn und die StadträtInnen mit einem Offenen Brief gewandt mit der Aufforderung, vor einer Entscheidung unsere Fragen zu den Risiken von 5G, sowohl über den Energieverbrauch, das Überwachungspotential und die Elektrosmog-Verseuchung zu beantworten. Solche Anfragen, mit denen die Gemeinderätinnen und Gemeinderäte auch gleichzeitig über die Problematik informiert werden, sollten in jeder Kommune gestellt werden. Der Brief steht auch auf der Homepage der BI zum Download: http://mobilfunkstuttgart.de/fragen-an-ob-kuhn-zum-ausbau-von-5g-mobilfunk-in-der-region-stuttgart/

5G ist gebrauchsfertig und wird tiefgreifende Veränderungen verursachen. Aber es gibt noch Hemmnisse, gegen die Regierungen etwas tun müssen, meint Huawei GEO.

Ken Hu prognostiziert 5 grundlegende Änderungen, die 5G bringen wird:

1. 5G wird die Konnektivität in eine Plattform verwandeln. 5G erlaubt allgegenwärtige, nahtlose und unbegrenzte Konnektivität für alle Menschen und alle Dinge.
2. Alles wird online gehen. Im Moment sind die meisten Dinge standardmäßig offline, und die meisten elektroni-

schen Geräte sind nicht verbunden. Mit 5G wird online und verbunden zu sein zum Standard für alles.
3. Die Welt wird in die Cloud gehen. Die mit 5G aufgeladene Cloud bietet eine enorme Rechenleistung mit blitzschnellen Übertragungsgeschwindigkeiten und nahezu Null Verzögerung. Damit ist Intelligenz auf Abruf (Intelligence on Demand) für jeden und überall verfügbar.
4. Geräte werden neu definiert. Mit KI-Unterstützung für Geräte, Netzwerk und die Cloud werden Geräte von Plug and Play zu Plug and Think übergehen. Sie werden Benutzer besser verstehen und in der Lage sein, unsere Bedürfnisse aktiv vorherzusagen, nicht nur passiv. Sie werden auf Befehle reagieren und mit uns auf natürlichere Weise interagieren.
5. Das Erlebnis wird nahtlos verlaufen. Bei bestehenden Netzwerken ist unsere Online-Erfahrung von einem Szenario zum anderen fragmentiert. Wenn alle Dinge online und Cloud-basiert sind, fließen Erlebnis und Inhalte nahtlos durch Zeit, Raum und Geräte – für ein wirklich ganzheitliches Erlebnis über alle Szenarien hinweg.
https://www.searchnetworking.de/news/252452938/5G-Mobilfunk-ist-bereit-und-wird-die-Wirtschaft-veraendern

Aber stimmen die Verheißungen überhaupt? Und welche Risiken sind damit verbunden? Diesen Fragen ist das Journalisten-Team Investigate Europe nachgegangen und auf erstaunliche Widersprüche gestoßen. Nicht nur ist völlig unklar, ob sich die geplanten Milliarden-Investitionen jemals rentieren werden. Zudem birgt das Vorhaben ein enormes Risiko, das die Verantwortlichen totschweigen, während es immer drängender wird: Eine wachsende Zahl von Studien deutet darauf hin, dass die für den Mobilfunk genutzte elektromagnetische Hochfrequenzstrahlung die menschliche Gesundheit schädigen kann, indem sie etwa Krebs erzeugt oder den männlichen Samen schädigt.

Die zuständigen Institutionen von der Weltgesundheitsorganisation über die EU-Kommission bis zum deutschen Bundesamt für Strahlenschutz überlassen es jedoch einem kleinen Kreis von Insidern, die Grenzwerte zum Schutz der Bevölkerung festzulegen. Doch dessen Mitglieder blenden viele unbequeme neue Erkenntnisse aus.

Für den flächendeckenden Ausbau braucht es zigtausende Sendeanlagen. 5G würde den „Elektrosmog", wie ihn Kritiker nennen, noch erheblich verstärken. Weil die neue Technik mit sehr hohen Frequenzen operiert, ist deren Reichweite deutlich geringer als bei den bisherigen Antennen. Für die Füllung der oft beklagten Funklöcher taugt sie nicht. Aber sie vervielfacht die Zahl der nötigen Funkzellen. Darum errichtet etwa die Telekom allein im fünf Kilometer langen Teststreifen in Berlin-Schöneberg derzeit gleich 71 neue Sendemasten. Kommt es zum flächendeckenden Ausbau, wird das zigtausende zusätzliche Sendeanlagen erfordern.

Mit „der Implementierung von 5G drohen ernste, irreversible Konsequenzen für den Menschen", warnen mehr als 400 Mediziner und Naturwissenschaftler in einem jüngst veröffentlichten Appell für einen Ausbaustopp der 5G-Technik, darunter auch der langjährige deutsche Umweltpolitiker und Biologe Ernst-Ulrich von Weizsäcker. „Wir wissen nicht sicher, ob die mobile Datenübertragungstechnik gesundheitliche Risiken mit sich bringt, aber wir können es auch noch nicht ausschließen", erklärt er.

Daher müsse die Politik „darauf bestehen, dass die Gesundheitsrisiken, die mit der allgegenwärtigen Hochfrequenzstrahlung für mobile Geräte verbunden sind, untersucht werden, bevor wir die gesamte Bevölkerung immer höheren Werten der elektromagnetischen Felder aus dieser Technologie aussetzen".

In den USA gibt es die dort registrierte „Bioinitiative". Auch deren 29 Professoren und medizinische Forscher aus elf Ländern repräsentieren alle benötigten Disziplinen wie die Krebsforschung, Molekularbiologie und Epidemiologie, und sie veröffentlichten einen Gegenbericht zur einer gegenteiligen ICNIRP-Position: „Die biologischen Effekte der Mobilfunkstrahlung verhindern, dass der Körper geschädigte DNA heilt und führen zu einer geringeren Widerstandsfähigkeit gegen Krankheiten", schreiben die Autoren unter Berufung auf mehr als 1000 wissenschaftliche Veröffentlichungen. Das könne die Stoffwechsel- und Fortpflanzungsfunktionen tiefgreifend beeinträchtigen. Nach Meinung des schwedischen Onkologen Lenart Hardell, einem der Leitautoren, haben Studien mit mehreren tausend befragten Handynutzern zudem „bewiesen, dass die elektromagnetische Hochfrequenzstrahlung das Risiko für Hirntumore erhöht".

Also: Heißluftballons oder undurchdachte Schnellschüsse von den Regierenden. Und fast alle Tiere und Menschen werden krank. Trotzdem ruft vielleicht noch die Mehrheit: „Digital, 5G" gleich Strahlung überall.

In DER TAGESSPIEGEL vom 13. 1. 2019 wurden unter dem Bericht: „Strahlendes Versprechen" Frequenzen von Strahlungen aufgeführt, zu denen ich noch einige hinzufüge. Die Frequenzen werden in Hertz (dem Erfinder) gemessen: 1 Hz = 1 Schwingung/Sekunde.

Zuerst Niederfrequenz in Hertz (Hz): UV-Licht (von der Sonne) 3 Petaherz. - Sichtbares Lampenlicht 425 – 750 Terahertz. - Hochspannungsleitung +Netzspannung 50 Hertz (Hz). - Energiesparlampen 50 Hertz bis 1 Megahertz. - Laptops 2 Megahertz (MHz) - **Dann Hochfrequenz**: Mobilfunk 20– 60 Megahertz - 5 G Mobilfunk 100 Megahertz - UKW-Radio 88 – 108 Megahertz. - TV-Sender 54 – 700 Megaherz - Mobilphone 800 Megahertz –2600 MHz(2,6

298

GHz) - W-Lan, Mikrowelle 2 Gigahertz (GHz) -Internet (WIFI) 2,4 und 5 Gigahertz - 5G – Smart-Technologie 3,4 – 3,8 und 22 – 25 Gigahertz - W-Lan 5 Gigahertz - Radar 1 – 100 Gigahertz - Röntgenstrahlung 300 Petahertz (ionisierend –radioaktiv) - Radioaktive Strahlung 30 Exahertz (ionisierend – radioaktiv).

Unter den verschiedenen Frequenzen wird dann in Feldstärke gestrahlt. Z. B. in V/m. Ich habe mich daraufhin auf den Weg gemacht. Draußen waren es 0-5, nahe Sendemast 45, im Bus 0-5, im U-Bahnhof 6, in der U-Bahn 8-300 und in der Innenstadt 6-200 mV/m. Also große Schwankungen. In den öffentlichen Verkehrsmitteln sendeten dann 5 bis 20 mit ihrem Handy. –

Soweit, doch wieder nicht so gut, denn wenn dann der Mobilfunk-Normal neben dem 5G-Mobilfunk, neben dem TV-Sender, neben der Hochspannung, neben dem Funk, neben, neben Radio und TV, neben Radar, neben 2G, neben 3G, neben W-Lan, neben dem Smart-Meter zusammen kommen, dann sind dies auf Dauer so viel wie die ionisierende Röntgenstrahlung, um viele krank zu machen, schon die Kinder in den Schulen sollen dies werden – und auf dem Kreuzfahrtschiff sollte man sich nicht neben dem Radar aufhalten. Also: Spaß ist oft ungesund, wie schon der Beginn dieses Kapitels aufzeigte. Selbst die heute schon übliche Dauerbenutzung des Smartphone „hat Folgen fürs Gehirn, sagen Experten". So stand es zumindest in der Zeitungsüberschrift (HA) vom 24. 7. 2019. Das Gehirn wird überlastet.

Beispielsweise brachte das Aktionsbündnis Freiburg 5G-frei am 13. 11. 2019: „Ausbaustopp von 5G ist jetzt lebenswichtig!" - Dazu eine Technikfolgen-Abschätzung zu 5G: „Starker Anstieg von Energie- und Ressourcenverbrauch und dadurch Beschleunigung des Klimawandels - starke Konsum-Stimulierung. – Ausweitung von Kontrolle und Überwachung durch lückenlose Datenerfassung – psychosoziale Auswirkungen.“

Am 22./23 Februar 2020 richtet sich auch die Bürgerbewegung „Attention 5G“ mit einem Strategietreffen im Tagungszentrum Kassel „Haus der Kirche“ wieder an die Bevölkerung. „Attention 5G European Citizens Initiative“ (siehe auch www.attention-5G.eu).

Schon am 30. 9. 2018 schrieb das „ZENTRUM FÜR PUBLIC HEALTH MEDIZINISCHE UNIVERSITÄT WIEN“ zu „Gesundheitseffekte durch 5 G“ u. a.: „Wegen ihrer lichtähnlichen Eigenschaften können die Millimeterwellen nicht für großräumige Anwendungen eingesetzt werden. Ihre Reichweite beträgt…nicht mehr als einige 100 m…Die Antennen müssen vermutlich aus Sicherheitsgründen mit Batterien versehen werden, was neben der Problematik der Exposition gegenüber der Mikrowellenstrahlung ein erhebliches Umweltrisiko durch Herstellung und Entsorgung dieser Batterien vorhersehen lässt.“ Und immer wieder wird in dem Brief auf die Gesundheitsgefahren hingewiesen. Wenn lt. Meldung vom 4. 2. 20 (HA) die Krebsfälle in der EU seit 1990 um 50 % zunahmen, dann liegt es wohl am Mobilfunk.

Kapitel 19
Körperverletzung durch Mobilfunk?

Im § 223 StGB steht (1) Wer eine andere Person körperlich misshandelt oder an der Gesundheit schädigt, wird mit Freiheitsstrafe bis zu fünf Jahren oder mit Geldstrafe bestraft. (2) Der Versuch ist strafbar.
Im deutschen Grundgesetz steht: *Artikel 2: Das Recht auf Leben und körperliche Unversehrtheit, Artikel 13: Unverletzlichkeit der Wohnung.*

Wenn im „Hamburger Abendblatt" am 28. 11. 2019 die Überschrift lautete: „Die Angst vor Strahlung ist groß", und dazu aus Berlin Umfrageergebnisse zeigten, dass sich rund 50 % Sorgen um die Strahlung von Mobilfunkmasten und – anlagen machten. In dem Bericht wurde aber auch , eventuell ablenkend, auf die Gefährlichkeit der Radonstrahlung aus dem Erdreich hingewiesen, die allerdings nicht überall vorkommt. Und sodann auf die große Gefährdung von eigner Handystrahlung hingewiesen. Ob die Angst berechtigt ist, sollen die nachfolgenden Berichte von wirklichen Fachleuten – aber auch die Beweise des Vorkapitels – beschreiben:

„SMART und teuer. Vernetzte Strom- und Wasserzähler sollen beim Energiesparen helfen. Neue Gesetze machen sie deshalb zur Vorschrift. Doch Verbraucher sparen offenbar weder Kosten noch Energie." So die Überschrift des Berichts von R. Haimann in „DIE WELT" vom 13. 6. 2019. Es „sollen bis 2032 alle mechanischen Zähler gegen sogenannte digitale ‚Smart Meter' - ausgetauscht werden. Bereits vom Herbst kommenden Jahres an müssen zudem in neuen Gebäuden intelligente Heizkostenzähler installiert werden." Doch wie häufig, ist die Wirklichkeit anders: C. Kodim vom Haus- und Grundeigentümerverband wird zitiert mit: „Die Gesetze belasten Mieter und Eigennutzer mit zusätzlichen

Kosten, tragen aber nicht dazu bei, den Energieverbrauch zu reduzieren." Und C. Bogata, Geschäftsführer von Fresh Energy sagte: „ Für den privaten Stromkonsumenten verdoppeln sich die jährlichen Wartungsgebühren für die Messgeräte, ohne dass sie einen erkennbaren Mehrwert erhalten."

Und Dr. Werner Thiede, Autor von „Die digitale Fortschrittsfalle" (Pad-Verlag) schrieb: „Fernablesung entmündigt. Warum gegen die neuen Heizkostenzähler Widerstand angesagt ist." Er schrieb: „Die neuen Zähler können für viele Krankheiten sorgen," – und „Da Bundesamt für Strahlenschutz (BfS warnt durchaus: ‚Personen in der Nähe von drahtlos kommunizierenden Smart Metern sind den elektromagnetischen Feldern der Geräte ausgesetzt und absorbieren einen Teil der ausgesendeten Strahlung." Und deshalb wird empfohlen, die Geräte im Keller anzubringen. Wenn aber kein Keller da ist - oder die Zähler in Wohnungen sind, oder der Keller benutzt wird? Zuletzt schrieb Dr. Thiede: „Werden die Bürgerinnen und Bürger ihre solchermaßen bedrohten Grundrechte auf körperliche Unversehrtheit und informationelle Unversehrtheit fahren lassen – oder im Zuge der nationalen Umsetzung Widerstand gegen die angesagte Tyrannei entwickeln." Und zuletzt hoffte er, dass der Bundestag die Umsetzung dieser hochproblematischen EU-Richtlinie nicht in ‚digitaler Demenz' vornehmen wird. Und dass auch die Kirchen …nicht einfach schweigen.

Dr. Spaarmann schrieb in einem Brief an die Bundestagsabgeordneten über die schlimme Situation der heutigen Kommunikation. der deshalb Licht als Alternative zu den gesundheitsschädlichen Mikrowellen beschrieb.
Daraus zunächst ein Auszug. Es beginnt mit:

Die Situation.
Wir sind heute wie nie zuvor von einem Chaos technischer elektromagnetischer Wellen umgeben, das keiner mehr im Griff hat. Am wenigsten die Verantwortlichen. Inzwischen reagieren mehrere Prozent der Bevölkerung (mit steigender Tendenz) darauf mit körperlichen Allergien (EHS Elektrohypersensibilität); 30 % der Bevölkerung sind zumindest beunruhigt – und das mit Recht. Aber verzichten möchte keiner auf die Bequemlichkeiten der Technik, im Gegenteil, es ist eine Sucht nach mobiler Kommunikation entstanden – für die Industrie ein willkommenes Goldeselstreck-Dich-Szenario, eine Neuheit jagt die andere. Die Regierungen wissen nicht, was sie tun sollen…." (Das war alles im Online-Flyer vom 23. 2. 2019 der NRZ.)

Und dann der offene Brief an die Mitglieder des Deutschen Bundestages: Dazu schrieb zunächst die Zeitung:

Liebe NRhZ-Leser/innen,

Sie können Ihrerseits, wenn Dr. Spaarmanns Beitrag Sie überzeugt hat, seinen offenen Brief gern ebenfalls – mit Ihrer Adresse als Absender – an Ihre lokalen Bundestagsabgeordneten bzw. an die Fraktionen im Bundestag senden.

Ihre NRhZ-Redaktion – Und dann kamen die Adressen der Fraktionen: CDU/CSU – fraktion@cducsu.de , SPD – buergerservice@spdfraktion.de Grüne – info@gruene-bundestag.de , FDP – fraktion@fdp.bundestag.de , Die LINKE – fraktion@linksfraktion.de

Dr. Stefan Spaarmann
Sehr geehrte Damen und Herren,
ich wende mich an Sie wegen der Folgen des gegenwärtig äußerst fahrlässigen Umgangs mit Mikrowellen, aber auch anderer technischer Funkstrahlung und elektromagnetischer

Felder für die Volksgesundheit und die Umwelt, und wegen der damit verbundenen horrenden Energieverschwendung. Die heute praktizierte, angeblich moderne Technik der mobilen Kommunikation in all ihren Schattierungen erfüllt zwar die induzierten Wünsche der Konsumenten, aber sie ist genau so wie die „digitale Dividende" entgegen anderslautender Beteuerungen veraltet, weil die Art der physikalischen Signal-Übertragung Mensch und Umwelt generationenübergreifend schadet. Das zeigt die Praxis, und das zu ignorieren oder zu verdrängen ist kurzsichtig.

Ich wende mich deshalb an Sie zweitens wegen der ungenügenden Förderung des einzigen Ausweges aus diesem Dilemma, der Nutzung der optischen Nachrichtentechnik für die mobile Nachrichtenkommunikation. Licht ist als Datenträger leistungsfähiger und unser alle unverzichtbares Lebenselixier. Technische Funkwellen sind unseren Sinnen weitgehend unzugänglich, es gibt keine rechtzeitigen Warnsignale. Technisch steht diese Technik am Ende ihres Entwicklungszyklus wie dereinst die Dampfmaschine.. Sie genügt nicht den künftigen Anforderungen. Wireless Optics ist ein technisch unverzichtbarer und gesundheitspolitisch vernünftiger smogfreier „grüner" Ausweg für die Kommunikation. Hier bahnt sich ein revolutionärer Wandel an.

Absprachen, eine wissenschaftlich überholte Gesetzgebung und gefällige Auftrags-Wertungen von Wissenschaftlern, die ihre Hausaufgaben in Quantenphysik nicht gemacht haben, blockieren noch den Paradigmenwechsel im Umgang mit nichtionisierender Strahlung. Dadurch fehlen geschäftlich Anreize für innovative Aktivitäten des unternehmerischen Mittelstandes. Die 26. Bundesimmissionsschutzverordnung muss völlig novelliert werden, sie ist wegen der unwissenschaftlichen Grenzwertfestsetzung eine Innovationsbremse. Sie wurde auf Grund vermeintlicher wirtschaftlicher Interessen und einer Physik des 19. Jahrhunderts formuliert und passt nicht mehr in unsere Zeit. Sind die Bremsklötze entfernt, wird es weltweit einen derart starken Aufschwung der allumfassenden Kommunikation geben, dass man das nur als technische Revolution bezeichnen kann.

Länder wie Korea, Japan, Vereinigte Staaten, England sind uns bereits weit voraus, wenn es um eine landesweite Glasfaserinfrastruktur bis hin zum Kunden geht. In diesen Ländern treiben große Firmenkonsortien die Entwicklung der mobilen Kommunikation mit Licht voran. Wo aber bleicht Deutschland, das im universitären Bereich gute Voraussetzungen hat? Hier müssen wir einen Sprung nach vorn machen und endlich mitmischen. Es bieten sich einmalige Chancen im Hightech-Wettbewerb der Nationen an, die nicht zu nutzen äußerst unklug wäre. Wollen wir uns im internationalen Wettbewerb weiter auf ein wenig Standartisierungsaufgaben beschränken und ansonsten auf den Reimport dieser Zukunftstechnologie warten, oder wollen wir unsere Vorteile wahren und voran gehen?

Ich bitte Sie, widmen Sie diesem Thema Aufmerksamkeit und fordern Sie von der Regierung Rechenschaft. Neben der ökologischen Wende zur Energieerzeugung steht heute die ökologische Wende der Kommunikation auf der Tagesordnung. Hören Sie sich bitte nicht nur die Argumente der Lobby der konservativen Industrie an, sonder auch die der Lobby von Gesundheit und Umwelt. Bitte unterschätzen Sie nicht länger dieses verstreute und brachliegende Humankapital und den dort versteckten Ideenreichtum.

Gez. Dr. Stefan Spaarmann.

Soweit der großartige Brief:
Licht – unser unverzichtbares Lebenselixier, - und die Schädlichkeit der Mikrowellenkommunikation. Weil

nämlich zukünftig alles auch mit dem völlig unschädlichen Licht gemacht werden könnte. Und einige Länder das schon fast erforscht haben.

Stattdessen werden in Deutschland immer mehr Menschen, Bienen und Insekten am weiteren Ausbau der Mikrowellen, evtl. sogar mit 5G, krank werden oder auch sterben.

Und am 19. 3. 2019 hieß eine Zeitungsüberschrift: „Alle Klassen in Hamburg erhalten schnelles W-LAN. Digitaloffensive: Schulsenator will 13.200 Unterrichtsräume schon bis Ende 2020 mit drahtlosem Internet ausstatten."

Ein Ergebnis des Gesundheitsverbrauchs durch die Digitalisierung war am selben Tag in derselben Zeitung zu lesen: „Schikane durch Cyber-Mobbing betrifft immer mehr Jugendliche. – Fast jeder vierte Jugendliche wird im Netz schikaniert" - das www.buendnis-gegen-cybermobbing.de listet Beratungsstellen in der Nähe (gegliedert nach Postleitzahlen) auf. Dies alles gegen die im Vorkapitel gebrachten Warnungen dagegen.

Nun noch eine Mitteilung aus der Schweiz: Erstellt: Donnerstag, 31. Januar 2019:

UN-Generalsekretär Antonio Guterres gibt sich unwissend über Funkstrahlung (EMF - elektromagnetische Felder) und deren gesundheitliche Risiken. Tatsächliches Nichtwissen oder bloß vorgespielte Ahnungslosigkeit?

Eine seiner Mitarbeiterinnen wies aber ausführlich auf die Problematik hin und forderte ihren Chef auf, alles in seiner Macht Stehende zu unternehmen, um die Einführung der nächsten Mobilfunkgeneration (5G) zu stoppen und die bereits krankmachenden WLAN- und Mobilfunksender in den Gebäuden der UNO wieder zu entfernen.

Allerdings sagen die nicht in Universitäten, sondern beim Staat oben beschäftigten immer wieder: „Die meiste Strahlung erhalten wir vom Handy." So die Überschrift vom 24. 4. 2019 im „Hamburger Abendblatt." Wie es die Strahlenschutz-Präsidentin Inge Paulini über möglich Risiken beim Mobilfunk im Interview sagte. Dazu sagte sie dann: „Das Handy sollte nicht über längere Zeit sehr nah am Körper gehalten werden, wenn es sendet. Beim Telefonieren sollte man ein Headset benutzen....Sowohl beim Kauf als auch bei der Benutzung sollte daher auf die spezifische Absorptionsrate, kurz SAR, geachtet werden. Je niedriger die SAR-Werte sind, desto weniger Strahlung geht von dem Handy aus." (0,5 bis 2,0 SAR – Werte auch im Internet. Das Handy strahlt nur, wenn es sendet.) Soweit die Fachfrau. Sie sagte aber auch: „Eltern sollten möglichst die Zeit begrenzen, in der die Kinder telefonieren oder das Handy am Ohr haben." – Übrigens: Handy = ca. Smartphone.

Die vielen Arztberichte werden beim Bundesamt für Strahlenschutz wohl nicht gelesen. Wohl auch nicht die folgende Petition an den Bundestag.

An den Deutschen Bundestag wurde zusätzlich zum 5. April 2019 von unglaublich vielen besorgten Bürgern eine Petition geschrieben: Mitzeichnen der Petition 88260:

Strahlenschutz - Verfahrensaussetzung zur Vergabe von 5G-Mobilfunklizenzen/Keine Einführung des 5G-Mobilfunkstandards ohne Unbedenklichkeitsnachweis vom 05.12.2018

Text der Petition: Der Deutsche Bundestag möge beschließen, Verfahren zur Vergabe von 5G-Mobilfunklizenzen auszusetzen und die Einführung des 5G-Mobilfunkstandards zu unterbinden, solange wissen-

schaftlich begründete Zweifel über die Unbedenklichkeit dieser Technologie bestehen.

Begründung

Hunderte unterzeichnende Wissenschaftler und Ärzte aus duzenden Ländern warnen vor einem flächendeckenden 5G-Mobilfunkstandard. Zahlreiche kürzlich erschienene wissenschaftliche Publikationen, die den aktuellen Forschungsstand dokumentieren zeigen, dass hochfrequente elektromagnetische Felder (HF-EMF) lebende Organismen weit unterhalb der meisten international und national geltenden Grenzwerte schädigen. Es ist erwiesen, dass HF-EMF für Menschen, Tiere und Pflanzen schädlich sind, so auch die Exposition von elektromagnetischen Feldern, die bereits für die Telekommunikation genutzt werden (GSM, UMTS, LTE, WLAN).

Bei dem neuen 5G-Standard werden Millimeterwellen bis zu 200 GHz genutzt. Diese Strahlung wird von der menschlichen Haut absorbiert oder von Pflanzenblättern aufgenommen. Der 5G-Mobilfunkstandard wird nicht zuletzt mit der dafür erforderlichen Antennendichte, die Exposition von elektromagnetischen Feldern im Hochfrequenzbereich in einem unvorstellbaren Ausmaß erhöhen.

Die zu befürchtenden Wirkungen umfassen ein erhöhtes Krebsrisiko, zellulären Stress, einen Anstieg gesundheitlicher freier Radikale, unkalkulierbare genetische Veränderungen, Änderungen der Strukturen und Funktionen im Reproduktivsystem, Defizite beim Lernen und Erinnern, neurologische Störungen und negative Auswirkungen auf das allgemeine Wohlbefinden. Die Risiken des globalen 5G-Standards reichen weit über die Menschheit hinaus, zumal sich auch Hinweise zu unerwünschten Auswirkungen auf die Pflanzen- und Tierwelt erhärten und zunehmen.

Die nach dem aktuellen Forschungsstand erwiesenen, schädigenden Auswirkungen von HF-EMF-Strahlung und der akkumulierenden Wirkung des 5G-Mobilfunkstandards können irreversible, unermessliche menschliche Katastrophen nach sich ziehen, neben nicht mehr quantifizierbaren monetären Schäden. Das Leben und die Gesundheit der Menschen sind nicht verhandelbar.

Dies wurde dann verkürzt. Die Mitzeichnungsfrist war 07.03.2019 - 04.04.2019 – Ich habe auch unterschrieben.

Zur Petition fand dann am 23. 9. 2019 eine öffentliche Anhörung statt. Am Tag davor fand vor dem Deutschen Bundestag eine Anhörung mit nachfolgender Demonstration statt. Vom 20. – 23. 9. fand sodann vor dem Bundestag von 10 bis 18 Uhr eine Mahnwache statt. www.stopp5g.net .

Zuvor wurde noch die „Europäische Bürgerinitiative „Attention 5G" gegründet. www.kommune-digital-live.com .

Es änderte sich aber nichts. Die Petition nützte nichts – und der nachfolgende Brief einer Ärztin über die hohe Schädlichkeit des Mobilfunks nützte auch nichts.

Das Schweizer Bundesamt für Umwelt schickte ein Infoblatt zu 5G an alle Kantone in denen stand: „Veränderungen am Gehirn, den Spermien, der Erbsubstanz." (Info Bergmann.)

Und nun noch ein Brief zur möglichen Körperverletzung durch die Verantwortlichen:

Die Fachärztin für Allgemein- und Umweltmedizin, Frau Barbara Dohmen schrieb aus Freiburg **am 17. 3. 2019 einen offenen Brief:**

An den Präsidenten der Bundesnetzagentur Herrn Jochen Homann in Bonn:

Sehr geehrter Herr Homann,

da Sie am kommenden Dienstag, den 19. 3. 2019 als Präsident der Bundesnetzagentur den Vorsitz bei der Versteigerung der 5. Mobilfunkgeneration, 5G, innehaben, wende ich mich an Sie mit der eindringlichen Bitte, sich mit nachfolgender Schilderung zu den Ihnen wahrscheinlich unbekannten Auswirkungen der Mobilfunktechnologie im Gesundheitswesen Kenntnis zu verschaffen. Es handelt sich um eine beunruhigende Morbiditätszunahme, die wir umweltmedizinisch ausgebildeten Ärzte in unserem beruflichen Alltag seit Beginn des Ausbaus der drahtlosen Kommunikationstechnologie 2G, 3G, 4G beobachten.

In meiner Funktion als seit 1993 niedergelassene Allgemeinärztin mit Schwerpunkt für Umweltmedizin sehe ich eine immer stärker zunehmende neue Patientengruppe in meine Praxis drängen. Es sind dies Menschen, die unter dem sogenannten Mikrowellensyndrom, - auch Elektrohypersensibilität genannt – leiden, d. h. sie reagieren sofort oder verzögert auf Hochfrequenz emittierende Anlagen mit dauerhaften gesundheitsträchtigen Funktionsstörungen je nach individueller Organanfälligkeit. Schlafstörungen, allgemeine Erschöpftheit, Kopfschmerzen oder Schmerzzustände in anderen Körperbereichen, Sehstörungen, Schwindel, Brechreiz, Benommenheit, Denk-, Konzentrations-, Lern- und Gedächtnisstörungen, Ohrenschmerzen und Ohrgeräusche, Bluthochdruck, plötzliche Beschleunigung der Darmperistaltik; Herzrhythmusstörungen, Verspannung, Nervosität, Gereiztheit oder depressive Verstimmung und Angst bis hin zu Panikattacken, um nur die am häufigsten auftretenden Leiden zu nennen. Mit der weiterhin zunehmenden, ubiquitären Strahlungsintensität zeigen die Beeinträchtigungen meiner Patienten eine immer ausgeprägtere Tendenz, für Schwerst-Betroffene wird es mittlerweile lebensbedrohlich.. Die Liste der durch Hochfrequenz mitverursachten ernsthaften Erkrankungen ist zudem erschreckend lang, in unserer umweltmedizinischen Betreuung beobachten wir vermehrt neurodegenerative Erkrankungen und Epilepsien, und in unseren Fachorganen häufen sich die Artikel zu Burn out, vorzeitiger Demenz, Schlaganfällen bei immer jüngeren Patienten und zu einem erheblichen Anstieg von Krebserkrankungen.

Die Funksensiblen unterscheiden sich im Vergleich zu anderen, mich aufsuchenden Umweltkranken darin, dass bei diesen bisher gesunden und meist jungen Patienten –(viele im Alter zwischen 20 und 40 Jahren)- durch Funkeinwirkungen ganz plötzlich oder langsam zunehmend oben genannte Krankheitsbilder auftraten, die sie schließlich wegen der Schwere der Symptome dazu zwangen, ihren Beruf aufzugeben, in dem sie gern und gut gearbeitet hatten. Viele leben mittlerweile von Hartz IV und haben in der Regel große Mühe, Behörden und den medizinischen Dienst davon zu überzeugen, dass sie nicht arbeitsscheu, sondern krank sind. Sie versuchen mit dem Mut des Verzweifelten sich mit diesem bisher nicht gekannten Leben am Existenzminimum zu arrangieren und in ländlichen, strahlenarmen Bereichen einen Funkarmen Platz zu finden, wo sich ihre Beschwerden noch auf ein halbwegs erträgliches Maß reduzieren lassen.

Fast überall in der Gesellschaft stoßen Funkkranke auf Ungläubigkeit, Unverständnis und Ablehnung, besonders dann,

- wenn sie sich in ihrer Not anderen zumuten müssen und wegen ihrer einsetzenden Beschwerden z. B. darum bitten, doch das Handy auf Flugmodus bzw. ganz auszuschalten oder weiter entfernt zu benutzen

- oder wenn sie ihren Wohnungsnachbarn darum bitten, gemeinsam eine funkfreie Lösung für dessen Smartphone, Schnurlostelefon, W-LAN-Router, Bluetooth oder Babyphone zu finden
- oder wenn sie eine Krankenhauseinweisung verweigern müssen, da alle stationären Einrichtungen inzwischen mit W-LAN ausgerüstet sind oder zusätzlich auf dem Krankenhausdach ein Funkmast steht. Oft sind diese funksensiblen Patienten, die zu mit kommen, sehr tief gefallen: So mussten sie einschneidende Veränderungen in ihrem Lebensbereich in Kauf nehmen, um ihre Beschwerden abzumildern:

Oft sind diese funksensiblen Patienten, die zu mit kommen, sehr tief gefallen: So mussten sie einschneidende Veränderungen in ihrem Lebensbereich in Kauf nehmen, um ihre Beschwerden abzumildern:

- Der Schlafbereich wird vom letzten Geld abgeschirmt oder an einen funkärmeren Ort, oftmals in den Keller, verlegt.
- Der Schlaf ist nur noch im Gartenhaus, im Auto oder Wohnwagen an einer funkarmen Stelle im Wald möglich.
- Viele meiner Patienten sind unzählige Male umgezogen, weil sie die Funkbelastung immer wieder einholte.

Diejenigen, welche die häusliche Funkbelastung nicht verringern können, halten sich die meiste Zeit – auch tagsüber – unter ihrem Baldachin auf (wohlgemerkt innerhalb 2 Quadratmetern!) oder sie flüchten in die meist noch weniger belastete Natur, fernab von jeder Zivilisation, um sich dort für kurze Zeit so zu spüren, wie es für sie einmal selbstverständlich war. Diese Strahlensensieblen leben isoliert und ausgegrenzt vom üblichen gesellschaftlichen Leben. Eine Teilhabe am gesellschaftlichen Leben und jeder Gang für alltägliche Besorgungen muss von den Funksensiblen genau geplant werden, um die Krankheitsauswirkungen durch den unvermeidlichen Kontakt mit Handystrahlen durch Mitmenschen, mit W-LAN to go oder durch Funkmasten so gering wie möglich zu halten.

Dies ist ein unhaltbarer Zustand, denn in unserer Verfassung stehen Grundrechte jedem Bundesbürger zu: Artikel 2: Das Recht auf Leben und körperliche Unversehrtheit, Artikel 3: Niemand darf wegen seiner Behinderung benachteiligt werden, Artikel 13: Unverletzlichkeit der Wohnung. Viele meiner Patienten äußern sich daher sehr verzweifelt, sie sind nicht nur arbeitslos und verarmt, viel bedrohlicher wirkt auf sie, dass sie weiterhin von Politik und einer Mobilfunkgesteuerten Gesellschaft nicht ernst genommen werden.. Zusätzlich verlässt sie angesichts der wachsenden Hochfrequenzbelastung und der ministerialen Ankündigung alle Funklöcher zu schließen bei zunehmenden Krankheitssymptomen aller Mut und jede Zuversicht, jemals wieder ein qualitativ gutes Leben führen zu können.

Etliche geben zu, schon daran gedacht zu haben, ihr armseliges Leben zu beenden. Zwei meiner verzweifelten Patienten haben den Suizid bereits vollzogen, eine Patientin übergoss sich mit Benzin, eine weitere vergiftete sich mit Kohlenmonoxid, eine Dritte konnte in letzter Minute noch gerettet werden. Es ist nicht leicht, als begleitende Ärztin all dieses Leid ohne Möglichkeit einer therapeutischen Hilfestellung seit über 20 Jahren auszuhalten.

Bei einer in gesundheitlicher Hinsicht bereits absolut an der Obergrenze belasteten Bevölkerung bedeutet die geplante ubiquitäre Einführung von 5G mit Millionen neuen Sendeeinrichtungen und tausenden von Satelliten zudem mit den völlig unerforschten neuen Millimeterfrequenzen eine ungeheure Ausweitung der bereits jetzt enormen Hochfrequenzbelastung. Diese aggressive Strahlung durchdringt nicht nur Häuserwände, sondern ebenso alle lebenden Organismen! **All den Elektrosensiblen, die mittlerweile zahlenmäßig die Größenordnung aller an Diabetes Erkrankten in Deutschland erreicht haben und deren Anzahl stetig im Steigen begriffen ist, nehmen Sie mit diesen bevorstehenden Aktionen die letzte Zuflucht, womit ihre Überlebenschancen noch weiter gemindert werden!** Sehr geehrter Herr Homann, sind Sie sich ihrer Verantwortung bewusst? Haben Sie gründlich darüber nachgedacht, was Sie morgen mit dem Beginn einer ganzen Reihe von Frequenz-Versteigerungen an die vier bietenden Mobilfunkbetreiber zur Installation der 5G Technologie lostreten?

Damit werden nicht nur wir Menschen, sondern alle Lebewesen, die ganze Natur als unsere Lebensgrundlage, ganz zuvorderst die Bäume-, unsere Ressourcen, unsere Atmosphäre, unser Wetter mit dem bereits kränkelnden Klima, unsere schon jetzt im Sinkflug befindliche Demokratie und nicht zuletzt unser verbrieftes Recht auf Privatsphäre einer in der Menschheitsgeschichte in diesem Ausmaß noch nie dagewesenen lebensverachtenden Zerstörungskraft ausgesetzt.

Damit wird die Mobilfunktechnologie und ihr jetziger blindlings abgesegneter weiterer Ausbau zur größten je von Menschen erzeugten Gefährdung für alles Leben auf diesem Planeten.

Das waren wichtige Sätze – von der Regierung geleugnet..

Als Ärztin ist es mir vollkommen unbegreiflich, dass die oberste Priorität einer Bundesbehörde nicht der Gesunderhaltung aller Bürger, insbesondere der nächsten Generation gilt, sonder auf Prestige und Profit ausgerichtet ist. Ich bitte Sie daher sehr eindringlich, eine andere Sichtweise einzunehmen, die Leben und Gesundheit der Ihnen anvertrauten Menschen und Umwelt als das absolut Wertvollste hochhält. Wenn Sie hingegen den verhängnisvollen Auswirkungen dieser krankmachenden Kommunikationstechnologie morgen Tor und Tür öffnen, indem Sie unseren Äther an eine alles Durchdringende Technologie verscherbeln, wird das Leiden von Mensch und Natur zukünftig gewaltige Ausmaße annehmen und sich auf unsere gesamte Mitwelt und auf alle nachfolgenden Generationen dramatisch auswirken! In der Hoffnung, dass Sie sich der hohen Verantwortung Ihres Handelns bewusst werden angesichts der nicht nur von mir, sonderten ebenso von hunderten von Wissenschaftlern weltweit angemahnten immensen Gefahren grüßt Sie mit großer Besorgnis.

Barbara Dohmen

www.5gspaceappeal.org/the-appeal

Soweit Briefe zur gesundheitlichen Schädigung vieler Personen, vielleicht sogar von Millionen allein in Deutschland durch die besprochene künstliche Strahlung. Doch damit noch nicht genug. Aus Nordamerika kam am 27. 8. 2019 die Mitteilung: „Krebsrisiko": Apple und Samsung wegen Mobilfunkstrahlung verklagt.. Das soll nachfolgend gebracht werden. Die Einführung der 5G-Technologie feuert die Debatte um die Nutzung von Smartphones und deren Einfluss auf die Gesundheit der Menschen an. Gegen die größten Smartphone-Hersteller der USA, Apple und Samsung, wurde nun eine Sammelklage eingereicht.

Apple und Samsung sehen sich mit einer Sammelklage konfrontiert, in der behauptet wird, dass die Smartphones der beiden Unternehmen Nutzer Hochfrequenzemissionen aussetzen, die bis zu 500 Prozent über den in den USA vorgesehenen Grenzen hinausgehen. Inzwischen

heizt sich die Gesundheitsdebatte um die Nutzung von Smartphones immer weiter an.

Die Klage wurde nach einer Untersuchung der *Chicago Tribune* eingereicht und sagt, dass die Hochfrequenzemissionen einer Reihe von Apple- und Samsung-Smartphones – darunter das iPhone 8, das iPhone X und das Galaxy S8 – "weit über die föderalen Richtlinien hinausgehen." Zu den Risiken solcher Strahlungen gehören "erhöhtes Krebsrisiko, zellulärer Stress, [...] genetische Schäden, Lern- und Gedächtnisdefizite, neurologische Störungen" und noch eine Reihe anderer medizinischer Probleme.

Die Federal Communications Commission (FCC) testet Mobiltelefone anhand ihrer "spezifischen Absorptionsrate", die in Watt pro Kilogramm Körpergewebe gemessen wird. Kein in den USA verkauftes Handy darf den Wert 1,6 Watt pro Kilogramm überschreiten, während die europäischen Regulierungsbehörden großzügigere zwei Watt pro Kilogramm Körpergewicht erlauben. Allerdings halten Gesundheitsaktivisten diese Ebenen für veraltet. Tatsächlich wurden die Richtlinien der Federal Communications Commission im Jahr 1997 zusammengestellt und basierten größtenteils auf Tests des US-Militärs an einem 100 Kilogramm schweren Soldaten.

Kinder können mehr als 150 Prozent mehr Telefonstrahlung als Erwachsene und bis zu zehnmal mehr Strahlung durch ihre Schädel absorbieren, so einige Forscher. Da es viel wahrscheinlicher ist, dass Kinder öfter moderne Smartphones nutzen als hochrangiges Militärpersonal, seien die Richtlinien der FCC in Bezug auf die spezifische Absorptionsrate unzureichend.

Bisher war keine größere Gesundheitsorganisation in der Lage, eine Verbindung zwischen der Nutzung von Mobiltelefonen und Krebs oder anderen schweren Krankheiten zu beweisen. Eine Reihe von Studien hat jedoch ergeben, dass selbst bei weit unter den von der FCC festgelegten Werten signifikante gesundheitliche Auswirkungen möglich sind. Es wurde festgestellt, dass eine Strahlung, die 2.000 Mal niedriger ist als der Grenzwert von 1,6 Watt pro Kilogramm, die DNA von Laborratten schwächt und ihre Spermienzahl senkt. Eine viermal niedrigere Dosis soll bereits die Wahrscheinlichkeit bösartiger Tumore statistisch erhöhen, während eine Exposition gegenüber knapp der Hälfte des Grenzwertes schon das Schlafverhalten der Nutzer verändert.

Mehr lesen: Studie: US-Teenager tauschen Bücher gegen Social Media – Lesen sinkt von 60 auf 16 Prozent

Keiner der Kläger behauptet, tatsächlich eine Krankheit oder gesundheitliche Probleme erlitten zu haben. Stattdessen verklagen sie Apple und Samsung – zwei der drei größten Smartphone-Hersteller der Welt – wegen Irreführung beim Kauf potenziell gefährlicher Geräte.

Eine Reihe der oben genannten alarmierenden Studien wurden in den 1990er und frühen 2000er Jahren durchgeführt. Doch die heutigen leistungsfähigeren Antennen und unterschiedlichen Übertragungsstandards moderner Geräte bedeuten, dass die tatsächlichen Auswirkungen drastischer sein könnten.

Die bevorstehende Einführung der 5G-Infrastruktur lässt ebenfalls die Alarmglocken läuten. 5G-Mobilfunkmasten verwenden kürzere Radiowellen als ihre Gegenstücke der aktuellen Generation. Das bedeutet, dass die Städte in den USA bei der Einführung des 5G-Netzwerks mehr von den Masten errichten müssen, um die Abdeckung sicherzustellen. Diese kürzeren Wellen breiten sich jedoch mit einer viel höheren Frequenz aus, was bedeutet, dass die Nutzer mehr Strahlung ausgesetzt sein werden.

Die FCC hält 5G für sicher und verweist dabei auf die Einschätzung der Food and Drug Administration, die besagt, dass "das Gewicht der wissenschaftlichen Beweise keine Verbindung zwischen Mobiltelefonen und Gesundheitsproblemen darstellt."

Dr. Martin Paul, emeritierter Professor für Biochemie an der Washington State University, sagte in einem *RT*-Interview, dass 5G eine "große Bedrohung" für die öffentliche Gesundheit darstellt. Paul wies auf Fortpflanzungsschäden, kardiale Effekte und oxidativen Stress, der "jede chronische Krankheit, an der wir leiden", beschleunigen kann, hin. Der Wissenschaftler kritisierte die US-Regierung dafür, Gesetze zur Beschleunigung der Einführung der 5G-Technologie zu erlassen, sich parallel dazu jedoch geweigert zu haben, die Erforschung der Folgen zu finanzieren.

Mit 5G, das ein neues Kapitel in der seit drei Jahrzehnten wütenden Gesundheitsdebatte um die Nutzung von Smartphones verspricht, werden Klagen wie die gegen Apple und Samsung wahrscheinlich immer alltäglicher werden. (Quelle: https://de.rt.com/1yoi).

Am 18. 11. 2019 hieß dann die Meldung: Bundesregierung will Bau tausender neuer Funkmasten mit Werbe-Initiative begleiten. Die Bundesregierung strebt eine vollständige Abdeckung Deutschlands mit dem neuen 5G-Netz an. Bedenken der Bevölkerung hinsichtlich der enormen Zunahme der Strahlungsintensität und der Zahl der Funkmasten sollen mit einer Kommunikationsinitiative entkräftet werden. – (Dabei kann jeder mit einem Messgerät die hohe Strahlungsintensität messen. Z. B. www.gigahertz-solutions.de .)

Grund für die Vorbehalte bei den Bürgern gegen Mobilfunkmasten sei unter anderem die Sorge vor zusätzlicher Sterahlenbelastung, welche im Zuge der Einführung des 5G-Standarts erheblich steigen würde. Das Bundesamt für Strahlenschutz hatte bereits vor einigen Monaten gefordert, dass Auswirkungen der verstärkten Strahlung auf die Gesundheit der Bürger untersucht werden müssen. Seitdem scheint dies aber nicht geschehen zu sein. (Quelle u. a. www.deutsche-wirtschafts-nachrichten.de .)

Anfang Januar 2020 erhielt ich von dem Sachverständigen für Strahlenschutz Wolff die Mitteilung, dass die Bundesregierung in ihren Meseburger Beschlüssen (November 2019) eine Mobilfunkstrategie beschlossen hat, u.a. mit dem Ziel der schnelleren Durchsetzung von 5G. Daraus etwas zur Gesundheitsfrage: „Besorgt über den wachsenden Widerstand angesichts der Gesundheitsgefahren der Mobilfunkstrahlung, insbesondere zu 5G, will die Regierung eine Informationskampagne für mehr Akzeptanz starten. Ein Ziel: die Planungsverfahren beim Ausbau der Mobilfunk-Infrastruktur sollen schneller werden, und nicht mehr durch Initiativen und Gemeinderäte beeinflusst werden. Diese Reaktion auf den 5G-Widerstand merkt man bereits. Verstärkt kommen in die Presse Artikel, in denen Risiken heruntergespielt werden. Dabei arbeiten offensichtlich die Bundesregierung, das Bundesamt für Strahlenschutz (BfS), die ICNIRP und Stiftungen des Bundes zusammen." Soweit etwas zur Entmündigung des Bürgers – auch auf Kosten derer Gesundheit. – Meine Warnung vor Mikroplastik, Die Warnungen der Ärztin und des Arztes, die Warnungen und Forschungsergebnis der 12 Professoren bei der Veranstaltung in Mainz über „biologische Wirkungen des Mobilfunks" werden einfach ignoriert.

Damit die Kinder auch in der Schule bestrahlt werden, hieß es am 11./12. 5. 2019 (HA) von der deutschen Bundesbildungsministerin Karliczek: „Fördergeld aus dem Digitalpakt kann jetzt fließen" Und das waren dann mal eben 40.000 Schulen mal 120.000 € pro Schule. Für jeden Schüler seien das dann 500 Euro. Am selben Tag stand in BILD DEUTSCHLAND, dass 10 Mrd. im Haushalt fehlten – aber ohne die geplanten Gesetzesänderungen, denn dann sollten es 120 Milliarden sein. – Nur von der Umwelt war keine Rede. Und die 40.000 Schulen verbrauchen natürlich auch zusätzlich große Elektro-Energiemengen. Alles ist „eine Frage von Leben und Tod" für das Leben auf der Erde. „Fridays for Future" kommen also weiter.

Zuletzt noch einmal zur Körperverletzung: Wenn der Radfahrer einen Fußgänger auf dem Fußweg umfährt und der verletzt ist, so ist dies Körperverletzung. Dazu sagt der § 223 StGB (1) Wer eine andere Person körperlich misshandelt oder an der Gesundheit schädigt, wird mit Freiheitsstrafe bis zu fünf Jahren oder mit Geldstrafe bestraft. (2) Der Versuch ist strafbar. Gilt dies auch hier? Gilt dies nicht auch bei der durch Ärzte und weitere Fachleute genannten Körperverletzung? - Oder sollte die Einhaltung der Gesetze verlangt werden? Petition an den Bundestag oder Anzeige.

Zusätzlich gibt es noch die vom Bundesgesundheitsamt als gefährlich eingestufte Radonstrahlung. Radon ist ein radioaktives Gas, das sich unbemerkt in Häusern anreichern kann. Es soll nach Tabakrauch die häufigste Ursache für Lungenkrebs sein. Radonstrahlung aus dem Erdreich aufsteigend gibt es aber nicht überall. Es müssen deshalb alle Bundesländer in Deutschland Gebiete mit hohen Radonvorkommen ermitteln und bekannt geben. Die Häuser müssen gegen Eintritt des Radongases geschützt sein. Dazu gibt es Mittel zum zertifizierten Strahlenschutz von Alt- und Neubau z. B. von der Remmers Gruppe: www.remmers.com .

Kapitel 20:
Für den Umwelt- und Lebenserhalt kämpfen.

Keine Gewalt im Namen der Religionen im Namen Gottes.

(So betonte der Papst die Friedenspflicht der Religionen in Abu Dhabi.)

„Es ist Zeit zu handeln. – Nach der Konferenz von Kattowitz beginnt eine neue Ära im Klimaschutz" lautete die Überschrift zum Leitartikel des Hamburger Abendblattes vom Ressortleiter Wissen, Jürgen Polzin, am 17. 12. 2018. Er schrieb von der neuen Ära, der „Betriebsanleitung für den Schutz des Klimas". Die Erderwärmung sollte im besten Fall auf nur 1,5 Grad im Vergleich zum Beginn der Industrialisierung beschränkt werden. Die schlechte Nachricht dabei war, „dass die Welt von diesem Ziel meilenweit entfernt ist."

Nicht nur das im Vorkapitel genannte 5G, und die Mikrowellen überhaupt, würden die Bürger und die Umwelt krank machen, sondern zusätzlich auch der Umweltverbrauch der übrigen Kapitel. Dies alles ist aber meistens gesetzlich unzulässig, da es umweltunverträglich ist:
Also:

- **Möglichkeit 1**: Aufforderung zur Umweltverträglichkeitsprüfung gemäß Gesetz über die Umweltverträglichkeitsprüfung (UVPG).
- **Möglichkeit 2**: Petition an den Bundestag mit Begründung – z. B. gegen 5G (Schädlich durch erhöhten Elektrosmog, Überwachung wie in China? abwählen? Wurde aber ohne Erfolg schon durchgeführt).
- **Möglichkeit 3**: Die im Bundestag vertretenen Parteien anschreiben.

- **Möglichkeit 4**: Jeden Bundestags- und Landtagsabgeordneten anschreiben (abwählen?). Außerdem den Brief von Dr. Spaarmann übersenden.
- **Möglichkeit 5**: Alle demonstrieren – Parteien, wie die ÖPD (Ökologische Partei Deutschlands) und Bündnis 90/Die Grünen, sowie alle Umweltverbände rufen dazu auf. An einem Tag sind dann Millionen beim Protest, genau wie „Fridays for Future".
- **Möglichkeit 6**: Eventuell Anzeige wegen Körperverletzung. Körperverletzung A) durch Mikroplastik in Fischen, B) durch Mobilfunkausbau wie 5 G oder in Schulen und Kindergärten. (Siehe Kapitel 19).

Dazu Schreiben an die Parteien zum Protest per Email: CDU/CSU – fraktion@cducsu.de , **SPD** - buergerservice@spdfraktion.de, **Grüne** – info@gruene-bundestag.de , **AfD** – Buerger@afdbundestag.de   **Die LINKE** – fraktion@linksfraktion.de , **FDP** - fraktion@fdp.bundestag.de , **Ökologisch-Demokratische Partei** - info@oedp.de .

Ein Beispiel war dazu das bayrische **Volksbegehren zum Schutz der Artenvielfalt „Rettet die Bienen"**, an dem sich weit über 1 Million Menschen und 18,4 Prozent der Wahlberechtigten beteiligten In München wurde demonstriert. Und alle forderten: Von 2030 an sollen mindestens 30 Prozent der Anbauflächen in Bayern ökologisch bewirtschaftet werden – das Dreifache der heutigen Anbaufläche. Zusätzlich sollen 10 % der Wiesen in Blühwiesen umgewandelt werden, und staatliche Flächen sollen pestizidfrei bewirtschaftet werden. Das soll in Bayern Gesetz werden. Überall ist dies zu fordern, denn von bestäubenden Insekten sollen über drei Viertel der Nahrungspflanzen abhängen, darunter Äpfel, Erdbeeren, Kirschen, Pfirsiche.

Ebenso wichtig ist aber die im Vorkapitel beschriebene Verhinderung des Insekten- und Bienensterbens, auch durch die immer höher werdenden elektromagnetischen Felder. Leider ist dies meistens unbekannt – oder man will es nicht wissen. Hinzu kommt auch dabei zusätzlich noch der Kunstdünger: In den letzten 30 Jahren sind, wie schon berichtet, 75-80 % der Insekten verschwunden. Insekten reagieren auch besonders empfindlich auf Änderungen des elektromagnetischen Feldes. (Ulrich Warke: „Bienen, Vögel, Menschen – Die Zerstörung der Natur durch Elektrosmog. Heft 1. der „Kompetenzinitiative zum Schutz von Mensch, Umwelt und Demokratie.").

Noch schlimmer wird es dann nach Einführung von 5G. Im Vorkapitel schrieb Dr. Spaarmann die schlimmen Folgen der Mikrowellen bereits an den Bundestag. Am 4. 3. 2019 sendete T-Online kurz den Bericht von Florian Harms: „Das Lachen könnte einem im Halse stecken bleiben" über die völlige Abschaffung der Demokratie mit völliger Überwachung aller durch 5G mit einem Punktesystem. Nur wer viele Punkte sammelt, wird befördert oder kommt weiter. Und wo? In China. Dieses System will die Politik wohl auch hier.

Weitaus wichtiger als ein Mehr an Konsum im Lebensmittel- und digitalen Bereich wäre es, die Bewohnbarkeit der Erde zu erhalten. Um dies zu erreichen, muss die UNO, muss aber auch jedes Land und jeder Überlebenswillige tätig werden. Drei Hauptproblemlösungen ermöglichen noch den Erhalt der Erde für die Kinder und Enkelkinder:

1. Die Erde besteht zu rund zweidrittel aus Ozeanen mit Zuflüssen. Dieser größte Teil der Erde ist in nur wenigen Jahren eine Plastikmüllhalde einschließlich mit Plastik belasteter Meerestiere. Schon jetzt dürften viele Meerestiere nicht mehr gegessen werden. **Alles Plastik und Mikroplastik müsste aus Meeren und Flüssen entfernt, nicht mehr eingeleitet**

und Mikroplastik verboten werden. Weltweit. Alle Meere und Flüsse müssten von Plastik gesäubert werden. Die Fischerei würde andernfalls irgendwann konkurs gehen. **Alle müssten handeln – aber sofort!**

2. Die Pole haben schon fast kein Eis als Schwerkraft mehr. Auch das Schwerkraft-Öl wollen viele noch an den Polen fördern. Zusätzlich schmelzen die vorher noch schweren Gletscher. Die Pole können deshalb schnell ihre Lage verändern, wie es auch bei der Sündflut im Alten Testament der Bibel beschrieben wird. Vieles wird dann überschwemmt. Die Klimaerwärmung und -änderung bringt bereits heute jährlich viele Milliarden Schäden. In den gemäßigten Zonen fällt der Winter fast aus.

3. Gleichzeitig wird für Milliarden Rindfleischnahrung verzehrt, deren Abschaffung gemäß Uni Hohenheim (gem. Kap. 2+3) mit zusätzlicher Aufforstung und Anpflanzung die Erwärmung fast verhindern könnte. Nebenbei fördert Rindfleisch gemäß Nobelpreis Darmkrebs. Alle müssten handeln – aber sofort: Verbot oder Steuern auf Rindfleisch.

4. diagnose:funk (im Anhang aufgeführt) forderte am 6. 2. 2020 echte wissenschaftliche Kompetenz für neues „Kompetenzzentrum Elektromagnetische Felder" des Bundesamtes für Strahlenschutz. Dies gründete am selben Tag die Bundesumweltministerin Schulze zusammen mit der Präsidentin des Bundesamtes für Strahlenschutz. Es soll in Cottbus ansässig sein. Diagnose funk: „Die heutige Gründung des Kompetenzzentrums EMF muss der Startschuss sein für die ernst gemeinte Erforschung der Gesundheitsauswirkungen von Mobilfunkstrahlung durch die Bundesregierung. Das Kompetenzzentrum muss echte Kompetenzen aufbauen zur Reduzierung der Strahlenbelastung. Wir brauchen endlich behördli-

chen Verbraucherschutz statt industriefreundliche Verharmlosungsrhetorik."

Zuletzt soll noch etwas zum Erhalt der europäischen Kultur angefügt werden. „Die Unterwerfung" der westlichen Kultur unter den Islam wird auch in dem so genannten und auch im Hamburger Schauspielhaus aufgeführten Theaterstück beschrieben. Dort stellen die Moslems mit nur 22 % Wählern (in Frankreich) den Staatspräsidenten. Aber, genau wie heute, wollen andere Parteien eine große Koalition, egal welche Zukunft dann droht. Kaum ist der neue Staatspräsident gewählt, wird der dortige Professor entlassen, aber als Moslem wieder eingestellt.

Im September 2016 wurde die frühere IS-Sklavin Murad zur UN-Botschafterin ernannt. - 2014 war sie in die damalige IS-Hochburg Mossul als Sexsklavin verschleppt worden, vergewaltigt und weiterverkauft, genau wie rund 3200 andere jesidische Frauen – im Alter bis 40. Ältere wurden, da Jesiden ja Abweichler vom Glauben sind, zur Erbauung der IS-Kämpfer hingerichtet. (Aus Deutschland wurden sogar, wie beschrieben, zum Christentum konvertierte in ihre früheren Heimatländer, wie Iran; zwecks Haft oder Hinrichtung ausgeliefert.)

Wenn alle muslimischen Pilgerstätten, ob in Jerusalem oder in Mekka, früher jüdisch oder christlich waren, wenn der Islam im früher christlichen Europa und Nordafrika lt. Sarrazin-Berechnung, zur Mehrheit wird, dann ändert sich die Welt noch mehr. Die Winzer und Bierbrauer müssen im Islam-Staat sicher aufhören, während Drogen weiterhin verkauft werden, weil damit ja viel Geld verdient wird.

Am 25. 11. 2019 brachte das ARD-Fernsehen die Dokumentation: „Beuteland-Deutschland – Die Millionengeschäfte krimineller Clans. Der Einfluss arabischer Clans in Deutschland wächst." Dort wurde über Clans aus dem Libanon und neuerdings auch aus Syrien berichtet, die sich sogar, wie gezeigt, noch gegenseitig prügeln und häufig in Berlin oder Bremen angesiedelt sind, Millionen durch kriminelle Tätigkeiten verdienen und zusätzlich oft auch noch Sozialhilfe beziehen. Anschließend wurde dann in „Hart aber fair" über die „Clans im Visier des Staates" gesprochen. Dies geschah aber erst seit kurzem. Das kriminell erworbene Geld wurde in den Libanon überwiesen oder gebracht – und wurde dann als damit sauberes Geld zurück überwiesen. Am selben Tag endete der Leitartikel des „Hamburger Abendblattes mit dem Satz: „Die Asylpraxis ist ein Irrsinn, gut gemeint, aber schlecht gemacht." (Der 2015 warnend vorausschauende Brief im Kapitel 14 wurde eben nicht beachtet.) - Am 25. 11. 2019 berichtete die ARD-Tagesschau dann vom Raubüberfall auf das Grüne Gewölbe in Dresden. Am dann folgenden Tag hieß die Zeitungsüberschrift (HA): „Spektakulärer Juwelen-Raub. Diebe stehlen wertvollen Schmuck aus dem Grünen Gewölbe in Dresdens weltberühmter Schatzkammer". Große Mengen Diamanten und Brillianten wurden entwendet. Und am folgenden Tag hieß die Überschrift in der gleichen Zeitung: „Juwelendiebe aus dem Clan-Milieu? – Überfall auf das Dresdener Grüne Gewölbe hat Ähnlichkeiten mit Einbrüchen ins Bode-Museum (2017) und ins Kadewe (2014). Im Bode Museum wurde auch eine 100 kg schwere Goldmünze erbeutet.

Nur an die Umwelt wird dabei noch weniger gedacht. Es sei denn, man wacht endlich auf, erlaubt nur die verfassungsgerechte Durchführung von Religionen, tritt – auch gegenüber den Flüchtlingen – eventuell sogar bekehrend für das Christentum ein, verteilt nicht überall in Afrika und im Nahen und Mittleren Osten Gelder, obwohl dort teilweise der Ölreichtum zu Hause ist. Und braucht nicht Jahre, um eine logische Entscheidung zu treffen.

Aber vielleicht ist man ja in Saudi-Arabien mit Mekka, der heiligen Stadt der Muslime, schon aufgewacht.

Am 3. 2. 2019 wurde Papst Franziskus von Kronprinz Scheich Mohammed bin Said Al Nahjan in Abu Dhabi zur großen Konferenz über den Frieden der Religionen empfangen. Der Papst betonte die Friedenpflicht der Religionen. „Keine Gewalt im Namen der Religionen im Namen Gottes", Das war das Hauptthema. (5. 2. 2019, Andreas Englisch im Hamburger Abendblatt).

Und Ahmed al Tajib sagte am 4. 2. 2019 in Abu Dhabi beim Treffen mit dem Papst u. a.. : „Gott verbietet den Mord. Das hat er Moses offenbart. Aber auch im Koran steht ganz klar an mehreren Stellen, dass man nicht töten darf."

Papst Franziskus – der Friedenspapst. Immer wieder reist er auch zu anderen Glaubensgruppen, um für den Frieden zu werben.

So hieß am 25. 11. 2019 die Meldung über ihn: „Nie wieder so viel Leid!" – „Pontifex fordert in Nagasaki und Hiroschima ein Ende von Massenvernichtungswaffen." (HA) Der Papst verurteilte dort - wo die USA im letzten Weltkrieg ihre Atombomben abwarfen und über 200.000 starben – den Gebrauch von Atomwaffen als Verbrechen und kritisierte eine ‚perverse' Logik der atomaren Aufrüstung. Er sagte: „In der Welt von heute, wo Millionen von Kindern und Familien unter menschenunwürdigen Bedingungen leben, ist es ein himmelschreiender Anschlag, wenn für die Herstellung, die Modernisierung, den Erhalt und den Verkauf von Waffen mit immer stärkerer Zerstörungskraft Gelder ausgegeben und damit Vermögen erzielt werden. – Nie wieder so viel Leid!" – Und er meinte damit besonders die USA, die mit Waffenverkäufen, auch an den dadurch kämpfenden Nahen Osten, Vermögen erzielen – und sogar mit einem Atomkrieg drohen.

Soweit – und so viel – auch über eine umweltvernichtende Unterwerfung – und über die Friedensmissionen des Papstes.

Aber trotzdem noch einmal:
Logische Entscheidungen verlangen, dass die Meere noch gerettet werden, dass dort noch Fische leben können, dass das Wasser als Lebensgrundlage noch gerettet wird. Sodann ist notwendig, dass die Klimaerwärmung einschließlich Gewichtsverringerung der heutigen Pole - und damit Änderung der Polpositionen (in 50 Jahren liegt der Nordpol in Sibirien) - rückgängig gemacht wird. – Dagegen kämpfen!

Wenn der Winter in den gemäßigten Zonen bereits ausfällt und viele Gebiete in den USA und Europa von Dürren und Waldbränden heimgesucht werden, dann verwundert es besonders, wenn die US-Umweltbehörde EPA unter Präsident Trump zunächst den Klimawandel-Skeptiker Scott Pruitt als neuen Chef erhielt (3. 3. 17 rtr auf T-Online). Wer noch zweifelt: 2019 war mit über 42 Grad in Deutschland das wärmste Jahr seit Beginn der Aufzeichnungen. – und das bisher sonnenreichste Jahr. Im Februar waren dann teilweise 15 Grad und man lag in der Sonne.

„Wir brauchen eine Denkwende",
sagte zu den menschlichen Handlungsfehlern Martin von Mackensen im Gespräch mit Doris Kleinau-Metzler (im Lebensmagazin a tempo März 2017). Er berichtete, wie er eigentlich bei Joseph Beuys Kunstgeschichte studieren wollte. Als er aber mit Beuys im Rahmen der damaligen „documenta" bei der Pflanzung von 7000 Bäumen in Kassel mithalf, sagte Boys zu ihm: „Du hast doch was mit Landwirtschaft. Mach das! Das ist viel wichtiger." Beuys wollte mit

seiner Baumpflanzaktion „eine Denkwende in unserer Zivilisation erzielen." Auch aus dem Grund wurde Herr von Mackensen Landwirt und erzählte in dem Interview, wie immer erst nach über 20 Jahren die Schäden durch die moderne Landwirtschaft mit zuvor zugelassenen Mitteln sichtbar würden. Nur der Bio-Anbau, den er selbst auch betrieb, würde dies verhindern.

Dazu hieß es am 12. 2. 2019 (HA/ak) aus Berlin: „Die Deutschen kaufen mehr Bio. Studie: Drei Viertel der Menschen entscheiden sich für nachhaltige Lebensmittel. Es planen mehr Menschen in Zukunft Bio-Lebensmittel zu kaufen."

Und am 14. 2. 2019 schrieb Hanna Gersmann im „Hamburger Abendblatt": „Bio gewinnt an Boden. Deutschland ist der größte Markt in Europa. Immer mehr Bauern satteln auf nachhaltige Produktion um."

Allerdings schrieb am 16./17. 2. dazu eine Leserin, dass man nach Dänemark blicken sollte. Sie schrieb: „Immer mehr Menschen wünschen sich gesunde Nahrung, artgerechte Tierhaltung und eine Landwirtschaft, die auf Artenvielfalt und Klimaschutz setzt." Und dann hieß es: „Es lohnt sich, einen Blick in unser Nachbarland Dänemark zu werfen. Die Regierung hat gezielt in Forschung, Produktinnovation und Förderung der Nachfrage nach Biolebensmitteln investiert. Inzwischen hat Dänemark den höchsten Marktanteil an Bioprodukten weltweit. Kopenhagen erreicht das 90-Prozent-Bio-Ziel in allen öffentlichen Kantinen, ohne eine Erhöhung der Essenspreise. So profitieren auch Kinder und Jugendliche in Schulen davon. Deswegen hat der nationale Bio-Aktionsplan aus Dänemark auch den Polit-Oskar der Hamburger Stiftung World Future Council erhalten." – Also kaufen aus Sie bitte möglichst Bio-Nahrung und Säfte ein. Es ist gesünder und der „Umwelt- und Lebenserhalt auf unserer Erde wird noch leichter möglich. Und, wenn Sie sagen es sei teurer, dann entsprechend weniger essen. Das ist auch gesünde.

- **„Selbst denken" ist bei jedem angesagt, um die Erde noch etwas zu erhalten.**

Im Kapitel 10 wurde dazu der Autor Professor Dr. Harald Welzer zitiert. Er ist Direktor der Stiftung FUTURZWEI: Wir haben eine Wirtschaft und eine daran gekoppelte Gesellschaft, die in keiner Hinsicht nachhaltig ist, weil sie prinzipiell darauf basiert, dass man aus immer mehr Ressourcen immer mehr herausholt, damit noch mehr Konsum möglich ist." Der Autor Welzer sagte natürlich noch viel mehr. Einen besonders wichtigen Satz möchte ich daraus aber noch wiedergeben: „Unser Problem ist nicht, dass wir nicht genug wissen, sondern dass wir nicht selbst denken – und handeln". (Noch mehr findet man dazu unter www.futurzwei.org).

- **Der in allen Kapiteln zuvor beschriebene Umweltverbrauch zeigt es: „Wir brauchen eine Denkwende". Alle müssen handeln. Aber sofort. Andernfalls können die Kinder und Enkelkinder kaum noch leben. Bitte helfen Sie mit beim Erhalt der Zukunft.** Es geht um den „Umwelt- und Lebenserhalt auf unserer Erde". Dies gehört vorrangig zur Bildung. Der zuvor genannte Professor Welzer wurde dazu im „alverde" Magazin vom April 2017 wie folgt zitiert: „Man kann eigentlich nicht über Bildung im weitesten Sinne nachdenken, ohne eine Zukunftsvorstellung zu haben."

Jeder muss beispielsweise auch im Kampf gegen Plastik tätig werden: Länder, Orte, Kreuzfahrtschiffe, Produkte und Hotels ohne umweltgerechte Plastikentsorgung meiden und bekannt machen

Beispiel Kreuzfahrtschiffe: In der Zeitschrift FOCUS (Nr. 6. 17) stand: „Vor 10 Jahren fuhren 150 Kreuzfahrtschiffe auf Meeren und Flüssen, heute sind es 448." – (das war aber 2017). Wenn Sie mal im Urlaub auf die schon genannte Insel Bali oder in viele andere Urlaubsorte fahren, werfen dort oft alle alles ins Meer und können oder wollen deshalb dort nicht mehr baden. Die Welt arbeitet an ihrer Vernichtung. Beschweren Sie sich dort und schreiben zur Weitergabe, dass sie überall von einem Besuch abraten müssen, wenn nicht Abfallkörbe und die Regierung für Änderung sorgen.

- **Dringend notwendig wäre eine Liste, zum Beispiel im Internet, als Umwelt-Test, derjenigen Länder, Orte, Kreuzfahrtschiffe, Produkte und Hotels in denen Plastik nicht umweltneutral entsorgt wird. Kapitel 5 zeigt bereits die Plastikentsorgung ins Meer der einzelnen Kontinente auf: Während es aus dem Rhein 473 Tonnen sind, sind es aus dem Jangtse in China immerhin 1,47 Millionen Tonnen.**

Dort müsste von einem Aufenthalt oder einer Benutzung zum Erhalt der Umwelt abgeraten werden. Jeder müsste seine Recherchen in eine Liste einbringen. Die EU und WHO, die G20 und nicht nur die UNO müssten ebenfalls dringend tätig werden. Doch es geschieht hier etwas:

- **„Neues Datenportal erklärt die Folgen von Müll in den Meeren,"**

wurde am 4. 4. 2017 im „Hamburger Abendblatt" aus Bremerhaven vom Alfred-Wegener-Institut am Helmholz-Zentrum für Polar- und Meeresforschung gemeldet: www.litterbase.awi.de/ . Und wieder bereitet der Plastikmüll die schlimmsten Folgen. Es können auch eigene Erkenntnisse und Beobachtungen per E-Mail dort hingegeben werden.

- Jeder muss für die Plastikentsorgung und Meeresreinigung eintreten, kämpfen. (Namen im Anhang.)

- Jeder muss für weniger Konsum und die CO_2-Abgabe kämpfen. Kaum Urlaubsflüge und keine Landesinnen-Flüge. (Erhalt der Atmosphäre und CO_2-Einsparung.)

- Jeder sollte gegen das umwelt- und lebens- und freiheitsschädliche 5G kämpfen. (Verbände im Anhang).

- Jeder sollte BIO-Ware konsumieren, um Umwelt und Gesundheit zu verbessern.

- Elektro- und Gasmotoren (Autogas kostet nur ca. halb so viel wie Benzin), doch besser zukünftig neue Wasserstoffautos, kleinere PKW, öffentliche Verkehrsmittel und Fahrräder sollten zur CO_2-Einsparung bevorzugt werden. – (Elektro-Kfz siehe Kap. 12) Und: Laufen und das Radfahren sind gesund – nicht E-Scooter.

- Die Politik, wie Abgeordnete, Parteien, EU, UNO, sind dazu zu zwingen sich objektiv für die Umwelt einzusetzen und sich von der Industrie auch nicht bestechen zu lassen (evtl. melden an: www.abgeordnetenwatch.de) – oder sie nicht zu wählen. – Auch durch Umweltverbände, wie Greenpeace, BUND (www.bund.net) oder einem anderen Verband, wie er im Anhang 2 genannt wird, kann dies gefordert werden. Evtl. dort eintreten. Evtl. sich auch bei Boyan Slat beteiligen.

Am 23. 1. 2019 brachte Simone Humml im „Hamburger Abendblatt": „In fünf Schritten zur Weltrettung": - Ich ergänze dahinter etwas, denn die Schritte reichten nicht.

1. **Gesunde Ernährung** (besonders weniger oder kein Rindfleisch und Zucker). – (Kein Rindfleisch gem. Kap. 8)

2. **Kleine Betriebe fördern** (besonders die falsche Agrarpolitik der EU mit Förderung der Flächen wird von BUND etc. bemängelt.) – BIO-Essen und Anbau.

3. **Bessere Anpassung** (der Ernteerträge, Boden verbessern durch Bio-Abfälle.) – (BIO-Anbau, Wald und Baumpflanzung überall)

4. **Regional wirtschaften.** (Kurze Wege, kleinere KfZ, Wasserstoff-Energie, keine E-Kfz. – Z. B. kein Spargel aus Peru oder Weintrauben aus Südafrika.)

5. **Weniger konsumieren.** (Auch mit Flugzeugen, Kreuzfahrtschiffen etc., weniger Energieverbrauch – auch mit Mikrowellen.)

6. **Füge ich hinzu:** Keine Mobilfunkvermehrung, besonders nicht in Schulen und Kindergärtnern (Körperverletzung).

Am Freitag, dem 2. 6. 2017 hieß es dann: „US-Präsident kündigt den Weltklimavertrag von Paris. Große Endtäuschung im Rest der Welt. Das historische Abkommen soll die Erderwärmung in Grenzen halten (HA)." Besonders in den USA wurde dagegen protestiert, „No FUTURE" stand oft auch auf den Protestplakaten.

Nehmen Sie bitte an Petitionen und Demos zum Umwelterhalt teil. Wenden Sie sich auch an das Bundesministerium für Bildung und Forschung, Kapelle-Ufer 1, 10117 Berlin. www.bmbf.de. Zulässig ist die Umweltverschmutzung meisten nicht.

Und noch etwas: Es gibt viele Verbände und 2 Parteien die besonders für die Umwelt kämpfen. Sie sind im Anhang aufgeführt. Machen Sie mit!

Viele bemühen sich um einen Zukunftserhalt. Ein Beispiel las sich bei T-Online am 17. 12. 2018 so: Das Ruhrgebiet war einmal Kohle und Stahl und sonst nichts. Damit ist es am Freitag endgültig vorbei, denn dann wird die letzte (Kohle-)Zeche feierlich geschlossen. Ein Blick zurück nach vorn in eine Region, die Deutschland reicher machte.

„Am Freitag gehen 200 Jahre deutscher Industriegeschichte zu Ende und es ist ziemlich schade, dass es nur ein Teil der Deutschen bemerkt. Sie leben im Ruhrgebiet, sie zählen 5,1 Millionen Menschen und sie werden diesen Tag so begehen, wie es sich gehört: mit Musik und Reden, mit Tränen und Alkohol, mit Frank-Walter Steinmeier und Armin Laschet."

Die Feier fand in der Nähe von Bottrop statt, im modernsten Bergwerk der Welt, das Prosper-Haniel heißt.

Es werden noch viele Feiern stattfinden oder Änderungen des Lebenswandels eintreten müssen. So hieß es am 5. 12. 2018 (mab auf T-Online): **„Abschied vom Verbrennungsmotor. VW nennt Datum für Ausstieg aus Benzin und Diesel."** Allerdings wurde dazu erst das Jahr 2026 genannt. – Doch so viel Zeit haben wir wohl nicht mehr. Andere Hersteller liefern schon eher. Und gleich und für nur rund 2.500 € ist die Umrüstung auf billiges Autogas möglich.

Retten Sie die Erde wegen der Zukunft der Kinder und der Bewohner der wärmeren Länder. Zusätzlich könnte eine Poländerung auch Sie hinwegfegen,
oder alle zusammen:

Und sodann: „Stopp 5 G" (gem. Kap. 18, 19) **Petition an den Bundestag erfolgte bereits – zusätzlich Briefe an die**

Parteien oder Volksbegehren. Denn 5G tötet auch die Tiere – und zusätzlich auch Menschen.

Eine Million Tier- und Pflanzenarten sind vom Aussterben bedroht: „Das Ausmaß des Artensterbens sei noch nie so groß gewesen, warnte der Biologe Josef Settele, einer der Hauptautoren des in Paris vom Weltbiodiversitätsrat (IP-BES) vorgestellten Berichts." So beschrieb es das „Hamburger Abendblatt" am 7. 5. 2019. Und der Vorsitzende Watson sagte: Wir erodieren global die eigentliche Basis unserer Volkswirtschaften, Lebensgrundlagen, Nahrungsmittelsicherheit und Lebensqualität."

Laura Réthi beschrieb dann auf einer ganzen Seite, genannt: **„Das große Sterben"** die Einzelheiten der Forschung: „Über drei Jahre hinweg haben 145 Forscher des Weltbiodiversitätsrates IP-BES, das Pedant zum Weltklimarat, das Wissen über den Zustand der Erde aus 15.000 Quellen zusammengetragen, analysiert und bewertet." Die Forscher machten dabei fünf sogenannte Hauptreiber, die das Sterben der Arten auslösen und beschleunigen, aus:

1. Die Nutzung von Land und Gewässern.
2. Die Jagd auf Tiere.
3. Der Wandel des Klimas.
4. Die Verschmutzung der Umwelt und
5. der Einfluss sogenannter invasiver Arten, die heimische Arten verdrängen.

Doch die Digitalsender, CO_2, Fehlplanungen wie E-LKW, und die Atmosphäre zerstörende Flugzeuge mit CO_2-Abgabe sowie Glyphosat müssten die Nr. 4 ergänzen.

Es muss gehandelt werden, damit Daniel Kehlmann nicht recht behält, wenn er sagte: „Es stimmt, im Augenblick haben die Narren die Macht übernommen."(27./28. 7. 19 HA)

Kapitel 21:
Greta und die unzureichende Umweltpolitik.

Die Temperatur auf Erden steigt,
doch der Menschen Dummheit bleibt.
(Sachsenwaldschüler halten das Plakat auf Baumstämme als Klimabotschafter. In der Zeitung MARKT- 26. Woche 2019)

Am 15. 1. 2019 hießen die Überschriften im „Hamburger Abendblatt" (von Alene Paulina Schnell): **„Schule schwänzen für das Klima. Immer mehr Jugendliche auf der ganzen Welt eifern der Schwedin Greta Thunberg nach und streiken freitags."** – Als Ergebnis gibt es jetzt auch Schulstreiks für das Klima in Deutschland. Unter dem Motto „Fridays for Future" demonstrieren junge Menschen freitags in den Städten vor den Parlamenten, um für einen echten Klimaschutz zu kämpfen. Ein Beispiel (19./20. 2018 im HA): „Nach Schätzungen des BUND versammelten sich rund 1500 junge Menschen vor dem Rathaus." Das war am 18. 1. 2018 vor dem Hamburger Rathaus. „Sie forderten mehr Einsatz für den Klimaschutz und ein Mitspracherecht. Immerhin betreffe der Klimawandel vor allem ihre Zukunft."

Unter dem Motto **„FRIDAYS FOR FUTURE"** finden freitags in vielen deutschen Städten und vielen Ländern Demos der Jugendlichen und immer mehr auch mit Erwachsenen statt. Am Freitag, dem 25. 1.2019 meldete die Tagesschau dass fast 10.000 Schüler in Berlin für den Erhalt der Umwelt demonstrierten. Und am Freitag, dem 1. Februar 2019 demonstrierten Schüler mit dem Hauptplakat „WARUM **für die Zukunft lernen, wenn ihr sie ZERSTÖRT"** in einer schleswig-holsteinischen Kreisstadt.

Am Freitag, dem 1. 3 2019 kam Greta Thunberg von Paris über Brüssel nach Hamburg zur Freitagsdemo (C. Kesseböhmer 2./3. HA). 10.000 Schüler und Studenten gingen nach Veranstalterangaben vor das Hamburger Rathaus – und die schwedische Greta Thunberg sagte auf Englisch: **„Wir lassen uns unsere Zukunft nicht stehlen. Wir werden weiterstreiken, bis die Politiker etwas unternehmen. Und wenn sie nichts machen, dann werden wir das tun."** Die Teilnehmer/innen skandierten: **„Wir sind hier, wir sind laut, weil Ihr uns unsere Zukunft klaut." Der bekannte Klimaforscher Mojib Latif, sagte in seiner Rede: „Wenn von unten kein Druck kommt, wird von oben nichts passieren."** Und Luisa Neubauer, sozusagen eine Vertreterin von Greta und oft die Organisatorin der Demos, sagte: „Als wir in Paris waren, hat Präsident Macron uns zu einem Gespräch eingeladen. Gerade im Vergleich dazu sind die Reaktionen aus der deutschen Politik eine Katastrophe." Die Mitorganisatorin Nele Brebeck sagte am Tag zuvor zu dem Schauspieler Liefers: **„Unser Haus brennt, und wir haben keine Zeit mehr, um über eine Lösung nachzudenken, wir brauchen sie jetzt."** (hpck/HA) Evtl. mitmachen bei: www.fridaysforfuture.de .

Am 6. 8. 2019 (HA) wurde dann gemeldet, dass die Dienstleistungsgewerkschaft Verdi zu Teilnahme am Klima-Streik von „Fridays for Future" aufrief. Der Vorsitzende Bsirske sagte dazu der Westdeutschen Allgemeinen Zeitung:" Wer kann, sollte ausstempeln und mitmachen. Ich werde jedenfalls hingehen."

Doch einige Leserbriefe und Regierungschefs meinten auch, dass die Kinder und Jugendlichen am Freitag die Schule besuchen sollten. Sie könnten ja auch am Samstag demonstrieren. Dazu zitierte der Redakteur Hartmuth Sandtner: Mojib Latif, Meteorologe, Klimaforscher und Präsident der Deutschen Gesellschaft Club of Rome: der sagte, gerade durch den Freitags-Auftritt zur Schulzeit kam der Druck von unten. – So konnte es auch am 14. 3. 2019 (HA/epd) heißen: „Auch Bischöfin Fehrs begrüßt Schüler-Demo für Klimaschutz."

Am 31. März 2019 wurde Greta Thunberg dann in Berlin die „Goldene Kamera" verliehen. Dabei richtete sie an die anwesenden Berühmtheiten einen flammenden Appell für die Rettung des Weltklimas. "Wir stehen jetzt an einem Scheideweg unserer Geschichte", sagte die 16-Jährige bei der Preisverleihung. Die Schülerin rief die Prominenten auf, ihre Stimme zu erheben, da sie Einfluss auf Milliarden Menschen weltweit hätten. Am Freitag zuvor sprach Greta in Berlin bei „Fridays for Future" vor den rund 10.000 versammelten und protestierenden Jugendlichen.

Und an jedem Freitag protestierten Schüler in vielen Städten und Ländern: „Wir sind hier, wir sind laut, weil Ihr uns die Zukunft klaut!" – Die Schüler/innen fordern auch: „Wir müssen die Erderwärmung auf 1,5 Grad C begrenzen, so wie es im Pariser Klimaabkommen vereinbart ist. Dafür muss Deutschland bis zum Jahr 2030 klimaneutral werden – nicht erst 2050, wie es die Bundesregierung plant."

Am 16. April 2019 sprach Greta Thunberg dann wenige Wochen vor der Europawahl im Umweltausschuss des Europaparlaments in Straßburg von der „Fridays for Future" Bewegung. Sie sprach auch über die Umweltverschmutzung und die Folgen des Klimawandels. „Unser Haus bricht auseinander", sagte sie mit Blick auf die Folgen für die Erde. Die politischen Anführer aber würden weitermachen wie bisher. **Am Ende ihrer Rede weinte sie.** (HA/dpa/17. 4. 19)

Am Tag darauf war sie in Rom – und der Papst begrüßte und lobte sie. In Rom sprach sie später auch noch zum Parlament.

Das „HamburgerAbendblatt" brachte das Magazin „FRIDAYS FOR FUTURE" am 1. Mai 2019 heraus. Kosten 7,- Euro. Das können Sie wohl noch kaufen.

Ja, es ist wohl schon zum Weinen,
denn am 24. 3. 2019 zuvor schrieben die Herren Eichenberger und Stadelmann in der „FRANKFURTER ALLGEMEINEN SONNTAGSZEITUNG": **„SO WIRD DAS NIX MIT DEM KLIMA"** und brachten „Acht Gründe, warum die Klimapolitik scheitert:"

Die Untersuchung beginnt mit den riesigen Kosten des Klimawandels, die allein in den USA auf mehrere 100 Milliarden Dollar geschätzt wurden. Die Klimaziele der Politiker werden zwar immer ehrgeiziger, trotzdem steigen die Emissionen. Sie schreiben: „Zwar nützt es den Politikern, den Klimawandel und Katastrophenszenarien zu beschwören. Ihr internationaler Ansatz droht aber aus mindestens acht Gründen zu scheitern.

Und dann wurden die 8 Gründe, weshalb Greta Thunberg weiter weinen würde, aufgezählt, die ich stark verkürzt wiedergeben will:

1. **Wir lassen gerne andere zahlen:** Nationale Politiker reden moralisch und setzen in Klimaabkommen hohe Ziele, ergreifen dann aber – wegen der Kosten - kaum wirksame Maßnahmen.

2. **Wir nehmen die Zukunft nicht ernst genug**: „Emissionsreduktionen bringen sofort hohe Kosten. Der Nutzen fällt erst Jahrzehnte später und schlecht sichtbar an. Politiker bevorzugen es genau umgekehrt."

3. **Wir sind nicht alle Opfer des Klimawandels**: Die Folgen und Verluste des Klimawandels sind geographisch ungleich verteilt. Viele heutige Verlierer sind die auf Wachstum angewiesenen Entwicklungsländer mit dann steigenden CO_2-Emissionen.

4. **Wir verlieren den Blick für die Schäden der Erwärmung**: Nutzen und Kosten der Klimapolitik werden von der Politik mit anderen Kosten, wie z. B. im Gesundheitsbereich, verglichen. Die Schäden werden dann im Vergleich als niedrig angesehen.

5. **Wir nehmen den Wandel auf die leichte Schulter**: Nur wenige glauben, der Klimawandel sei im Vergleich mit anderen Veränderungen besonders wichtig, wünschen sich allerdings oft tiefere Temperaturen zurück.

6. **Wir passen uns immer besser an die Hitze an**: Klimaanlagen und lokale Schutzmaßnahmen werden immer mehr installiert. „Möglichkeiten zur Anpassung schwächen aber den Willen, die Kosten eines globalen Klimaschutzes zu tragen." – Sie bringen sogar das geliebte Wirtschaftswachstum.

7. **Wir haben zu viel Energie.** Die heutige Klimapolitik zielt meistens auf die Reduzierung fossiler Energieträger. Sinkende Nachfrage bringt sinkende Preise – und dies bringt dann mehr Konsum.

8. **Wir lassen uns von Politikern einlullen**: In der Politik wird gegen den Klimawandel angeredet. „Denn er eignet sich hervorragend als Sündenbock. In Entwicklungsländern verwenden Politiker den Klimawandel teilweise als Erklärung für Armut, anstatt die wahren Ursachen, wie staatliche Ineffizienz, Demokratiedefizit oder Korruption anzugehen, für die sie oft mitverantwortlich sind." In reichen Ländern sehen Politiker „im Klimaschutz eine willkommene Begründung für Steuererhöhungen". – Zugleich entwickelt sich der Kampf gegen den Kli-

mawandel für manche Branchen zum Geschäft. Und Zuletzt wurde folgendes empfohlen: „Die Politik muss sich wieder mehr auf nationale und lokale Umweltprobleme konzentrieren und diese zuerst lösen." (Dies gilt aber für alle Länder der Welt und müsste dann von der UNO von allen verlangt werden.) – „Dabei sollte sie nicht auf Regulierungen und Subventionen setzen, sondern auf Kostenwahrheit: Die wahren Verursacher von Schäden sollten mit Hilfe von Lenkungsabgaben voll für die von ihnen verursachten Kosten bezahlen. Das gilt für Industrie, Gewerbe, Haushalte und den Staat. Dabei greift eine reine CO_2-Steuer zu kurz…"

Nein So wird das nichts mit dem Klima.
Dazu muss ich noch hinzufügen:

1. **Der Digital-Ausbau zu G5 und W-Lan in allen Schulen** kostet nach Aussagen der genannten Fachleute: Gesundheit, viel E-Energie und damit auch erhebliche Klimaerwärmung – und viele Milliarden, die beim Umweltschutz dann fehlen.

2. Alles wird nach Mitteilung der Ärzte und Wissenschaftler in den Vorkapiteln noch viel schlimmer durch die **d**igitale **D**iktatur mit **D**emokratie-Abbau und die dann **d**ümmer werdenden Schülern. **(dDDd).** – Dies wird aber erst nach Jahren sichtbar. Derzeit wird von einigen Parteien und vielen Bürgern das Gegenteil angedacht. Die Welt ist nur noch aus dem Smartphone sichtbar. Digitalstress wird üblich.

3. **Deutschland – aber auch schon ein großer Teil der Welt** haben (nach Germanwatch und anderen Umweltorganisationen) **bereits am 3. 5. (2019) die noch ökologisch verkraftbaren Emissionen ausgestoßen. In Deutschland „seien insbesondere die Energieversorgung und der Verkehr durch ihren**

hohen CO_2-Ausstoß Schuld an der schlechten Umweltbilanz." (HA 3. 5. 2019/dpa)

4. **Grundlage positiven Handelns ist die Gewaltenteilung mit Presse- und Meinungsfreiheit.** Ein Sozialismus, wie ihn vielleicht Kevin Kühnert als Jungsozialist einforderte brachte auch im früheren Ostblock einschl. DDR, Venezuela und Kuba (dort wurden im Mai 2019 Lebensmittelmarken eingeführt) nur mehr Umweltverbrauch und weniger erfinderische Leistung, die zum Erdüberleben notwendig ist. Denken wir nur an das Wasserstoffauto.

5. **Alle müssen sich ändern**: Die **Kriegsgebiete** dürfen keine Waffen mehr erhalten – und müssen deshalb friedlich werden. Die USA dürfen ihnen keine Waffen mehr liefern und der USA-Streit mit China und dem Iran muss eingestellt werden.

6. **Wälder** dürfen nicht mehr abgeholzt werden. Das **Rindfleisch** zu verzehren muss wegen des hohen CO_2-Verbrauchs und der Abholzung der Wälder plus der in Brasilien heimatlos machenden Indios weltweit eingeschränkt oder verboten werden. Holzkohle darf wegen der dafür in Afrika abgeholzten Wälder nicht mehr zum Grillen verwandt werden. Und zum Marihuana-Anbau wurden in Paraguay 200 Hektar, vor allem zum Export nach Europa abgeholzt. Kühe für Milch müssen allerdings bleiben.

7. Eine eventuelle **CO_2-Steuer** muss alle treffen, auch Flugzeuge, Überseeschiffe und Elektrofahrzeuge (für den Herstellungsanteil). Sodann alle Kraftstoffe, und die Massentierhaltung. **120 km Höchstgeschwindigkeit** auf Autobahnen ist notwendig. Es geht um den Erhalt der Bewohnbarkeit der Erde. Besonders der US-Trump ist gefordert. Er kümmert sich nicht um die Umwelt, sondern nur um die nächste Wahl. Selbst ein Weltkrieg ist durch ihn möglich. Genau wie der 2te Weltkrieg, der - aus den USA kommend

- die Weltwirtschaftskrise bis nach Deutschland brachte. Alle waren arbeitslos. Und dann kam Hitler, der Wirtschaftswachstum durch Schulden versprach. Er wurde gewählt – und der Größenwahn führte, genau wie eventuell heute in den USA, zum Weltkrieg.

8. **Die Erdpolgewichte durch Eis und Öl müssen bleiben, sonst droht eine neue Sintflut (oder Sündflut durch die Umweltsünden)** mit Poländerung. (Also Erderwärmung zurück. Und kein Öl am Nordpol fördern.)

Am 29. 6. 2019 schieben im HA unter KINDER MACHEN ZEITUNG: Merle Lahmann und Sina-Marie Raab:

„Privilegien gehen vor. Deshalb tut sich beim Klimaschutz so wenig."

„Es ist bekannt, welche schlimmen Folgen der Klimawandel haben könnte, wenn sich nicht bald einiges in Sachen Klimaschutz tut. Trotzdem machen die meisten Menschen weiter wie bisher. Warum nur? Tino Busch, Professor für Management und Nachhaltigkeit an der Universität Hamburg, spricht vom ‚**GEMA-Phänomen**', das wir hier mit Beispielen erklären wollen:

Das **G** steht für Gewöhnung: Jeder fährt Auto oder fliegt in den Urlaub. Deshalb wird dieses Verhalten vom Einzelnen nicht kritisch hinterfragt. Manchmal wird heldenhaft der Bus genommen, aber spätestens beim zweiten Tropfen Regen wird hysterisch zum Autoschlüssel gegriffen.

Das **E** steht für Entkopplungseffekt: Die globalen Probleme sind bekannt, dennoch werden sie im alltäglichen Handeln ausgeblendet.

Das **M** steht für Machtlosigkeit: ‚Alleine kann man sowieso nichts ausrichten,' sagen viele. Stimmt. Vegetarier verbrauchen nur schlappe 5 Tonnen CO2 weniger im Jahr. (Ich setze hinzu: Der Rindfleischverzicht gemäß Kapitel 3 und 4 bringt erheblich mehr. Neuerdings gibt es deshalb auch den Pflanzen-Burger.)

Und das **A** steht für Abspaltung: Es soll sich umwelttechnisch zwar etwas verändern, aber bitte keine Windkraftanlage in der Nachbarschaft."

Abschließend nennen die Schüler noch übliches Verhalten zum GEMA-Bericht ergänzend, wie: Online-Shopping mit evtl. Rücksendung. Oder Müll in die Meere – und dort dann keine Planktonproduktion zur Sauerstoffproduktion zum Atmen mehr. Und zuletzt: „Kleiner Lichtblick: **In dreißig Jahren ist Norddeutschland möglicherweise ein riesiges Schwimmbad.**" - Soweit der Bericht der Schüler.

Wie zur Bestätigung endete fast zur gleichen Zeit, nämlich **am 30. 6. 2019 in Osaka der G 20 Gipfel,** der 20 größten Industrienationen und Umweltverschmutzer. Dazu am 30. 6. von T-Online (lt. dpa) der Bericht: Der G20-Gipfel in Osaka endet mit einer gemeinsamen Abschlusserklärung, in der aber die tiefgreifenden Differenzen deutlicher denn je ablesbar sind.

Mit einem Minimalkompromiss beim Klimaschutz haben die Staats- und Regierungschefs der führenden Industrienationen in letzter Minute ein Scheitern des G20-Gipfels abgewendet. Die USA akzeptierten am Samstag kurz vor Ende des Spitzentreffens im japanischen Osaka, dass die übrigen G20-Staaten ihr Festhalten an weitreichenden Klimaschutz-Zielen in dem Text bekräftigen. Im Gegenzug mussten die anderen Staaten hinnehmen, dass sich die USA in der Erklärung trotz ihres Ausstiegs aus dem Pariser Klimaabkommen

344

als "Führungsnation" bei der Reduzierung von CO_2-Emissionen darstellen können.

Der US-Präsident nannte den Gipfel vor seinem Rückflug fantastisch. Die 43 Punkte umfassende Abschlusserklärung wäre allerdings fast nicht zustande gekommen. Die Unterhändler der Staats- und Regierungschefs hatten härter und länger miteinander gerungen als bei den vorherigen Gipfeln. Streit gab es vor allem, weil die USA zunächst forderten, das Thema Klimaschutz in der Abschlusserklärung gar nicht zu erwähnen. Die Europäische Union bestand jedoch darauf.

Beim Klimaschutz gab es wieder eine 19 zu 1 Erklärung. Am 1. 7. 2019 hieß es dann (dpa in HA): 19 zu 1. Letzteres die USA, die bei ihrem Ausstieg aus dem Pariser Klimaschutzabkommen aus Rücksicht auf ihre Wirtschaft bleibt. Ansonsten ist man stolz darauf, dass die G 20 jede neue Vermüllung der Meere mit Plastik vermeiden wollen. – Die sind aber schon mit Plastik vermüllt. Sie wollen die Meere nicht reinigen.

Also weiterhin Klimaverschlechterung – dies aber noch weiter vermehrt durch den vereinbarten EU und Mercosur Freihandel. Mercosur ist der südamerikanische Staatenbund Argentinien, Brasilien, Paraguay und Uruguay mit 260 Millionen Menschen. Zusammen mit der EU sind es 780 Millionen Menschen.

Brasilien will dabei vor allem mehr Fleisch an die EU verkaufen, damit dafür noch mehr Wald am Amazonas abgeholzt wird und die Indios heimatlos werden. (Siehe auch Kapitel 2 und 11.) Dafür kann man dann dort billiger und dadurch mehr Autos gegen den Erhalt der Umwelt kaufen. Zusätzlich wurden in Paraguay 2017/18 10.200 Hektar ökologisch wertvoller Regenwald für die Marihuanaproduktion gefällt. Auch ein Exportartikel, denn „der Drogen-Konsum in Europa steigt, insbesondere bei jungen Leuten" (Von

Tobias Käufer aus Rio de Janeiro am 15. 6. 2019 in DIE WELT.) Am 3./4. 8. 2019 (HA) wurden im Hamburger Hafen 4,5 Tonnen Kokain für 1 Milliarde Euro – ebenfalls aus Südamerika, aus Uruguay oder Brasilien entdeckt.

Die Politiker des 2020er G20-Treffens, wie der damalige EU-Kommissionspräsident Juncker und Trump waren stolz darauf, mehr Konsum für den Untergang geschaffen zu haben. - Die scheiternde Umweltpolitik, die die Schüler bereits erkennen. Doch darüber mehr im nächsten Kapitel.

Nicht nur Greta Thunberg, sondern alle könnten weinen. Das amerikanische Magazin „Time" ehrte im Dezember 2019 dann die damals 16-jährige Greta Thunberg als „Person des Jahres". Sie ist die „Stimme zur wichtigsten Angelegenheit unseres Planeten. („DIE WELT KOMPAKT 12. 12. 2019). Fast zur gleichen Zeit hielt sie eine Rede bei der UN-Klimakonferenz – und rief dabei die Weltgemeinschaft erneut zum Handeln auf. „Ich wiederhole diese Zahlen seit einem Jahr," sagte sie. „Aber sie werden immer ignoriert. Wie können Sie diese Zahlen ignorieren, ohne nur ein bisschen Panik zu haben? Die Klimaziele der Staaten reichen nicht aus.", und dann folgte ein wichtiger Satz: „Das ist nicht Führung – das ist Irreführung." (11. 12. 12. 2019/job, rew, t-online.de.) Doch über diese Konferenz mehr im nächsten Kapitel. Leider hatte Greta Recht. Das nächste Kapitel beschreibt den negativen UN-Klimagipfel mit so langer Dauer und wenigen Ergebnissen, dass dazwischen noch ein EU-Klimagipfel endete. Doch zu allem mehr im nächsten Kapitel. Und gerade wegen der geringen Ergebnisse der Klimaerhaltgipfel und geringen Fortschritte im Klimaschutz gibt es noch die radikal rebellierenden Umweltschützer „Extinction Rebellion". Aber ganz so radikal ist die Greta nicht, obwohl der Professor für Umwelttechnologie in Lüneburg, Michael Braungart, in der „BILD-Zeitung" 23. 1. 2020 ihren Auftritt mit „Lächerlich, Blödsinn!" bezeichnete. Er mahnte: „Wir werden mit Panik, mit der Parole ‚Unser Haus brennt', nie etwas erreichen."

Allerdings hat Greta schon sehr viel mit ihrer Parole erreicht: Ohne Greta würde wohl noch keiner offiziell über Maßnahmen zum ‚Umwelt- und Lebenserhalt auf unsere Erde' reden. Und auch „der Umweltexperte gesteht Greta zu, dass sie Menschen motivieren und inspirieren könne. Doch das Theater um die junge Aktivistin aus Schweden geht ihm deutliche zu weit. ‚Wir erwarten von Greta viel zu viel.'

Harte Kritik vom Öko-Professor auch zum Weltwirtschaftsgipfel in Davos, wo die Rede von Greta erneut hohe Wellen schlug. Für Braungart ist das Treffen mittlerweile nichts als ‚Theater'"

Und dann wird von ihm ein wichtiger Satz zitiert: „Fakt ist: Spitzenpolitiker, Lobbyisten und Top Manager jubeln Greta zu, obwohl die Kritik der 17-Jährigen sich unmittelbar gegen sie richtet."

Soviel über die Kritik des Umweltprofessors an Greta, der mit dem Satz zuvor ihr in Wirklichkeit aber völlig beipflichtet. Auch über ihn selbst hätte die Zeitung wohl sonst nichts geschrieben, wenn sie nicht als Hauptüberschrift hätte schreiben können: „Öko-Professor rechnet mit Greta ab."

Der Weltwirtschaftsgipfel in Davos soll am Schluss des folgenden Kapitels kurz beschrieben werden.

Kapitel 22:

Klimagipfel mit oft geringen Ergebnissen.

„Niemand ist zu klein, um Einfluss zu nehmen und die Welt zu verändern. Tut alles, was Ihr könnt! "

(**Greta Thunberg**, die auch am 20. 9. 2019 in New York mit anderen Demonstranten für den Klimaschutz kämpfte.)

Klimagipfel gab es einige, doch die Ergebnisse waren nicht ausreichend. Deshalb demonstrierten mahnend Millionen Menschen aus 160 Staaten auf 6 Kontinenten am **Freitag, dem 20. September 2019** zum 1. Mal zusammen für das Klima. Es war zwar gleichzeitig der Tag von „Fridays for Future" – aber es kamen diesmal auch Millionen Erwachsene dazu.

Und es war gleichzeitig der Freitag, an dem die deutsche CDU-SPD-Regierung einen „**Klimagipfel**" beschloss, den die anderen Parteien und Umweltverbände dann als „zu langsam, zu halbherzig und zu teuer" bezeichneten (lt. HH 21. 9. 2019). Es war aber auch nur der Anfang. Später, nach dem UN-Klimagipfel in Madrid, wurden dann die von diesem Vorgipfel überarbeiteten Beschlüsse beschlossen Und zuvor kamen noch Beschlüsse der EU aus Brüssel..

Das „Klimapaket" des Klimagipfels in Deutschland sollte 1. Förderprogramme und Anreize geben, um CO_2 einzusparen. 2. sollte der CO_2-Ausstoß mit einem sich stetig erhöhenden Preis belegt werden, dessen Einnahmen in den Klimaschutz fließen sollten. 3. Sollten die Bürger wegen der Zusatzausgaben wieder entlastet werden (man dachte wohl an die Wähler). 4. sollte es Verbote und Regeln für weniger CO_2 geben.

Doch von hier zunächst zum nächsten Gipfel, der ebenfalls noch nicht viel zum Klima und Lebenserhalt brachte. Die Kanzlerin Merkel reiste am Sonntag, dem 22. September 2019, mit Entwicklungsminister Gerd Müller zum **UN-Weltklimagipfel** nach **New York**, der dann am Montag, **dem 23. 9. 2019** begann.

Um 16,55 Uhr, so wird berichtet, hielt Greta Thunberg dort eine eindrucksvolle Rede. Es hieß: So emotional hat man Thunberg bei noch keiner Ansprache erlebt. (Alles dpa/AFP/ds – T-Online 23. 9. 19) Sie sagte: "Wie konntet Ihr es wagen, meine Träume und meine Kindheit zu stehlen mit Euren leeren Worten? Wir stehen am Anfang eines Massenaussterbens und alles, worüber Ihr reden könnt, ist Geld und die Märchen von einem für immer anhaltenden wirtschaftlichen Wachstum – wie könnt Ihr es wagen?"

Mit eindrucksvollen Worten hatte Klimaaktivistin Greta Thunberg die Staatschefs beim UN-Klimagipfel zu einem radikalen Kurswechsel aufgerufen – und dabei offenbar mit den Tränen gekämpft. **"Was erlauben Sie sich zu glauben, die Klimakrise ließe sich mit business as usual lösen?"**, sagte Greta Thunberg. „**Sie lassen uns im Stich. Aber die jungen Menschen beginnen, Ihren Betrug zu durchschauen. Wenn Sie uns weiter betrügen, werden wir Ihnen das nie verzeihen."** Leider hatte sie Recht.

Am 2. Dezember 2019 begann dann die nachfolgende 25. UN-Konferenz in Madrid. Der Auftakt wurde dann am nächsten Tag in der gesamten Presse besprochen. Im „Hamburger Abendblatt" hieß dazu die Überschrift: „Krieg gegen die Natur - Klimagipfel startet mit Appellen. – Verhandlungen dürften schwierig werden – die Länder mit dem größten CO_2-Ausstoß müssten mehr tun."

Und der schon im 13. Kapitel mit „eine Frage von Leben und Tod" warnende UN-Generalsekretär Guterres sprach zu

Beginn von einem: „Krieg gegen die Natur. – Wenn wir nicht schnell unseren Lebensstil ändern, gefährden wir das Leben an sich." – Wie zum Beweis brachte die selbe Zeitung 2 große Fotos: „Klimawandel gefährdet Badeorte." Und: „Anfang Januar 2019: Die Promenade von Travemünde ist überflutet." Und noch im Dezember war dann Venedig wieder unter Wasser - und Sydney von Waldbränden eingekreist.

Greta Thunberg hielt auch bei dem Klimagipfel in Madrid, als dieser schon über eine Woche ohne Ergebnisse stattfand, eine Rede: **„Das ist nicht Führung – das ist Irreführung"**, sagte sie, denn es kamen immer noch keine Ergebnisse zum Klimaschutz bei den Verhandlungen heraus. (11. 12. 2019 job.rew.t-online.de). Die gesamte Presse schrieb ärgerliche Berichte über den Klimagipfel, wie z. B.: „Stillstand beim Klimaschutz – Nach zwei Wochen Verhandlungen geht die Klimakonferenz von Madrid mit einem Minimalergebnis zu Ende. Der Frust ist groß" (HA 16. 12. 2019), oder – „Dieser Klimagipfel war leider für die Tonne. 25.000 Delegierte aus 107 Ländern reisten nach Madrid. 50 Millionen Euro Kosten. Aber bisher noch keine Einigung." (BILD-DEUTSCHLAND 16. 12. 2019.) **Am Sonntag, dem 15. 12. 2019 einigte man sich beim UN-Klimagipfel auf eine Abschlusserklärung,** in der die Staaten nur daran erinnert wurden, ihre Klimaziele regelmäßig zu erhöhen. 2020 soll dies dann zum ersten Mal erfolgen. Vom Ziel der 1,5 Grad Erhöhung nach dem Pariser Abkommen von 2015 ist man dann aber weit entfernt. Regeln zum globalen Handeln mit Emissionszertifikaten, wie es auch im Pariser Abkommen vorgesehen war, wurden wieder nicht festgelegt. Im Gipfelbeschluss werden die Staaten noch einmal daran erinnert, wie 2015 in Paris zugesagt, neue Klimaschutz-Pläne für 2030 vorzulegen. Der Green Climate Fund (GCF) ist ein Geldtopf, in den die Industriestaaten zur Treibhausgas-Minderung und Anpassung an die Klimakrise einzuzahlen. Ab 2020 sollen 100 Mrd. pro Jahr für die „Klimafinanzierung" bereitstehen. Insbesondere die USA blockierten, daraus auch Entschädigungsansprüche wegen der Klimaerwärmung der Entwicklungsländer zu zahlen.

Während des UN-Klimagipfels war man sich bereits bei der EU am Mittwoch zuvor, am 11. 12. 2019 in Brüssel beim „Green Deal" einig geworden. Die neue EU-Kommissionspräsidentin Ursula von der Leyen sagte, Europa zeige dem Rest der Welt, wie man nachhaltig und wettbewerbsfähig handele, und die Wirtschaft so mit der Erde versöhne: 2050 soll Europa klimaneutraler Kontinent sein. Dafür sollen zuvor die europaweiten CO_2 Reduktionsziele für 2030 von 40 auf 50 bis 55 % erhöht werden (im Vergleich zu 1990). Das umfangreiche Gesetzesprogramm will die Kommission bis Mitte 2021 auf den Weg gebracht haben. Am Ende soll fast alles klimaneutral funktionieren. Widerstände sollen dabei auch mit umfangreichen Fördermitteln vermindert werden. Das EU-Klimagipfel-Ergebnis wurde dann auch als einziges Ergebnis zum UN-Klimagipfel nach Madrid gegeben.

Nur einen Tag später, am **16. 12. 2019 einigten sich in Deutschland Bund und Länder auf das Klimapaket:** Im Verkehr und bei Gebäuden sollen pro Tonne CO_2 25 € ab 2021 fällig werden. Dies soll bis 2025 schrittweise auf 55 € pro Tonne CO_2 steigen. Ab 2026 soll ein Preiskorridor mit Mindestpreis von 55 € und Höchstpreis von 65 € pro Emissionszertifikat festgelegt werden. Die Ergebnisse:

Autofahren wird etwas teurer: Bei einem CO_2-Preis von 25 € ergäbe dies 7 – 8 Cent mehr pro Liter Benzin. Vor allem soll man dann mehr mit der Bahn fahren, deren Tickets dann billiger werden sollen. Die Produzenten oder Lieferanten kaufen beim Staat Zertifikate zu CO_2-Abgabe von Gas, Kohle, Benzin oder Diesel, die über die Jahre ansteigen sollen. Von 10 €/Tonne 2021 auf 35 €/Tonne 2025. 10 €/To. 2021 wären dann ca. 3 Ct./Ltr. Benzin oder Diesel. 35 €/To wären es dann rund 10 Cent/Liter mehr. Die Einnahmen sollen in Förderprogrammen oder niedrigere Strompreise (0,25 Cent ab 2021 und 0,625 Cent ab 2023) und den Nahverkehr-Ausbau fließen. Die Pendlerpauschale und das Wohngeld sollen etwas steigen – und zwar ab dem 21. km Entfernung um 5 Cent pro km und ab 2024 noch einmal um weitere 3 Cent pro km.

Bahn, E-Autos und ÖPNV (öffentlicher Personen Nahverkehr) und Radwege werden gefördert, Fliegen wird teurer: Die MWSt bei der Bahn wird von 19 auf 7 % gesenkt, entsprechend soll die Bahnfahrt billiger werden. Umstieg vom Auto auf die Bahn. Der ÖPNV soll ab 2021 mit jährlich 1 Mrd. und ab 2025 mit jährlich 2 Mrd. ausgebaut werden.

Das Fliegen soll teurer werden: Durch Erhöhung der Luftverkehrssteuer ab 1. April 20120. Die Dumpingpreise beim Flug sollen verboten sein.

Ziel bis 2030 7 – 10 Millionen E-Autos: Dazu sollen kleinere E-Autos unter 40.000 € mit 6.000 € gefördert werden. Bei Hybridautos sollen es 3000 € sein. Eine neue Förderung durch den Steuerzahler.

Wer in seinem Haus oder seiner Eigentumswohnung Wände, Decken oder Dach dämmt, Fenster oder Türen oder die Heizung erneuert, soll steuerlich gefördert werden: Der Steuerabzug beträgt je Objekt höchsten 40.000 €. Für Maßnahmen bis 200.000 €. Davon können bis zu 20 % innerhalb 3 Jahren von der Steuerschuld abgezogen werden. Interessant z. B. beim Austausch alter Fenster (die allerdings nur noch wenige haben) gegen Wärmeschutzfenster.

40 % der Kosten für neue Heizungsanlagen sollen übernommen werden. Ab 2026 soll der Einbau einer neuen Ölheizung verboten sein. (Warum nicht ab 2021?.) Dazu gibt es eine Energieberatung, die bei Hausverkäufen Pflicht werden soll.

Bei zu fördernden Immobilien muss es sich immer um selbstgenutzten Wohnraum handeln. Die Immobilien müssen älter als 10 Jahre sein. Und die energetische Maßnahme muss von einem Fachunternehmen ausgeführt werden. Die Steuerabzugsmöglichkeit soll 10 Jahre sein. Haussanierer sollen wählen können zwischen der neuen steuerlichen Förderung, dem zinsverbilligten Darlehen und dem direkten Investitionszuschuss über KfW oder MAP. Die Programme werden ab 2021 unter der Bundesförderung für effiziente Gebäude zusammengefasst. Es braucht dann für Effizienzmaßnahmen und erneuerbare Energien nur 1 Antrag gestellt zu werden.

Die Mindestanforderungen an die förderfähigen Maßnahmen beruhen auf den Anforderungen der KfW-Programme „Energieeffizient Sanieren – Kredit und Zuschuss (Nr. 151, 152, 430) und des Marktanreizprogramms zur Nutzung erneuerbarer Energien (MAP). Die Einhaltung der Mindestanforderungen ist durch ein Fachunternehmen zu bestätigen.
Für alte Ölheizungen gibt es eine Austauchprämie: Das Förderangebot für den Austausch beträgt bis zu 40 % der Anschaffungskosten. Wenn Benzin 3 bis 10 Cent teurer wird, wird dadurch sicher nicht ein Kilometer weniger gefahren werden. Groß war deshalb auch die Kritik – und am dann folgenden Montag hieß die Zeitungsüberschrift (HA): „Fünf Minister in vier Flugzeugen. – Kanzlerin Merkel und ihre Minister fliegen in verschiedenen Maschinen in die USA." – Alle Regierungsmitglieder und Beamte Berlin-Bonn oder Brüssel Straßburg fliegen also umweltverbrauchend. Beim Bürger soll es besser werden.

Doch damit nicht genug, denn vom 21. bis 24. Januar fand dann in Davos, in der Schweiz, die 50. Jahrestagung des

Weltwirtschaftsforums (WEF) statt. Es begann um 8,30 Uhr und pünktlich war zuerst Greta Thunberg mit weiteren jugendlichen Klimaaktivisten auf der Bühne. Greta holte einen Zettel aus der Tasche und zitierte zuerst aus dem Bericht des Weltklimarates der Vereinten Nationen: „Wenn man eine 67 –prozentige Chance haben will, den Temperaturanstieg unter 1,5 Grad zu halten, dürfen weltweit nur noch 420 Gigatonnen Kohlendioxyd ausgestoßen werden." Dieses Budget sei aber schon 2026 aufgebraucht. Und dann warf Greta den Topmanagern und Spitzenpolitkern Tatenlosigkeit vor – indem sie sagte: „Leere Worte und Versprechen" sollen den Eindruck erwecken, etwas gegen das Klima zu tun. Sie brächten aber nichts gegen die Klimakrise. „Unser Haus brennt noch immer. Eure Untätigkeit heizt die Flammen stündlich an. – Wir sagen noch immer, dass Ihr in Panik geraten und so handeln sollt, als ob ihr eure Kinder über alles liebt!"

Vor einem Jahr hielt Greta Thunberg auf dem Weltwirtschaftsgipfel ihre Rede noch allein. Diesmal wurde sie von Klimaaktivisten aus aller Welt unterstützt. So sagte Natasha Mwansa aus Sambia, die Politik hätte die Erfahrung, die jungen Leute die Ideen. Und die Kanadierin Autumn Peltier kritisierte, dass sich die Menschen nur auf das Geld konzentrieren würden. „Wir müssen uns aber darauf fokussieren, was passiert. Die Macht liege nicht bei den Politikern, sondern bei jedem Einzelnen."

Das diesjährige Motto des Weltwirtschaftsforums hieß: Interessenvertreter für eine solidarische und nachhaltige Welt. – Die Vertreter einer solidarischen Welt konnten deshalb auch gleich zu Beginn ihre Mahnungen an die Wirtschaft richten. Doch dann kam schon bald der US-Präsident Trump zum Vortrag und berichtete nur vom Wirtschaftswachstum, das er in den USA erreicht hatte, sozusagen Wahlpropaganda.

Grünen-Chef Robert Habeck machte einen Strich unter diesen Teil der Rede. Es hielt ihn nicht mehr auf dem Sitz. Er polterte im Interview in einem Versammlungsraum: „Das war die schlechteste Rede, die ich in meinem Leben gehört habe – ein Desaster für die Konferenz. – Manche Politiker bewegen sich noch schneller in die Richtung, die unseren Planeten erst in die schwierige Situation gebracht haben, in der wir sind. – Wir müssen den Kampf mit Donald Trump aufnehmen, er steht auf der anderen Seite."

Der Grünen Chef erntete später Kritiken von FDP-Chef Lindner, CDU-Generalsekretär Ziemiak, den CSU-Leuten Hahn und Silberhorn, sowie dem Politikwissenschaftler Falter bezüglich seiner Kritik an Trump. Auch der US-Botschafter kritisierte Habecks Attacke auf Trump.

Trumpfs Treffen mit der neuen EU-Kommissionspräsidentin Ursula von der Leyen verlief bezüglich eines gemeinsamen Handelsabkommens aber positiv. Damit sollten auch Strafzölle auf US-Importeeuropäischer Autobauer verhindert werden.

Und immer wieder einigten sich wichtige Regierungsmitglieder auf wichtige Weltwirtschaftsregelungen: So sprachen sich Frankreich und die USA für eine globale Mindeststeuer aus, um so auch Steueroasen zu verhindern. Die Industriestaaten-Organisation OECD glaubte, wohl noch in diesem Jahr ein neues Steuersystem für 137 Länder aushandeln zu können. Beide Länder schlossen auch eine Rahmenvereinbarung zur Besteuerung von Digitalkonzernen ab. Angestrebt wurde aber eine internationale Einigung im Rahmen der OECD.

Am Abend forderte beispielsweise der UN-Flüchtlingskommissar einen Schutz für Klimaflüchtlinge. Am Donnerstag Mittag, also am Tag vor dem Ende dieses

Gipfels, sprach dann die deutsche Bundeskanzlerin Merkel zu den versammelten Wirtschafts- und Politikergrößen zunächst über das Klima und wurde dabei sehr deutlich: Die Frage der Erreichung der Ziele des Pariser Abkommens könnte eine Frage des Überlebens für den ganzen Kontinent sein. Deshalb ist Handlungsdruck da!" – Und sie sagte weiter, dass mit den derzeitigen Verpflichtungen der Staaten das Ziel nicht erreicht werde, die Erderwärmung im Vergleich zum vorindustriellen Zeitalter auf 1,5 Grad zu begrenzen. Die Welt müsse gemeinsam handeln, aber jedes Land müsse einen Beitrag leisten. Auch, wenn nicht mehr alle dabei seien (wie die USA). Das bedeute für Europa, dass man bis 2050 „klimaneutral" sein müsse. Das bedeute keine Treibhausgase mehr auszustoßen und nicht vermeidbare Emissionen auszugleichen. Das seien „natürlich Transformationen von gigantischem Ausmaß. Diese Transformation heißt im Grunde, die gesamte Art des Wirtschaftens und des Lebens, wie wir es uns im Industriezeitalter angewöhnt haben, in den nächsten 30 Jahren zu verlassen." Sie sagte, man müsse zu neuen Wertschöpfungsformen kommen. „Der Preis des Nichthandelns ist höher als der des Handelns."

Während Trump vor allem für die eigenen Erfolge beim US-Wirtschaftswachstum warb, versuchte die gelernte Physikerin Merkel zwischen den Leugnern des, wie sie sagte, wissenschaftlich bewiesenen Klimawandels und den Klimaaktivisten, auch wie ‚Fridays for Future', zu vermitteln. Sodann wolle sie keine Biopolarität, wie zwischen den USA und China, sondern gute Zusammenarbeit, auch zwischen Europa und China. Die Rede der Bundeskanzlerin unterstrich für alle Beteiligten die Wichtigkeit des Klimawandels. Immerhin bekannte sich dann Trump zu Wahrung der Natur: Die USA würden der Initiative „Eine Million Bäume" des Weltwirtschaftsforums beitreten. (HA22. 24. 1./BILD 23.1.)

Kapitel 23:
Die Umwelt noch retten – auch mit Moor.

Kohlenstoff durch Wald aus der Atmosphäre abzubauen, hat das Potenzial die Welt zu retten. Das sei „die unglaublichste Waffe, die wir in unseren Händen halten".

Der Studienleiter Jean-Francois Bastin zur Studie der ETH-Zürich mit der Pflanzung von 900 Millionen Hektar Wald die Erderwärmung auf 1,5 Grad zu begrenzen, indem die Bäume das CO_2 aufnehmen und durch Photosynthese in Sauerstoff umwandeln. (Jonas Erlenkämper 6./7. 7. 2019 HA):

Alle müssen schnellstens tätig werden, um das Leben auf der Erde noch zu erhalten:

A – Wir selbst:
Selbst weniger CO_2 abgeben: Kleinere Autos bis 130 km/Std., bei großer Kilometerleistung möglichst mit anderem Antrieb, wie Wasserstoff – oder auch Autogas. Bei Elektro-Autos, nur wenn die Elektrizität nicht aus CO_2 Erzeugender Energie, wie z. B. Kohle, kommt. Keine SUV's kaufen. – Oder besser mit öffentlichen Verkehrsmitteln oder dem Rad fahren. Flugzeuge mit Fernreisen meiden (CO_2 lt. Kapitel 2+3), Auch die Flugzeuge meiden, denn „Kondensstreifen wirken auf das Klima". Sie haben lt. Forscher vom Deutschen Zentrum für Luft- und Raumfahrt noch mehr Einfluss auf das Klima als die CO_2-Emissionen der Flugzeuge. (dpa in HA aus Oberpfaffenhofen). Kein Rindfleisch und weniger essen und regional möglichst Bio kaufen. Weniger zu essen ist meistens gesünder. Nicht mit der Holzkohle der dafür in Afrika gefällten Bäume grillen. (Elektrisch oder mit Gas geht auch).
B- Die Politik:

Energieverbrauch abbauen und nicht vermehren, wie durch E-Fahrzeuge, -Roller und -Räder sowie den Ausbau der Digitalisierung – auch an Schulen (Kapitel 16-19). – Wälder und Parks überall aufforsten. In Rumänien wurden 2019 über 100 Hektar entwaldet. Weltweit sofort beginnen, die 900 Millionen Hektar Wald (gem. ETH-Zürich) aufforsten. Zusätzlich PLANT FOR THE PLANET staatlich fördern. CO_2-Steuer gemäß CO_2-Abgabe auf Benzin und Diesel, aber auch auf Flugzeuge, Kreuzfahrtschiffe, den Stromverbrauch allgemein und damit auch auf die Digitalisierung - und sogar auf Rinder für deren Weiden Wald abgeholzt wurde. 130 km/Std. Höchstgeschwindigkeit. Und: „Der Anstieg der weltweiten Durchschnittstemperatur lässt sich nur mit drastischen Maßnahmen auf 1,5 Grad beschränken. So dürfen Berechnungen zufolge keine neuen Kohlendioxyd (CO_2) emittierenden Anlagen – etwa Kohlekraftwerke – mehr in Betrieb genommen werden, bestehende Anlagen müssten in ihrer Laufzeit oder Auslastung deutlich beschränkt werden." So US-Forscher um Steven Davis der Uni of California in Irvine im Fachblatt „Nature".

Alles muss sofort geschehen nicht erst bis 2030 oder-50, denn dann ist die Erde schon fast unbewohnbar. „Langfristig werden viele der Südseeparadiese unbewohnbar", sagte der Klimaforscher Schnellnhuber (6./7. 7. 2019 HA). **In Deutschland sind Mitte Januar +14 statt -14 Grad.**

Wenn Kathrin Hartmann in der Zeitung „Der Freitag" von Jakob Augstein meinte (Nr. 26, 2019): „Die CO_2-Steuer erlöst uns nicht", denn das System des Kapitalismus ruft die Umweltkrise hervor, dann hat sie sicher bedingt recht, da im Kapitalismus viel mehr als im Sozialismus produziert und konsumiert wird. Dafür waren in der alten DDR alle Flüsse grob verschmutzt und es gab für die Bürger nur den Trabbi. Und Michael Jäger meinte in der gleichen Zeitung rund 14 Tage zuvor: „Nur eine Lösung gibt es, die Menge muss sin-

ken." – Aber die Betriebe sind immer auch bestrebt, immer
mehr Waren zu verkaufen. Er meint, die Grünen müssten
„noch viel grüner werden." Wir können nicht darauf warten,
bis die „Industrie auf Sonnen- und Windkraft umgestellt
hat...Die Warenmenge muss jetzt sinken." Und dafür muss
die Gesellschaft sich jetzt aktivieren, statt dass bloß Einzelne passiv „verzichten". Er empfiehlt jährliche Wahlen, damit die Gesellschaft immer sieht, ob ihr ökologischer Fuß-
abdruck durch politische Entscheidungen von 1,8 Hektar pro
Person nicht überschritten wird. Parallel müsste die Politik
aufzeigen, worin ein gutes Leben jenseits des Konsumismus
besteht.

Soweit eine Problemlösung, die aber nichts nützt, wenn am
2. 7. 2019 (HA) über „das Phänomen des Massentourismus"
geschrieben wurde. Da hieß es zum Beispiel: „12.000 Chinesen liefen durch Luzern." – Eine halbe Million Besucher
aus Fernost (China) zieht es jährlich in die österreichische
800 Seelen Gemeinde Hallstadt. Fast 17 Millionen haben
sich 2018 auf den Balearen erholt – und nach Valldemossa
auf Mallorca kommen jedes Jahr eine Million Besucher. Die
ganze Welt muss also, über die UNO z. B., mitmachen.

Wenn nun zusammen rund 1 Million Chinesen entsprechend
der in Kapitel 2 genannten USA-Reise je 3.454 kg CO_2 abgeben, dann wären dies mal eben 3,454 Milliarden kg. Und
wenn die europäischen rd. 18 Millionen Flugurlauber entsprechend dem Flug nach Andalusien 1.310 kg CO_2 pro
Person abgeben, dann wären dies 2,358 Milliarden kg CO_2.
Zusammen also mal eben rund 6 Milliarden Kilogramm
oder 6000 Millionen Tonnen CO_2. Da die Kondensstreifen
noch schlimmer sind, kann man die Wirkung wie das CO_2
leicht auf 12.000 Millionen Tonnen verdoppeln. Und die
EU-Südamerika Zollfreiheit zur Erhöhung des Handelns,
vor allem mit Rindfleisch und Marihuana, erhöht die Milli-

onen Tonnen dann weiter kräftig auf rund 15 Milliarden Tonnen CO_2 nur durch Flugzeuge.

Das hält die Welt, sie hält den Konsumismus, nicht mehr lange aus. Leider hilft auch der fast wortgleiche Sozialismus nicht, wie Venezuela und Nordkorea zeigen – und alle früher sozialistischen Länder bewiesen. Also handeln – auch mit Wasserstoff und Licht. Nur nicht mit Dummheit.

Zusätzlich heißt es, wie schon im Kapitel 7 beschrieben: Die Meere und Flüsse von Plastik räumen und kein Plastik mehr einleiten. Und kein Mikroplastik mehr verarbeiten. Doch die G20, die UN und die EU-Länder kommen bislang überhaupt nicht auf die Idee, die Meere zu räumen. Deshalb: Dies fordern. Und zusätzlich sofort mitmachen bei den 2 gemäß Kapitel 7 genannten Aufräumvereinigungen: Hier noch einmal:

One Earth – One Ocean e.V., Büro München/Garching, Lichtenbergstr.8, D-85748 Garching, Telefon: (0) 89 54 84-23 61 - **Büro Kiel.** Wischhofstraße 1-3, Gebäude 1 (Fischmarkthalle, 1. D-24148 Kiel, Telefon: (0)431 128 43 622

Dazu schrieb dann www.oneearth-oneocean.com : Leider erhalten wir für unsere vielfältigen Projekte und Aktionen keinerlei finanzielle Unterstützung von Seiten der öffentlichen Hand, sondern müssen alles durch private Spendengelder und Sponsoren finanzieren. So hat unser Müllsammelschiff SeeKuh knapp eine halbe Million Euro gekostet. Deshalb freuen wir uns über jeden Kopf und jede Hand, die uns unterstützten möchte, selbst wenn es „nur" finanzieller Art ist. Ihre Spende ist steuerlich übrigens voll absetzbar!

„Marine Littering", also die Verschmutzung der Weltmeere, Flüsse und Seen, gefährdet die darin lebenden Organismen und ist eine der größten Herausforderungen für unsere globale Gesellschaft. Geschätzte 150 Millionen Tonnen Plastik befinden sich bereits in unseren Weltmeeren, jedes Jahr gelangen mehr als 10 Millionen Tonnen hinzu.

Bis zu 80 Prozent des Meeresmülls haben ihren Ursprung an Land, etwa drei Viertel davon sind aus Plastik. Schreitet die Verschmutzung im derzeitigen Tempo weiter voran, werden die Meere in wenigen Jahren vollständig vermüllt sein. Aktuellen Studien der UN zufolge sollen bis zum Jahre 2050 mehr Plastikteile als Fische in unseren Meeren schwimmen. Schon heute bilden sich riesige Teppiche aus Plastikmüll auf den Weltmeeren, der größte davon, der Great Pacific Garbage Patch im Pazifik, hat bereits die Größe Zentraleuropas, d.h. Deutschland, Österreich, Schweiz, Polen, Luxemburg, Ungarn und Tschechien zusammen.

Vögel, Fische und andere Lebewesen fressen Kunststoffteile und verenden an ihrem mit Müll verstopften Magen oder durch innere Verletzungen. Für über 40 Prozent der Wale, ca. 36 Prozent der Seevögel und fast alle Arten von Fischen und Meeresschildkröten ist wissenschaftlich dokumentiert, dass sie Müll fressen. Andere Meerestiere verheddern oder strangulieren sich in alten Fischernetzen, Tauen oder Plastikfolien.

Eine noch ernsthaftere Gefahr für das Leben in den Meeren und auch die Gesundheit des Menschen erwächst durch die Zerkleinerung des Plastikmülls durch Brandung und Wellengang zu Mikroplastik. Über die schleichende Einwirkung auf die Nahrungskette bedrohen kleinste Plastikbestandteile und ihre Inhaltsstoffe (z.B. Weichmacher) Mensch und Tier. Die Auswirkungen auf die Gesundheit des Menschen sind noch gar nicht vollständig erforscht. Zusätzlich wird noch Mikroplastik verarbeitet und dann später in Flüsse und Meere eingeleitet. Darüber schrieb in den Kapitel 5-7. Doch die Politik macht nichts.

Der jährliche wirtschaftliche Schaden durch Plastikmüll im Meer wird von der UN auf 13 Milliarden US-Dollar geschätzt. Das berücksichtigt jedoch noch keine Folgeschäden (z.B. durch Plastik in der Nahrungskette etc.).

Neben gesundheitlichen Bedrohungen für Mensch und Tier hat der Müll auch ökonomische Folgen: Tourismus ist bedroht, da Strände verschmutzt sind, Fischer kämpfen mit Plastikmüll in ihren Netzen, Müll verfängt sich in Schiffsschrauben, Kühlwassersystemen und Entsalzungsanlagen.

Die Zweite Gesellschaft (siehe auch Kapitel 7) **heißt Ocean Cleanup und begann zuerst mit der Plastikräumung.** „Ocean Cleanup" hat jetzt eine Flotte kleinerer Systeme, die an den Stellen der größten Mengen Plastik aus dem Meer und nun sogar aus den Flüssen holen. Siehe dazu auch Kapitel 7 (auch zum Spenden).

Also: Alle müssen tätig werden. Es geht um den Erhalt der Bewohnbarkeit der Erde. Und alles Umweltschädliche muss – auch nach dem Gesetz gemäß Kapitel 20, wie z. B. Mikroplastik - verboten werden – überall.

Der Hamburger Evolutionsbiologe Matthias Glaubrecht warnt in seinem Buch „das Ende der Evolution" von einem Verschwinden der Arten. Der beschriebene Untergang ist nur durch die ebenfalls beschriebene Umkehr möglich.

Vieles muss sich ändern: Beispielsweise wurden Moore früher trockengelegt. Sie gaben dann 51 Tonnen CO_2 pro Hektar frei. Die Moore, aber auch Tank und Seegras nehmen sogar mehr CO_2 auf als die Wälder. Abgeholzte Wälder sollen weltweit für 20 % CO_2 verantwortlich sein. Naturschutzverbände fordern deshalb die Trockenlegung von Mooren zu verbieten und trocken gelegte wieder zu bewässern. (Uni Kiel 13. 1. 2019 /HA.)

Am 18. 1. 2020 wüteten noch immer die Busch- und Waldbrände in Australien. Überall auf der Erde waren bereits in
vielen Ländern zuvor Waldbrände gewesen. Denken wir nur
an Kalifornien, Brasilien, Deutschland, Afrika etc. –

Aus Deutschlands nördlichster Metropole wurde gemeldet:
„Winter in Hamburg zu warm – frühlingshafte Temperaturen bringen Fauna und Flora durcheinander. Insekten droht
der Hungertod, Pollenflug macht Allergikern zu schaffen."
(18. 1. 2020 HA)

Und am, selben Tag, dem 18. 1. kam aus Berlin die Meldung (BILD/kl):

„Pyrozän! Forscher ruft das Zeitalter des Feuers aus."
Und dann war zu lesen: Klimaerwärmung, tödliche Hitzewellen, Horror-Dürren und katastrophale Waldbrände. Der
deutsche Forscher Prof. Johann Georg Goldammer sieht ein
neues Zeitalter anbrechen. Das Pyrozän, das Zeitalter des
Feuers.

Goldammer ist Leiter des Zentrums für globale Feuerüber-
wachung des Max-Planck-Institutes für Chemie. Zu Bild
sagte er: ‚Wir verbrennen im großen Stil fossile Stoffe wie
Kohle, Erdöl und Erdgas. Aber jetzt schlägt das Klima zurück, denn durch die Erderwärmung werden Landschaften
und Vegetation weltweit entflammbarer als früher.'

**„Schwere Waldbrände wie jetzt in Australien seien ein
Beleg für seine Pyrozän-These"**

Umwelterhalt kann den Untergang hoffentlich verhindern.
„Die Hoffnung stirbt zuletzt,"
dass die Menschen sich und ihre Umwelt doch noch retten.

**Wenn aber alle fordern, unsere Welt noch zu retten –
und wenn die UNO und alle Regierungen endlich ausreichend tätig werden - und doch noch unsere Welt retten,
freuen sich bei „FRIDAYS FOR FUTURE" alle –
und sie singen vielleicht sogar nach der Melodie der 9.
Sinfonie von Beethoven:**

Freude, Freude!
Freude können wir jetzt haben,
überall wird Wald gepflanzt.
Flugzeuge, Autos und Schiffe müssen CO_2-Steuer bezahlen,
denn die Klimaerwärmung durch CO_2 ist allen bekannt.

Wasserstoff löst Benzin und Elektro ab.
Und Licht die digitale Strahlung auch.
Zusätzlich fahren alle mit dem Rad,
und mediterrane Kost vermindert den Bauch.

Selbst die Fische werden wieder gesund,
denn alle holen Plastik aus Flüssen und Meer.
Alle Länder schützen das Erdenrund,
und unsere Hoffnung auf die Zukunft wird immer mehr.

Wer trotzdem immer noch Kriege macht
auf diesem wieder herrlichen Erdenrund,
der ist dumm und gehe ganz sacht
nun weinend aus dem jetzt klugen Bund.

**Und alle weinen nicht mehr, sondern freuen sich auf die
Zukunft, denn auch die Europa-Hymne gleicher Melodie
könnten sie sonst bald nicht mehr singen.**

———————————

Anhang:

Umweltverbände und –parteien:

„Wichtig sei etwa, politisch aktiv zu werden, z. B. durch eine Mitgliedschaft in einer Umweltschutzorganisation. Für Umweltgesetze, wie das erneuerbare Energiegesetz brauche es öffentlichen Druck. Je mehr Mitglieder eine Organisation habe, desto größer sei ihr politischer Einfluss. "

(Verena Müller am 28. 1. 2019 im „Hamburger Abendblatt" (vem) bei ihrem Bericht „Irgendwie umweltbewusst."

Machen Sie bitte mit – und spenden Sie auch unter Umständen. -

1. **World Future Council** wurde 2007 von Jakob Von Uexküll, dem Gründer des Alternativen Nobelpreises, in Hamburg gegründet. Von Uexküll trat Anfang 2019 zurück. WFC, Dorothenstr. 15, 22301 Hamburg, Tel.: 040/30 70 94020, info@worldfuturecouncil.org . www.worldfuturecouncil.org/de/ueber-uns - WFC verfolgt das Ziel, Kindern und Enkeln einen gesunden Planeten mit gerechten Gesellschaften zu hinterlassen.

2. **Deutscher Naturschutzring DNR,** Marienstr. 19-20, 10117 Berlin, Tel.: 030/678177570. info@dnr.de , www.dnr.de . DNR ist der Dachverband der deutschen Natur-, Tier und Umweltschutzorganisationen. „Kohleausstieg, Artenvielfalt, Anthropozän." – DNR gibt „Umwelt aktuell" im oekom-Verlag" heraus und das Debattenmagazin „novum".

3. **WWF:** WWF-Deutschland, Reinhardtstr. 18, 10117 Berlin, info@wwf.de Tel.: 030/311777700, info@wwf.de , www.WWF.de . Einer der größten Kämpfer für den Umwelterhalt durch Klimaschutz. Ein Großteil der Deutschen würde für Klimaschutz und nachhaltige Produkte mehr bezahlen, heißt es bei WWF. Und

überall sieht man Großbilder gegen Plastik – und die Prüfung nachhaltiger Produkte mit WWF.

4. **BUND e. V.**: (Bund für Umwelt und Naturschutz) Kaiserin-Augusta-Allee 5, 10553 Berlin, Tel.: 030/27586469. bund@bund.net . www.bund.net . Bund wird von rund 594.000 Menschen unterstützt. Bundesweit gibt es 2.000 ehrenamtliche BUND-Gruppen, die direkt in ihrer Region die dort wichtigen Themen anpacken, wie Pflege von Naturschutzflächen, Gegen Massentierhaltungsanlagen, ökologische Landwirtschaft, gesund Lebensmittel, für Klimaschutz, Ausbau regenativer Energien, Schutz bedrohter Arten, des Waldes und des Wassers.

5. **SDW – Schutzgemeinschaft Deutscher Wald:** Bundesverband SDW, Dechenstr. 8, 53115 Bonn – info@sdw.de . www.sdw.org . Der SDW hat auch Landesverbände wie z. B. Hamburg e.V., Am Inselpark 19, 21109 Hamburg, Tel.: 040/302156510. Die SDW engagiert sich seit 40 Jahren in Absprache mit den Behörden bei Pflege und Entwicklungsmaßnahmen im Naturschutz, auch bei Baumpflanzungen. Jeder kann mitmachen, auch bei Bachrenaturierung oder Erhalt von Offenlandschaften.

6. **Nabu** = Naturschutzbund Deutschland: Nabu Bundesgeschäftsstelle, Charitestr. 3, 10117 Berlin, Tel: 030/2849840, nabu@nabu.de , www.nabu.de - Nabu sagt, dass eine Veränderung der Politik und Wirtschaftsweise in den Industrieländern unerlässlich ist. Im NABU-shop.de gibt es viele Angebote für Naturfreunde. Örtlich gibt es z. B. www.Hamburg-nabu.de, www.Schleswig-Holstein-nabu.de , oder www.Niedersachsen-nabu.de

7. **Germanwatch e. V.** : Büro Bonn: Dr. Werner-Schuster-Haus, Kaiserstr. 201, 53113 Bonn, , Tel.: 0228/60492-0, Büro Berlin: Stresemannstr. 72, 10963 Berlin. Tel.: (0)30 / 28 88356-0 E-Mail: info@germanwatch.org,

www.germanwatch.org – Sie sagen: Wir sehen hin, ana-
lysieren und mischen uns ein. Dabei konzentrieren wir
uns auf die Politik und Wirtschaft des "globalen Nor-
dens" mit ihren weltweiten Auswirkungen. Gemeinsam
mit unseren Mitgliedern und Förderern und mit anderen
Akteuren der Zivilgesellschaft bilden wir eine starke
Lobby für eine nachhaltige Entwicklung.

8. **Deutsche Umwelthilfe** – Bundesgeschäftsstelle Deutsche Umwelthilfe e. V. , Goebenstr. 3a, 30161 Hannover, Tel.: 0511/390805-0, www.duh.de , DUH kämpft
gegen Lebensmittel Müll, Pestizide u. Schadstoffe i. d.
Landwirtschaft, Plastik, Palmöl im Diesel und mehr.

9. **WeMove.EU:** WeMove Europe SCE mbH, Planufer
91, 10967 Berlin – info@wemove.de . www.wemove.de
: Kämpft gegen grenzenloses Wirtschaftswachstum, für
eine nachhaltige Landwirtschaft ohne Gifte, wie Glyphosat und Tierquälerei, aber auch gegen Plastikmüll.
Veranstaltungen (wie z. B. die SCHNIPPEL DISKO)
und Appelle werden durchgeführt. Z. B. wie: SCHREI-
BEN SIE IHREN ABGEORDNETEN beim EU-
Parlament gegen Unkrautvernichtungsmittel, wie Glyphosat.

10. **GREENPEACE:** Greenpeace e. V. Deutschlandzentra-
le, Hongkongstr. 10, 20457 Hamburg, Tel.: 040/306180,
Politische Vertretung Berlin, Marienstr. 19-20, 10117
Berlin. Umweltschutz zum anfassen ist ein Motto +
Ausstellung   in   der   Hamburger   Hafencity.
mail@greenpeace.de , www.greenpeace.de Greenpeace
betreibt seit rund 40 Jahren effektive Umwelt- und Na-
turschutzarbeit. Z. B. setzten sich vor der UNO-
Klimaschutzkonferenz siehe Kapitel 10), von Greenpeace organisiert in Berlin rund 16.000 und in Köln rund
20.000 in großen Demos für den Kohleausstieg ein.
„Wir sind im Endspiel um unsere Zukunft und die unserer Kinder." Die Sprecherin der Initiative **Campact** sagte:" Mit diesem Zuspruch zeigt sich, dass der Wunsch

nach einem schnellen Kohleausstieg aus der Mitte der Gesellschaft kommt." – Bei **Greenpeace-energy**.gibt es Ökostrom und Windgas: www.greenpeace-energy.de in Hamburg: Tel.: 040/808110600.

11. **FUTURZWEI** Stiftung Zukunftsfähigkeit: Lehrter Str. 57, Haus 6, EG (Hofseite)57, 10557 Berlin, Tel.: 030/39717707, mai@futurzei.org, www.futurzwei.org – Futurzwei ist eine gemeinnützige Stiftung, die sich für eine zukunftsfähige und enkeltaugliche offene Gesellschaft einsetzt. Sie sagt: „Es gibt drei zentrale Zukunftsfragen: 1. Bremsen wir den Klimawandel, 2. Verhindern wir einen Atomkrieg – und 3. Entwickeln wir eine gesellschaftliche und politische Vorstellung darüber, wie wir mit künstlicher Intelligenz umgehen?" Zu letzterem hieß das Thema dann: „Künstliche Dummheit?"

12. **Deutsche Umwelthilfe (DUH):** Deutsche Umwelthilfe e. V. (DUH), Goebenstr. 3a, 30161 Hannover, Tel.: 0511/3908050. info@duh.de (Pressestelle), www.duh.de Pressestelle 030/2400 86722, Umwelt- und Verbraucherschutzorganisation. Die DHU engagiert sich für Klimaschutz, Erhaltung biologischer Vielfalt, Ressourcenschonung, saubere Luft, nachhaltige Mobilität und eine auf Effizienz und regenerativen Quellen basierende Energieversorgung, gegen Lebensmittel Müll, Pestizide u. Schadstoffe i. d. Landwirtschaft, Plastik, Palmöl im Diesel und mehr. Sodann gliedert sich die Umwelthilfe in 3 Regionalverbände: Nord in Hannover, Ost in Berlin und Süd in Radolfzell.

13. **Campact:** Campact e.V., Artilleriestr. 6, 27283 Verden/Aller, Tel.:04231/957440, Berlin: 030/12088512 info@campact.de , www.campact-online.de Campact ist eine Bürgerbewegung, in der über 2.000 Menschen besonders bei Kampagnen und Aktionen protestieren. Z. B. gegen Klimakiller oder die Erd-Erwärmung, oder gegen giftiges Glyphosat gegen Unkraut auf den Feldern. Compact wendet sich auch mit Online-Appellen direkt

an die Verantwortlichen in den Parlamenten, Regierungen und Konzernen. – Auch z. B.: „Schreiben Sie Ihren Abgeordneten!" Im März 2019 hieß es von Campact: Kampagnen gegen Fracking, TTIP, Gentechnik und Steuerflucht sind z. T. unbeliebt. Evtl. wird (wie bei Attac durch BFH) deshalb die Gemeinnützigkeit z. T. entzogen.

14. **OpenPetition:** openPetition gemeinnützige GmbH, Haus der Demokratie, Greifswalder Str. 4, 10405 Berlin, Tel.: 030/20165520, verwaltung@hausderdemokratie.de . Open Petition ist die freie Plattform für Unterschriften, Initiativen, Petitionen – und zum debattieren und verändern. Da werden Demonstrationen und Petitionen, meistens zum Zukunftserhalt und Umweltschutz, organisiert.

15. **PLANT FOR THE PLANET:** Lindemannstr. 13, 82327 Tutzing, Tel.: 08808/9345, info@plant-for-the-planet.org , www.plant-for-the-planet.org „Wir pflanzen Bäume für eine bessere Zukunft. Hilf unseren Kindern, unsere Zukunft zu retten." Mitpflanzen oder spenden. Ende 2018 waren schon über 15.000.000.000 Bäume gepflanzt, um das Klima zu retten. Das ist notwendig, vor allem, weil Millionen Bäume aus Geschäftsgründen abgeholzt werden.

16. **Robin Wood:** Robin Wood e. V., Bremer Straße 3, 21073 Hamburg, Tel.: 040/3808920, info@robinwood.de, www.robinwood.de , Robin Wood ist eine gewaltfreie Aktionsgemeinschaft für Natur und Umwelt.

17. **Kompetenzinitiative zum Schutz von Mensch, Umwelt und Demokratie e**. V. Parallelstr. 26, 66125 Saarbrücken, Tel.: 06897-766176. www.aerzte-und-mobilfunk.eu (Veranstalter von „Biologische Wirkungen des Mobilfunks" gem. Kapitel 18.)

18. **diagnose:funk** Umwelt- und Verbraucherorganisation zum Schutz vor elektromagnetischer Strahlung e. V. Postfach 15 04 48, 70076 Stuttgart, Tel. 069 63 70 42

03. Mit der Information: „WLAN an Schulen? Ärzte warnen vor Risiken für Kinder und Lehrer. kontakt@diagnose-funk.org www.diagnose-funk.org

19. Bürgerwelle e. V. (in Deutschland ansässig Schutz von Mensch und Umwelt – sodann i. d. Schweiz und Italien)

S. Zwerenz, Lindenweg 10, 95643 Tischenreuth, Tel.: 09631-795736, pr@buergerwelle.de, www.buergerwelle.de .

Und nun noch 2 Umweltparteien für die Wahlen:

- **Umweltpartei ÖDP:** Ökologisch-Demokratische Partei, Pommergasse 1, 97070 Würzburg, Tel.: 0931/404860, info@oedp.de , www.oedp.de/service/kontakt - im Norden in Berlin f. d. Presse: 030/42086700, Naturschutz und die Warnung: Vortrag am 15. 2. 2019: 5G Mobilfunk, Gefahren für Mensch, Natur und Insekten.

- **Bündnis90/Die Grünen:** Platz vor dem Neuen Tor 1, 1015 Berlin, Tel.: 030/28442-0, info@gruene.de , www.gruene.de : Plastikmüll: Rettet die Meere. Klimaschutz kennt keine Grenzen - Anfang 2019 bei über 15 % der Wähler (INSA).

Alle Umweltverbände und Parteien sollten – zusammen mit ihren Mitgliedern – von den Regierungen - überall die Umweltrettung einfordern, auch laufend Petitionen an den Bundestag richten und auch von Abgeordneten Umwelterhaltung anfordern (sonst werden Sie von den Millionen Mitgliedern oder Sympathisanten der Umweltverbände nicht mehr gewählt). Und alle Bürger sollten, wie die Jugendlichen, die Umweltrettung von den Parteien – auch durch Petitionen oder Anzeigen – einfordern. Bezüglich der Schädigung von Menschen und der Natur durch die Digitalisierungsstrahlung sollte auch Anzeige wegen Körperverletzung erfolgen.

Ende

Und zuletzt noch meine Gedanken zum
Umwelt- und Lebenserhalt auf unserer Erde.

Denk ich an die Umwelt in der Nacht,
dann bin ich um den Schlaf gebracht.
Ich denk' an Brasilien, den Wald, der brennt,
an die Klimaerwärmung, die ja jeder kennt.

Das Gletschereis der Arktis schmilzt ab,
und die Eisbären werden dort nicht mehr satt.
In vielen Gebieten kann bald keiner mehr leben,
aber trotzdem tun wir zu wenig dagegen.

Wir müssen endlich genug dagegen tun,
und können nicht mehr weiter so ruh'n.
Denn sonst ist es nach der Wissenschaft bald vorbei,
und schon unsere Kinder sind beim Untergang dabei.

Die Politik muss ihre geringe Tätigkeit beenden,
um die Umweltvernichtung noch abzuwenden.
Auch deshalb protestieren freitags Millionen,
denn sie wollen die Erde ja weiter bewohnen.

Also steht auf und kämpft für das Leben,
damit wir alle den Kindern noch was geben:
Eine Umwelt, an der sie wieder ihre Freude haben,
über die sie ohne Zukunftsangst dann Gutes sagen.

Zu meinem Buch zur Umwelt musste ich überlegen,
welche Möglichkeiten sich zum Erhalt der Erde ergeben.
Von den Wissenschaftsergebnissen sind sehr viele richtig.
Wir müssen nur fordern, sie umzusetzen - das ist wichtig.